近现代名家讲义丛刊

中国近代史

下

陈恭禄 著

上海古籍出版社

下　卷

第十篇　变法运动

国内之积弊——变法之阻碍——教士之影响——士大夫之思想——变法者之辩护——变法之动机——康有为之活动——变法之鼓吹——政府之筹饷练兵——新事业之创办——慈禧、光绪之疑忌——康有为变法之计划——光绪诏定国是——新党之进用——新政——反对变法之主因——反对者之议论——新法推行之困难——变法志士之大无畏精神——太后之阻挠新政——袁世凯之变节——康梁之出险——变法志士之受祸——旧制之恢复——废立之隐谋——结论

中国自订《南京条约》以来，迭受强国之压迫，始则给予外商特殊之权利，继则丧失外藩，后则领土不能保全，几至瓜分之祸一如非洲；其祸最盛于一八九七——一八九八（光绪二十三、二十四）年间。于此五十余年之中，士大夫尚未彻底觉悟，多持夷夏之说，严防外人，从不虚心考究西方之政治制度、社会情形、经济状况，而比较其与中国异同之点，审察其利弊，以便施行改革，平日讲求八股小楷，茫然不知当时之务，仍信中国固有之政教，远非外国之所能及，胸中横有成见，自难明了国内政治上、社会上之积弊，其昏庸傲慢，妨碍新事业之进行，乃为中国贫弱，外交失败之一主

因。中国自太平天国、捻、苗、回乱以来，人民于大杀、疾疫、凶年流离之下，死亡者众，人口大减。其在户口繁密之区者，可得迁徙他乡，开垦荒土，安居耕种，衣食尚无困难，政府易于维持治安，有所建设。官制自受外人影响，稍有添设，从未考虑历史上遗留之弊政，现时之需要，能有重要之改革。各省于城邑收复之后，恢复原官，官吏人民之关系，一则维持治安，征收田税，一则安居乐业，交纳税银。人民对于国家别无义务，亦无参政权利；于是乱前政治上之痼疾，依然存在。其时属国次第丧失，朝廷尚不开放属地，设官治理，十八省内秘密会社活动甚力，长江一带哥老会时起作乱，捣毁教堂，山东曹州、单县大刀会起兵，皆其明显之例。其在西北，回乱之范围尤广，回人自左宗棠平定关陇以来，生者回归乡里；汉人于大劫之后，势力单薄，汉回杂处一地，各以褊狭之胸襟，不能谅解信仰习惯之不同，互相忌嫉。回人又自分派，易起争斗，而地方长官不善驭之，回人怀愤，会欲乘机起抗官吏。中日战争方将结束，而甘肃之回酋举兵，其党于河州、西宁、大通等城应之，声势张旺，官军畏之，不敢进剿，诈与之和，潜往袭之，回众应战，大败官军。事闻，光绪以总督杨昌濬不善处置，诏免其职，遣回将董福祥等将兵进剿；回众于举兵之后，青海回人有起而应之者，蔓延日广，幸而官军破之，未致大变，败回逃往青海，一八九六（光绪二十二）年冬，始平，斯役也，屠杀约五十万人，亦云惨矣。属地则吉林教匪孟幅山造言惑众，推朱承修为首，乘防兵空虚，设立元帅名目，约期举兵，声势颇振，官军力剿平之。其在西南，西藏喇嘛久不服从谕旨，朝廷无如之何，西康有土司名瞻对者，在里塘巴塘之旁，其酋恃喇嘛为援，不奉命令，其邻朱窝土司与之相结，扰及其他土司。一八九六年，川督鹿传霖遣兵剿之，取其土地，上奏改土归流，明年，金沙江上流之德尔格忒土司之酋长争位，委员设计囚其父子，亦请设官治理。达赖喇嘛以地归其管理，奏言更派番官接任，川督坚持原议，驻藏大臣言其恐有后患，朝廷诏免鹿传霖职，尽归其地于达赖，其事始已。凡此事变，不过证明国内情状之不安，处于列强竞争之新时代，对内则难维持治安，对外则将丧失权利，奈朝臣之不觉悟何!

变法久为中国之急切需要,曾国藩、左宗棠诸氏后皆惊奇外国枪炮之威力,轮船行驶之便利,以为我有轮船枪炮,即足以与列强抗衡。李鸿章久办外交,洞悉大势,主张变法。其官于直隶也,扩充机器局,购置军火兵舰,奖设轮船局,铺设电线,谋筑铁路等;其进行之计划常受阻挠,未有明显之成绩,新事业之创办,尚且不易,况变祖宗之法乎? 宜朝廷多未采行也。其原因固由于士大夫之知识幼稚,政府之财政穷困,而言官妄发议论,百方谏阻,朝中无人主持,尤其困难症结之所在也。太后每于改革大计,辄交吏议,一无所成;疆吏之欲有为者又多阻于部议,刘铭传于台湾颇多建设,竟乃迭受旨责,终遂托病乞退。李鸿章复书慰之,中云:"疆臣竭心力以为其难,文吏持刀笔而议其后,任事不易,思之慨然!"此中困难情状,固非为刘氏一人言也。郭嵩焘见解高于时人,主张改革,出使德国大臣刘锡鸿谓为"蔑视国家制度,而取笑洋人,是为无君",宜其不容于清议,建议且为沈葆桢所笑,晚年废退家居。曾纪泽久任驻外公使,英人问其上海拆毁铁路之原因,则赧然无辞可对,回国在总署行走,原欲大有所为,不幸建议无一采行,中年病死。李鸿章述其晚境曰:"年来亦颇不得意,既为同官所排,又不得当路之助,郁郁蹙蹙,赍志以终。"一二英哲明达之士,不能稍展其才,国内之环境,原难产生有为之士,夫复何望! 中日战后,李鸿章复新疆巡抚陶模书曰:"今之论者,皆知变法;但有治法,尤须有治人。……详察当路诸公仍是从前拱让委蛇之习,万不亟改,恐一蹶不能复振也。兄抚膺衰疾,蒿目艰虞,独居深思,仰屋窃叹,亦思竭囊底之智,以助局外之谈。然觊缕指陈,亦何以易群贤之所云耶!"其言极有见解,及自欧美回国,见闻益广,以为外国之强,由于积富,上下合作,无事不举;中国则政杂言庞,而生财之法不如远甚,主张以育才为先务。其言曰:

自殿廷以至郡县之试,旁及书院之课,皆就其已成之业,而进退高下之,则有举而无教矣,而所学又非所用。论者咸知时文试帖之无用,又不敢倡言废科举,辄欲调停其间;于是艺科算学之说叠见条陈,或搁置不行,或轻行辄止。盖事无两胜,此优则彼绌,数百年积重之势,非偶然更置一二所能转移。今唯有尽罢各省提学之官,辍春秋两试,裁并天下之书院,悉改为学院,分门分年以课其功,学成即授以官,而暂停他途之入仕者。庶二十年间,风气变而人才出,但亦不过托之空言耳。

改革教育,不过变法之一端,而李鸿章失望至是,可见变法之难。顺天府尹胡燏棻曾奏请变法曰:"微臣早夜焦思,今日即孔孟复生,舍富强外,亦无治国之道;而舍仿行西法一途,更无致富强之术。"盛宣怀亦言自强大计,朝廷均未采行。其先英使欧格纳迭向恭亲王奕䜣陈说,而王事事推诿。英教士李提摩太(Timothy Richard)入京,往见翁同龢,陈说教民、养民、安民、新民四端。关于新民曰:"新者,新法也。变法以兴铁路为第一义,练兵次之。中国须参用西员,并设西学科。"翁氏日记记其所言,而附注其驳斥用西员设西学之说。翁氏时倾向于变法,而犹如此,盖囿于环境知识也。恭亲王之推诿,一则年老多病,一则明了太后之性情,一则顾虑言官之议论。言官之害政,伊藤曾向李鸿章建议废之,欧格纳亦向恭亲王明言,王公大臣固不敢有此奏请也。枢臣疆吏莫不畏之,常为变法最大之阻碍。

中国政府之痼疾,既于中日战争之先后,暴露于世,外交更受列强之压迫,唯有变法自强而已。国内虚心学者,始与外国之传教士接触,教会创设之广学会颇有影响于时,其刊行之文字,传入科学知识,记载世界强国信息,建议中国改革事宜,由教士李提摩太主持。李提摩太久在华北传教,救济灾民,其主张则欲输入西方科学知识,得有士大夫之信仰,然后宣传福音,易于改进中国。其工作颇有效于山西,而其他教士反对,一八九二年,不能容于山西,值广学会需才,改就编辑之职。李提摩太精通华语,富于常识,长于评论,其所写之汉文足能发表其思想。美国教士林乐知

(Young John Allen)亦有影响于时。林乐知曾就聘于上海机器局,翻译书籍,一八七五(光绪元)年,创行《万国公报》,中载世界之重要消息,以助华人明了国际上之大势,发行十五年后,由广学会续办。中日战后,林乐知编纂《中东战纪》,先后共成三编,风行一时;其内容则译录战争期内之公文,节录西报之记载,余为世界列国之消息与大事。其时《万国公报》之读者骤多,李提摩太之著作尤为时人所称,明达之士既与外人交接,渐悟华人之知识浅陋,其热心者采取外人言论及其个人感想,编著成书,以飨国人,郑观应之《盛世危言》,杞忧生之《盛世危言》等书,皆其明例。郑氏之书抄录李提摩太之时事论文多篇,教士之影响大著,张之洞于其所著之《劝学篇》,亦明承认。《马关条约》成立之年,李提摩太等入京,上奏民教相安之办法,谒见王公大臣陈说改革事宜,十月,负有盛名之学者康有为谒之,赠送其所编著之书,自称深信上帝之慈爱,世界之大同,请其与之合作,复兴中国。明日,康氏南下,其偬偬求见者,先读其文,而已受其影响也。李提摩太尽读康氏上奏朝廷之疏文,函告其妻曰:"余甚惊异,凡余从前所有之建议几尽归纳晶结,若惊奇之小指南针焉。吾人之目的相同,宜其亲来访谈。其书缺少者,则大同主义也。"会李提摩太在京,需用临时书记,康氏弟子梁启超闻之,自请充任,李提摩太以其负有文名,欣然同意。文廷式等与之交游,讨论变法。翁同龢亦迭见之,工部尚书孙家鼐方奉朝旨创设京师大学堂,说其出任总教习。李提摩太不许,而孙家鼐坚请不已。朝臣张荫桓、刚毅亦先后见之。明年二月,翁同龢亲来访谈,说其赞助强学书局。李提摩太出京,翁同龢、张荫桓各赠礼物。

朝臣学者之受教士影响,有倾向于改革者,其人多英哲有为之士,国内士大夫中之先知先觉也。而多数仍以中国政教之美,世无其匹,历史上唯有用夏变夷,未有用夷变夏者也。采用夷法,则非圣人之道,而变祖宗之法;非圣则为不道,变法则为不孝。其言原无历史上之根据,士大夫讲求功名,少读史籍,乃多不识汉后文化演进之陈迹,本于褊狭之情感,利用保守之心理,而以非圣不孝之大罪为前提,实则均为武断不合逻辑之推论。张之洞时倾向于改革,著成《劝学篇》申言其主张。其最初《自序》,中云:"中国学术精微,纲常名教,以及经世大法,无不毕具,但取西人制造之长,补我不逮足矣。……其礼教政俗已不免于夷狄之陋,学术义理之微,则非彼所能梦见者矣。"其言全以中国固有之标准,评论外国政教之长短;关于外国知识,张氏原极浅陋,故有此说。其言足以代表时人之议论,唐才常痛论士大夫所受八股之害曰:"其柔者戢抱兔园册子,私相授受,夜半无人,一灯如豆,引吭长鸣,悲声四壁。……或语以汉祖唐宗不知何代人,叩以四史十三经,不知何等物。……其悍者则纂取圣经一二门面语,以文其野僿芜陋之胸,有若十六字心传,五百年道统,及纲常名教,忠孝节廉,尊中国,攘夷狄,与夫尧、舜、禹、汤、文武、周公、孔子道脉,填胸溢臆,摇笔即来,且嚣嚣然曰:'圣人之道,不外乎是。'"此就极端顽固分子而言,其自好者则如《盛世危言》曰:"今之自命正人者,动以不谈洋务为高,见有讲求西学者,则斥之曰,名教罪人,士林败类。"其迂陋荒谬之思想,一则由于不愿变法,士大夫所受之教育偏于极端保守,已如前言,而又鉴于古代变法之失败,以为利不十不变法。天下古今之新法,固无有利而无弊者,信如其说,变法绝不可能。一则生于夷夏之别,凡仿自外国者,无论若何制度,能否富强国家,皆痛心嫉之。对于主张变法者,全以情感用事,妄发议论,造谣诋毁,无所不用其极。其人自今观之,实为绝物,而在当时,则为清流,政治上之势力颇为强大,不易一日破除也,徐桐则其明例。徐桐以道学自命,奉倭仁为师,官至内阁大学士,疾恶外人,其住宅邻近公使馆,出门即见洋楼,心不愿见,而以住宅利于科名,不肯迁让,乃另辟新门出入,绕道而行。其亲信门生严修后奏开考经济特科,恩师闻之,即不与之往来,大臣中之轻外仇外者,固非徐桐一人,而皆痛恶变法。徐桐竟谓"宁可亡国,不可变法"矣。方李提摩太之在北京,主张变法之官绅,创设强学书局,讲求时务,御史杨崇伊上疏奏请封禁,朝旨许之,其女李鸿章之媳也。于此环境之中,凡主变法者,必先推翻顽固者所持之理由,康有为第一次上书论之曰:

今论治者皆知其弊(指旧法而言),然以祖宗之法,莫之敢言变,岂不诚恭顺哉?未深思国家治败之故也。今之法例虽云承祖宗之旧,实皆六朝唐宋元明之弊政也。我之先帝抚有天下,不用满洲之法典,而制前明之遗制,不过因其俗而已。……当今世而主守旧法者,不独不通古今之治法,亦失列圣治世之意也。

其第二、三书亦以为言,及德强据胶州湾,康有为自广东北上,再论变法,其辩护之辞,较前尤为激昂。其言曰:

方今之病,在笃守旧法而不知变,处列国竞争之世,而行一统垂裳之法。此如已夏而衣重裘,涉水而乘高车,未有不病渴而沦胥者也。大学言日新又新,孟子称新子之国,论语孝子毋改父道不过三年,然则三年之后,必改可知。夫物新则壮,旧则老,新则鲜,旧则腐,新则活,旧则板,新则通,旧则滞,物之理也。法既积久,弊必丛生,故无百年不变之法;况今兹之法,皆汉、唐、元、明之弊政,何尝为祖宗之法度哉?又皆为胥吏舞文作弊之巢穴,何尝有丝毫祖宗之初意哉?今托于祖宗之法,固已诬祖宗矣!且法者所以守地者也,今祖宗之地既不守,何有于祖宗之法乎?夫使能守祖宗之法,而不能守祖宗之地,与稍变祖宗之法,而能守祖宗之地,孰得,孰失,孰轻,孰重,殆不待辩矣。

其言深切时人之痼疾,足称明透淋漓。但为辩护之计,引用之书,不免杂有牵强曲解之处,张之洞时亦主张变法,其《劝学篇》论之颇详。其言曰:

夫不可变者,伦纪也,非法制也;圣道也,非器械也;心术也,非工艺也。请征之于经,穷则变,变通尽利,变通趣时,损益之道,与时偕行,易义也。器非求旧唯新,尚书义也。学在四夷,春秋传义也。五帝不沿乐,三王不袭礼,礼时为大,礼义也。温故知新,三人必有我师,择善而从,论语义也。时措之宜,中庸义也。不耻不若人,何若人有?孟子义也。请征之于史,封建变郡县,辟举变科目,府兵变招募,车战变步骑,租庸调变两税,归余变活闰,篆籀变隶楷,竹帛变雕版,笾豆变陶器,粟布变银钱,何一是三代之旧乎?历朝变法最著者四事:赵武灵王变法习骑射,赵边以安。北魏孝文帝变法,尚文明,魏国以治,此变而得者也。商鞅变法,废孝弟仁义,秦先强而后促。王安石变法,专务剥民,宋因以致乱,此变而失者也。商王之失在残酷剥民,非不可变也,法非其法也。请征之本朝,关外用骑射,讨三藩用南怀仁大炮,乾隆中叶科场,表判改五策,岁贡以外,增优贡拔贡;嘉庆以后,绿营之外,创募勇;咸丰军兴以后,关税之外抽厘金;同治以后,长江设水师,新疆、吉林改郡县,变者多矣!即如轮船电线创设之始,訾议繁兴,此时欲废之,有不攘臂而争者乎?

张之洞等议论之激昂,可见守旧大臣之势力,其引用之经典,皆为偏于有利方面之证据。士大夫之倾向改革者,尚信外国政教,自中国传往者,如陈炽之徒。陈炽著有《庸书》。其言曰:"中国大乱(秦时),抱器者无所容,转徙而之西域,彼罗马列国,《汉书》之所谓大秦者,乃于秦汉之际,崛兴于葱岭之西,得先王之绪余,而已足纵横四海矣。"又曰:

摩西者,墨翟之转音也,出埃及者,避秦之事也。是知爱人如己,即尚同兼爱之心也;七日拜天,即天志法仪之论也;衣衾简略,即节用节葬之规也;壁垒精坚,即备突备梯之指也。经说上下,为光学重学之宗,句读旁行,乃西语西文之祖。其天堂地狱一说,本于非命明鬼诸篇,乃窃释氏绪余,以震惊流俗,而充其无父之量,不惮自弃其宗亲。盖墨氏见距于圣门,转徙迁流而入西域,其抱器长往者,遂挟中国之典章文物以俱行也。

陈氏不可思议之妙论,直为痴人说梦。梁启超辩护之方法,则以十九世纪欧洲盛行之制度,牵强合于中国古代之政教。其言三代之庠序学校,近于近代之大学,太王之咨问耆老,在今则为议会。其解释由于缺乏正确之观念,精深之研究,且欲缓和反对者之言论;事实上则古今之社会不同,各国之环境殊异,往往难于比较其制度之同异,得有真确之了解。其方法虽或成功于一时,而流弊则颇繁多,况普通文人之读古书,多无批评疑问之能力耶? 其不良之影响,则以儒家之理想为事实,古代为黄金时代,反足以坚其顽固复古之心理,拒绝研究西方之学术,创造牵强附会之怪论,如王闿运以耶稣教之十字架为矩,矩即墨家之巨子,断定墨子为耶稣;历史教科书之作者,以周代共和之名,遂谓共和政体先于中国之类,结果反为学术界之阻力。康有为尤敢于议论,其所著之《新学伪经考》则言刘歆作古文伪经,而欲破坏历代神圣不可侵犯之传统学术。其《孔子改制考》,则论孔子与周秦诸子相同,罔不托古改制,其所称尧舜之盛德,乃其理想中之人物,六经为其改制创作之书,其胪列之证据,杂引伪书,虽不免于牵强附会,而分类说明,尚有见地。康氏之见解,以为外人信奉宗教,而中国庶民不知孔子之道,其教散漫力薄,乃推崇孔子,谓其创教,比之耶稣,而欲国人信奉。其说原受耶稣教之影响,自时人观之,则为奇异之至,宜其反对也。

少数主张改革之志士,其志可嘉,其心良苦,其动机则鉴于外势之日逼,非变法无以立国于世界也。一八九五年,《马关条约》成立,康有为第三次上书,内称"经此创巨痛深之祸,必当为卧薪尝胆之谋,今朝野上下震动感愤。……今议成将弥月矣,进士从礼官来,窃见上下熙熙,苟幸无事,具文粉饰,复庆太平;又闻贵近之论,以为和议成后,可十数年无患,保持禄位,从容如故也。"又曰:"向者累经败创,而诸臣苟安目前,遂致战败之祸,而今民心解散,祸在旦夕,再借和款以求一时之安,则亡无日矣。"后德强据胶州湾,康有为上书,详论亡国之祸,言尤动人。其言曰:"蚁穴溃堤,衅不在大。职恐自尔之后,皇上与诸臣求为长安布衣,而不可得矣。后此数年,中智以下,逆料而知,必无解免。然其他事,职犹可先言之,若变辱非常,则不惟辍简而不忍著诸篇,抑且泣血而不能出诸口,处小朝廷而求活,则胡铨所羞,待焚京邑而忧惶,则董遇所鄙。此则职中夜屑涕,仰天痛哭,而不能已于言者也。……亚洲旧国,近数年间岁有剪灭,近且殆尽,何不取鉴之? 祸起旦夕,毕命尽丧,而谓可延年载,老人可免,此又掩耳盗铃,至愚自欺之术也。譬巨室失火,不操水呼救,而幸火未至,入室窃宝,屋烬身焚,同归于尽而已。故职窃谓诸臣即不为忠君爱国计,亦当自为身谋也。皇上远观晋宋,近考突厥(土耳其),上承宗庙,孝事皇太后,即不为天下计,独不计及宋世谢后签名降表,徽钦移徙五国之事耶? 近者诸臣泄泄,言路钳口,且默窥朝旨,一切讳言。及事一来,相与惶恐,至于主辱臣死,虽粉身灰骨,天下去矣,何补于事? 不早图内治,而十数王大臣俯首于外交,岂惟束手,徒增耻辱而已! 不豫修于平时,一旦临警,张皇而求情,岂能弥缝,徒增赔割而已。故胶警之来,不在今日之难于对付,而在向者之不发愤自强也。"其言杂有牵强之推论,而在当时,读之足以令人心悸。康氏在京,创立保国会,其演说辞亦多类此。张之洞总括其《劝学篇》之大意曰五知:一知耻,耻不如日本,耻不如土耳其,耻不如暹罗,耻不如古巴。二知惧,惧为越南、缅甸、朝鲜,惧为埃及,惧为波兰。三知变,不变其法,不能变器。四知要,中学考古非要,致用为要,西学亦有别,西艺非要,西政为要。五知本,在海外不忘国,见异俗不忘亲,多智巧不忘圣。就上五知而言,一二言外患之逼,三四论变法之方针,五言不可忘本,保存旧有之道德;其欲变法者,亦为对外。其传诵于时之名言曰:"中学为体,西学为用",可见其思想之一斑。综之主张变法之志士,皆偏于政治方面,意欲利用政法上之威权,改革一切之积弊,欲其计划之能行,则上有明君,下有贤臣,同心协力,勇猛进行,可于短促期内,大见功效。顾其根基浅薄,处于政治不安之时,偶一不慎,大祸即至。至于君主之大权,国会之召集,民权之保障,初未明白提及,其希望之政府,则开明专制也。

识者倡言变法,其尤坚持不挠而欲速成者,康有为也。康有为生于一八五八(咸丰八)年,世居广东之南海县,家为其地之名族;有弟一人,其父早世。康有为初受教于大父,天质聪明,善于属文,年长就学于粤中名儒朱次琦,一八七九(光绪五)年,以论学与之不合,独学于白云洞,读书颇勤。其门人梁启超称其尽读中国之书,其言浮夸失实,虽不足信,而康氏或已读尽县中能得之书。顾其读书较多,识见较广,志气激昂,议论纵横,不为八股所拘,应试不售。一八八二(光绪八)年,康氏入京赴顺天乡试,下第而归。其往游京师也,道出香港、上海,羡其市政之清明,建筑之宏美,街市之清洁,凡百事业,井井有条,而所谓首善之区,尚不如外国海外经营之地,乃信外人并非野蛮之国,购读广学会及上海机器局刊行之书,益知世界之大势;一八八八(光绪十二)年,再应顺天乡试,不售;会有皇陵山谷地坍之变,发愤上书,详论天灾示惊,国势危蹙,及时变法,建议三端曰:"变成法,通下情,慎左右而已。"康氏时为生员,以诗文干谒大臣,陈说变法,大为同乡京官许应骙等所恶;其书呈于国子监,长官以其有谗言中于左右等语,恐获重罪,不肯代递,移至都察院,院亦不纳,实则书中所言者,均为老生常谈,无足称异,而国子监、都察院竟不敢递。康氏初以出门,途遇杀人不吉,徘徊不定,终则决定冒死上奏,于此可见朝廷忌讳之多,朝臣不足有为矣。书未上递,康氏大失所望,愤极无聊,作《广艺舟双楫》以自娱,序中尚有"似人而非"之句,后二年,漫游南归,讲学于广州长兴学舍,教授弟子,梁启超等从而游焉,明年,著成《新学伪经考》,俄往广西桂林讲学,颇负时望,一八九三(光绪十九)年,始领乡荐。梁启超先之考得举人。康氏名望日隆,而忌者益多,一八九四年,言官余联沅等劾其惑世诬民,非圣无法,同于少正卯,圣世不容,赖友营救,毁《新学伪经考》版,始已。其年,康氏著成《孔子改制考》,明年偕其弟子梁启超入京应试,会《马关条约》成立,闻而大愤,与梁启超等集合十八省之应试举人一千余人,拟上公呈,奏请拒和、迁都、练兵、变法,属稿已定,而《和约》批准,其先署名者感受朝臣之指示，惮于生事，遂谓成事不说，书未得递。康氏取其书中言变法者，加以引申，复成一书，五月，于都察院投递，院以上闻。书言富国、养民、教士、练兵。其富国之法凡六，曰钞法，曰铁路，曰机器轮舟，曰开矿，曰铸银，曰邮政。其养民之法，一曰务农，二曰劝工，三曰惠商，四曰恤穷。其论教士，则明理广智。其论练兵，则汰冗兵，合营勇，起民兵，练旗民，募新兵，设军校。所言多切当时之需要，吾人今日考其实际，仍有讨论之余地；例如钞法不善利用，将即病民，铸银为整理币制之要政，开矿殊难预料其成功，三者均不足以富民。铁路、轮船、邮局为交通之命脉，票价不宜昂贵，政府更不应作为国库之收入。其论养民诸端，不过抽象之文句，未有切实妥善之办法，而在当时已为不可多得之书。光绪得之，意初犹豫，后诏朝臣疆吏奏复。康有为自谓前书所陈未能详举节目，再行斟酌情势，草成一书，论其缓急先后之序，其时康氏应殿试后，官授工部主事。初康有为入京应顺天乡试，而以狂言落选；及至会试，文颇慎重。徐桐时任考官，恶其非圣变法，谋欲使之下第，而康氏之文大异于前，读之引为卫道之同志，封发，乃康有为也。其所摈弃之试卷，以为康有为所作者，实梁启超之文也。及至殿试，为李文田所抑，不得入翰林院，官授主事。康氏深为失望，至是，呈其书于工部堂官，请其转奏，堂官不许，移之他署，亦不递，遂欲返粤。其友陈炽、沈曾植阻之，陈炽曾著《庸书》，有名于时，沈曾植为浙江学者，久官于京，均主变法，表同情于康氏者也。翁同龢亦劝之留京，会徐桐党羽谋欲弹劾，乃劝之行。十月，康氏于见李提摩太之次日，即行南下。

中日战后，明达时务之学者倡言变法，翰林院侍读学士文廷式议创强学书局，鼓吹改革，激励士气。康有为、梁启超在京会试，加入活动，创行公报，分送贵人朝士，凡二千份，会员凡数十人，孙家鼐、袁世凯与焉。翁同龢亦表同情，英美人士有列名会员者。朝臣远鉴前代朋党之祸，近视秘密社会之扰乱，及政府严禁会党之法令，初欲避去会名，而以他字代之。梁启超则称其师康有为独持不可，意欲破除数百年之网罗，而开后世之途径,其言不免浮夸,官书固以强学书局称之。会员每十日开会一次,有人演说。据梁启超言,其拟办之事凡五:(一)译东西文书籍,(二)刊布新报,(三)开大图书馆,(四)设博物仪器院,(五)建立政治学校。疆吏张之洞闻而善之,捐款五千两作为会费,及康有为南下,谒见张之洞,商设强学分会于上海。张氏与之论学不合,又以门户之见,竟不欲助之,康氏仍力进行,分会终能成立。自今观之,强学书局之性质,同于政治学会,原无若何政治上之重要,而御史杨崇伊奏言私立会党,将开处士横议之风,请旨查封。光绪下诏查禁,其原因固由于守旧大臣之反对,而中国政治且为极端专制之表现也。大臣对于皇帝,士庶对于官吏,唯应服从,遵守其命。其上者向少考虑治于人者之意见,唯以威权恫吓而已。民间从无言论之自由,逐渐养成治人者之胸襟狭隘,对于批评建议,无论其性质若何,莫不为之不安,而以恶意相视。其造成者,一部分殆由于理学不良之影响,而患求全责备也。强学书局被封,其在北京距开办之时,只有四月,上海分会,仅有月余。翁同龢于其日记深表失望,会御史胡孚宸奏请解禁,朝命总署复奏。总署奏请官办书局,每月给银一千两;朝旨许之,派孙家鼐主持,其目的则欲翻译书籍也。其前会员乃别谋活动,上海分会初得张之洞捐款一千五百两,及其被封,尚余一千二百两。至是,黄遵宪以之创办时务报馆,捐款一千元,招梁启超主撰时论,进士汪康年经理。黄遵宪初为驻日使馆职员,改任领事,政府调为驻德公使,而德外部不肯接待,盖其久在外国,不易听命故也。黄氏在外深受刺激,久愿中国变法自强,又与康梁同乡,颇相接近。九月《时务报》出版,每旬一册,凡二十余页。梁氏善于属文,其文畅达明白,自为一体,内容虽少丰富之材料,精深之思想,然其善于张皇附会,极文字铺张之技能,普通读者往往为之神动,而最适宜于宣传。康有为之弟子更办《知新报》于澳门。一八九七年,黄遵宪授湘南按察使职,其巡抚陈宝箴热心于改革,创办时务学堂,招收学生一百二十人,延请梁启超为总教习。梁氏入湘讲学,倡言变法自由,湘绅大哗,而陈宝箴坚持如故,时当中国战败屈服之后,勇于进取之少年文人多有变法之倾向，又得康梁之鼓舞。政府自收办强学书局后，风气一变，四方文人组织会社，多如风起云涌，梁启超曰："一年之间设会百数。"据其所著之《戊戌政变记》，列举三年内设立之学会学堂报馆凡五十一所，吾人将其分析，学会凡二十有四，学堂共有十九，报馆凡八；就其所在之地而言，湖南十六，江苏十一，广东八，北京二，广西二，陕西、湖北、浙江、福建各一；其在国外者，澳门三，新加坡三，横滨一。学堂报馆范围殊小，学会之性质多不相同，如群学会、农学会、蒙学会、知耻会、测量会、不缠足会等，不相统一，各自为政。其盛起于江苏、广东者，理至明显，无待赘言。湖南则以贤良官长，绅士提倡，学会最多，势力较强；顾其实际亦有可议之点，如学生竟明称其无用，所讲者，"天文地理为俗儒常谈，闻之者昏昏欲睡，讲者徒费唇舌"。但其功用则为开通风气，湖南之风气固异于前矣。余若四川诸省多未受其影响，中国领土广大，文人守旧，康梁宣传之力，实难及于各地，梁启超所谓设会百数者，殆非事实。

识者倡言改革，朝臣疆吏中之识时务者亦论变法，而朝廷汲汲顾虑者则有二端，一曰财政，二曰军政。财政先已感受困难，中日战前，政府一年之收入凡八千余万两，较之清初二三千万两增加数倍，即比道光年间亦有进步，其原因则以关税、厘金、杂税之收入也。同时，国用大增，户部仍患拮据。关税于鸦片战前约百有余万，至是，增至二千余万；其税率受协定条款之束缚，不得提高。厘金收入约一千五百万两，病商害民，人所共知，势难增加，杂税更无论矣。政府则以赔偿日本军费，无法应付，光绪诏曰："户部奏偿款太巨，请饬通盘筹画一折。当此时事艰难，国用匮乏，中外臣工各宜合力同心，共图匡济。着户部咨行大学士，六部，九卿，暨各直省将军，督抚各抒所见，如有可兴之利，可裁之费，能集巨款，以应急需者，即行详晰明奏，用备朝廷采择。"言者均请开源节流，广西巡抚张联桂奏称开源之策有六，曰铸银圆，曰放银圆，曰行银票，曰核税契，曰加洋税，曰兴商务。其节流之策有四，曰裁冗官，曰裁冗兵，曰省局务，曰节糜费。其所筹之办法虽切时弊，而规模远大，一时殊难实现。尤有进者，铸圆废两（即放银圆),为整理财政之要务,固非有利可图,而得视为大宗收入也,银票更不足富国矣。顺天府尹胡燏棻条陈变法,请开铁路以利运输,铸钞币以裕财源,开民厂以造机器,开矿产以资利用,折南漕以节经费,减兵额以归实际,创邮政以删驿递,创练陆兵以资控驭,重整海军以图恢复,设立学堂以储人才。其计划可称详尽。皇帝诏各省督抚将其悉心筹划,酌定办法奏复,又饬云、贵、山西督抚开采境内矿产,迅速奏复筹办情形。御史陈其璋疏称镇江东南诸山皆有煤铁五金,均可采掘;实则先未调查矿产,而多本于猜度,官吏且不知开采之新方法也,其不能救穷事固明显。户部拟定筹饷办法,其主要者凡八:一曰裁减制兵,二曰考核钱粮,三曰整顿厘金,四曰核扣养廉,五曰盐斤加价,六曰茶糖加厘,七曰当商捐银,八曰土药行店捐银。其举办新税,足当苛捐恶税之名,其中办法,以裁兵、核粮、整厘盐价为最要,而各省尚未举办;官吏之俸金已少,而今又扣养廉,廉吏将何以仰事俯蓄耶。户部奏请饬催各省速办。盛宣怀俄请仿行印花税,创立银行,朝臣后请发行自强股票(公债),印花税未能推行,股票由户部议定章程,改称昭信股票,发行之后,绅商不肯购买,地方官强之,山东、四川各有扰乱,乃奉旨取消。其时国内币制紊乱,朝臣迭请鼓铸银圆,有以银价低落,建议仿造金镑者,金币在今尚不易行,当时自难实行;铸造银币原为统一币制之要政,一八七七年,赫德已向总署建议,李鸿章书告友人,称其扫尽陋规,官吏将无以自立。政府不能别筹津贴,此数百年积弊不易一日更新者也。其言仍切时弊,朝廷固未切实整理财政。

政府筹款之名义曰筹饷,军队自中日战后,识者知其不能一战,各省所养兵勇八十余万,年费三千余万,长官尝以省库入不敷出,有按七八成,或五成核放者,每兵"每月仅领银数钱,平日不敷养赡,多以小买营生,巡缉俱属虚文"(胡燏棻奏语)。朝廷之政策则裁减绿营,招募新兵;新兵之器械多购自外国,饷糈优厚,非有经费不能办理。一八九五年,两江总督张之洞奏称营兵积弊深痼,非认真仿照西法,急练劲旅,不足以为御侮之资,请先练二千余人为一军,分为十三营,名曰自强军。营制仿照德国,半年以后即行扩广，加练一倍，以增至万人为止。如饷巨难筹则增至五千人，全军用德武员为统带，其下营官以洋将充之，副哨官（副排长）始用武备学堂之学生。未几，张之洞奏称创立陆军学堂于省城仪凤门内，聘请德员五人为教习，慎选学生一百五十人学习，以三年为期。明年，张氏奉旨调任湖广总督，设新军二营于湖北，雇用德员操练，又创武备学堂。自强军自张之洞去后，刘坤一称其雇用德员居于城内不便，将其调往吴淞，及至三年，德员解雇，竟无重要之影响于时。其他改习洋操之队伍，直隶有提督聂士成所部之武毅军，聂士成初为淮军战将，其编制仍照旧例，袁世凯亦练新军于天津。此固国内之少数军队也。海军自北洋舰队消灭后，朝廷有兴复之意，命福州将军裕禄兼船政大臣，但无经费，未有建设。

　　财政练兵为时要政，其他改革尚有数端，兹略言之于下。一、交通，初张之洞倡言自办铁路，开办大冶铁矿，创设铁厂于汉阳大别山，縻款甚巨，未有成绩。一八九六年，张氏与直督王文韶会奏，请设铁路公司，保盛宣怀为督办，办理卢汉铁路。盛宣怀入京，往谒总理衙门大臣，请筹四千万两，半数筹自本国，半数借自美国，后向比国借款，引起英国之争论。京奉铁路先已筑成一段，至是，兴筑北京、天津间之路线，而长城以北，受俄干涉，未能进行，朝廷固知铁路之重要矣。邮局亦于此时积极扩张，初驻京外使每于冬季将其递往本国公文，交华官转递上海，后由天津税务司办理。及《烟台条约》成立，赫德请设送信官局，后二年，总署与李鸿章商定开创北京、天津、烟台、牛庄、上海五处寄信局。其办法仿自外国，交海关管理，士大夫非之，民间信局以其妨碍生计，势难发展，而列强竟于通商口岸，次第创设邮局，总署乃饬赫德推广寄信局于各口。后总署大臣闻知英国将添设邮局于中国，饬令赫德详议邮政，是否确于小民生计无碍？赫德复称无害，拟定章程。张之洞亦以为言，乃改总税务司署中之寄信局为邮政总局，各口所设之寄信局为邮政局，并将于其附近设立分局。其征收信资，明信片每张一分，封口信每件计重二钱五分，收银三分，余以类推，挂号信另行纳资。邮局兼营汇兑，寄送包裹。其创办之始，经费由海关补助,兼顾及民信局之利益。御史徐道焜奏其章程未尽妥善,两广总督谭钟麟称其琐碎烦苛,众怨沸腾,无裨饷需,徒伤政体,请将其裁撤。闽浙总督边宝泉电称邮局不准信带银洋,有妨小民生计等情。总署将其驳斥,始免于事,新政推行,殊非易事。二、教育。旧教育不切于用,新教育前已失败,至是,朝臣欲有进行,政府改前强学书局为官学局,派工部尚书孙家鼐管理,孙家鼐请延教习译书,购置仪器。侍郎李端棻受其妹夫梁启超之影响,奏请自京师以及各省府州县皆设学堂,府县学堂教授中西学程,以三年为期。京师大学选贡监生入学,并设藏书楼、仪器院、译书局。朝旨交孙家鼐妥议办理;孙氏奏称设立分科大学。其思想则中学为主,西学为辅,中学为体,西学为用也。孙氏无法进行,迭次商请李提摩太出任总教习,李提摩太固辞,迟至一八九八年夏,始行开办,即景山下马神庙四公主府为校址。直省之办学堂者,天津、上海各有一所,均由盛宣怀主持,武备学堂则数较多。要之,学堂之创立,徒有空名而已。三、筹民生计,朝臣时知实业之重要,御史王鹏运奏请讲求商务;其主意欲官商一气,力顾利权也。皇帝交总署议复,总署奏称各省省会设立商务局,由商人公举绅商充任局董,讲求商业,再设通商公所于各府州县之水陆通衢,整顿招商局等。更有奏请抵制洋商,改造土货者,其办法则劝绅商开设纱厂、丝厂、工厂织造呢羽、毡毯。盛宣怀则请创设银行,以为通商惠工之助。其于农民,许其于北方开垦。初直隶、山西边民私入内蒙古耕种,次第改设州县;东北虽有俄国之逼,中日战前,尚未彻底开放,准许汉人移居;战后,始改政策。朝臣奏请开放内蒙古,称其土地肥沃,河套东西尤属膏腴,民多潜往私垦,不如官为经营。朝命大臣奏复,皆称其利,遂弛禁例。

以上新政,除邮政而外,多无实效,又非通盘计划,彻底改革,无足深论。一二枢臣虽欲变法,究无奈何!据《翁同龢日记》,一八九六年,太后命修颐和园,将土药厘金全数提归工程处,又将三十万两提归圆明园,明年,太后万寿节日,大事庆祝。朝臣欢乐之际,而德忽以教案强据胶州湾,多所要求,其武力压迫之甚,蔑以复加,朝野上下莫不愤怒,而国中军队不足一战,舰队不能防御海岸,终乃屈服,许之。俄、英、法国相继租借军港,划定势力范围,争夺特殊权利,日本亦得利益,中国任其宰割,而无如何,固国内之奇变大辱也!年富力强之光绪皇帝,适当其冲,对于列强无理之要求,屈服许之,其心中痛苦,何似如之。光绪初受师傅翁同龢之影响,以为对日一战而胜,可得发扬国威,跻大清于强国之列,不幸归诸泡影,而外侮反亟于前,知非变法,则无以图强,变法之心意日坚。其为人也,聪明好学,博闻强记,自幼养于宫中,宫中礼节琐繁,习之既久,失其勇敢果决之气,师傅平日讲说传统之道德,自不敢以下犯上,及其年长,唯有服从后命。慈禧自信力强,专断朝政凡三十余年,尝自诩其地位,远非英国女王维多利亚之所能及,其意以为英国采行之政策,编定之预算,必待内阁之决定,国会之通过,而己一人自由任用罢免或诛杀大臣,决定政策。所谓军机大臣,不过顾问,对于询问事件,陈述意见而已。其专横之甚,心目中固无光绪,机密大事往往独断。及光绪年长,懿旨竟谓归政后仍问朝政,中日战起,太后皇帝意见不协,明年,和约成立。十二月,光绪诏曰:"朕敬奉皇太后,宫闱侍养,夙夜无违。仰蒙慈训殷拳,大而军国机宜,细而起居服御,凡所以裨益朕躬者,无微不至,此天下臣民所共知者也。"据此,光绪毫无自由,直为儿童耳。太后且欲使之孤立,帝于大婚之后,宠爱瑾妃、珍妃,珍妃颇有才能,偶因家庭琐事,不为太后所喜,积隙日深。中日战时,太后借端称其骄纵,肆无忌惮,降其姊妹为贵人,扑杀其亲信内监高万枝,惩罚其兄志锐,命撤汉满书房;而帝不欲辍讲,翁同龢又力争论,汉书房暂得不撤。皇后为太后侄女,据德龄女士所记,太后于颐和园计隔皇帝皇后卧室,二人不易相近,拳乱后犹然。中日战争期内,御史有以太后干涉朝政,无以对祖宗天下者,侍郎汪鸣銮、长麟于召对时,奏说皇帝振作独断。一八九五年十二月三日,帝忽宣谕"二人离间两宫,厥咎难逭,着革职,永不叙用"。《翁同龢日记》曰:"臣等固请所言何事,而天怒不可回,但云此系宽典,后有人敢尔,当严谴也。"枢臣拟定诏旨,措辞严峻,光绪之意如此,盖太后之影响而然。旨称二人罪状曰:"上年屡次召对,信口妄言,迹近离间。"二人所说,既为妄言,何必屡次召见？谕文之重要,则在钳制臣下之口,而唯皇太后之意志是从耳。二十七日,瑾珍二妃奉太后之命复位,无奈嫌疑已成,太后仍欲去帝亲臣。明年二月,汉书房竟奉懿旨撤去,三月侍读学士文廷式又奉懿旨革职。文廷式曾为二妃之师,为太后所恶,托病家居,以求免祸。及强学书局成立,杨崇伊参其遇事生风,广集同类,议论时政,并交通内监文姓等情。太后得奏,命即严办,谕旨称其召见时语多狂妄,即行革职,永不叙用,驱逐回籍。太后又杀内监寇万才,其原因则不可知。六月,光绪生母醇亲王福晋（满语言妃）叶赫那拉氏病死,福晋者,慈禧之胞妹也,由是无人调停其间,而光绪之境遇愈苦。翁同龢于日记记之曰:"上戚容无语,大异十六年十一月（一八九○年十二月）情形矣,退而感叹。"

在朝掌权之大臣,多慈禧之亲信,光绪之亲臣独其师傅翁同龢一人而已。翁氏小心谨慎,畏首畏尾,不敢有为,对于文学古董,颇有研究,但无建设改革之才能,居官深患御史之奏劾。李提摩太在京,翁氏亲至其寓所见之,请其赞助改革,其心实有变法之倾向,光绪信之极深,翁氏固欲富国强民,以报皇上也,满人嫉之,尤以太后之亲臣荣禄、刚毅等为甚。刚毅与李提摩太语,毁之甚力,朝廷上满汉大臣,既不同心合作,各立于仇视对敌之地位,而太后之性情偏于守旧,满族大臣之妻女得入宫中,太后与之亲近。皇帝则倾向于变法,知非重用汉人,终无改革之望,皇族亲王大臣皆助太后,而光绪孑然孤立,名义上虽曰亲政总揽万机,实际上用人行政之大权,仍握于太后之手。臣下奏疏,皇帝看后,移送颐和园,由太后决定;凡内政外交上之大事,莫不须得其同意。其干预政事者,一则好揽政权,一则不信皇帝也。光绪于胶变之后,深受刺激,一八九八（二十四）年一月十六日,询问枢臣变法事宜,《翁同龢日记》曰:"上颇诘问时事所宜先,并以变法为急,恭邸默然,臣颇有敷对,诸臣亦默然也。"翁氏于日记旁注明其敷对之主意曰:"谓从内政根本起。"旋许德国要求,枢臣奏请振作自强,而列强威逼愈甚,帝向翁同龢索阅黄遵宪所著之《日本国志》,欲许外使入觐,舆马直入禁门。二月,帝颇振作,明发谕旨,严责疆吏对于裁兵节饷,空言搪塞。三月,切责枢臣一事不办,恭亲王为之流汗。四月,俄使订期入觐,帝欲许其亲递国电,而枢臣谏阻,帝不谓然,又言德亲王进见,着在毓庆宫前殿赐宴,准其乘轿入东华门。翁同龢言有窒碍,其日记曰:"上皆驳之,并盛怒责刚毅,谓尔总不以为然,试问尔条陈者,能行乎?否乎?因论赫德亦可见,从前汉纳根欲见,为恭亲王所阻,并传张荫桓将前日所开礼节照旧进上。……前后不能悉记,记之者知圣意焦劳,臣等因循一事不办,为可愧憾也。"及俄使入见,礼节大异于前,帝用汉语宣谕。翁同龢曰:"此皆从前所未有也。"后德亲王入觐,待遇尤为优渥。帝既大改旧制,会恭亲王病殁,王自再出,身弱多病,小心谨慎,多所顾忌,毫无补于时艰,反为变法之阻碍。其时朝臣门户之见日深,新旧两派暗斗益烈。六月十一日,光绪诏定国是,十五日,翁同龢奉朱谕免职。文曰:

协办大学士翁同龢近来办事多不允协,以致众论不服,屡经有人参奏,且每于召对时咨询事件,任意可否,喜怒见于词色,渐露揽权狂悖情状,断难胜枢机之任,本应察明究办,予以重惩,姑念其毓庆宫行走有年,不忍遽加严谴。翁同龢着即开缺回籍,以示保全!

翁氏罪状究为莫须有之辞。其在朝也,帝极亲信,偶有疾病,询问者三,一旦忽而命其回籍,非帝之意,亦非翁氏之所预料者也。明日,驾出,翁氏趋宫门叩首,其日记曰:"上回顾无言,臣亦黯然如梦,遂行。"其依依不舍之情状,见于言外。要之,翁氏之免职,为新旧二党暗斗之结果,帝奉懿旨无可奈何者也。翁氏友人张荫桓主张变法,亦几为旧党所陷,张氏面告翁氏,翁氏日记记之曰:"樵野(张荫桓字)来告,初六日(六月二十四)与军机同见,上以胡孚宸参折示之,折仍斥得贿二百六十万,余平分,蒙温谕竭力当差。又云,是日,军机见东朝(太后)起,极严责,以为当办,廖公(廖寿恒)力求始罢。又云,先传英年将张某围拿,既而无事,皆初六日事也。"旧党陷害之计，不择手段，竟至于此，其视为奥援者，太后助之也，翁氏免职之日，诏令二品以上大臣授职者，京官谢恩陛见，并诣皇太后前谢恩，外官一体奏谢；又命直督王文韶、将军裕禄入京。裕禄为荣禄之党，直督之缺，改以荣禄充任。直隶驻有三军，一、董福祥之甘军，二、聂士成之武毅军，三、袁世凯之新建军。三军均归直督节制，军权归于荣禄，其党可得从容指挥，为所欲为，其深思远虑，计划之周到，光绪之危险，改革之失败，已定于此。而竟莫之奈何，光绪殆非慈禧之敌，抑其地位使之然耶？

光绪决心变法，其深予以刺激指导，而力促其进行者，康有为也。康有为迭次上书，奏请变法维新，名誉大噪，嫉之者亦众，自授主事以来，回粤讲学，及德强据胶州湾，自广东北上，上书极论国势之阽危，急宜及时发愤，革旧图新，以存国祚。其言耸警人心，语多透切，末后建议三策，一曰采法俄日以定国是，"愿皇上以俄国大彼得之心为心法，以日本明治之政为政法而已"；二曰大集群才而谋变政；三曰听任疆臣各自变法。其计划自今观之，势难实现，且多危险；至谓能行其上则可以强，能行其中则犹可以弱，仅行其下则不至于尽亡；其意以为不用其策，而仍因循守旧，唯有灭亡而已。其推论殆不免于武断，即使尽用其策，亦难尽如其希望也。书上，工部尚书淞湘恶其言直，不肯代递，而文传诵于时，康氏失望欲归，翁同龢留之，会得朝臣高燮曾之疏荐，光绪诏命总署大臣，问以大计；书始上达，共历二月之久，可谓难矣。其应召也，据翁同龢言，康氏高谈时局，以变法为主，立制度局，新政局，练民兵，开铁路，广借洋债数大端，此一八九八年一月二十四日事也。帝复命其具折上陈，宣取其所著《日本明治变政考》、《俄大彼得变政记》二书。二十九日，康有为再行上疏，陈述效法日本维新，一曰大誓群臣以定国是，二曰立对策以征贤才，三曰开制度局以定宪法，其建议之制度局分立十二，一法律局，二度支局，三学校局，四农局，五工局，六商局，七铁路局，八邮政局，九矿务局，十游会局，十一陆军局，十二海军局；各省添设民政局，其督办准专折奏事与督抚平等，自辟属员。其奏陈办法，均仿自日本。日本明治即位，幕府归政，内而朝臣，外而藩侯，互相争权，藩侯治理属邑，朝廷空有治理全国之名，明治乃临南殿，率公卿藩侯祭天祀神，宣读誓文，示以用人改革之方针，而欲以之免除误会。中国之情状迥异于此，康氏之皇上御门誓众，殆表示其决心变法，不顾困难，势必勇猛前进，而守旧大臣不能阻挠也。顾其后变法之失败，非由于皇帝之不决心，乃其无权也。二国之环境不同，宜于日本，固不必能行于中国也。其倡设之各局，盖将中央地方政府之政事，交其办理，其原有官署将如何处置？时传其主废内阁六部，及各省巡抚藩臬司道，虽不足信，而康氏后应诏入见，据梁启超言，奏称新政责之小臣，许其奏事，旧衙门勿去。其后张元济请废翰林院、都察院，岑春煊请废卿寺，裁去局员，朝廷虽未尽采其议，而无事可办之官署固多废裁，此足以招引守旧大臣之反对矣，书上，康氏进呈《日本明治变政考》、《俄大彼得变政记》及李提摩太译编之《泰西新史揽要》、《时事新论》、《列国变通兴盛记》诸书。光绪将其奏疏交总署复议，读其进呈诸书，深有所感，变法之意益坚。

康有为在京活动，其弟子梁启超时亦在京，其年为会试之期，各省举人入京应试，四月，国难日急，康有为倡设保国会，谋集朝士举人，十七日，开第一次会于粤东会馆，到者约二百人，议定章程三十条，其宗旨则以国地日割，国权日削，国民日困，而图保国，保种，保教，对内讲求变法，对外讲求外交，设总会于北京、上海，立分会于各地。斯日，康有为等数人演讲，其说辞之主意，仍为外患日深，国势日急，士大夫将无死所，唯有人人发愤而已。礼部尚书许应骙粤人也，恶之，禁其再在会馆开会，第二次聚会于嵩云草堂，第三次开会于贵州会馆，据梁启超言，赴会者尚过百人。其反对之者，称其聚众收费，同于会匪，向途人即称亡国，著书驳之，印送贵人。据康氏弟子所言，其人以怨愤私利出此也。于是辗转传说，谤议大起，御史相继奏劾，会员李盛铎竟自劾会求免，刚毅因欲查究入会诸人，光绪不许，始免于祸。保国会之性质，不过集会演说，唤起时人之觉悟而已，而朝臣乃以洪水猛兽视之，其愚诚不可及。梁启超等联合举人百余人上书请废八股，书递都察院代奏，不得，转请总署代奏，亦不可得。其他举人

第十篇 变法运动

闻之,据梁启超语,疾之如不共戴天之仇,遍播谣言,几被殴击。康有为之在京活动也,谒见达官,联络御史,许应骙奏称其至寓所干谒再三,概予谢绝。御史文悌称其踵门求见,多所干请,拟有底稿二件交之,一参广东督抚,一请变更制科。其弟康有溥(字广仁)致书友人亦称其兄代草奏稿,鼓言路及能上折者上言,今刊行之康氏《戊戌奏稿》,尚保留其代草奏疏之一部分。言官与之亲近者,有宋伯鲁、杨深秀等,康氏之心,固为国事,吾人唯有叹其用心之苦。其时光绪以外交应付之困难,焦劳悲愤,易受康氏文字之影响。翁同龢复密荐之,梁启超称其言曰:"康有为之才过臣百倍,请皇上举国以听。"其言不免浮夸,要亦非尽子虚;翁氏主张变法,与之常有往来。及保国会被劾,康氏欲回籍养母;翁氏留之,其日记所言,殆为免祸之计,不无可疑之点,不足尽信。枢臣时相水火,翁同龢迭次被劾,康有为以为皇帝宣布政策,则变法之基础成立,草定国是奏疏,交言官上之。光绪得奏,六月十一日,毅然诏定国是曰:

数年以来,中外臣工讲求时务,多主变法自强。迩者诏书数下,如开特科,汰冗兵,改武科制度,立大小学堂,皆经一再审定,筹之至熟,妥议施行。唯是风气尚未大开,论说莫衷一是,或狃于老成忧国,以为旧章必应墨守,新法必当摈除,众喙哓哓,空言无补。试问时局如此,国势如此,若仍以不练之兵,有限之饷,士无实学,工无良师,强弱相形,贫富悬绝,岂真能制挺以挞坚甲利兵乎?朕维国是不定,则号令不行,极其流弊,必至门户纷争,互相水火,徒蹈宋明积习,于国政毫无补益。即以中国大经大法而论,五帝三王不相沿袭,譬之冬裘夏葛,势不两存。用特明白宣示中外大小诸臣,自王公以及士庶,各宜努力向上,发愤为雄,以圣贤义理之学,植其根本,又须博采西学之切于时务者,实力讲求,以救空疏迂谬之弊,专心致志,精益求精,毋徒袭其皮毛,毋竞腾其口说,务求化无用为有用,以成通经济变之才。京师大学堂为各行省之倡,尤应首先举办,着军机大臣总理各国事务王大臣会同妥速议奏,所有翰林院编检,各部院司员,各门侍卫,候补候选道府州县以下各官,大员子弟,八旗世职,各武职后裔,其愿入学堂者,均准入学肄习,以期人才辈出,共济时艰;不得敷衍因循,徇私援引,致负朝廷谆谆告诫之至意,将此通谕知之!

诏文昭示朝廷之坚决变法,臣下当一致进行,其在先进国家,政策未定之前,有关系之各方面,得充分发表其意见,政策决定公布之后,其见解与之相反者,亦多放弃其主见;行政官吏唯有执行政府之命令不得论其是非,攻击其主持之敌党也,乃在中国,朝臣多所忌讳,对于国是,不愿公开讨论,而唯秘密活动,政策决定之后,心中虽极非之,而以利禄之故,一方面求固其位,一方面不择手段,阴谋破坏,无所不用其极。诏书欲去新旧门户之争,而实不易,一旦改革朝臣之心理,党祸反烈。吾人不得不叹千余年来政教之积弊,文人胸襟之狭隘,不顾理智,而唯意气用事也。诏中所言之特科,指经济特科而言,其议倡自贵州学政严修。其意专为耆儒宿学不在院堂肄业者,仿博学鸿词之例,分内政、外交、理财、经武、格物、考工,由三品以上京官,及督抚学政举送所知,入京试以策论。光绪交总署及礼部议复,复奏无所驳斥,奉旨遵行。特科每届十年或二十年一举,岁举则于乡试时,由学政调取高等生监分场专考,中式者名曰经济科贡士。朝臣之觉悟者,盖知八股之害,而欲因此拔用真才也。诏书催办京师大学堂,实为进一步之办法,大学成立,其教习将以何人充任,实一问题;虽然,政府之希望,固为造就人才,不可厚非。

康氏初以国是诏降后,大事已成,据其弟子张伯桢言,先原定期出京,而留之者情殷,会得翰林院侍读学士徐致靖之奏荐,徐氏与康氏接近,先曾上其代草请定国是之奏稿,至是,奏举康有为、张元济、黄遵宪、谭嗣同、梁启超五人,略称日本变法,拔用下僚及草茅之才入直宪法局,以备顾问。康有为等若蒙皇上召置左右,以备论思,与讲新政,或置诸大学堂令之课士,或开译书局令之译书,必能措思裕如,成效神速。十三日,光绪诏康有为、张元济于十六日预备召见,黄遵宪、谭嗣同、梁启超等着总理衙门查看具奏。十五日,翁同龢忽奉朱谕开缺回籍,大臣授职者,诣太后前或具折谢恩,授荣禄直隶总督。凡此数端,皆光绪对于太后之极大让步,太后已布置网罗矣。明日,康有为等召见于颐和园之仁寿殿,陈奏变法。张伯桢称其请废八股,梁启超言其建议增置新衙门,擢用小臣。对逾二时,康氏自称皆承嘉纳,天颜有喜,盖帝先读其书,慕之已久也。命其所著各书概行写进,随时上陈,帝欲重用康氏,而刚毅阻之,又碍于太后,诏其在总理衙门章京上行走,许其专折奏事。康氏政治主张,仍为"统筹全局以图变法,御门誓众以定国是,开局亲临以定制度三者而已"。自此而后,其精力多耗于著书,议论政事,其上奏者颇多;试士请废八股试帖楷法,改用策论;武举请停马步弓刀石,改设军校;课士大设学堂,翻译日书,广派留学;政治则君臣合治,满汉不分,定立宪法,召开国会,改定法制;军制则裁汰绿营,改设巡警,仿照外制,大练新兵;交通则以漕款广筑铁路;实业则劝励工艺,奖募创新,提倡农商;宗教则尊孔圣为国教,废去淫祀;风俗则禁妇女缠足。其进呈之书有《突厥削弱记》、《波兰分灭记》等,均予光绪深切之刺激。朝臣之赞助变法者,有李端棻、徐致靖、张荫桓、孙家鼐等。李端棻受梁启超之影响,关于变法事宜,多所建议,后授礼部尚书。徐致靖奏举人才,官授侍郎。张荫桓出使美英,久办外交,深知中国之积弊,极表同情于变法,又与康有为同乡,康氏曾馆于其家,往来甚密。孙家鼐为光绪师傅,奉旨办理译书局,及大学堂事宜,亦倾向于变法。其他康梁党人多为小臣。梁启超于七月三日奉旨赏给六品衔,办理译书局事务。九月五日,光绪进用杨锐、刘光第、林旭、谭嗣同。御史中之力赞助变法者,有宋伯鲁、杨深秀。初诏定国是,旧党先向新党挑衅,二入奏参礼部尚书许应骙守旧迁谬,阻挠新政,以为报复。上谕其明白回奏。许氏逐一陈明其无阻挠等情,反称康有为少即无行,意图幸进,联络台谏,夤缘要津,托词西学以耸观听,请将其罢斥,驱逐回籍,光绪不问。其党羽文悌时为御史,先曾诈与康氏交游,探其私事,至是,罗织其罪,称为轻浮巧猾之徒,证实许应骙回奏所言之罪状,疏文甚长,颇能动人,而上谕称其受人唆使,免去御史之职。文悌为人颇不可解,初于俄国强租旅顺、大连之时,自请赴俄辩论,将痛哭流涕,效法申包胥九日不食,倘俄固执,立即自尽,庶可感动英日出而助我,且曰:"奴才无父母在堂,妻妾在室,以死报国,奴才蓄志已久,死得其所,可以感动地球万国",自称其为奇策,而帝不许,否则将成外交上奇异之事。后湖南举人曾廉指摘梁启超所言之民权自由为大逆不道,上书请杀康梁,光绪反命谭嗣同将其逐条驳斥,然后进呈太后,以保全之。康有为之进呈书也,帝令太监赏银二千两,未曾下诏,盖免太后之疑忌,及旧党之诋毁也。康氏在京既为守旧大臣众矢之的,其弟有溥与梁启超谋欲其出使日本,而光绪别用黄遵宪、孙家鼐奏请康氏督办上海官报,光绪许之,而仍留其在京,及势危急,始促其行。

方康有为之见用也,信其能有所为,电商其事于李提摩太。李提摩太闻知伊藤博文来华游历,以其在日主持变法,多所成功,称其熟悉东方情状,建议聘为顾问,日本于地理上为中国近邻,二国之关系密切,其政府于列强在华争夺权利,无可奈何,其政治家固愿中国变法自强,而二国以种族、地理、文化、经济之关系,可能互助也。梁启超等已与日人相亲,士大夫有倡联日者。会康有为电召李提摩太入京,称将聘为顾问。李提摩太应召北上,九月中,抵京,而伊藤已至,同住于一旅舍,竟有上书请留伊藤为相者。二十日,光绪见之,待之优渥。康氏变法颇得英人、日人之同情与赞助,文悌奏参康氏,内称至其卧室,案有洋字信多件,不暇收拾,视为罪状之一,吾人则深佩其虚心。朝臣之进行康氏计划者,有谭嗣同、刘光第、杨锐、林旭、杨深秀等。谭嗣同为湖南浏阳县人,游历四方,负有大志,精通哲理,著有《仁学》,及康有为等倡立强学书局,值其来游北京,谒之不遇,乃与梁启超相见;梁氏称其师说,据其所作之《谭嗣同传》,谓其自称私淑弟子,后归湖南倡办新政,刊行《湘报》,集众演说。徐致靖荐之,被召入都。刘光第蜀人,初成进士,授官刑部主事,及闻康有为创设保国会,请为会员,遂与康氏相识,在官不事显贵。杨锐亦为蜀人,先见知于张之洞,官于京师,鉴于外患日逼,慷慨谈论时务,与康有为相善。强学书局之成立也,杨锐有力焉,杨崇伊上疏弹效,其会员上疏争之,杨锐争先署名,胶变起后,有为上书再谕变法,倡立保国会,杨锐加入,与康氏益密,刘杨二氏皆以湘抚陈宝箴之荐召见。林旭闽人,康有为之弟子,倡言变法,活动甚力;荣禄新任直督,召之入幕,会以朝臣之荐,被召。四人入觐后,奉旨赏加四品卿衔,在军机大臣章京上行走,参与新政事宜。章京云者,办理文书之职员,位在军机大臣之下。拜命之日,据梁启超言,皇上亲以黄匣缄一朱谕授之,命其竭力赞襄新政,无得瞻顾,"凡有奏折,皆经四卿阅视,凡有上谕,皆经四卿属草"。据此,则其职权出于军机大臣之上,皇帝时无大权,不能重用新进之士,又不能无故罢免守旧之大臣,岂用康有为之谋,擢用小臣办理新政耶? 杨深秀,山西闻喜县人,博学强记,初成进士,时授御史,主张变法,与康有溥之交颇密,迭次上奏康有为代草之疏,请废八股,诏定国是,弹劾许应骙,辩护新政等。其他力助变法者,尚有康有溥等。有溥精明锐断,勇于任事,初为小吏,后从美人学医,梁启超于春间重病在京。康有为召之调护,有溥入京治病,并助其兄整理文稿,平日主张废八股为救中国之第一事,时约友人经元善创办女学于上海,知其在京之危险,而不肯去。其人要皆富有爱国思想之志士也。其在外省尚有陈宝箴等,陈宝箴为湖南巡抚,勇于任事,锐于改革,进行新政,不顾毁誉,政绩斐然。

六月十一日,光绪诏定国是,政变作于九月二十日,百有三日之中,改革之诏书迭下,兹列重要之改革于下。

六月十一日,诏军机大臣总署王大臣会同妥速议奏筹办京师大学堂。

六月十二日,诏选宗室王公游历各国。

六月二十日,总署奉旨妥议提倡学艺农业事宜。

同日,饬盛宣怀赶办卢汉铁路,并开办粤杭沪宁各路。

六月二十三日,诏自下科为始,乡会试及生童岁科各试,一律改试策论。

六月二十六日，谕各部院于奉旨交议事件，克期议复，逾期即严惩治。

七月四日，诏地方官振兴农业，着刘坤一咨送上海农学会章程于总署，并令各省学堂广译外洋农务诸书。

同日，创设京师大学堂，派孙家鼐管理，官书局及译书局均并入大学堂。

七月五日，奖赏士民著作新书及创行新法，制成新器，准其专利售卖。

七月九日，诏八旗改习洋枪。

七月十日，谕改各地书院为兼习中学西学之学校，省会之大书院为高等学堂，郡城之书院为中等学堂，州县之书院为小学。其地方捐办之义学社学亦令中西兼习，奖励绅民兴学。中学应读之书，由官书局颁发。民间祠庙之不在祀典者，即由地方官晓谕人民，一律改为学堂。

同日，严饬地方官保护教士教民。

七月十一日，诏举经济特科，命长官各举所知，于三月内送京，然后定期举行。

七月十四日，谕官奖进商业。

七月十六日，严谕各省将军督抚切实裁兵练军，力行保甲，整顿厘金。

七月十九日，公布科举章程，乡会试仍为三场，一试历史政治，二试时务，三试四书五经。岁科亦以此例推之。

七月二十六日，改《时务报》为官办，派康有为督办其事，并着督抚咨送各地报纸于都察院及大学堂，许其实言，不必忌讳。

七月二十九日，命各部院衙门删去旧例，另定简明则例。

同日，下诏改良司法。

八月六日，谕华侨创立学堂，着出使大臣劝办。

八月九日，京师大学堂成立。

八月十日，南北洋大臣及沿海各将军督抚奉旨妥议海军事宜。

同日，王文韶、张荫桓奉旨筹议铁路，开矿，增设学堂并切实举办事宜。

同日，宣示决心变法，有意阻挠，不顾大局者，必当严惩。大臣当认真考察真才，参劾不职，上下力除壅蔽。

八月十六日，译书局成立。

同日，诏于京师设立农工商总局，派直隶霸昌道端方等为督理，准其随时具奏，奖进绅富之有田业者，广开农会，购买农器。

八月二十六日，准梁启超设立编译学堂于上海，并予学生出身，其编译之书籍报纸一律免税。

同日，严旨切责两江总督刘坤一、两广总督谭钟麟因循玩懈，不肯力行新法。

八月二十八日，谕告诸臣除去蒙蔽锢习，不得无故请假；议奏事件不准延搁。

同日，诏刘坤一、张之洞试办商会于上海、汉口。

八月三十日，诏裁詹事府、通政司、光禄寺、鸿胪寺、太常寺、太仆寺、大理寺等衙门，外省裁撤湖北、广东、云南三省巡抚，东河总督。其不办运务之粮道，疏销之盐道，及佐二之无地方责者，均着裁汰。其余京外应裁文武各缺及归并事宜，大学士六部及各省将军督抚分别详议，切实办理。

九月一日，礼部尚书怀塔布、许应骙等奉旨交部议处，嗣后堂官代递条陈，将原封呈进，毋庸拆看。

九月五日，诏用西法练军，逐渐实行征兵，裁减绿营。

同日，工部统领衙门，五城御史，及街道厅奉旨挑挖京城内外河道，修理各街巷道路。

同日，诏委裕禄、李端棻为礼部尚书，徐致靖等四人为侍郎。

同日，赏谭嗣同等四人四品卿衔，在军机大臣章京上行走。

九月七日，诏各省督抚访查通达时务勤政爱民之能员，随时保送引见，以便录用。

九月九日，诏准孙家鼐另设医学堂，归大学堂兼辖，并着其详拟办法。

九月十一日，筹设茶丝学堂。

同日,诏准学士瑞洵于京城筹设报馆。

同日,再谕各衙门代奏事件,次日即当呈进,稍有抑格,立即严办,并将迭次朱谕谕旨录写一通,同此谕旨一并悬挂大堂,有所警触。

九月十二日,诏变武举。

九月十三日,官民一律得应诏言事,各省藩臬道府,凡有条陈,均得自行专折具奏,州县等官言事者,由督抚原封呈递,士民上书由本省道府随时代奏。

九月十四日,诏许满人经商营业,并查前移民开屯成案,以便办理。

九月十六日,诏编预算。

同日,命直隶按察使袁世凯开缺,以侍郎候补,专办练兵事务,并随时具奏。

凡上改革之大政,均切中国之积弊,顾其历时远久,人民于不知不觉之中,视为当然,其在社会上之势力至为强大,一旦忽而根本变更,人心往往不安。其愚蠢者原无判断之知识,比较之能力,而为风俗礼教所束缚。其读书者多囿于夷夏之别,从不肯虚心研究别国之政教,而自满自傲,尝以不可思议之思想,批评一切,其成见武断之甚,直与愚民无异,而痼病之深,不良之影响,祸害之烈,远过于愚民。其人非积极破坏变法,而即消极畏事不敢闻问。甘肃巡抚陶模曾论之曰:

> 大小臣工宜力戒自欺也,世变之奇,有先圣所不及料者,而士大夫犹以不谈洋务为高。夫不谈洋务可也,不知彼,并不知己,不可也。今我政事因循,上下粉饰,吏治营务久为邻国所窃笑,明明不如人,而论事者动发大言,自谓出于义愤,不知适以长庸臣之怠傲,蔽志士之聪明。一二有识者畏受訾謷,或曲为附和,或甘为缄默,绝无古名臣交相警戒之风,平日视危为安,视弱为强;文武骄惰莫由觉悟,一旦有事,不肯平心体察,谬托正论,务虚名而贾实祸,诚可为痛哭流泪者也。事前既莫知其不如人,事后众论仍莫肯直认不如人,甘心自画,

又安望有自强之一日？

其言发于中日战后，深切士大夫之痼疾，数十年来外交上所受之祸多由于此。康梁于斯环境之中，不顾清议，倡言变法，殊为不易。陶模建议之挽救方法，则选择办理洋务档案，翻译各国政书，将其刊印，俾士大夫洞悉中外情形。其建议自理论而言，无可非议，实际上则少效力，士大夫成见太深，对于西学深闭固拒，情感用事，毫不愿虚心受教也。康梁从事于宣传，口头上文字上均甚努力，一部分青年志士虽受其影响，而时甚暂，根基殊浅；顽固之士大夫反指摘其言为诋毁之口实。李提摩太等所编之书，所谓圣贤之徒更不之读，剧烈之改革实非其所了解，而康梁之采行者多为西法，乃斥其用夷变夏，非圣非道，而痛心疾首视之。文悌之劾康有为曰："听其谈治术，则专主西学，欲将中国数千年相承大经大法一扫刮绝，事事时时以师法日本为良策。……中国此日讲求西法，非欲将中国一切典章文物废弃摧烧，全变西法，使中国之人默化潜移尽为西洋之人，然后为强也。故其事必须修明孔孟程朱四书五经小学性理诸书，植为根柢，使人熟知孝弟，忠信，礼义，廉耻，纲常，伦纪，名教，气节以明体，然后再习学外国文字，言语，艺习以致用。"其言为常人说法，似有至理，而于康氏则为无的放矢，不过牵强罗织其罪。主西学不必扫绝本国之大经大法，而文悌牵合为一，更以私意推断其为康氏之意。变法期内，康梁固未摧烧典章文物，而其所改革者，要偏于政治民生，至谓以经书为根柢，康梁固已熟悉经史，推尊孔子矣。文悌之言，全出于意气用事，未尝平心考察康氏之主张也。守旧大臣莫不尽然，陈宝箴初欲调停其间，奏称康氏博学多才，盛名几遍天下，誉之者不无俯首服膺，毁之者甚至痛心切齿，其召毁之由，一则生平才性纵横，志气激烈，一则孔子改制一书，推崇孔子比之耶稣，而又主张民权平等。其嫉之者以为不知君臣父子之大防，乃为众矢之的，请销毁书版，以息纷争。陈氏所奏颇为公允，无奈视事太易，毁板息争，其何可能？况后变法于一部分人有不利之影响耶？其废八股，文人多或失其所长，改庙兴学,民众莫不痛恨,汰裁冗官,官吏大生恐惧,准许旗丁营生,旗民忧虑废其优待。夫变法者,原谋国家之富强,人民之幸福;少数人固有之特殊利益,终必摇动,而势之所趋,难于免除也。

上就反对变法者之心理及当时之背景而言,兹节引时人之言论与记录,以便有所证明。吴敬恒曰:"忆戊戌(一八九八年)变法之际,朝旨欲即寺观为学校,与当时之舆论不相入。曾见一卖菜男子攘臂怒目抗论于市人曰,寺观为从古所有,乌可议废者?"从古所有,则习而安之,其果为从古所有与否?固非争论之点,卖菜男子颇能代表民众之心理。士大夫攻击变法之领袖尤力,许应骙奏曰:"康有为与臣同乡,稔知其少即无行,迨通籍旋里,屡次构讼,为众论所不容,始行晋京,意图幸进。今康有为逞厥横议,广通声气,袭西报之陈说,轻中朝之典章;其建言既不可行,其居心尤不可测,若非罢斥驱逐回籍,将久居总署,必刺探机密,漏言生事,长住京邸必勾结朋党,快意排挤,摇惑人心,混淆国事,关系非浅。"许氏之奏文,前多诬毁之辞,后为无中生有之推论;其称康氏抄袭西报,士大夫时无新说新书,舍外人著作而外,其将何以明了外情?学术固无国界也。许氏昏庸殆不之知。文悌奏参康有为曰:"近来《时务知新》等报所论尊侠力,伸民权,兴党会,改制度;甚则欲去跪拜之礼仪,满汉之文字,平君臣之尊卑,改男女之外内;似只须中国一变而为外洋政教风俗,即可立致富强,而不知其势,小则群起斗争,召乱无已;大则各便私利,卖国何难?奴才曾以此言戒劝康有为,而康有为不思省改,且更私聚数百人在辇毂之下,立为保国一会。……名为保国,势必乱国而后已焉。奴才于其立保国会后,曾又与面言,恐其实为乱阶,令其将忠君爱国合为一事,幸勿徒欲保中国四万万人,而置我大清国于度外。"其望文生义,吹毛求疵,至为可笑!康氏为清室忠臣,其保国会章程无不保大清之语,清帝统治中国,非先种族革命,固无所谓保中国不保大清也,乃竟以此罪之,后慈禧听政,果用其语。康氏自今观之,颇偏于保守,民国成立后回国,尚欲复辟,保存中国政教,文悌之言极牵强附会之技能矣。王先谦曰:"康梁所用以惑世者,平权耳,平等耳,是率天下而为乱也。"甚者斥平等为无父无母之说,士民被其荼毒,陷为禽兽。张之洞曾论民权有四害而无一利,中国宜有官权。其结论曰:"民权之说一倡,愚民必喜,乱民必作,纲纪不行,大乱四起。倡此议者岂得独安独活?且必将掠劫市镇,焚毁教堂,吾恐外洋各国必借保护为名,兵船陆军深入占据,全局拱手而让之他人。"其害如此,无怪曾廉斥康氏为大逆不道,而上书请杀之也。湘人叶德辉于政变之后,辑成一书,名曰《觉迷要录》,诋毁康梁。兹引用二例,以见顽固文人之意见,徐可大毁骂康氏好财贪利,挟诗文以干诸公,游平康菊部不名一钱,自称长素,僭拟素王,将夺尼山一席等语。梁启超于长沙时务学堂批论课艺,叶德辉节录其言,而各加以案语。兹节引用于下;梁批曰:"今日欲求变法,必自天子降尊始,不先变去拜跪之礼,上下仍习虚文,所以动为外国所讪笑也。"叶曰:"案此言竟欲易中国拜跪之礼,为西人鞠躬,居然请天子降尊,悖妄已极。"梁云:"兴民权者,断无可亡之理。"叶于民权,先称"民有权,上无权矣",于此则曰:"只速乱耳。"梁云:"二十四朝其足当孔子至号者无人焉,间有数霸生于其间,其余皆民贼。"叶云:"案二十四朝之君主谓之民贼,而独推崇一孔子,是孔子之受历代褒崇为从贼矣,狂吠可恨。"一则信笔怒骂,无异村妇之恶态;一则断章取义,附会而成案语,借以罗织其罪;学者论断方法岂如此乎?要之,凡力反对变法之文人,不知欧美强国之政教、自由、平等、民权之真谛,本于孤陋寡闻所生之成见,徒就名辞之文义,而即肆口诋毁,其昏庸有失常态,至堪痛恨。孙家鼐颇与康有为接近,曾奏称其《孔子改制考》将蛊惑民心,导乱天下,请旨将其削去;陈宝箴奏请毁版,可见反对者势力之强大矣。

于此环境之中,光绪变法诏书多如雪片,其所改革者,是否能实行乎?变法之时期短促,而其所变者多为数百年之积弊,新政又为大规模之建设,决非百日所能成功,如练新军,设学堂,非有相当之经费,领袖之人才,充分之时间,殆无实效。其奉行者,多为守旧之大臣与疆吏,其人心中反对变法,或有不知如何进行者,对于国事向多掩饰敷衍,乃托辞延宕。初,康有为奏请设十二局办理新政,光绪按照故事交总署议复,延至六月初,尚未复奏;其原折则于一月进呈也。光绪怒而促其即复,奏上,对于康氏计划尽行驳斥,光绪切责张荫桓,张荫桓叩头,奏称此事重大,请派枢臣会议。帝命军机大臣会同议复,竟再将其驳斥,帝朱谕责之,发令再议,议上:"不过择其细端末节准行而已,余仍驳斥。"(梁启超语)百日内,光绪迭次严谕复奏事件,不得迟延。其六月二十六日谕曰:"各部院衙门于奉旨交议事件,务当督饬司员克期议复,倘再玩忽,并不依限复定,即从严惩治不贷。"八月二十八日谕旨曰:"部院官本应常川进署,不得无故请假,议奏事件,不准延搁逾限,皆经再三训诫,而犹阳奉阴违,似此蒙蔽因循,国事何所倚赖?用特重加申儆。凡在廷大小臣工务当洗心革面,力任其艰,于应办各事,明定限期,不准稍涉迟玩。倘仍畏难苟且,自便身图,经朕觉察,定必严加惩处,毋谓宽典可屡邀也。"于此可见朝臣办事之怠缓,疆吏对于新政,亦多推诿。七月十六日,上谕切责之曰:"疆臣身膺重寄,具有天良,何至诰诫谆谆,仍复掩饰支吾苟且塞责耶?经此次谆谕之后,倘再有仍前敷衍,不肯实力奉行,经朕查出,或别经发觉,试问各该大臣能当此重咎否也,将此通谕知之!"其措辞之严峻若是,而疆吏仍多观望,如两江总督刘坤一、两广总督谭钟麟于奉旨筹办事件,无一字复奏。迨经电旨催问,刘坤一复称部文未到以塞责,谭钟麟且于电旨不复。八月二十六日,光绪严谕责之,并论其他督抚曰:"该督等皆受恩深重,久膺疆寄之人,泄沓如此,朕复何望!倘再借词宕延,定必予以惩处。直隶距京咫尺,荣禄于奉旨交办各件,尤当上紧赶办,陆续奏陈。其余各省督抚亦当振刷精神,一体从速筹办,毋得迟玩!致干咎戾!"国内推行新政,著有成效,唯有湖南一省。

湖南初为仇外之中心,长沙刊印仇教之文字,绅士反对轮船电报。一八九七年,德人至长沙游历,书院请官拦阻,愚民投石掷之,府县奉命阻其入城,而德人不允。会湖广总督张之洞严饬准其入城,始免于事。通事诈索银元、绸缎、珠石、古玩及婢女等于各城,竟有应之者。绅士知识殊为幼稚，识者乃渐改变态度，请设电报达于长沙，购买小轮船。其主持新政者，则巡抚陈宝箴也，黄遵宪等佐之，绅士谭嗣同、熊希龄助之，办时务学堂于长沙，刊行《湘报》，创设保卫局，及内河小轮船公司等。保卫局即后日之警察局，创办之初，无赖欲与为难，甫及一月，盘获拐匪窃盗多人，交于迁善所，于是城市肃清，商民称便。及太后诏废新政，陈宝箴电商于张之洞仍请续办，张氏不肯主持，终以绅士之力，独得不废。张之洞原倾向于变法，资助强学书局，著作《劝学篇》，奏请改正文体，谕饬属下购阅《湘报》，又曾与康梁往来。顾其为人也，私心太重，胸襟太狭，保全禄位，不顾其他；大臣时分南北二派，久相水火，康有为以翁同龢之力进用，即为张之洞所不喜，又以论学不合而去。容闳谋筑津镇铁路，报效百万，张氏以其与卢汉铁路竞争，力谋阻之不得，容闳固康梁党也，及闻德国反对而罢，心始安慰。康有为奉旨督办《时务报》，汪康年以为前与政府无关，改称《昌言报》，不肯移交，两派辩论，康氏请禁发行，张之洞致电孙家鼐称其强夺商报，不可禁发，孙家鼐复称此为康氏私意。据此，康氏实孤立无援；要之，张之洞虽未赞助康梁，而其亲信弟子杨锐则极力活动，亦未公然表示反对，盖专俟时机以为转移，及闻太后听政，乃落井下石，以保全其地位，转而深恨康梁。刘坤一久官于南京，对于地方除建一佛寺外，别无建设，谭钟麟请裁邮局，更毋望其实行新政。其时光绪迭诫各衙门革除壅蔽，对于代奏事件，不得阻格，而条陈尚有被阻者，于此可见新法之实行不易矣。其主因一由于时间太短，范围太广。一由于积弊太深，官吏敷衍因循，世人久视为当然，而今一旦令其尽改前非，实为重大之革命，并饬其推行新法，自多无从措手；且官署向偏于牵制，组织不备，指挥不灵，奉行新法，盖亦不易。一由于皇帝无权，而大臣疆吏初殆无所畏惧也。

新政不易实行，而诏书迭下者，一由于主持变法之人视事太易，康有为于德据胶州湾时，中称变法之效曰："新政诏书虽未推行，德人闻之便当退舍。"又曾奏曰："雷厉风行，力推新政，三月而政体略举，期年而规模有成，海内回首，外国耸听。"天下固无若是之易事。其一明知其不能行，而故多发诏书,使识者念光绪为圣主,以为后图。康有溥致书友人,而明以此为言,此固其兄之见解。其在京也,奏疏太多,言事太易,中有未曾审思而实无法推行者。八月末,康氏上奏统筹全局举办新政,内政须银一万万两,练兵百万一万万两,兴创海军一万万两,分筑三大干路三万万两,合计六万万两;主张大募公债。其先政府决定发行昭信股票一万万两,康氏谓其额数太少,力持不可,及后发行,竟无人愿买。六万万公债,募之国内外国,均非易事。万一募足,而政府一年收入不足一万万两,政费军费若此之巨,将何以持久?康氏殆未虑及;中国情状固不同于外国。九月初,康氏奏请二事,一迁都上海。上海究为适宜之地与否,暂且不论,官吏将于何处办公,大兴土木,则以财政困难无法进行。一请易服。梁启超于湘先已言之,及康氏疏上,帝欲照行,而刚毅力争。康氏后自言其建议,实为巨谬,幸未遽行,以致摧残丝业也。凡此数端,均足以供反对者之口实与愤恨,殊为不智。所堪注意者,变法诸人处于逆境之中,非不知其地位危险,有置生命于度外者。兹引康有溥书为证。

> 伯兄规模太广,志气太锐,包揽太多,同志太孤,举行太大,当此,排者,忌者,挤者,谤者,盈衢塞巷,而上又无权,安能有成?弟窃私深忧之,故常谓但竭力废八股,俾民智能开,则危崖上转石,不患不能至地,今已如愿,八股已废,力劝伯兄宜速拂衣,虽多陈无益,且恐祸变生也。伯兄非不知之,惟常熟(翁同龢)告以上眷至笃,万不可行。伯兄遂以感激知遇,不忍言去,但大变法,一面为新图之基,一面令人民念圣主以为后图。弟旦夕力言新旧水火,大权在后,决无成功,何必冒祸?伯兄亦非不深知,以为死生有命,非所能避,因举华德里落砖为证。弟无如何,乃与卓如(梁启超)谋,令李苾老(李端棻)奏荐伯兄出使日本,以解此祸,乃皇上别放公度(黄遵宪)而留伯兄,真无如何也。伯兄思高而性执,拘文牵义,不能破绝藩篱,至于今实无他法,不独伯兄身任其难,不能行,即弟向自谓大刀阔斧荡夷薮

泽者,今亦明知其危,不忍舍去,乃知古人所谓鞠躬尽瘁死而后已,固有无可如何者!兄在远不知情事,易于发论,倘在此岂能远遁?若能遁,则非人情,又何以为人,固知为志士仁人之不易也。……今婴国事,如陷阱罗。

今读遗文,深佩其光明磊落,欲与变法诸人共患难,同生死,殆所谓志士仁人非耶!原信见于张元济所辑之《戊戌六君子遗集》,未将月日注明,以愚观之,殆在八月。康有溥之在京,异于其兄,未受政府之委任,毫无职守,出京避祸,并不可非,而仍留京不去,死而后已,实非常人之所愿为。康有为久视生死非人所能为力,其所称华德里故事,则十五年前,康氏路经华德里,时方筑室,砖坠掠面流血,倘斜落半寸,则脑伤而死,故言生死有数。谭嗣同、杨深秀等莫不如是,祸变作后,其友劝说谭氏避祸于日本使馆,然后东游,强之者三,而谭氏坚决不从,必欲死难。杨深秀闻知政变,"抗疏诘问皇上被废之故,援引大义,切陈国难,请西后撤帘归政"(梁启超语)。二人久已视死如归矣。其死目今观之,固无结果,而在当时则不可非,其为国牺牲之精神,至堪钦佩,诚所谓志士仁人也!光绪于此期内,诏称宵旰焦劳,力图振作,其每日阅看之奏章视前大增,倍加勤劳,其心则为国民也,曾得请开国会之疏,即欲照行。孙家鼐谏曰:"若开国会则民有权,而君无权矣。"帝曰,"朕但欲救中国耳,若能有益于国民,则无权何害?"(见《戊戌奏稿》)其言颇为诚实,变法欲有所为,非不知其危险也。

中国时为帝国,朝廷为专制独裁之中央政府,国内除叛乱或大规模暴动而外,殊难切实影响政府之政策;中主对于任何大臣均得自由处分,良懦之平民,议论无由上达,终难有所举动。皇帝对于变法苟有坚决之主张,具体之办法,次第进行,理论上实无重大之问题。而光绪变法失败者,其原因则政权不在皇帝,而在太后也。慈禧太后听政,大臣久立于朝者,非其亲臣,即不敢稍违其意。光绪孤立于上,亲政后,太后颐养于颐和园,臣下奏疏仍须封送园中由其决定。一八九七年，学士恽毓鼎奏参园中牛姓太监，帝阅疏后，谓翁同龢曰："此疏若为太后见，言官祸且不测，朕当保全之"，遂将其撤去。帝知言官之忠直，太监之乱政，而竟敷衍省事。变法之初，太后用其亲臣握兵，光绪迫而罢斥师傅，不敢重用康梁，而令康氏进书陈其意见，后用谭嗣同等四人，专办新政，位不过章京，品不过四品衔而已。妇女之性情，多偏于保守；慈禧幼读诗书，严于夷夏之别，拳乱后，尚信中国之政教高于各国，其听政也，对于军国大事，宫中礼节，莫不欲遵祖制，平日听信讹言，怀疑教士。自其性情及思想而言，对于变法，毫无了解同情之心，后告德龄女士，信帝将为教徒，故反对之。其时光绪进用之新臣，尽为汉人；其先汉人于政治上占有优势，光绪信用翁同龢已起刚毅等之怨望，而今重用汉人，改练旗丁，许其营生，益大启其恐惧之心。满臣之妻女得入颐和园中，向太后挑拨，其嫌疑之深，则以礼部堂官阻格王照条陈而尽落职也。王照官为礼部主事，上奏请帝游历日本，交礼部代奏，其尚书怀塔布、许应骙等将其阻格；康有溥闻之，请其草疏奏劾，王照从之，而堂官仍不肯递。王照以上谕废除壅蔽，力争不已，且谓将请都察院代奏，怀塔布等无奈，奏称日本向多刺客，王照妄言，而竟借端挟制。上谕斥其狃于积习，毫不体会谕旨，游日与否，无庸其过虑，将其交部议处。九月五日，改委礼部尚书侍郎六人，盖帝新读《波兰分灭记》诸书，深受感动，态度坚决，大非前比；又以谕旨不行，而礼部堂官最为守旧，借以振作，且使朝臣有所警畏也。斯日，诏用四卿办理新政，意将积极推行新法，遂触太后之忌。会曾廉上书请杀康梁，帝恐太后杀之，乃令谭嗣同将其条陈驳斥，以保全之。十二日，帝应宋伯鲁、王照等之奏请，欲开懋勤殿，选臣待制，燕见赐坐，讨论政事，命谭嗣同拟旨，遣内侍持列朝圣训授之，欲其引用故事也。明日，帝往颐和园请命，而太后不许，旨不得下，二人猜忌益甚。十四日，帝将手谕交与杨锐，文曰："朕惟时局难艰，非变法不得救中国，非去守旧衰谬之大臣，而用通达之士，不能变法，而皇太后不以为然，朕屡次几谏，而太后更怒。今朕位几不保，汝康有为、杨锐……可妥速密筹，设法相救。"①危险至是，帝盖深受太后之申责，而以政变将起也。明发康有为即赴上海之诏，十八日，密谕促行，值李提摩太应召抵京，往谒康氏。康氏面称政局不安，将即赴沪，皇上召见之旨，将由孙家鼐或谭嗣同转交，二十日乘火车出京。

变法诸臣对于朕位不保之密谕，筹商救护之方法，康氏先已知其危险，非以兵力不能挽救，环顾国内统兵之将，能救其出险者，唯有袁世凯耳。袁世凯精刻机变，负有时望，初为吴长庆幕友，随之往韩，平定韩乱，擢至道员，干涉朝鲜外交，及中日战祸将启，狼狈回津，李鸿章用为粮道，知不能胜，主张和议，战后，练兵于直隶，对于变法之主张，表示同情，曾助强学书局，会为言官奏劾，帝命荣禄查办，荣禄知其练兵得法，昭雪其诬罔，至是，官至按察使职，兼领精兵七千。康有为先欲结之为援，暗使亲信徐仁录入其幕中，征其意见，而袁谬称倾向，康氏信以为真，上疏荐之，代徐致靖草疏荐之，又嘱谭嗣同密言于帝，帝遂召其入京引见。九月十四日，袁世凯抵京，十六日入觐，帝问军事颇详，午后诏命其以侍郎候补，专练军队，明日，谢恩，召见，十八日夕，谭嗣同谒之，说以皇上危险，荣禄密谋废立，十月九日（阴历九月五日），帝同太后幸津阅兵，请其以兵保护圣躬，复帝大权，清除君侧。袁世凯答称阅兵时，帝入其营，即传令诛贼，议至夜半后始散。此说见于梁启超所著之《谭嗣同传》。据《申报》发表袁世凯之《戊戌日记》，称十八日夜，谭嗣同来见，屏人密谈，称荣禄献策废立，因出草稿，略称荣禄大逆不道。袁世凯请训，将面付朱谕，令其赴津，即诛荣禄，代为直督，立时运兵入京，一半围颐和园，一半守宫。如不听吾策，即在公前自尽等语。袁问其围颐和园何为？谭称除此老朽，国始可保，已雇有好汉数十人，并电招湖南好将多人来京，唯请其办理诛荣禄、围颐和园二事。袁称事关重大，不能今晚决定，上亦未必允准。谭称其有挟制之法，必能邀准，初五日（二十），定有朱谕面交。袁以其类疯狂，乃设词

---

① 诏文据张伯桢之《南海康先生传》。

推宕，谓天津驻兵众多，新建军人少，子弹在天津营内，势不能动。谭称猝诛荣禄，分给诸军朱谕，驻军即不敢动。袁称事须缜密，切不可先交朱谕，后再商议办法。谭称上意甚急，且出朱谕示之，乃墨笔所书，略称老臣反对变法，太后不安，饬其另筹良法。袁谓此非朱谕，中无诛荣禄、围颐和园之说。谭称朱谕在林旭手，杨锐抄写给之，谕内所谓良法，即指此事，遂强其照办，声色俱厉，腰间似有凶器。袁称待巡幸天津阅军，皇上下谕，谁敢不遵？谭称势甚迫急，袁称既有巡幸，必不遽有意外。谭谓如不出巡奈何？袁称其可请荣禄力求，保可不至中止。谭嗣同信之。起而为揖，夜深始去。

　　二说迥不相同，梁启超之文作于日本，梁氏于政变前在京参与机密大事，其所著之《戊戌政变纪》，原为一时之宣传，后亦自行承认。今自吾人观之，其文对于守旧及反对变法大臣多所诋毁，而于期内之大事，记录多未失实，其说明之处，虽不免于辩护浮夸之辞，然颇显而易见。袁氏日记据称得自张一麐，其果为袁氏亲笔与否，尚不可知，而固袁派辩护之文字也。原文注明作于八月十四日，其日为公历九月二十九日，谭嗣同等业已受刑。上谕公布康有为之罪名，则谋围颐和园也。十日之间，康氏之罪名三变，初谓其进红丸，酖弑皇上，继称其结党营私，终称其谋围颐和园，袁氏殆受其影响而厚诬之耶？其与谭嗣同会谈之际，别无他人，实状今不可知。自吾人观之，袁称谭谓太后为老朽，雇人杀之，直为大逆不道，颇可怀疑，运兵入京围颐和园之谋，亦有疑问。其时直隶驻军约有十万，杀荣禄后，事变将即电报北京，旗兵设防，七千人将何能围颐和园乎？其谋直视国事为儿戏，犯大不韪之名，智者断不肯为。据张伯桢言，谭氏说袁系奉康氏之嘱，其意欲杀荣禄，夺其兵权，太后失其所恃，无能废立矣，固无围颐和园之语。袁氏谓谭有挟制皇帝之法，类似疯狂，腰间疑有凶器，均不足信。皇帝饬其议商救护之法，何挟制之有？谭氏久历险境，负有奇才，称其疯狂，实无根据。其时适在仲秋之初，气候尚热，人穿单衣，腰间何能藏有凶器？至称朱谕为墨笔所书，盖指抄录之文而言，实则帝传密谕于杨锐。及载沣监国,杨锐之子将其呈上。袁氏所述谕旨之内容略与之同,其称交于林旭,由杨锐抄录,殆其记忆力弱,而更加以附会乎?总之,袁氏日记要多诬蔑之辞,不足尽信。梁氏所言间亦不免讳饰之处,未曾提及诛杀荣禄之谋则其明例。谭袁会商之结果,则于巡幸阅兵之时,诛杀后党也,双方所言均相符合,其谋苟守秘密,先有预备,殊不难于成功,乃袁世凯无勇敢之精神,犹豫不决,更念荣禄之厚谊,遂叛新党,而置国事不顾,二十日,请训回津,即往督署,以内情告于荣禄。旧党先已至津挑拨荣禄,及袁世凯抵京,荣禄声称英舰办弋渤海,促其回防,及闻其谋,电告慈禧。慈禧大怒,斯日,自颐和园回宫,矫诏称帝再三吁恳其训政,自今日即在便殿办事,置帝于南海瀛台。瀛台三面皆水,帝遂惨然如在笼中。

袁世凯变节之信息传布北京,伊藤博文叹称帝无兵力,何能有为?即命摒档行李出京,其先孙家鼐通知李提摩太谓二十三日,帝召其入见,及期,称帝囚于瀛台,生命危险。初二十一日,步军衙门奉旨密拿康有为及其弟有溥,北京闭城大索,步军统领捕获康有溥。谭嗣同、梁启超闻之,并知垂帘之诏,往见李提摩太共同商救皇帝及变法诸臣之策,议定李提摩太往见英使,梁启超往见日使,容闳往见美使。容闳者广东人也,为中国最初留美学生之一,回国后,说丁日昌转商于曾国藩、李鸿章奏请选派幼童赴美读书,对于变法深表同情,九月中,抵京,筹筑铁路;其夫人美妇也,容闳已入美籍,而于祖国仍欲有所赞助。三人奔走游说,未有圆满之结果,此固中国内政,而公使不应干涉也。谭梁处于窘极无可奈何之地位,不择手段,吾人当或谅之,幸主持变法之康有为、梁启超皆能出险。康氏于二十日抵津,乘英船南下,荣禄发兵捕之,不及,知船将泊烟台,电道台截搜密拿,会道台以事他往,康有为不知政变,及船入港,登岸游览,购物归舟而去。政府电上海道台搜捕,道台亲乘轮船守于吴淞,凡船自天津到者,上船搜查,始许搭客登岸。英使以康有为为变法之领袖,深表同情,不愿其于英船上捕获。上海英领白兰(Byron Brennan)奉命救之,康氏于吴淞口外改乘英船前往香港,梁启超避祸于日本使馆,得其援助出京,二十五日，偕同日人自塘沽登轮东往日本。

康梁得免于难，朝臣因变法受祸者颇多，二十四日，步军统领衙门奉旨拿张荫桓、徐致靖、杨深秀、杨锐、林旭、刘光第、谭嗣同，明日，解送刑部。刑部奏其案情重大，请派大臣会讯，俄谕张荫桓暂行看管，徐致靖交部研讯，谭嗣同等派大臣会审，且曰："此外官绅中被其诱惑之人，朝廷政存宽大，概不深究株连。"会御史请即将六人正法，二十八日，杀之，明日，朱谕曰：

> 近因时事多艰，朝廷孜孜图治，方求变法自强，凡所设施，无非为宗社生民之计，朕忧勤宵旰，每切兢兢；乃不意主事康有为首倡邪说，惑世诬民，而宵小之徒群相附和，乘变法之际，隐行其乱法之谋，包藏祸心，潜图不轨，前日竟有纠约乱党谋围颐和园劫制皇太后，陷害朕躬之事，幸经觉察，立破奸谋，又闻该乱党私立保国会，言保中国不保大清，其悖逆情形，实堪发指。朕恭奉慈闱，力助孝治，此中外臣民之所共知。康有为学术乖僻，其所著述，无非离经叛道非圣变法之言，前因讲求时务，令在总理各国事务衙门章京上行走，旋令赴上海办理官报局，乃竟逗遛辇下，构煽阴谋，若非仰赖祖宗默佑，洞烛几先，其事何堪设想！康有为实为叛逆之首，现已在逃，着各省督抚一体严密查拿，极刑惩治。举人梁启超与康有为狼狈为奸，所著文字，语多狂谬，着一并严拿惩办。康有为之弟康广仁（有溥字）及御史杨深秀，军机章京谭嗣同、林旭、杨锐、刘光第等实系与康有为结党，阴图煽惑。杨锐等每于召见时，欺蒙狂悖，密保匪人，实属同恶相济，罪大恶极，前经将各该犯革职，拿交刑部讯究，旋有入奏，若稽时日，恐有中变。朕熟思审处，该犯等情节较重，难逃法网，倘语多牵涉，恐致株累，是以未俟复奏，于昨日谕令将该犯等即行正法。此事为非常之变，附从奸党，均已明正典刑。康有为首创逆谋，罪恶贯盈，谅亦难逃显戮。现在罪案已定，允宜宣示天下，俾众咸知。我朝以礼法立国，如康有

为之大逆不道,人神所共愤,即为覆载所不容。……嗣后大小臣工,务当以康有为为炯戒。

朱谕所称之罪状,语涉含混,多非事实。中国非法治之国,太后之盛怒,刑部作为定罪之标准,康有为之罪名,至是三变,不过对于太后亲臣有不利之行为,而此罗织其罪,加以抽象之恶名耳。权有力者,固能如此!其先一日,谭嗣同等六人被杀,后人呼为六君子。其中谭嗣同之学识才力,尤见称于时,政变后不肯出逃,语其友曰:"中国数千年未闻有因变法而流血者,有之,请自嗣同始。"康有溥等亦无临难求免之心,其大无畏之精神,有足多者。六人死后,慈禧深以未得康有为为恨,悬赏捕之,诏火其书籍,收其财产,捕其家属,毁其祖墓。其家人以亲友之助,先已逃往澳门、香港矣。拳乱后,德龄女士入宫侍奉太后,其父裕庚久任驻外公使,女士从之住于外国,熟悉英语,及在宫中,曾译英文报纸上之消息,告于慈禧,偶尔言及康有为抵于新加坡。慈禧大惊失色,嘱其留意关于康有为之信息,其患之之甚,一若洪水猛兽。梁启超、王照、文廷式均奉旨缉拿,籍产掘墓,并捕其家属。其赞助变法之大臣张荫桓则旨称其居心巧诈,行为诡秘,趋炎附势,反复无常,发往新疆,交其地巡抚严加管束,沿途派员押解,并收没其家产。徐致靖交刑部永远监禁,其二子革职永不叙用。李端棻革职,发往新疆,交地方官严加管束。翁同龢前已回籍,后亦令地方官严加管束。黄遵宪、张元济、宋伯鲁等均先后革职,甚者永不叙用。大臣之罪名,或为声名恶劣,或为滥保匪人,或为招引奸邪等名。其在外省者,陈宝箴奉旨革职,永不叙用,其子三立亦罢官归。于是凡与变法有明显关系之臣工,诛逐殆尽,约四十人,皆国内有志之士,政治上之损失何如,刑罚之严酷,犹其余事。

慈禧第三次听政,即命荣禄入京,仍在军机大臣上行走,兼管北洋军队,改授裕禄为直督,其他顽固大臣多居要职,并次第罢免新政。中国之权有力者,对于反对党之所为,从不平心静气,考察其利害是否宜于国情,或能改去积弊,促进人民之幸福,及得政权,徒逞意气,不顾一切,而尽反其所为。历史上之明例,不胜枚举,殆如算盘打过再来,又如俗谓另起锅灶也。执政者固可抹杀政治上之经验,而人民苦矣。慈禧再行听政,诏复旧制,二十六日,谕曰:

> 朝廷振兴商务,筹办一切新政,原为当此时局,冀为国家图富强,为吾民筹生计,……乃体察近日民情颇觉惶惑,总缘有司奉行不善,未能仰体朕意。……即如裁并官缺一事,本为淘汰冗员,而外间不察,遂有以大更制度为请者,举此类推,将以讹传讹,伊于胡底。……詹事府、通政使、大理寺、光禄寺、太仆寺、鸿胪寺等衙门照常设立,毋庸裁并。其各省应行裁并局所冗员,仍着各该督抚等认真裁汰。……凡有言责之员,自当各抒谠论,以达民隐,而宣国事。其余不应奏事人员,概不准擅递封章,以符定制。时务官报无裨治体,徒惑人心,并着即行裁撤。大学堂为培植人才之地,除京师及各省会业已次第兴办外,其各府州县议设之小学堂,着该地方官察酌情形,听民自便;其各省祠庙不在祀典者,苟非淫祀,着一仍其旧,毋庸改为学堂,致于民情不便。

光绪改革之要政于是停办。太后诏饬各省裁员,不过虚名,湖北、广东、云南巡抚等官且奉旨恢复矣。疆吏安于旧例,顾全情面,光绪严辞切责尚多不办裁员,而今能实行乎?其堪称怪者,太后诏令乡试及岁考科考等悉照旧制,仍以四书文试帖等项分别考试,停罢经济特科,武科复用马步箭刀弓石,裁撤农工商总局,饬各省督抚查禁报馆,拿办主笔,禁止立会,拿办会员。关于疆吏奏复新政事件,均敷衍了事。其诏办者,则为整理吏治练兵、筹饷、保甲等,严责疆吏切实办理,事实上多为具文。奖励保甲,反而造成拳乱之机会。

慈禧既得为所欲为,其尚不能自由处置者,光绪帝也。帝自囚于瀛台,太后盛怒未消,一方称其病重,一方阴谋废之,时人疑帝为其毒死,其电谕捕康有为也,称其酖弑皇帝,太后之心实不可知。驻京各国公使对于光绪之变法,深表同情,向总署王大臣声称其奉命来华,只认皇帝倘发生不祥事件,将即引起外交上严重之局势,以为警告,并常问帝病状。总署以脉案药方示之,公使不信,俄由英使提议,派法国使馆医生入宫诊视帝病,及往,始信其尚未死。太后痛恶公使,无如之何,荣禄亦以交涉困难,不欲贸然废立,引起事故。朝廷上主张废立者,仍占势力,乃征疆臣之意见,其中以两江总督刘坤一、湖广总督张之洞负有盛名。张之洞时已变节,未有异议。刘坤一初为湘军中之战将,颇有功绩,对于变法,虽无赞助,而于废立则持不可,朝议始挫。明年,候补知府经元善于上海联合绅商侨民公电北京保护圣躬,经元善时为电报局长,与康有溥、李提摩太友善,变法时与康有溥筹款,创办女学堂。慈禧得电,即命捕之,而经元善以李提摩太之助,逃往澳门。慈禧遂以种种关系,寝其废立之谋,然心尚不甘服,亲臣更怂恿之,一九〇〇(光绪二十六)年一月二十四日,召集王公大臣会议,谕立皇子。朱谕曰:"朕冲龄入承大统,……自上年以来,气体违和,庶政殷繁;时虞丛脞,唯念宗社至重,前已吁恳皇太后训政,一年有余,朕躬总未康复,郊坛宗庙诸大祀不克亲行。……入继之初,曾奉皇太后懿旨,俟朕生有皇子,即承继穆宗毅皇帝(同治)为嗣。统系所关,至为重大,忧思及此,无地自容,诸病何能望愈?用再叩恳圣慈,就近于宗室中慎简贤良,为穆宗毅皇帝立嗣,以为将来大统之畀。再四恳求,始蒙俯允,以多罗端郡王载漪之子溥儁继承穆宗毅皇帝为子,钦承懿旨,欣幸莫名!仰遵慈训,封载漪之子溥儁为皇子",诏中叙述恳立皇子之经过,全不可靠。帝以一国元首,处于若是凄惨悲苦之环境,殆亦可哀,立嗣之非祖制,太后固不之问。其年为帝三十寿辰,先诏停止典礼,各省长官不准奏请入京祝嘏,其免于死,岂非幸耶?

综观政变之始末,变法受外患之刺激而成,酝酿已久,其倡言者多为国内觉悟之优秀分子,而欲富强中国者也。光绪受其影响,下诏变法共逾百日,故有百日改革之称。康梁之徒,欲于最短期内铲除千余年之积弊,俾中国跃为强国。梁启超述其师语曰:"守旧不可,必当变法;缓变不可,必当速变;小变不可,必当大变。"其视事也若此之易,实无政治上之经验,而其主张变更者,多为国内之急切需要,外人对之深表同情,或与以援助焉,通商口岸之中文报纸亦然。英使窦纳乐救康有为脱险,粤商发电道谢,经元善等谋救圣躬,皆足以代表觉悟绅商之意见。其变法失败者,则求治太急也。康梁诸人皆为文人,偏于理想,或不明了其时之政治实状,谭嗣同于拟开懋勤殿旨,始信帝无实权。及闻帝被囚,往见李提摩太,叹息其未肯从逐渐改革之忠告,至于失败。西方之名言曰:"政治乃次好之学"(Politics is the science of the second best.),意谓政治非可依据理想之计划进行,必须兼顾环境,斟酌实况,采行折中调和之办法也。变法固不能免反对,政治家之责任,当视事之利害,审察民情,定其先后缓急之序,避免无谓之争执。迨其所办之事成效昭著,则自易于进行。康梁诸人不知环境之碍力,偏于理想,求效太急,多招忌嫉,终则一无所成,其人固无经验之书生也,对于李鸿章且不能容。李氏于太后听政后,不愿捕杀党人,对于变法,固表同情也。新党谋杀荣禄,出于阴险诡计,直以皇帝之安全,及变法诸臣之生命,为孤注之一掷。吾人今或因其形势之险恶,而稍谅之。其时帝以礼部堂官阻格王照条陈,革去满汉大臣六人之职,内臣大惧,向后纷进谗言危词,更有潜往天津与荣禄密谋者。双方之意见益深,妥协殆不可能;与其坐而失败,无宁侥幸于万一也。事后凡与变法有关系之朝臣,或死于难,或戍于边,或逃往外国,或隐于山林。其人类多忠勇才能之士,竟不能服务于本国,而实政治上重大之损失。太后恢复旧制,梁启超等肆力诋之,识者渐信清廷不足有为,而多趋于激烈,变法运动终非政治势力所能阻也!其一时之影响,则朝中昏庸大臣之势力大盛,仇视外国,酿成大祸。综之,变法乃清季之曙光,不幸摧残夭折,此清室所以覆亡也。

第十一篇　义和团之扰乱

反对外人之心理——教案困难之分析——人民生计之困苦——财政之窘状——练兵——秘密会社之活动——国内之纷扰——义和拳之略史——山东拳乱之势炽——朝廷之态度——直隶拳乱之情状——外兵入京保卫使馆——主战派之气焰——拳民入京后之情状——塘沽炮台陷后之混战——御前会议——宣战诏书——宣战后之北京——北方之惨杀——教士

自中日战后，列强以索酬均势，相继要求承办铁路，租借军港，划定势力范围等，借以巩固其政治商业之地位，中国迫而一一许之，危急之势几至瓜分，士大夫留心国事者，始大恐惧。其洞悉世界大势之识者，谋取西方强国之所长，以补吾国之所短，主张变法，竟归失败。其顽固者抱有卫道之心，反对采行外国制度，及列强侵略日甚，而恶之益深，偏见之极，思想全为意气所支配。其下人民迷信痼深，或以闹教酿成暴动，或言外国将强信教，或信外人夺其生计，于此谣言四起之际，山东交涉遂起。山东为孔孟生长之地，先受德国之侵略，足以引起人民之愤怒矣；更就朝廷而言，慈禧于政变之后，总揽政权，诛逐变法诸臣，独于英日保护下之康梁无如之何；驻京公使迭问皇帝健康，阻碍其废立之谋。其时董福祥统率之甘军奉命驻京，兵士仇视外人，于卢沟桥殴伤工程师，地方官不敢闻问。公使抗议，欲调外兵入京保卫使馆，慈禧迫不得已，调之出京，更为缓和外使之意见，接见其夫人于宫中，赐以礼物，待之优渥。但据德龄女士之言，太后于拳乱后，尚无诚意待遇公使夫人，其违反心愿屈服至是，则徒增加其恨恶外人耳。其亲信大臣则为载漪、徐桐、荣禄等；载漪为道光之孙，爵为端郡王，平日深得太后之欢心，太后新立其子溥儁为皇子，满语所谓大阿哥也。徐桐年高望重，痛恨外人，其卫道之诚过于其师倭仁。荣禄为太后亲臣，反对变法，政变之后，掌管北洋精兵，大臣中以其尝与外人接触，较有常识，余多昏庸狂妄。其相同之见解，则反对外人，侈言复仇，义气情感之激昂，往往丧失理智，终乃不问是非，不择手段，不惜孤注一掷焉。

仇外之原因繁多，教案则其一也。教士自订约以来，前来中国者日多，总其派别为三，一曰天主教，二曰基督教，三曰正统派（即希腊教）。天主教之在中国历时最久，利玛窦、汤若望等属之，输入科学知识，康熙而后，教禁始严，热心传道之神父仍有潜往内地者。基督教来华，始于一八〇七（嘉庆十二）年英教士马礼逊之来粤。马礼逊以教禁之故，不得自由传教，学习华文，受雇于东印度公司，翻译《圣经》，美教士继之来华，初无重要之成绩。正统派教徒住于北京俄馆，学习华文，无传教机会之可言，此订约前之情形也。及中美《望厦条约》成立，美人得于五口建设教堂医院，朝廷更应法使之请，废弛教禁。时值十九世纪中叶工业革命之后，资本集中，富力大增，中级社会捐助教堂之款，为额颇巨。世界交通，以科学之进步日趋便利，教士之愿应募前往异国传教者，数乃大增。其人深信耶稣教高于一切宗教，而当广传福音拯济世人也。教士之派别不同，教义及传教之方法迥然有别，教会与政府之关系亦各有异。其在中国者，以法、英、美、俄人为多；法人多奉天主教，英美多信基督教，俄则信奉正统派。天主教、正统派原与政治不分，正统派之在中国尚无地位可言，未有政治野心，而天主教之神父则尝利用宗教势力，干涉政治，且有以权利扩张实力者，得有法国之保护。基督教尚无政治背景。一八五八（咸丰八）年，

《天津条约》允许教士传教，一八六〇年，中文中法《北京条约》准许教会购置产业于内地，二国后虽否认其有效力，而神父固自由传教于内地，并置产业。总署俄应法使之请，议订章程，予以承认。基督教之教士不愿放弃机会，从而效之。教士之在内地也，不受中国官吏之管理，法律之裁制；其公使遇其财产损失，生命伤害，多所要求。自其政府而言，保护侨民乃其天职，教士为侨民之一，自当保护也。自华官观之，传教败坏人心风俗，不肯切实保护教士，问题遂多。

中国对于传教事业多怀疑虑，慈禧于拳乱后，尚信教士挖眼取心配成药剂之说。德龄女士言其不足凭信，举其父裕庚办理教案为证，因论教士救济穷苦之事业。太后转言教士果实悲天悯人，救济穷苦，收养孤儿，医治病人，何不在其本国而来中国？其言足以代表大多数人民之思想，今日之怀有此见者，数尚不少。其疑教士之取眼心者，本于国内方士炼丹采补，摄取人精之说，时人又信教士窃取婴儿脑髓室女红丸，其传说之由来，盖教会收养婴孩，男女信徒同在礼拜堂中祈祷，而中国礼教男女不相授受，以为伤风败俗，造谣毁之也。李鸿章以办理外交熟习洋务见称于时，其官于直隶也，李提摩太于其管辖境内救荒施赈，提倡科学，而李鸿章从未乐捐分文，或稍予以经济援助，李提摩太深以为憾，此固由于李氏吝于施舍，而其怀疑教士亦其原因之一也，后奉命赴俄致贺加冕，乘坐法轮西渡，李提摩太亦乘船回英。李鸿章于船上见之，惊曰："君在三等舱乎！余之侍从皆在头等舱也"，始知其非英国派来之奸细。其不能了解传教事业者，一则由于不知外国之情状，以及耶稣教之性质，教会在其本国，办设医院学校慈善事业，规模宏大，其经费出自教徒之乐捐，而多用于本国，海外事业不过其工作之一小部分，固与政治无关。其误会之由来，或起于天主教也。天主教之在东方，向归法国保护。法国利用其为侵略之工具，北堂教堂历久交涉，始肯迁让。一八八六（光绪十二）年，总署商请罗马教皇遣使驻京，管理神父，教皇许之，而法国多方恫吓，教皇竟不敢遣使来华。一八九一（光绪十七）年，德国始行保护本国神父，后以教案强据胶州湾，均其明显之例。虽然,此就一方面而言,教士远至一国,其国苟有强有力之政府,保护外侨,人民安居乐业,固无祸患,而在当时之中国,愚民易受煽惑,官吏不善劝导,遂致事变迭起,列强之不善于保护教士,亦有相当之责任焉。

教士之在华传教也,其教义本于《圣经》,而解释则多本于个人之信仰、教育与经验,其与中国原有之思想虽或求免冲突,而以环境之不同,冲突殆不可免。其反对之者常以文人为中坚,其人诵读诗书,高谈理学,胸襟狭隘,见闻浅陋,而又严于夷夏之别,恨恶教士传道。其主因一则教士反对祭祀,教民斧其神主,而中国为礼教之国,不能相容;一则文人轻信讹言,以其奸诱妇女挖眼取心也。最初教士所在之名城,每于生童应考之时,常有闹教之案,官吏原为知识界人,而文人居于领袖地位,自多与之合作。民间敬神拜佛,教士则往佛寺劝人不拜偶像,攻毁佛法,教民不肯出钱唱戏修庙,朝廷曾令其于文庙不得托故拒绝,而唱戏谢神含有娱乐之意,乡民视为大典,而独教民反对,乃相仇视,心中存有成见,自易轻信传说,而无聊之文人,又致力于宣传。长沙刊印之文字尤多,主其事者则信好扶乩兼有心病之周汉也;时人竟称其文为"乾坤正气",曾绘图画,坐猪精于上,剖心挖眼于下,詈天主教曰"天猪叫"。外使抗议,李鸿章请湖广总督张之洞将其严办,张氏多所顾忌,复称"湖鄂两省无识士绅,多有称赞其歌谣各种者,此等谬见,猝难家喻户晓,若重办必激成事端",置而不问。及胶澳变作,周汉刊印揭帖,劝人焚烧耶稣妖巢,违者合门屠之。陈宝箴下令捕之,周汉于候审所大闹,毁物欲死,忽索妓女及银,先曾自撰挽联,陈宝箴讯之,又自否认,固疯人也。而毁教闹教竟成风气,哥老会因之作乱。教士之远传道者,莫不欲其事业之发展,多得信徒,以便报告总会,内地人民之愿奉教者,多属愚民,不为乡里所齿,教士之能接触者,以其为多。教士享有领事裁判权,不免利用时机,干涉诉讼,诉讼费为官吏收入之一,其判定案件本可断于情感金钱,教士常谓官吏反对教民,判断不公,乃向上司陈说,初以婚姻为多,后则遍及他事。其弊之极,则对官吏毫不相信，而所根据者全为教徒一面之辞，先向县官交涉，县官不从，报于领事公使，终将迫而许之，结果增加双方之恶感。就人民而言，教徒之无理者，反而得直，良民受欺者反而败诉，无赖作恶于乡里，而为地方人士所不容者，尝或加入教会，教士予以保护可即无事，无赖有所恃而不恐，作恶愈甚。于是教民、平民之隙日深，互相仇视，其造成此种现象，多由于天主教徒。

中日战时，四川教案大起，总督刘秉璋于成都城内不肯缉凶归案严办，地方官亦置不问，教士惊恐，英美公使严重抗议，要求刘秉璋革职，总署不许。英国称将派军舰入川，朝廷始免其职，诏称永不叙用，查惩办理不善之道府县官。川案尚未解决，而福建古田之教案又起，死者十一人，伤者五人，基督教教士筹商办法，公推李提摩太等入京，上奏教民相安之策，其主意则谓书籍文字诬陷教士，愚民扰害教民，隐忧甚大，建议三策，一、诏去毁教之文，二、不歧待教民，三、官吏与教士往来。其言颇有见地，办法切实易行，其请与官吏往来者，则为免去隔阂不通之隐，且可询访教务，免除误会也。朝廷固未接受其议，教案仍时发生，其难解决者，当推山东兖州殴伤德国教士之案。德使原欲生事，要求四端，总署许之；而巡抚李秉衡电称不可曰："如必尽餍其欲，衡即受严谴，亦难遵办。……不如将衡奏请治罪，借以谢过。"一八九七（光绪二十三）年，巨野匪徒伤杀德教士二人，德兵强占胶澳，朝旨授张汝梅为巡抚，而地方官仍不允许保护教士，令其出境。张汝梅亦言教士不可前往曹州，光绪严辞责之，始免于事。巨野教案解决，四川、广西复有杀毙教民之事，帝于变法时诏饬地方官切实保护教士，不得有意拒其谒见，一面开导百姓，嗣后不准再有教案，倘仍防范不力，地方官即行严办，将军督抚一并惩处。九月，懿旨亦令直省大吏认真保护教士教堂。一八九九年，总署与北京天主教主教樊国梁（Pierre Marie Favier）商订官教往来事宜，三月，宣示主教或护理主教之品位与督抚相同，准其谒见。大司铎准见司道，其余司铎准见府县等官，其交换条件，则主教径与地方官商办教案，不得干涉诉讼也。法美赞同新章，英国反对，其理由则《天津条约》规定领事与道台平等往来，领事之权得审判其本国侨民，教士自在其内，而今品位高于领事故也。基督教传道方法与天主教不同，其教士若李提摩太、林乐知等介绍西方学识于中国，影响颇巨，而愚民不能认识，朝臣更有以李提摩太等赞助康梁变法而恶之者，祸根既伏，酝酿已久，终成大祸。

自社会情状而言，朝廷于大乱之后，对于人民之生计，未尝顾虑谋有建设，民众仍以耕种为职业，人口渐多，生计艰难，妇女向自纺织，足供一家需用之粗布，及国际贸易日盛，输入之布匹大增，其样色繁多，价值低廉，家庭工业遂受摧残，国中之棉花反而运往日本，农民出其田中所生之五谷，易其日用必需之品，往往处于不利之地位，且其耕地有限，其生产者只能免其一家食料之缺乏，生计遂益艰难。其向业船者，自内乱而后，船只或毁于兵匪，存者不能与轮船竞争，乃多失业。总之，一国之富力，常恃其生产事业之发展，其进步之程度，必超过于人口之增加，然后人民之生计始有裕乐之可言。中国之生产事业，不惟未有发展，反而大受摧残，其因天灾所受之痛苦，更不堪言。国中主要农业，夏季南方多植水稻，北方多为旱谷，其秋收之丰歉，常恃雨量之多寡，每遇大雨不时，或久旱无雨，或淫雨连绵，则收成减少，农民原无储粮，唯有迫而当其衣服用具，卖其耕牛子女。北方情形尤为恶劣，野无青草，稍遇大雨则水尽入于河，易致水灾旱灾。一八九八年，黄河大为害于山东；初黄河自河南铜瓦厢改道流入山东，时值内乱，未遑修治，一八七二（同治十一）年后，渐有溃溢，始筑上流南堤，一八八二（光绪八）年以还，溃溢屡见。其原因则两岸大堤初不高宽，河身逼仄，而水易于破堤泛滥也。一八九六（光绪二十二）年，巡抚李秉衡曰："近来几于无岁不决，无岁不数决，除额拨经费不计外，其另案之款，十年通算不下八百万两，而河工败坏日甚一日。"至是，漫溢多处，人民几不聊生。太后诏命李鸿章会同河道总督周历履勘，通筹全局，妥议办法。李鸿章偕同官员及比工程师往勘，李氏主张采用汉代贾让徙当水冲之民让地于水之策，其次唯有展宽河身，拟于南岸酌用迁民废埝办法，北岸则用分别现在守埝作堤及将来再议废埝守堤办法,估计需用经费九百万两以上。比工程师谓堤上无草,河身弯曲,宜种杨柳,河中泥沙由上流土山坍塌入水所致,宜种草木。其工程估银三千二百万两,四五年完工,朝廷无款兴办,黄河之害依然如故。明年,大旱,江苏北部农民无从得食,父母卖其子女,其买去者多为女子,价值视其容貌年龄而定,低者五十文,高者一千文,其价殆廉于猪。荒年人贱于畜,哀哉!江苏原为富庶之区,交通较便,尚且如是,社会上自感不安。

人民患贫,对于国家担负势难增加,而政府亦同患穷。清廷自中叶以来,财政拮据,鸦片战后,对外迭次赔款,内乱增多军费,乱平而元气大伤,更设机器局船厂,兼筹勇饷,国用益形不足。一八九九(光绪二十五)年,户部奏曰:"近今大费有三,曰军饷,曰洋务,曰息债。息债岁约需两千余万,洋务亦约需两千余万,军饷约需三千余万,此三项已七千余万矣。此外,国用常经京饷旗兵饷需,及内务府经费,又各直省地方经费,亦几二千万。收入约八千万,短少一千数百万两。"其大宗财源,则为田赋、关税、盐课、厘金等项。田赋,初康熙鉴于明之灭亡,诏示后世子孙永不加赋,事实上官吏征收漕粮,常于正赋之外,别征手续运输耗费,其数多寡各地不同,多者数倍于正赋,户部所入并未因之增加,皇帝且不得酌加正赋也。关税自国际贸易发达以来,收入大增,按之各国财政原以海关为大宗收入之一,奈中国丧失自主之权不得自由提高税率,或切实值百抽五!其进款以担保外债之故,尽先偿还,余款始乃交于户部。常关之弊一如厘金。盐为人生必需食品,由票商贩运,其管理条例,如强划引地等,至为苛繁,政府从未考虑其为必需之品,贫富之担保相同,对于贫民极不利之课税也。清代中叶,年收约银五百万两,至是,政府增加税厘,年收一千二三百万两,实则数不止此,其困难则官吏之中饱,缉私之经费,私枭之贩运,减其收入也。户部议定加价,直省多不奉行。厘金创于雷以諴,胡林翼、曾国藩等推行其法于他省,识者莫不知其扰商病民,曾国藩曾言乱平即行蠲除,及乱平定,督抚利其收入之丰,不肯废去。主其事者以多报少,积弊深痼。

其时太后听政,罢去新法,但欲练兵以御外侮,及得户部奏疏,六月,诏谕大学士、军机大臣、六部、九卿查核各省关税、厘金、盐课,俾益饷项。大臣复奏常关税务、厘金、盐课以中饱为积弊,请饬督抚躬率属员裁革陋规,剔除中饱,认真整顿,化私为公。徐桐独请整顿轮船、电报、铁路、矿务等项,严提余利归公。光禄寺卿袁昶等亦有建议。太后再交大臣议复,奏上,严谕各省将军督抚切实整顿,并提招商局、电报局、开平矿务局盈余归公,诏派军机大臣刚毅前往江南筹饷。刚毅南下,清查关税、盐课盈余,查勘荒熟田亩,裁并局所,共得银一百二十万两;更奉后命南至广东,查筹饷银年得一百六十余万两。直督裕禄筹出三十七万两,其款有强令开平矿务局、天津关道交出者。李秉衡奉命往查奉天,亦有所得,其他直省奉旨照办,督抚交部之款颇有增加。其款名义上虽曰严提中饱,力杜虚糜,而多数官吏初非富厚之家,其财则取之于民者也。

朝廷积极筹饷,力谋练兵自强,以御外侮。列强侵略中国之甚,上自太后,下至胥吏,莫不恨恶,存有报复之心。太后于政变之后,诏谕各省统带兵勇大臣曰:"督率将弁,汰弱留强,激励兵丁,认真训练。……一旦疆场有事,士卒用命,咸晓然以国耻为耻,同仇敌忾,成节制之师。"俄再诏曰:"前因筹饷为练兵之本,迭经谕令各省裁汰营伍,腾出饷项,以便挑选精壮,认真训练。是加饷练兵为今日第一要政。……各直省将军督抚……选择老成宿将威望素著者,派充统领营官,……令其督饬兵弁,切实训练,务使一兵得一兵之用,庶几建威销萌,有备无患。各统领营官皆宜激发天良,力除应酬营谋等弊,奋志功名,勉图上进。倘再有缺额扣饷情事,一经发觉,定当以军法从事,决不姑宽也。"其言至为严峻,无如积弊太深,不求其本,空言固无实效。国内精兵时称北洋军队,奉旨归荣禄节制。荣禄分为四军。聂士成所部为前军,驻扎芦台,扼守北洋门户,董福祥所部为后军,驻扎蓟州,兼顾通州一带,宋庆所部为左军,驻扎山海关,专防东路,袁世凯所部为右军,驻扎小站,扼守津郡西南要道。荣禄另募亲兵万人为中军,中军新募成立,设备较全。宋庆、董福祥所部虽历战争,然非新法操练,军械恶劣,其能战者唯聂士成、袁世凯所部之兵耳,人数无几,固难对外作战。政府欲办保甲团练,以为之助。太后诏曰:"保甲则常年认真,自堪弭盗;团练则更番训练,久之民尽知兵,自足为缓急之恃。"迭催督抚切实办理,无奈国人懦弱畏事,俗有好铁不打钉,好人不当兵之说,一旦兴办团练,以为征兵之初步,至为不易。况其又无操练之领袖人才,切实之经费,精锐之军械耶?徒足以病民扰民而已。

近代中国之内乱,曾以秘密社会之活动而起,其潜伏之势力至大,政府禁之,其徒因益严守秘密,待时而动。白莲教之乱,太平天国之起,拳乱之祸,清室之亡,莫不与之有关,或即由其造成,其影响之巨大,固吾人所承认者也。但其名目繁多,时常改变,而其材料且不易得,研究之者感受困难,故虽迄于今日关其会党之书籍,尚无可读之著作。所可知者,秘密社会之中,推哥老会、三合会为盛。哥老会于乾隆时(一七三六——一七九四),时人称为啯匪。尚书周煌奏报四川状况曰:"啯匪近年每邑俱多至八九十人,常川扰乱,并有名号,戴顶坐轿乘马,白昼抢夺淫凶,如入无人之境。通省官吏罔闻,兵民不问,甚至州县吏役身充啯匪",后遂造成教匪之大乱。洪秀全起兵之先,哥老会、三合会之势极盛,其徒蠢蠢然欲动,未有事机,及太平军出自广西,入于长江流域,会党多入其中。平乱之湘军、淮军,中亦杂有会党焉。左宗棠平日留心社会情形、民间疾苦,其练兵之初,严禁会党加入其军,竟有投入者,几致酿成事变。其与子书数论及之,一八七〇(同治九)年,左氏远在西北,书告其子曰:"湘军哥老无人料理,竟至猖獗,侧身南望,徒切焦烦。"其时太平军、捻军新平,而会党之势仍盛,可为深惧。一八七一年,王文韶上奏其事曰:"自军兴以来,应募之兵湘勇居多,厥后遣散归湘,既不安于耕农,又素习于战斗,游手征逐,浸生事端,以故年来会匪充斥,伏莽遍地,宵小窃发,几于无岁无之。"此就湖南而言,他若湖北、河南、陕西、安徽诸省之边境,均有会党出没其间。其滋扰之甚,可略见于《清史稿·李瀚章传》,传中记会党勾结刀痞。总之,会党历时既久,根蒂益固,势力愈大;其作乱者官军虽力平之,然终不能铲除祸根,祸患尚可随时爆发也。

于斯不安情状之下,百姓起事自难幸免,一八九九年中,全国除湖南省外皆有扰乱,或因荒年歉收,饥民起而掠米暴动,或以反对外人之伸张势力而聚众滋事,或以迷信之深痼,偶因宗教上之误会,怀有仇恨之心,借端起事,或以党徒众多而欲推翻当时政府,起而代之。兹分言之,浙江绍兴、宁波、台州均遭荒年,饥民无食,迫而暴动掠米;福建亦有抢米风潮,其地秘密社会乘势活动,百姓公然加入,成立刀会枪会,官吏置之不问,可见民气之强悍与吏治之泄沓颓败矣。左宗棠曾将部兵剿贼入闽,其与子书曰:"土匪伏莽行劫,结会从乱者,处处皆然,……聚则匪,而散则良,东捕而西窜者,不知凡几。高黄(高连升、黄少春)两军之进漳州由省会兴泉经过,处处皆须预为购办柴草米盐,临时无从买给,扎营盘亦须租价,否则聚众持械,不与贼斗,而先与官仇。呜虖!此独非三代之民欤!而乃至此,上失其道,民失其本心,匪朝夕矣。"左氏三十年前之言,尚且深切时病,此境内扰乱之所以多也。河南、山东则受黄河之害,一部分农民之生计为之大窘,其受天灾而致不安者尚多。就外国侵略而言,沿海诸省曾以意大利租借三门湾之要求,督抚奉命防守要害,浙江调兵尤形忙碌,人民颇形惶恐。上海反对租界之扩展,厦门反对日本要求租界,人心不安。其在云南,法人自安南扩张势力经营铁路,滇人大为不安,蒙自暴民聚众焚毁法国领事馆,波及关署,俄而省会云南府亦有反法之运动。其在山东,则有德人建筑胶济铁路,路工初与高密县之庄民口角,继而互殴,庄民拔去路桩,德军借名保路,击毙庄民二十余名。山东巡抚毓贤赔偿桩价兵费三千四百余两,而置华人之被杀者不问,始已。会袁世凯代为巡抚,上奏朝廷曰:"其(德人)恃强逞凶,动因细故称兵压胁,久已成为惯技,而愚民仇外益甚,会以铁道阻水暴动,掠取粮物,德人允许造桥,而愚民不允,令乡绅往劝,亦不许,光绪二十六年正月初二日(一九○○年一月三十一日)围攻德局,德人允许改道,而暴民又攻其经理处,德谓保护不力,调兵将动,他处亦屡扰乱。"其困难之症结,则乡民于暴动之后,结成团体,失其遵守法律之习惯,而凶年饥岁更促成之也。其在满洲,俄国经营旅顺,征收其附近中立地之田税,乡民以其破坏中国之主权,多所恐惧,聚众反对。其人手无寸铁,而俄兵开枪击之,死者九十六人,伤者一百二十三人,中杂妇女儿童。其蛮横无理,无以复加,乃许少数恤金了事。英国于威海卫亦自收税。民众之恨恶外人,固有增无已也。

其因宗教上之恨恶而致事端者,可别为二:其一平民深受虚伪传说之影响,为人利用,反对教士,焚毁教堂,或以教民凭势欺人,鱼肉乡里,民众起而报复,贵州、江西等省均有其例。或以官吏不善处置,而事先未能劝导弹压,以致范围扩大者。其一则为回民仇视汉人,数起叛乱,新疆、甘肃之乱,均由于此。会众作乱之区域颇广,四川原为会众发达之省,一八九八(光绪二十四)年,其魁余蛮子起兵,捕得教士,以为要挟,官军初战不利,乃招降之,明年,再叛。其他骚扰尚有数起。湖北之会众起而应之,其中推哥老会之势力为最大,官吏杀其首要,平定其乱。同时,安徽北部及江苏徐州等县亦有大刀会之乱,居民惴惴然难于安居,其在西南者,则有会众扰于两广。其在东北者则为马贼,其祸颇烈,朝廷迭发大军讨之,杀其首要党徒,祸患尚未大定。其更造成大祸者,则山东、直隶之教众也。一八九八年,山东拳民暴动,蔓延于直隶南部,直督裕禄初遣军队弹压,擒其首要。明年,大刀会闯入开州滋扰,官兵杀其匪首,直隶稍靖,而山东之势大炽,后入直隶,造成拳乱。综就以上之扰乱而言,一省或有一乱,或兼有数乱。吾人读之,所得之印象,则为国内纷扰之甚也。但此印象殊不尽确,盖各省之州县数多,其有扰乱者往往数县,而祸乱之作,不久即平。国中除土地贫瘠、民俗强悍之地而外,大多数之州县,固安然无事,农民尚得安居乐业也。

山东为拳乱发难之地,其民迷信深痼,风气强悍,乐于战斗,会遇凶年,人民艰于得食;一方面感受德国侵略之刺激,蠢然思动,无如外人之枪炮锐利,而力不能胜之。其能胜之者,自群众心理而言,唯有神道,义和拳之说遂起。义和拳本为白莲教之支流,其党有祖师,招收徒弟,练习拳棍,其徒手常持刀,故亦称大刀会焉。十八世纪末叶,其势盛于山东、河南,乾隆严令禁之,官吏捕其首要杀之,其徒仍有四出传教者,一八〇八(嘉庆十三)年,安徽之颍州、亳州,江苏之徐州,河南之归德,山东之曹州、沂州、兖州,均有民众拽刀聚众,设立顺刀会、虎尾鞭、义和拳、八卦教。其名称虽异,而其性质则一。其首要平日招收徒弟,及其羽翼成后,乘时举兵,其口号则恢复明室,所可怪者,而明代亦有白莲教之乱也。其人实无高大之思想,不过借以号召,以达其推翻政府而代之之心耳。嘉庆感于教匪之乱,曾大杀之,然其党徒尚未能绝,一八九八年,江苏、山东之大刀会扰乱,明年,直隶亦有刀民滋扰。其徒称言神灵下附其身,咒语能御枪炮,更以"扶中朝灭洋教"为词,凡民有受不良教民之欺侮者,入其教中,即可抵制,并得报复。乡民未受教育信之者多,无赖且得乘机有所掠劫,莫不欣然加入,其分子益杂,而昏庸之朝臣,平日深畏外人,无如之何,心中存有恨恶之成见,而于不知不觉之中,袒护会众,甚者欲借其力,以杀外人汉奸,而雪国耻焉!其见识之浅陋,思想之笨拙,至为可笑。其心目中固信拳民为义民,而一些民众亦自称为义和拳,时方兴办团练,乃以义和团称之。其先耸动外人之视听者,则山东拳乱,及英教士卜克斯(S.M.Brooks)之被杀也。

一八九九(光绪二十五)年,山东义和拳大起,专以反对教士、教民为事,或强其烧香敬神,或掠夺其财物,教民不敢家居,官吏或置不问。说者谓其表同情于刀民,其中固有怠于职守,亦有无能为力者。平民始多加入,其势转盛。十月,曹州一武官及其卫兵六人被杀,武官曾捕大刀会众,而会众杀之以泄愤者也。事闻,府县官遣兵往剿,并有捕获;巡抚毓贤闻之,怒其捕杀义民,即免府县官职,而令囚送擅捕义民之胥吏于济南,按律治罪,其他类此之案尚多。毓贤身为满人,以能吏升授巡抚,颇与刚毅等相亲,素恶外人,对于山东刀民之欺压或滋扰教民,不肯办理,其派出保卫教士之兵丁,非其命令,不得开枪,故仍不能维持治安,其态度则表示并不反对刀民之活动也。刀民深有所恃,残害教民,蔓延于直隶边境,北洋军队曾越境剿之，杀伤一百余人，山东境内则扰乱如故。其影响之所及，英、美、德、意诸国之教士均为不安，各报告于其公使，美使以在山东之本国教士为最多，迭次警告总理衙门，最后要求毓贤免职。其时外国之报纸，教士之通信，皆言毓贤有意造成紊乱之现象，而使外人不能安居，华人亦有言其鼓励大刀会者。外人深信毓贤语其属员曰："教士教民之禀帖请求，可视其为废纸。"美使之要求，虽为事实上之需要，其干涉内政，实不可讳。所可恨者，政府对于不能维持治安之长官，而不之问，乃听无辜之教民受害，教民固未失其国民之资格也。及美使提出要求，始许办理，其不善处置，有失政府之天职，竟至于斯。毓贤之敢如此者，明知太后、军机大臣之旨意，而不之责也。十二月六日，上谕召毓贤入京，命袁世凯代理巡抚，毓贤虽去，而乱不能即靖。三十一日，英教士卜克斯自泰安前往平原，会众六人得之，其领袖以家人为官军剿匪所杀，深恶外人，及得卜克斯，其中三人散去，对之初无举动，而卜克斯建议，将其送往邻村，其相熟悉之教民可即出款赎之。会众听从其言，途中卜克斯潜逃，为其追获，杀死。事闻，袁世凯救之，不及，捕获凶犯，朝廷表示歉意。明年春，山东按察使审问，并有英员观审，判定二犯死罪，三人徒刑，一人病死于狱，出事之乡村，村长亦有处分，政府给银九千五百两，建筑教堂纪念死者，其家族尚无恤金，教士之死，固无生命之赔偿也。今观卜克斯之死，原为偶尔发生之案，政府事后之处置，业已严厉，而英使尚嫌村长未严办罪，美使且以毓贤为主犯，以其未受处分为憾。一月十二日，上谕曰：

> 近来各省盗风日炽，教案叠出，言者多指为会匪，请严拿惩办等因。惟会亦有别，彼不逞之徒，结党联盟，恃众滋事，固属法所难宥，若安分良民或习技艺，以自卫身家，或联村众，以互保间里，是乃守望相助之事。地方官遇事，若不加分别，误听谣言，概目为匪，株连滥杀，以致良莠不分，民心惶惑，是真添薪止沸，为渊驱鱼，非民气之不靖，实办理之不善也。我朝深仁厚泽，涵濡二百余年，百姓食毛践土，

具有天良,何致甘心盗弄,自取罪戾。全在各省督抚慎择贤吏,整顿地方,与民休息,遇有民教词讼,持平办理,不稍偏重。……地方官办理此等案件,只问其为匪与否,肇衅与否,不论其会不会教不教也!

诏文措辞,外人称为含混,旨意殊不易知。太后先谕各省督抚曰:"每遇中外交涉事件,往往预存一和字于胸,遂至临时毫无准备。……嗣后遇万不得已之事,非战不能结局者,如业经宣战,万无即行议和之理。各督抚必须同心协力,不分畛域,督饬将士,杀敌致果;和之一字,不但不可出诸口,并且不可存诸心。"其时列强侵略,政府原应力图自强,以御外侮,其途径唯有变法,而太后力阻遏之,乃欲奖办团练,以为缓急之恃,十二日之诏书,未提义和团、大刀会之名。其为不逞之徒,抑为自卫,则在疑可之间。朝廷上不知国际大势之权臣,固信团练乡兵足以防御外人。广东三元里之聚众,后经文人之浮夸,流传民间。朝臣想及往事,反而坚信义和团之可恃,否则公使殆不迭次要求也。公使对于诏书表示不满,俄得山东及直隶南部之报告,益信朝廷之意,实认义和团、大刀会为自卫团体也。美使报告国务卿书,中有拳民大刀会均信政府予以提倡,人数日增,祸患将致扩大。会京报登载毓贤抵京,太后召见,赏赐福字,以示优异。美使立时抗议,凡与教案有关之各国公使,亦颇惊异。总理衙门答称其为惯例,二十七日,英、美、法、德、意公使各致照会于总署,说明十二日诏文之含混,要求严禁大刀会、义和团。总署通知五国公使,内称朝廷已命直隶、山东督抚禁止仇教会团。直督裕禄出示,称奉谕旨严禁义和团,措辞颇为得体,而公使以其未及大刀会,要求再降谕旨不已。总署坚持前议;公使乃向本国政府建议海军示威于渤海。四月军舰示威,裕禄再行出示,公使认为满意。二十七日,太后降谕曰:

各省乡民设团自卫,保护身家,本古人守望相助之义,果能安分守法,原可听其自便,但其间良莠不齐,或借端与教民为难,不知朝廷一视同仁，不分畛域。该民人等所当仰体此意，毋得怀私逞忿，致启衅端，自干咎戾！着各该督抚严饬地方官随时剀切晓谕，务使各循本业，永久相安，庶无负谆谆告诫之意。

诏文禁止团练仇视教民，视前诏措辞明切，无如其非朝廷之本意何？内外各官莫不知之，驻京公使多所疑惧，对于朝臣毫无信心，朝臣对公使亦然。公使恫吓总署大臣，多所要求，其未成功者，则毓贤罢斥也。毓贤入京陛见，太后授为山西巡抚，英德公使提出抗议，而美使之警告尤为严重。政府以其属于内政，置而不理，对于迭次抗议，增加其恨恶外人而已。其时袁世凯官于山东，上以朝廷之旨意，下以绅士之表示，不能大有所为，外人初欲其遣兵剿杀义和团，乃深失望。袁氏于其境内，刊行反对义和团之文字，派兵保护教士，会众知有所惧，北逃直隶。

总署、公使以拳民之故，误会日多。其时大臣之掌权者，一为端王载漪，一为荣禄。载漪为皇室近支，思想昏庸，极恨外人，敢于行动，深得太后之欢，其子溥儁新立为大阿哥，太后之意，原欲废去光绪而即立之，但以公使反对及其他原因而止。载漪专思报复，且欲立有大功，后以庆亲王奕劻不能驾驭公使，太后诏其在总理衙门行走，其地位权力过于昔日之恭亲王奕䜣。载漪对于外交，毫不明了世界之大势与国际公法，反而深信义和团之有神助，足以驱杀洋人，乃天授以扶清者也。其具有同样之见解者，皇族中尚有庄亲王载勋、辅国公载澜等，信奉拳民有若神明，曾亲将之。大臣之党亲载漪者，有徐桐、启秀、刚毅、赵舒翘等。徐桐自汉军旗出身，以道学自任，恨恶外人，有不与同立之势，大阿哥之立，太后特命徐桐照料弘德殿，为其师傅。徐桐适考校八旗官学，题为使之主祭而百神享之，使之主事而事治，百姓安之，表示推戴之意，而对光绪不满也。启秀时任军机大臣，载漪之死党也。刚毅素有能名，深恶汉人。翁同龢之罢免，康梁变法之失败，刚毅有力焉。赵舒翘为刑部尚书，兼任军机大臣，工于逢迎。其反对拳民者，则为荣禄。荣禄之地位，次于王公，但为太后亲臣，掌握北洋军权,其地位之巩固,殆非他人之所能及。军机大臣之袒护拳民者,占绝对多数,而荣禄于朝见之时,独言其不可用,公使馆之未得攻陷者,颇赖其力。顾时太后倾向拳民,一人之力不足挽回。他如袁昶等位卑言轻,无足轻重;大臣中之明知拳民不可恃而不敢言者,有庆亲王奕劻、军机大臣王文韶等,奕劻本为皇室疏支,办理外交,未有建树,顾其善于逢迎,对于拳民,语其亲信,则诋为儿戏,而于召见会议之时,默然无反对之语。王文韶之年龄已高,只欲保全妻子,未尝力争。载漪等之主张,遂占优势。

朝议倾向利用拳民,直隶之乱日盛。其境内初有大刀会之乱,余党尚存;会山东之众散入河间、深冀各属,势日鸱张。裕禄先以兵力平乱,后因朝旨中变,而以捕其首要胁从自易解散为言,不肯剿之,渐而信其可用,礼敬其师有若神明。直隶遂为义和团会集之所,以天津、保定府、通州为中心。其徒共分四派,曰坎字拳,曰乾字拳,曰坤字拳,曰震字拳。四派之中,以坎字、乾字之势力为最大,其异点则衣服之颜色不同,而授拳之方法互异也。坎字拳尚红,其传习时,习者焚香叩首,后直立而仆,仆而起,跳跃持械而舞。乾字拳尚黄,其师主令徒闭口伏地,少时白沫满口,则呼曰神降矣,亦起跃持械而舞。当其舞时,体力强于常人,是故愚民信为神附其体,不畏枪炮也。其符咒繁多,文义颇不可解,试举一例证之。咒曰:"左青龙,右白虎,云凉佛前心,玄火神后心,先请天王将,后请黑煞神。"其徒自称口诵咒语者,则枪不燃。其信奉之神,多为民间流传之英雄,或小说中之神怪,如托塔天王、梨山老母、孙悟空、猪八戒、赵子龙之属。其主持之首领,时称老师祖、大师兄,天津则为张德成、曹福田等。张德成本操舟业,会其以术惊人,愚民无赖拜之为师,远近拳民争先来附,或遥受节制。曹福田初为游勇,嗜好鸦片,无以自存,乃入义和团以煽乱。其从之者杂有无赖愚民,据劳乃宣言,凡入其党者,即听其调度,传单到时,违者抄家灭门。官吏先不之禁,故其势益盛。义和团中更有所谓红灯照者,其人多妙龄女子,身着红衣,手持红灯,自言能于空中掷火以焚洋楼。此外尚有黑灯照、青灯照,前者以老妇成之,后者以孀妇为之,均尚黑色,但其势力不及红灯照之盛。离奇光怪之神剧,竟活现于人间。五月间,习者日多,社会上之秩序为之扰乱,谣言益盛。二十八日,拳民火焚车站,唐晏《庚子西行记事》记时谣言曰:"火时并不见人,但铁路自生火耳。自此传闻日众,有谓义和拳当战时,人马高丈余,刀若门扇,绝无可敌之理;又谓不畏火器,衣服为炮子所击,斑如雨点,而身无少损。谈者津津,闻者栗栗。"时人对之固无请求试验者,考其原因,则当扰乱之时,政府失其维持治安之天职,人民无法律之保障,生命财产均在危险之中,一言出口而即身首异处。普通人民中之觉悟者,殆多不敢出此,其影响之所及,造成无理智表现之可能,成为一群狂癫之暴民,天下之危险殆莫过此,无法律保障与言语自由之国家,固易造成此种现象也。

方大刀会、义和团之活动也,居于山东、直隶内地之教士,留心民间之实状,莫不知其性质之严重,区域之广大,而将酿成大变。卫道之文人传印教士挖眼剖心收取红丸之文字,分散各地,愚民信之,拳民之势日炽。李提摩太知其危险,谋欲挽救,不幸失败;会往美国,闻知时局日形严重,力谋有所补救,演说其事于纽约,磋商于国务卿,皆无效果。拳乱之起,既以反对教士、教民为号召,时值大旱,百姓以为外人所致,为之语曰:"杀了洋鬼头,猛雨往下流。"但自卜克斯死后,迄于一九〇〇年五月,教士未有被杀者。其精力聚而仇杀教民及外人仆役,称之曰二毛子,称外人曰大毛子。二毛子之用渐泛,凡商人贩卖洋货,学生家藏洋书,常人所用之洋货如戴眼镜之类,均为二毛子,其人亦或称为三毛子。拳民认之同为华人,不受外国保护,放胆杀之,其中曾有一二不良分子,平日依仗天主教神父之势,欺侮愚民,久为官吏所恨,乃竟不分良莠,目为汉奸,官吏于其所受之命运,自不之问,拳民遂得自由处置。其杀教民也,不分天主教徒、基督教徒之别,凡可得者,或强其出教,或即杀之,其家中之妇女老幼亦不能免。其见机先逃者,弃其家中所有之物,听其抢劫,所居之房屋,任其焚烧。其人数较多者,则踞寨自保,以求死中得生,其悲惨之状,吾人思之尤为心悸。其火焚洋楼之时,往往牵及居民住宅商店。唐晏记北京拳民火焚屈臣氏药房,其被焚者已千余家,而火未止。又曰:"二十日(六月十六日),出正阳门,而城楼亦被火,东西荷包巷焚,尺椽不存,城墙皆作赭色。火且越城而入,焚及东交民巷口之敷文坊,正阳门外大街以西,全城焦土。……计所焚,盖不止两千家矣。"夫此无辜人民之房产,而于首善之区,竟被焚毁,失其栖所,其在他县或穷乡僻壤者更不足言,北京不过其中之一恶例耳。

长官不肯力剿拳众,其势日张,涿州、丰台等地之扰乱相继而起,涞水戕杀弹压之武官。五月,太后命刚毅、赵舒翘前往涿州宣慰,并查实状。会主教樊国梁详细报告内地教民所受之痛苦于法使,法使受其影响,召集公使会议,议决照会总署,要求严办拳民,而于外兵入卫使馆,则未决定。德使克林德(Von Ketteler)声称中国政府倘或不能弹压拳民,列强当集军舰于山海关以示威。顷之,英美二使往商于总署,其会商所得之印象,信其将有良好之结果。同时,官吏布告严拿拳民之首要,解散胁从,顾时亲贵大臣恨恶外人教民,尚无切实之表示,故未执行,拳民之势反盛。二十五日,公使又得焚毁教堂之报告。后三日,卢汉铁路车站、桥梁之被毁者各二;斯日,公使会议决定令兵入京保卫使馆,其时法使之训令已发出矣。使馆之设于北京也,一八九四(光绪二十一)及一八九八(二十四)年,曾有外兵入京保护使馆,均于次年撤退。至是,使团商于总署,总署拒之,最后始许其请,限制人数,在京不得干预他事。三十一日,外兵登车前往,英国七十九名,俄国七十九名,法国七十五名,美国五十三名,日本二十四名,意大利三十九名,后三日,德国五十一名,奥地利、匈牙利三十二名亦至,日兵三十名继之抵京,外有军官二十一名,共四百八十余人。方外兵自津入京也,刚毅、赵舒翘适自涿州回京复命,据景善日记,刚毅往见载漪,闻知其事,力请拒其入城,赖奕劻、荣禄之力,始得无事。外兵在京,"或时上城放枪,或有时四出巡街,以致屡有放枪伤人之事,甚或任意游行,几欲闯入东华门,被阻始止"(见六月廿九日上谕)。北京附近之外人,逃入城中,保定外人有往天津避难者,由兵护送,途中拳民击之,及抵

第十一篇 义和团之扰乱

天津,颇多死伤迷失。

拳乱之势日盛,焚毁电线,拆坏铁路,戕杀武官,乱象已成,朝廷又以公使之抗议,外兵将入北京,五月二十九日,诏曰:

> 迩来近畿一带,乡民练习拳勇,良莠混杂,深恐别滋事端,迭经谕令京外各衙门严行禁止。近闻多有游勇会匪溷迹其间,借端肆扰,甚至戕杀武员,烧毁电杆铁路,似此悍不畏法,实与乱民何异!着派出之统兵大员及地方文武迅即严拿匪首,解散胁从。倘敢列仗相抗,应即相几剿办,以昭炯戒,现在人心浮动,遇事生风,所有教堂教民,地方官均应切实保护,俾获安全而弭祸变!

诏书措辞无可评论,明日,上谕着步军统领衙门、顺天府、五城、直督捕拿滋扰地方之拳民,严行惩办。其时朝廷养痈成患,亲贵大臣反信拳民之神迹,以为盖天遣之扶清灭洋者也。刚毅报告又复坚其信心。初刚毅自涿州返京,景善称其往谒载漪,报告涿州民气激昂,万众一心,共御外侮,令官释放所捕之首要,开枪击之,弹不能伤,所谓弹不能伤者,乃附会之辞,实未当众试验也。六月一日,二人奏请太后召抚。景善又称大阿哥于宫中着拳民服装,指导太监习拳,太后闻之,即谕其师善加管理。据此,太后之意尚未决定,官吏承意不肯奉行,聂士成剿拳民,反受斥责;上谕乃为具文。四日,公使以为情势日危,急电本国乞援,称其现处之地位,无论何时皆可被攻,铁路电报并可断绝。公使与总署大臣相商,大臣有抱悲观者;公使以其不足代表朝廷,要求觐见太后增加卫兵,总署拒之。六日,上谕民教各安生业,不准匪徒滋事,其执迷不悟者,即行剿捕,八日,再降谕旨严办拳民,无如官吏不肯奉行,九日,英使窦纳乐急电大沽口海军大将西摩(Edward Seymour)略曰:"时局紧急万分,非即日筹备入京,则来迟矣!"太后以公使要求不已,十日,诏命载漪在总署行走。其党启秀时任军机大臣,景善称其主张对外宣战,草拟诏书,荣禄则始终反对。西摩收得电后,统兵往津,索车入京,裕禄初持异议,后许其请。十日,各国混合援军二千余人自津出发,裕禄奏报朝廷,而电线已毁,改由驿递。十三日,太后谕其调回聂士成一军,实力禁阻外兵北上,如有外兵阑入畿辅,定惟裕禄、聂士成等是问。而西摩援军先已出发,及抵杨村,铁路之轨道桥梁被毁,车不能行,沿途修理而进,十二日,始抵廊坊,西摩以铁路之损坏愈甚,军力单薄,而拳民沿途扰乱,始则不敢再前,后则下令回津。其慎重过甚,北京之公使外人皆惊其久不至焉!

朝廷王公大臣养成拳乱之祸,南方疆吏知其危险,其中尤以李鸿章、刘坤一、张之洞负有盛名。李鸿章新授两广总督,以平定内乱,办理外交,主办铁路等事业,为国内声望最尊之大员,惟年已老,久于官途,遇事推诿,不肯负责。刘坤一时任两江总督,意志较为坚决。张之洞为湖广总督,亦颇明了大势。盛宣怀、袁世凯为之传递电报。盛氏久为李鸿章属员。督办电报,至是,办理卢汉铁路,留心国事,其建议常有考虑之价值。袁世凯新任山东巡抚,距直隶较近,故常转报信息。六月三日,盛宣怀电李鸿章曰:"清议主抚,养痈成患,各国生心。宣已电奏赶紧责成聂提(聂士成)肃清畿辅,并请岘帅(刘坤一)、香帅(张之洞)电奏请剿。师宜切实敷陈,荣相(荣禄)、王相(王文韶)甚明白,但须借疆吏多持正论,以破迂谈,九重乃可定见。"四日,李鸿章复称此非外臣所能匡救,而刘坤一、赫德及皖抚王之春等均请其迅速敷陈;李氏以为内意主抚,电奏无益。王之春仍称大局危急万分,"危言力谏,非公莫属!"李氏不肯进行,徒言焦急而已。刘坤一、张之洞电商裕禄会奏主剿,以谢各国,而支危急。裕禄固非其人,遂无挽救之机会,大沽陷后,李鸿章奉召入京,不幸事已迟矣。

拳民扰乱,其入京之期殊难确为指定,景善日记谓其于六月十日往载澜家中,贺其妻之寿辰,而拳民在其庭前院中者凡百余人。唐晏谓其于六月十一日,前往东城,途中始闻人言,义和团已入城中;其入城者止百余人,分为三队,"一队执刀,一队执矛,一队执铛,皆以红布裹头,年纪大都十二三岁,大者不及二十也"。袁昶奏疏(?)称拳民十二三日入京。恽毓鼎于《崇陵传信录》曰:"京师演拳始于三月间"(阴历三月约当阳历四月)。其所谓演拳者,殆难指为拳民。拳民入京之期,盖在六月初也。京中王公大臣待其领袖,一若大宾,敬之有如神明。景善虽力袒护义和团,而于日记中亦言其未受教育焉。其从之习学等,多肩挑负贩者流,迨后势盛,大臣家中之仆役,亦争加入。其人居于寺观,颇与僧道相亲。载漪等之护卫义和团也,无微不至,凡其罪恶若惨杀无辜,火烧商店,毁坏铁路之类,或匿而不报,或曲为解说。据景善日记,日本使馆书记生之死,由反对载漪之荣禄告于太后,德使之被杀,礼亲王世铎上奏太后,言其首先开枪,始乃为人所杀。其言虽或太甚,而慈禧对于义和团之实状,固多不能明了也。初,六月十一日,董福祥之甘军,杀日本使馆之书记生杉山彬于永定门外,上谕严拿凶犯,殆为掩耳盗铃之计。董福祥原为回酋,降于左宗棠,曾立战功。为人粗鄙无识,恨恶外人,主张宣战,景善记其军队入城,住民避而远之。拳民入城,十三日,火焚教堂商店,观者如堵,皆大呼以助火势。景善十四日日记,且谓北京除使馆而外,别无外人之房屋,斯言虽不尽确,而可见其所焚者多矣。其搜杀大毛子、二毛子也,不分妇幼老者。唐晏曰:"余(十六日)在阜城门内米肆中,遇一妇人泣而言曰,'初云杀洋人,乃至今一洋人未损,而所杀者,皆中国人之为洋奴者!(殆指雇员)且男人亦一人未损,而但杀妇孺。……余闻其言,为之拂舌,盖数日来,闻士大夫所言,无及此妇人之明决者。……自此以后,市中亦有杀人者。夜间,则有人沿街传呼,或云向东烧香,或云供净水一盂,或云今夜勿睡,以防妖邪之人入家。由初更至天明止,卯辰以后,则声息不闻矣,及昏,又复如此,竟不知何人所为。"据此,可见人心惶恐之一斑,其所谓未损洋人男人者,殊不正确,女子孩童亦有被救者,火焚之际,无赖乘时抢劫,城中之损失虽无统计,其巨大可想。十五日,上谕曰:

昨因拳匪滋扰京城,曾谕令步军统领衙门严拿首要,认真梭巡,前拿获造言生事喧哗惑众之犯,业经交刑部正法。乃昨日夜间,城内各处焚烧如旧,且有奸宄从中煽惑,竟敢明目张胆,沿途喊杀,持械寻仇,致有杀害情事。官兵任其猖獗,城门由其出入,人心一夕数惊,居民不得安业,辇毂之下,扰乱至于此极!若再不严行惩办,为祸不堪设想,着步军统领分饬各地方官兵,并着神机营虎神营各派马步队伍,并添派武卫中军弁兵,会同弹压,加意梭巡,遇有持械喊杀之犯,立即拿获,送交提督衙门,即行正法,勒限将首要各犯,迅即拿获,不准再事姑息。其仅止附和胁从等犯,应饬立刻解散。其城内设立坛棚应尽行拆去,并派载瀛、奕功、溥良、载卓巡查街巷,遇有队伍缉捕不力,随时稽查参办。至各城门启闭出入,尤宜加意慎重,……并着派庆亲王奕劻、端郡王载漪、贝勒载濂、大学士荣禄督饬派出各员,及马步各营,并地方文武,实力遵行;如有疏懈贻误,即行据实严参!

上谕之措辞及其列举之办法,颇为严密。盖于焚掠之后,官吏益将失其维持治安之责任,人心惶恐,而此所以安民心者也。其先诏书已迭下矣,无如太后之意,尚倾向于拳民,其剿之者均受处分。明日,御前会议,公然表示袒护之态度,其所派督率之大员,多为拳民首领,京中兵士且与拳民相通,太后又派王懿荣等为京师团练大臣。诏中所谓解散胁从,何能有效?荣禄在京主剿拳民,其复刘坤一电,详述朝中情状,中云:"上至九重,下至臣庶,均以受外人欺凌至此极处。今既出此义团,皆以天之所使为词,区区力陈利害,竟不能挽回一二;后因病不能动转,假内上奏片数次,无已,勉强力疾出陈,势尤难挽。至诸王贝勒群臣入对,皆众口一词,谅亦有所闻,不敢赘述也。且两宫诸邸左右半系拳会中人,满汉各营卒中,亦皆大半。都中数万,来去如蝗,万难收拾!虽两宫圣明在上,亦难扭回,天实为之,谓之何哉!"电文于六月末发出,所言多为实情。二十六日,皇帝谕李鸿章等曰:"此次义和团民之起,数月之间,京师蔓延已遍,其众不下十数万,自兵民以至王公府第,处处皆是,同声与洋教为仇,势不两立。剿之则即刻祸起肘腋,生灵涂炭。"诏文虽为辩护之辞,而事业已至此,颇难筹出办法,大臣煽助其势,何朝廷不先处置也?

北京城中之外人教民,日在恐惶之中,使馆之卫兵无几,公使盼援不至,心急如焚。其时西摩之援军次于廊坊,沿途拳民击之,其人持刀矛木棍,奋勇而前,多为枪炮所击而死,援军之死伤者则无多人,其愚蠢可悲。但其所毁之铁路,损失太大,修理不易。西摩不敢前进;其人为海军大将,其兵并非陆军,乃小心过甚,留于廊坊四日;其地适在北京、天津之间,十六日,始决退回天津。及大沽口陷,直督裕禄收抚拳民,奏称分队往御杨村之外兵,西摩统军且战且退,二十一日,攻陷天津城外之机器局,得大宗军火食料,其地距天津城九里,租界十五里。直军大队攻之,外兵据局死守,会得大军来援,始能出险,二十六日,尽毁机器局,退回天津租界。初天津租界自西摩出发后,有外兵二千四百人防守,多为俄国陆军,自旅顺来者。天津于十四日,义和团入城,裕禄信之,乃以总督衙门为其大本营焉!列强海军大将之在大沽口者视为口实,攻陷塘沽炮台。先是,大将访探北洋军队之调遣,信其将即破坏天津塘沽铁路,遣兵上岸保护,会得天津拳民焚烧教堂屠杀教民,而长官不问之消息。十六日,大将会议决定致哀的美敦书于炮台守将罗荣光,限其于十七日上午两点钟交出炮台,同时,军舰预备作战,令兵上岸。裕禄得知通牒,令罗荣光拒战,上午四时五分钟,炮台守兵开始发炮,外兵回击,天明六点半钟,夺据炮台。此役也,美将不肯参战,裕禄奏称洋人竟先开炮攻取,该提督竭力抵御,击坏洋人停泊轮船二只,而于炮台失守,则蒙蔽不报。朝臣闻之,多以外国挑战,主张宣战,阻击西摩援军。海军夺据炮台,究为当时之必需与否,言者纷纷,而其影响于清廷政策之决定,固断然无疑者也。炮台失守之日,裕禄自城上架炮轰击租界,其先并无挑衅之意。外军往援西摩者,中途败退,租界守兵日处于危险之中,援兵不至,将有退出天津之议。二十三日,塘沽援军冒险力战,抵于租界,更遣大军出援西摩。由是西摩出险,联军之地位大固。裕禄奏称,"二十二日(十八),紫竹林洋兵分路出战,我军随处截堵,义和团分起助战,合力痛击,焚毁租界洋屋不少"。

其在北京,太后以为外兵将至,六月十六日午后,召王大臣六部九卿入见于仪鸾殿,询问外兵入京,将何以处之之策。大臣百余人跪于殿中,其后至者,跪在槛外,奏对不一,或言宜剿拳民,或言宜抚,或言阻止外兵入京,或言调兵保护。太后乃谕总署大臣许景澄、那桐劝阻外兵入京,安抚拳民。会议时,光绪诘责诸臣不能弹压乱民,而太后意佑拳民,太常卿袁昶详论拳民毫不可恃,太后斥之,谓失人心,则更无以立国。会散,大理少卿张亨嘉等迟迟其行,复跪奏言拳民当剿,但诛数人,大事即定。侍读学士朱祖谋亦力言之,且述董福祥之不可恃。太后大怒。会议之时,载漪亦在殿中,厉声袒护拳民。太后之召见朝臣者,专筹阻止外兵入城也。太后受载漪、载澜等之说,载澜之妻常入宫中,告其家中拳民之神迹,而太后信之也。十七日午后,太后急诏大臣会议。其时大沽之炮台已失,裕禄下令发炮轰击租界,军事报告则驿递迟延,尚未到京,而载漪竟假造照会,怒激太后宣战。斯日四—六点钟会议于仪鸾殿,大臣跪于殿中,太后面含怒色,宣读公使要求。据景善日记,其内容则要求太后让位,光绪亲政,及废大阿哥也。据恽毓鼎记载,太后宣读要求四条,一、指明一地令中国皇帝居住,二、代收各省钱粮,三、代掌天下兵权,其最后一条,则未宣布,乃勒令太后归政而讳之也。且曰:"今日衅开自彼,国亡在目前,若竟拱手让之,我死无面目见列圣,等亡也,一战而亡,不犹愈乎!"顷又曰:"诸大臣均闻之矣,我为江山社稷不得已而宣战,顾事未可知,有如战之后,江山社稷仍不保,诸公今日皆在此,当知我苦心,勿归咎予一人,谓皇太后送祖宗三百年天下。"载漪等力持战说,诸臣不敢复持异议。二氏之言相较,恽毓鼎参与会议,其言较确。太后命徐用仪等前往使馆,说其下旗归国,群臣遂退,太后之怒虽不可遏,而其主持宣战,尚未最后决定也。十八日,朝旨再传入见,仍议和战。十九日,裕禄奏疏业已到京,主战派之气焰益张,午后三点钟,太后再召大臣于仪鸾殿,决定宣战,命许景澄等通知公使,限其于二十四小时内出京,允许派兵护送。光绪不愿启衅,牵景澄手曰:"更妥商量",太后斥之,侍郎联元亦有谏言,顾不能回太后之意。诸臣退后,传旨明日清晨八九点钟入见。据景善日记,二十日上午天犹未明,太后召见军机大臣世铎、荣禄、刚毅、王文韶、启秀、赵舒翘,光绪则未临朝,荣禄哭说派兵保护公使出京,太后许之,荣禄叩首而退。启秀上其草成之宣战书,太后读而嘉之,更问大臣之意,均无异言,朝退,太后召见王大臣六部九卿,光绪时在殿上,慈禧宣谕对外用兵不得已之苦衷,辞毕,转问光绪。光绪逡巡少许,乃言不可攻击使馆,诏书遂下。

载漪等之劝太后宣战也,蓄谋已久;荣禄力言公使代表国家必不可攻,请兵将其护送出京,太后许之。十九日御前会议,许景澄等奉旨办理其事,午后五点钟,致同样照会于各国公使,告以外兵索取大沽口炮台,诸国已与中国绝交,公使同其家眷、职员、卫兵及所有外人,苟于二十四小时内离开北京,前往天津,中国将派军队护送。公使收读照会,莫不大惊;其时公使困在北京,不知天津、塘沽之情状,其望眼欲穿之援军久而不至,少数卫兵不足防御,欲离京去,则以非有训练服从之兵,途中难保安全,召集会议决定照会总署,声称可还炮台,要求于二十日上午九时会谒亲王于总署,磋商离京之办法。其大多数皆愿去京,独德使克林德不可。克林德体壮多力,勇敢好逞,曾于市中亲手捕得拳民一人,带入使馆。及至会谒之时,公使尚未收得总署复文,决定前议作为罢论,克林德独欲前往,谓其先曾函言单独往见,他使劝阻,皆不之听,贸然同其译员各坐一轿而往,途中旗兵开枪击之而死,译员带伤逃免,其击之者谓奉端王载漪之命,凡遇外人杀之,以求赏也。德使未死之先,天津、伦敦等地传其已死,乃竟不幸言中;袁昶闻之,命人以棺收殓其尸,刚毅、景善等恨之切骨。德使死后,各国公使均谓华兵不能护送,决定固守使馆,以待援兵,努力建筑防壕,买夺米粮。其在美以美会教堂中之美人及华人数百名亦入使馆,华人住于肃王府中。其在西什库教堂者以人数太多留而不去,及逾规定期限,拳民、甘军开始攻击使馆。上谕宣战,召回驻外公使,公使互相电商,认为乱命,置之不理。宣战谕文曰①：

我朝二百数十年，深仁厚泽，凡远人来中国者，列祖列宗罔不待以怀柔。迨道光咸丰年间，准彼等互市，并求在中国传教。朝廷以其劝人为善，勉允所请，初亦就我范围，讵三十年来，恃我国仁厚一意拊循，乃益肆其嚣张，欺凌我国家，侵犯我土地，蹂躏我人民，勒索我财物。朝廷稍加迁就，彼等负其凶横日甚一日，无所不至，小则欺压平民，大则侮慢神圣。我国赤子仇怒郁结，人人欲得而甘心，此则焚烧教堂屠杀教民所由来也。朝廷仍不开衅如前保护者，诚恐伤吾人民耳，故再降旨申禁，保卫使馆，加恤教民，解释夙嫌，故前日有拳民教民皆我赤子之谕；原为民教解释宿嫌，朝廷柔服远人，至矣尽矣。乃彼等不知感激，反肆要挟，昨日公然有杜士立照会②，令我退出大沽口炮台，归彼等看管，否则以力袭取，诡词恫吓，意在肆其猖獗，震动畿辅。平日交邻之道，我初未尝失礼于彼，彼自称教化之国，乃无礼横行，专恃兵坚器利，自取决裂如此乎？朕临御将三十年，待百姓如子孙，百姓亦戴朕如天地，况慈圣中兴，宇宙恩惠所被。浃髓沦肌，祖宗凭依，神祇感格，人人忠愤，旷代所无。朕今涕泣以告先庙，慷慨以誓师徒，与其苟且图存，贻羞万古，何若大张挞伐，一决雌雄，连日召见大小臣工，询谋佥同。近畿及山东等省义兵，同日不期而集者，不下数十万人，至于五尺童子，亦能执干戈以卫社稷。彼尚诈谋，我恃天理，彼凭悍力，我恃人心。无论我国忠信甲胄，礼义干橹，人人敢死；

---

① 北京陷后，旨称诏书矫发，饬令销注，《光绪朝东华续录》故未载入。作者曾校所见诏文，措辞颇有出入，此据《六十年来中国与日本》第四册七、八两页所载，该书未注明其录自何书，然据作者观察，较为忠实。

② 杜士立原名 Du Chaylard，时为法国天津总领事。要求大沽口炮台交出，为列强海军大将采取之行动，直向守将提出，盖与之无关，朝廷似无正确报告，抑杜士立亦向直督要求耶尚待证明。

即土地广有二十余省,人民多至四百余兆,何难摧彼凶焰,张国之威?其有同仇敌忾,陷阵冲锋,抑或仗义捐赀,助益饷项,朝廷不惜破格懋赏,奖励忠勋;苟其自外生成,临阵退缩,甘心从逆,竟作汉奸,朕即刻严诛,决无宽贷!尔普天臣庶,其各怀忠义之心,共泄神人之愤,朕有厚望焉。钦此!

诏文未提外使之要求,其叙列强之压迫,实为祸乱之主因,其困难之症结,多由于误会。外人欲以西方之制度习惯行于中国,而国内之士大夫墨守固有之思想,诏称交邻未曾失礼,驻京公使常谓中国不肯以礼相待,其争论由于标准及观念不同也。太后之所恃而作战者,一为神祇,一为义民,神祇虚渺,谚曰:"天助自助者",国家穷弱,知识浅陋,如当时之中国,而欲力战世界所有之强国,不待智者而已测其必败,乃求助于所谓义民。义民不过动于情感,或唯利是图之愚民耳,平日未受军事操练,手中所执之刀棍,万不能敌枪炮,一旦败后,散归家乡,国事究将若何?朝臣何不之思!后聂士成战死,上谕谓洋操不堪一试,其意岂信制梃可败列强之精兵耶!

北京城内自攻使馆以来,入于战时状态,枪声炮声,时作时息,人心大为惶恐,富贵缙绅之家,先多出京避难,中等之家力足以外出者,亦多逃出,景善记其轿夫后且出逃。其出京者以拳民散兵之扰乱,交通之阻碍,不敢多带珍物。上谕在京拳民归载勋等节制,其人原多市井之愚民,中有贪于货财乘机抢劫者,一部分住于官宦之家,与之共产,景善深表同情于拳民,而亦以之为言。城中入于混乱状况,乡人不敢入城,柴米蔬菜之价奇昂,生活大难,贫民投入拳民人数大增,太后于宣战后,抚之为兵,赏银赐粟,欲借其力以御外侮。载漪亲统拳民入宫,搜捕信奉耶稣教之太监,太后许其捕之而去。光绪曾力变法,至是,表示不愿对外宣战。大阿哥于宫中辱之,称为鬼子徒弟,太后责之。景善称六月二十五日清晨,载漪、载勋统帅拳民入宫,声称来捕鬼子徒弟,光绪惊惶,幸太后闻声怒出,严辞切责载漪，光绪始免于难。载漪之横至是，对于外人教民，自无怜恤之意。初公使外人聚集自守。载勋悬赏购杀外人之头，男子五十两，女子四十两，孩童三十两。赏令颁布之后，京中外人之被杀者，寥寥无几。夫力所有不及之地，而出命令行之，终亦未必能行，徒失政府之尊严与威信耳，按之国际公法，对于战争时之俘虏，尚有规定之待遇，固无悬赏购杀公使侨民之理。载漪等之行动，虽曰仇恨极端之表示，其野蛮无识，实可痛心！尤可悲者，一部分之忠实教民，多避难于使馆西什库教堂，余多逃亡，而拳民乃日搜捕二毛子，或所谓白莲教徒。乡人入于城中，亦不能免，其中杂有妇女老幼，受审之时，并无教民之证据，而载漪即命杀之。其残酷有失人性，蔑有加矣。拳民对于官吏，囚翰林院侍读学士黄思永，杀京师大学教习刘可毅等，职官见其首领须即跪拜，乃纷纷南遁，曹部甚至无人。于此混乱情形之下，军队亦无纪律，荣禄所部之武卫军大掠于东城，甘军且于市中任意放枪。人民日在恐惧之中，不知死所；拳民迁怒于已死之外人，毁其坟墓，暴露尸骨。

北京而外，直隶全省之谣言孔多，人民日在惊惶之中，自相扰乱，其情况可略于《庚子西行记事》中见之。唐晏于拳民焚杀时出京，北往怀安县，六月十九日晚间，住于沙河旅社，"忽闻枪声大作，店主人夺门而入曰，'有二毛子二百余来攻镇，镇人御之'。……时同行王君本营伍中人，谙兵事，升屋以观，呼余曰，'枪皆直上，且系土枪，此镇人自惊耳，非有他寇也'。……卒不见一寇，镇人乃定。后来始知此夜中，贯什闻沙河枪声，逃者及妇女入井者极多，倘不早定之，则不知竟成何状。二十四日（二十日），出居庸关，……四十里至岔道，宿甫就枕，忽闻马铃声，有拍店门者大呼曰：'有二毛子数百人已上山，去此不远，宜急为备！'店人惊起扰扰，余辈乃告以昨夕之事，令勿动，但安睡，无妨，店人始安。二十五日（二十一日），起行，则居民已十室九空矣。沿途觅晨餐无所得，或有人家门前鸡子壳满地，叩其户则空无人，遂至日晏不得餐。"唐晏记载其途中之经验，自极可信，直隶他县之类此者尚多，百姓之浮动无识，情极可悲；拳民教民相杀,状尤惨酷。诏书下后,北方长官多杀境内之外人,其时保定教士尚未肯去,二十八日,拳民游兵开始攻毁教堂,外人或被击死,或火焚死,或刺伤死,或斩首死,共十五人。余若永清县、顺德府、望都县、获鹿县、新安县、通州、武邑县、景州、滦平县等,均有拳民滋扰,攻杀教民。山西巡抚毓贤,亦乘时大杀外人。山西初无拳民,教士曾于境内救济灾民,著有成效,传教事业渐形发达,及毓贤就职,设法奖励拳民,二十七日,太原暴民攻击医院,放火烧之,死一英妇。教士请救于毓贤,毓贤患其不能尽杀之也,遣官二人说其住于指定之房屋,教士从之,教民且有从之避难者。其在寿阳之教士东逃被捕者,亦送入太原。七月九日,毓贤传讯外人于巡抚衙门,共四十六人,中有妇女二十,儿童十一,毓贤出视,命尽杀之,余如太谷县、大同府、汾州府、孝义县、曲沃县、大宁县、河津县、岳阳县、朔平县、文水县、寿阳县、平阳府、长子县、高平县、泽州府、隰州、蒲县、绛州、归化、绥远城皆有仇教之运动。少数教士西行逃入陕西,途中备受痛苦,死者亦有数人,生者由陕西署理巡抚端方派兵护送南往汉口;其北逃至蒙古者,皆罹于难,更有未及出逃而被杀者,数约一百七十八人。其在满洲,教士先期得有警告,多往海口,甲子厂、连山、余庆街、北林子、呼兰城均有毁坏教堂,或杀教士之举动。其时俄国方于满洲建筑铁路,工程大受阻碍,七月十七日,俄船行驶于黑龙江者,华军自瑷珲击之。俄军转采惨杀之行动,以作报复,大杀华人数千,中有妇女老幼,其尸浮蔽黑龙江。俄国闻报,称其长官未得政府训令,然终未有处分。其他惨杀教士之地,尚有河南之南阳府、光州,浙江之衢州府,陕西之宁羌州,湖南之衡州府等,范围幸未扩大。

第十二篇　义和团之扰乱（续前）

五大臣之遇害——朝旨之中变——护送公使出京之平议——刘坤一之保境安民——天津之陷失——联军入京之经过——车驾出京之情状——北京之纷扰——京外人民所受痛苦之一斑——天津都统衙门之威权——德俄之野心——下诏罪己——李鸿章之失策——惩办祸首之交涉——和议进行之困难——条约中之要款——结论——中国之屈服

于此残忍仇杀暴民专制之中，其勇敢直言置生死于度外者，尚有人焉。荣禄于军机大臣之中，反对拳民，称其无用，载漪等请攻使馆，荣禄独言不可，建议护送公使出京。迨后太后下诏宣战，荣禄无力挽回，迫于时势，函复董福祥竟言善抚义民建立不世之功。然此非其本心，遇有事机，莫不图谋补救，仍请停止攻击使馆，使馆之不得陷者，颇赖其力。董福祥之围攻使馆也，荣禄曾出令禁之，董氏不听，杀其差官二员。据景善日记，董氏久攻不下，请于荣禄借用武卫中军大炮，荣禄拒之，时人斥为汉奸；其所处之地位，善如刘坤一等之电曰："上有擅权之王公，下有跋扈之将领，同侪排挤，几蹈危机。荣相孤掌难鸣，苦心调护，始终以保使为要。"说者犹可言其地位高尊，立有功绩，久为太后所信，尚不致于危险也。其官位

第十二篇　义和团之扰乱(续前)　451

较低而言事激昂切实者,当推袁昶、许景澄。袁昶于御前会议,请剿拳民。据后传说,六月十八日,二人密奏局势阽危,拳民为白莲教之余孽,裕禄养痈贻患,以致杀人放火于京师,请求责成荣禄剿抚,予以便宜行事之权,收效必速。二十日德使被杀,载漪、徐桐拟斩其首,袁昶命人棺之,其自辩护曰:"余于总署识之,不忍其尸之暴露于外也。"刚毅等恨之切齿。七月初,二人再奏祸乱日亟,速谋保护使馆,维持大局,恳请严旨责令甘军悉行退扎城外,并令荣禄克期驱逐拳民出城。二十二日,二人上书密陈徐桐等信崇邪术,误国殃民,请先治以重典,①景善称太后读其奏文,虽不能从,而亦赞称其勇敢。景善又称六月二十四日,上谕各省督抚尽杀外人,二人擅改"尽杀"为"保护",山西、陕西、河南巡抚所收之电,则其所改者也。七月二十八日,刚毅知之,以之上奏,太后大怒,即命斩之,于其擅改上谕,则深讳之。景善所记不无可疑之点,朱谕称其罪状曰:"屡次被参奏,声名恶劣,平日办理洋务,均敢各存私心,每遇召见时,任意妄奏,莠言乱政,且语多离间,有不忍言者,实属大不敬"。后和议时,公使为之要求昭雪,上谕仍以其为祸首诸臣所陷。二人反对拳民,王公大臣自深嫉之,其称屡被参劾者,殆非虚语。聂士成先剿拳民,大臣恶而劾之,后诏称其有负委任,将其革职留任,以观后效,及其战死,上谕且曰:"各国开衅,京津各军尚皆可用,惟聂士成一军,……未战先溃。"三人之受诬陷如出一辙,其重视国事,不顾生死也久矣。其他受祸之朝臣,尚有立山、徐用仪、联元。立山为太

---

① 奏疏或称袁昶、许景澄合递,《清季外交史料》则谓袁昶所递,太后于西安称无其事。朝臣后有遍求档案者,亦不可得,章梫为其师袁昶立传,摈而不录。景善为人轻信传说,所称亦与疏文不尽符合。今按奏疏月日及先后史迹,又有可疑之点,十七日,御前会议,太后宣读假造照会,一意主战,明日,二人尚有请剿拳民之疏,殆不可能。其第二、三疏,月日各书尝不符合,疏中所言之事亦有疑问。奏疏果为袁昶等所为,苟无新证,盖难凭信。景善退休家居,日记杂有传闻之辞,其称二十四日上谕尽杀外人,而二十七日,徐桐等尚奏请饬各省歼除洋人以伸积忿(原折见故宫博物院所辑清光绪朝《中日交涉史料》五三卷二四页),实不足信。外人所言亦多附会之辞,缺乏明证。景善称改电辞,电线时已焚毁,亦有疑问,最后决定,将赖新史料之证明,附识于此。

后亲臣,时任户部尚书,旧与载漪有隙,而又反对拳民,为其所恨;其家近于西什库教堂,拳民称其家有地道接济教士,以致教堂久攻不下,往搜其家,未得证据,捕送神坛,谓其恐惧战栗,送往狱中。徐用仪办理洋务颇久,不直载漪之所为。联元为袁昶之友,初于御前会议,反对对外宣战,亦为载漪等所恨。八月十日,三人被斩于市,说者言载漪矫诏杀之。①

大臣之下,亦有平民或苦力之不顾生命而维持友谊者,方使馆之受围攻也,信息隔阻,公使数遣人往天津报告实状,催促援军早日来京,其为之传递信息者,往返京津,途中备受困难,万一发觉,人即正法,其无勇敢冒险之精神,必不敢往,其人固有非尽动于金钱之酬劳者,例如中有拒绝不受报酬者。其言略曰:"余之出此,全为信义,证明中国人非皆如拳民之行动,而所以维持友谊也。"其激昂慷慨足以愧风时人,使馆自围攻以来,奥兵先逃,大为人所批评。其时各国之卫兵保护本国之使馆,及此败后,英使窦纳乐虽曾被推为防守司令,但仍无节制所有卫兵之实权。其避难于使馆之外人而加入战争者,亦有数十人,教民或助防守,或强迫掘壕筑垒,外兵颇虐待之,有抵死不肯应募,或受重罚者,防守使馆亦赖其力焉。使馆设有委员会,多赖美教士主持,其人以服务见称于时,担任筑垒之干明威尔(E.D. Gamewell)尤有大功。防守使馆之外人,困于绝地,类多勇敢之士,其尤以能战见称者,则日本将校也。六月二十五日,景善称载漪等擅率拳民入宫,太后恶之,转欲议和,饬令荣禄保护使馆,其言别无证明;所可知者,李鸿章领衔奏言兵衅万不可开,团军急宜剿除之疏到京也。其言与宣战诏书相反,而二十五日上谕,则称事变之起,出于意料之外,衅非我开,现在兵民交愤,在京各使馆势甚危迫,我仍尽力保护等语。明日,再降旨曰:

---

① 景善日记记袁昶、许景澄之被杀在七月二十八日,立山等之被杀在八月十日。恽毓鼎之《崇陵传信录》于袁昶之死,则言七月二十九日,立山之死则言八月十一日。日记势必作于死者之后,其子亲见袁昶等之死,袁世凯电称其于二十八日处斩。又据诏杀袁许之朱谕期为二十九日,岂杀后而始公布其罪状耶!兹据日记,而并附说于此。

……尔各督抚度势量力,不欲轻构外衅,诚老成谋国之道。无如此次义和团民之起,数月之间,京城蔓延已遍,其众不下十数万,自兵民以至王公府第,处处皆是,同声与洋教为仇,势不两立,剿之则即刻祸起肘腋,生灵涂炭,只可因而用之,徐图挽救。奏称信其邪术以保国,亦不谅朝廷万不得已之苦衷矣。……此乃天时人事相激相迫,遂成不能不战之势,尔各督抚勿再迟疑观望,迅速筹兵筹饷,力保疆土。

朝旨多为辩护之辞,会驻外公使会衔奏请保护使馆之电文到京,二十九日谕曰:"此次中外开衅,其间事机纷凑,处处不顺,均非意计所及。……兵端已启,却非衅自我开,中国即不自量,亦何至与各国同时开衅?并何至恃乱民以与各国开衅?……现仍严饬带兵官照前保护使馆,惟力是视。"朝旨停止进攻使馆,原欲议和,无奈势成骑虎,载漪等复力坚持,裕禄更自天津掩败为胜,奏报军功。西摩之援军败退,和议停顿。其攻使馆者,初为拳民,甘军助之,荣禄禁之而不可得,朝廷对于李鸿章等均称保护使馆,事实上则又不然。李译楼于《义和团事实》曰:"自五月(六月)以来,生杀予夺,皆在团。团曰可,不敢否,团曰否,不敢可。民权之说,吾于义和团见之矣。"民权之说,迥异于暴民专制,固非李氏所知,于此情状之下,朝廷诏令不行于京内。

使馆教堂久攻不下,太后至为焦急,再应疆吏之请,七月三日,颁发俄、英、日国书,饬公使转递,其内容则言匪乱肇祸,外衅相迫,以致纷扰,请其排难解纷,一面照会公使出馆,暂住总署。公使弗应,三国均以公使安全为言,无能力助,其议发于李鸿章,主张外兵来华前议之也。其时天津处于不利之形势,十四日,城竟失守。其先疆吏电奏四事:一、谕饬各省将军督抚保护外商教士,一、降谕惋惜德公使被戕,致国书于德皇,并致国书于美法,以示敦睦,一、饬查被害之外人及财产损失,以便抚恤,一、剿办拳民乱兵;另电奕劻、荣禄、王文韶请其婉为奏陈。奏上,荣禄又言使团要求之照会,乃载漪命人假造者也。太后之意转变,十六日,庆亲

王致书美使,告其尽力保护,照会各国公使请其出馆,明日,谕曰:

> 此次中外肇衅,起于民教之相哄,嗣因大沽炮台被占,以致激成兵端,朝廷谊重邦交,仍不肯轻于决绝,迭经明降谕旨,保护使馆,并谕各直省保护教士。现在兵事未戢,各国商民在中国者甚多,均应一律保护,着该将军督抚查明各国洋商教士在通商各埠及各府州县者,按照条约一体认真保护,不得稍有疏虞。上月日本书记杉山彬被戕,正深骇异,乃未几复有德国公使被害之事。该公使驻京办理交涉,遽遭伤害,惋惜尤深,应定严饬勒拿凶手,务获究办。所有此次天津开战后,除因战事外,其因乱无故被害之洋人教士等及损失物产,着顺天府直隶总督饬属分别查明,听候汇案核办。至近日各处土匪乱民焚杀劫掠,扰害良民,尤属不成事体,着该督抚及各统兵大员查明实在情形,相机剿办,以靖乱源,将此通谕知之。

上谕根据疆吏奏请之四事而发,无可非议。明日,太后严饬义和团民恪守戒规,其寻衅焚杀者照土匪之例,即行严办,又降诏曰:"春秋之义不 戮行人,朝廷办法,亦岂有纵令兵民迁怒公使之理。"十七日午后,停止攻击使馆,华兵高持白旗前往传信。据《庚子北京事变纪略》,华兵与洋兵以指交谈,甚相敦睦,洋人托其买瓜果食物,亦乐为役使。二十日,总署送来西瓜两车,二十七日,送白面二千斤,瓜果菜蔬数车,休战迄于二十八日。期内朝廷颁发法、美、德国书,再言和议。总署王大臣以太后之命,迭请公使外人出京赴津,由兵护送,且言保护教民。此种办法由疆吏迭次奏请,各国亦皆同意,而公使则不之信。《庚子北京事变纪略》之作者鹿完天时在围中,记其事曰:"总署催各钦使赴天津,俾教民出而各安其居。呜呼!是信也真也,伪也!识者谓诳我也!各使馆纷纷传闻,有笑之者,有耻之者,甚至有哂之以鼻者,噫!人而无信,不知其可也,其谓是夫!"其言备极嘲骂,而实使馆中人之感想。总署力谋和议进行,为美使转递电信于本国,亦无效果。值李秉衡自南方入京,李氏负有清望,对外知识原极幼稚,召对之时,主持战议,载漪等气为之振。其时拳民之技已穷,久攻使馆教堂不下,诿为大数未到,其死于枪弹者,指为好色贪财所致。在京人数尚多,以之战争则力不足,以之扰民则绰然有余。王公大臣见兵败绩,颇有悔意,然以危局由其造成,多所顾忌,乃有"不战必亡,战未必速亡,及断不可束手受缚,拱手授人等语"。李鸿章时在上海,闻知外兵将至,一面电告驻外公使劝说列强勿添兵再进,一面再与刘坤一等会奏,请派队护送各使赴津,或准其自通函电于本国。措辞急切,无所瞻顾,而袁世凯不即缮发,催之始代缮递。奏上,三十一日,再行停攻使馆,奕劻迭次照会公使,请其出京,并许教民同行,由荣禄派兵护送。八月二日,上谕曰:

前因近畿民教滋事,激成中外兵端,各国使臣在京者,理应一律保护,迭经总理衙门王大臣致书慰问,并以京城人心未靖,防范难周,与各使臣商议派兵护送前往天津暂避,以免惊恐。即着大学士荣禄预行遴派妥实文武大员,带同得力兵队,俟该使臣定期何日出京,沿途妥为护送。倘有匪徒窥伺抢劫情事,即行剿击,不得稍有疏虞。各使臣未出京以前,如有通信本国之处,但系明电,即由总理各国事务衙门速为办理,毋稍延搁。用示朝廷怀柔远人,坦怀相与之至意。

诏文全应李鸿章等之奏请,同时降诏赦免教民之罪,不准妄杀。交涉进行之际,误会发生,枪声即起。八月七日,太后应刘坤一等之奏请,诏授李鸿章为全权大臣,先与各国外部议商停战,总署将其通知各国公使,十日,又致照会声称明日庆亲王来晤,及期,谓兵昨被杀者数十人,不能前来。外人出馆者,华兵未加伤害,总署将其送回,如英国学生、瑞典教士之例。其时外兵自天津前进十二日,进据通州。贵显大臣不知所为,乃以战败而亡,不战亦亡。徐桐诸人且以"甘心亡国而不恤"为言,甘军猛攻使馆,枪声不绝。使馆内之中外人员莫不惊惶,会联军至,始得无事。

综观围攻使馆之始末,多由于误会,荣禄于宣战诏将下之际,力谋保护公使,其致刘坤一电曰:"嗣再竭力设法转圜,以图万一之计,始定在总署会晤,冀以稍有转机,而是日又为乱匪将德使臣击毙,从此事局又变。"荣禄事先反对绝交,未有效果,故有再设法之语。德使之被杀,实为极大之事变,误会由此益多。自公使方面而言,乱兵无故杀害德使,为中国政府不能保护公使之铁证,离开使馆,即无安全之理,况政府听任匪兵围攻之乎?对于总署之建议,莫不认为含有恶意。和议进行之际,枪声时起,总署则称外兵先行开枪,使馆则称华兵首先开枪,责任究不易明,两军相峙,原易生衅,况教民从中作祟,固不如先行撤退围兵也。朝廷初则限期外使出馆,继则限期出京,终则婉辞相商,许其在京商议,并保护教民,其逐渐让步者,一由于兵败,一由于疆吏之奏请也。其宣示之诏旨,均以保护使馆为言,李鸿章等关于公使之奏请,往往采行。总署奉命交涉,殆难认为缺少诚意,其请公使赴津,虽由李鸿章等奏请,而英日诸国均以其为先决之条件,乃公使始终拒绝。奕劻别无办法,而又胆小如鼠,不敢亲往使馆商议,刘坤一等之保境安民,请照旧还债,均奉旨允准,实欲议和。初事变之起,李鸿章迭奉谕旨催其北上,朋僚亦以为言,美舰允许将其送津,而竟不肯北上。其复刘坤一等曰,"荣庆尚不能挽回,鄙人何敢担此危局?各国兵日内当抵城下,想有一二恶战,乃见分晓"。其言虽愤极而发,固不应若此推诿,视国事若不相关也。会朝廷授为直隶总督,促其兼程北上,七月二十一日,始行抵沪,初欲自运河北上,继则托故不行,京中时无明了外交方法之大员,李氏在外虽有奏请,固不如应诏入京陈说一切,主持外交,而祸或可减轻也,乃为个人安全之计,不肯北上,吾人殊深惜之。至于使馆久攻不下,虽曰外兵守御之力,而荣禄之设法成全,李鸿章等之奏请,及和议之迭次磋商,因予外兵休息防守之机会,固亦不可抹杀。太后明知使馆之不可攻,而终未切实保护者,岂如时论所谓,此亡而彼亦亡,不如同归于尽耶?

外省反对拳民最力者,当推两江总督刘坤一等,刘氏为湘军名将,于

第十二篇　义和团之扰乱（续前）

拳民势炽之时,景善称其电奏剿办,太后读其电文,心甚烦恼。刘氏于其境内严禁大刀会之活动。其初持两端而态度不甚明显者,则为湖广总督张之洞,景善称其一面请禁拳民,一面表示忠于太后。汉口英国领事于乱初起之际,亲往谒之,陈说利害,张氏颇为所动。又按《李文忠公全集》,六月二十五日,盛宣怀致电李鸿章,李氏将其电告刘坤一。文曰："千万秘密,廿三（十九）署文勒限各使出京,至今无信。……以一敌众,理屈势穷……瓦解即在目前,已无挽救之法。今为疆臣计,各省集义团御侮,必同归于尽,欲全东南以保宗社,诸大帅须以权宜应之,以定各国之心,仍不背廿四（二十）旨,各督抚联络一气,以保疆土,乞裁示。"李氏又复盛宣怀电曰："廿五（二十一）矫诏,粤断不奉,希将此电密致岘（刘坤一）、香（张之洞）。"明日,刘坤一复称与张之洞保护长江一带之商教,严办匪徒。二人时已商定不欲挑衅,而督办水师之李秉衡留于江苏,闻知英舰驶入长江,亲往江阴阻之,刘坤一密电部将勿自我开衅。李秉衡电问水雷,并请拨款。刘坤一约其来宁,电告其事于张之洞,张氏电劝李氏勿动,长江始免于事。二督饬上海道余联沅与各领妥议章程,更电驻外公使向其外部说明,领事奉命交涉,议定章程。其要款则上海租界归各国保护,长江内地归督抚保护,两不相扰,以保全中外人民之生命财产也。其他南方诸省亦多不肯奉行宣战诏书,两广则李鸿章首先不理朝廷之乱命,山东则袁世凯颇能维持境内之治安,袁氏主张慎重,不愿声张。其时德皇训令其东方海军司令强据烟台,司令以为无所借口,不肯执行。四川、闽、浙等省除一二例外,亦能保境安民,拳民蔓延之地乃限止于直隶,其杀害外人者,亦限于北方之长官,全国幸未大乱,颇赖李鸿章、刘坤一等之力焉。综观袁昶、刘坤一等之行动,其勇敢大无畏之精神,诚足令人生敬,其更足以诏示吾人者,一国之危险,莫过于理智之丧失,言论不得自由。感情用事之时,非有力者则无意见陈说之可能,而难有所补救,全体民众殆将成为疯人社会。政事之中对外问题,尤易激起情感。吾人所当留意者,对于政府之外交,不能囿于无根据之宣传,而必全国一致之说,终当审其是非利害,而为有条件之赞同也。

　　大沽炮台陷后,西摩援军值自廊坊退回,俄得军队来援,始能出险。其时清廷下诏宣战,而列强对于北京之情状尚未明了,中国驻外公使不愿回国,李鸿章电其对外说明大沽炮台向外舰发炮,先未得有朝廷之训令,列强苟不对华宣战,彼将北上解决其事。同时,列强多未留心于此,其海军大将视之无足轻重,亦无详细报告,乃均承认尚未入于战争状态。其公共之目的,则援救在难之外人,而往北京也。其在大沽,大将声明入京往援公使外人,凡于途中阻之者,则以武力应付,对于各省尚无挑衅之表示。其政府鉴于形势之危急,予以便宜行事之大权。外兵之自大沽往援天津者,约八千人,中有俄、美、英、德、日兵,合租界守兵,西摩退军,约一万二千人,清军与之相持,互相攻击。六月二十七日,联军攻取距租界十五里之东机器局,斯役也,以俄国陆军之力为最,会来援之清兵日众,大炮较多,混战不已。及外国援兵至津,改取攻势,七月九日,日本军队千名会同联军千名,取得海王寺之西机器局,守军乃益处于不利之地位。十三日,联军大举进攻,俄德军队五千人为第一队,日、美、英、法五千人为第二队。第一队奋勇前进,而第二队之力战尤烈,死伤之多,占其全军七分之一,日军终不肯退,逼近城下,明日,清晨炮毁南门而入。斯役也,共历一昼夜之恶战,而天津城下,日军之力为多,死伤者亦其最多。十四日,联军入城,大从事于劫掠,奸淫妇女,其惨状不堪设想。天津自拳民入城以来,业已入于混乱无政府之情状,及官兵战败,乘机抢劫,临去之际,更行放火,联军相继大掠,津民所受之痛苦,不堪言状,谋之不臧,祸至于斯,实可痛心,无辜之人民,诚不知其死所。列强军队中抢劫奸淫尤惨者,首推俄、法、德、印度军队,其行径直为穷凶极恶之强盗,长官不加约束,以为中国破坏国际公法,轻侮列强,而借之报复示警也。其根本错误,由于不知中国为专制政府,人民从无参政之机会,拳民之行为,虽为愚民之暴动,而少数昏庸之长官实造成之,长官逃去,而平民反受实祸,不亦悲乎!

　　津沽于六月十七日战作,七月十四日城陷,恶战凡二十七日,为中国自订约通商以来未有之力战，其作战者，全为北洋军队，时称武卫军数约三万余人，由聂士成、宋庆、马玉崑统率，三人久历戎行，负有盛名，尤以聂士成所部为能战，其兵新法操练，军械较良，及其战死，宋庆等仍力堵防应战。拳民则托辞推诿，反于"恶战之际，或掠良家财帛，或夺勇丁枪械，甚至抢劫衙署，焚烧街市，事后则解去红布，逍遥远避，其素称为团首者，迄今多日，终未来见，逃遁无踪，无从再为整顿"。（七月二十四日裕禄等奏语）而朝旨仍严责其招之助战，王公大臣固未觉悟也。天津既陷，北京之门户大开，朝廷诏催各省勤王之师，兼程入京急于星火，联军于恶战之后，占据天津，统将始信中国之兵尚可一战，不敢贸然进兵，听其军队嬉游于津沽，而置公使之生死于不顾。说者言其别有利用之野心，如德皇欲各国公使尽死，谋据烟台之例。其困难则列强互相忌嫉，不能合作也。其亟欲往援北京公使者，则为英、美、日本。英国时方从事于南非洲战争，除印军而外，别无可派之兵。法国于安南有少数军队可调而外，亦无大军。德皇闻其公使被杀，命兵七千东渡但非朝夕之所能来华。美国于菲律宾岛虽有驻军，然已派遣一部分来华。俄国方经营满洲，其来援北京之兵，数亦有限。意大利等更不足言。其与中国邻近，运输便利，军队可无限制来华者，唯有日本。英国首先商请日本出兵，其时日本之国际地位尚低，鉴于列强之野心，中日之关系，颇主慎重，乃以出兵后之结果为言。英外相沙侯(Salisbury)通知俄、德、法国，征其意见，三国各存私心，答辞不一，但无积极反对之表示。七月七日，沙侯再请日本出兵，其先日本已下一师动员之令，后且决定人数增至二万，其兵费由英国担保。七月下旬，日兵之来津者大增，初天津攻陷，外人多信北京之公使外人已死，会中国驻美公使伍廷芳请和于美，传递美使之乞援电文，始信其尚在人间，因欲立时出兵往援，英国助之。及日兵来津，其主将福岛即欲前进，各国统将会议，定于八月四日进攻。各国军队以其不受他国命令，议定每晚或必要时，统将出席会议，决定来日作战之计划。四日午后，联军开始出发，人数约一万八千。日本最多，俄国次之，英国又次之，美国又次之，法国又次之，奥意各有代表,独德国未有一人。其时德皇遣其大将瓦德西(Von Waldersee)来华,尚在途中,不欲联军进攻,及闻北京失守,至为失望,其用心之深毒,殆难推测。联军之进攻也,俄法为左翼,日、英、美为右翼,沿北河两岸而行,其作战之计划,先攻北仓。初裕禄、宋庆自天津败后,收聚余兵于北仓,朝旨倾向和议,会李秉衡奉召入京,李秉衡以清正自守,负有能名,曾以山东教案,奉诏落职,原非太后之意,因得起用,又与刘坤一意见不合,勤王赴京,途中攻杀河间府之教民,及其抵京,太后将以其言决定和议,而李氏知识浅陋,缺乏判断能力,对外原欲拒抗,又受徐桐、刚毅之说,竟于陛见之时,主持战议,后再言和。御史奏请简为统帅,节制大军,统率团民,同赴前敌。太后下诏命其帮办武卫军,又有奏请宜派董福祥所部及团民规复天津者。裕禄时守北仓,浮报战功。毓贤更自山西奏请决战,其言曰:

若一意决战,天下忠义之士,莫不为之投袂奋兴,况闻英国带兵夷酋为飞炮所毙,日本新丧其国主,英人又屡为意国所挫。此三者果属不虚,正斗伯比所谓敌有衅不可失之时也。

其言不知得之何方,而竟视为可战之原因,其主张则遣提督冯子材往攻缅甸,提督苏元春出兵攻越南,候补道林朝栋督带兵轮恫吓日本;更诏新疆、蒙古、黑龙江、吉林各路攻俄。其言直为梦呓,乃出于长官之奏疏,军国大事,竟为儿戏,夫复何言!

八月五日上午四时,日军右翼开始攻击,北仓守兵御之,激战颇烈,日中,联军战败守兵,夺据其地,裕禄退守杨村。此战也,日军之力为多,俄法军队则以泥行困难,未有战绩。六日,联军继续前进,英美及日本一部分军队渡河,全翼沿铁路而行,午后抵于杨村,攻击防守之清兵,一战败之,英、美、日军之力也,裕禄自杀,宋庆退守蔡村。七日,联军休息于杨村,各国统将会议进取通州,明日,全军出发,日军在前,俄、法、英、美诸军继之,晚间,集中于蔡村,九日,抵河西务,十日,次马头,十一日,驻张家湾,十二日清晨,进据通州,途中除与李秉衡之军队战于河西务外,毫无阻碍。先是,李秉衡奉旨帮办军务,及军事紧急始行出都,七日,抵于马头,闻知北仓、杨村相继失守,宋庆退于蔡村,乃于马头布防,八日,进驻河西务,明日,联军大至,所部败退,余兵不奉命令。其时各省勤王之师及新募之卒凡十万人,无奈兵非素练,而能战之武卫军伤亡太重,士卒寒心,势如山颓,无能挽回。十一日,李秉衡奏言溃兵情状曰:"臣刻自马头退抵张家湾,就连日目击情形,军队数万,充塞道途,闻敌辄溃,实未一战,所过村镇,则焚掠一空,以致臣军采买无物,人马饥困。臣自少至老,屡经兵火,实未所见。"李氏主张严申纪律,截杀逃兵溃将,招集散亡,而联军进逼不已,自尽而死。入京之路遂通,而日俄军官反信清军将力拒之于北京附近,俄将且言其军必须休息,统将会议采取妥协之办法,决定十三日侦探清军主力所在之地,不意俄军竟于晚间单独前进,九时开炮轰城,置其侦探之区域于不顾。十四日午时,俄军占据东便门;美兵则于城上先树国旗。日军闻知俄军先进,往攻朝阳门,其所遇之兵死力拒战,反而最后入城。英将闻其同盟军进攻,亦率军队前进,其公使先期告以路途,英军先至使馆,美兵次之,使馆之围始解。鹿完天记之曰:

二十日(十四),四外枪声不断,两点钟,仆正在室中饮水,忽闻人声沸腾。仆曰:"此何声也?"或告之曰,"义和拳攻打之声也。"仆静听良久,出而视之,见一人从南御河桥飞奔而西,大声言曰:"救兵来也";又见各国人纷纷从美署后东马道直上,皆摘帽狂呼。仆即往南御河桥,见英兵从水沟拥进,两岸人皆手舞足蹈,口唱阿利路亚,相与握手欢呼,交相庆曰:"我辈九死一生,数月之苦毒,一旦尽释矣。"仆亦欢喜非常,移时回寓少息,忽闻大炮声,出而窃望,见前门、崇文门两边守城中兵,皆弃戈脱甲争相败北,美兵拥大炮升城,对内廷直打。仆此时不觉凄然,变喜为忧,郁郁而归,至院内掩面涕泣。……此次祸起都门,内外教民骨积如山,血流成渠,闻者伤心,见者酸鼻。嗟乎！教民何罪，当此万难之际，欲死不得，欲生无门，不得已乃与各国官民筑垒共守百余日，昼夜环伺，精神疲倦，肠胃饥渴，死者白骨暴露，生者黄颜疲瘠。……仆等不过相与同心努力，冀免一死而已。

鹿氏之文不无夸张失检之处，遭难之人皆庆再生，其中心之喜悦，手之舞之，盖非文字所能形容，其悲伤者殆唯鹿氏一人。使馆内之卫兵凡四百余人，死伤过于半数；其尤难者，则西什库教堂之未攻陷也，教堂有法意水兵四十人驻守，教民三千余人避难于中。拳民、官军攻之颇力，教堂上有飞弹，下有地雷，危险过于使馆，教民之助水兵防守者，约有千人。其所有之器械，则为鸟枪刀矛之属，而竟未得攻破，闻者莫不惊为神迹。

初联军迫近北京，都中之人恐惧日甚，朝廷奏言外人赶制中国号衣，意欲混入京城，太后饬令守城大臣严稽出入，而实自相扰乱也。十二日，通州失守，李秉衡兵败自尽之报传至。据景善日记，太后、军机大臣相视而哭，太后言将殉国，并令皇帝自尽；荣禄说其留京，诏杀祸首大臣，太后心中尚信拳民或能挽救京师，犹豫不定，一日之中诏见荣禄八次，载漪五次，其余军机大臣，皆垂首丧气，默无建议。十四日，外兵逼临城下，开炮攻城，太后召见军机大臣五次，心中慌乱，竟无主张矣。景善又称午后四点钟，载澜直入宫中，高呼佛爷，声称夷兵入城。其言方毕，刚毅亦至，报告大批头有缠布之兵驻于天坛，太后犹言其为甘肃之回勇。刚毅坚称其为洋鬼子，且曰："陛下必须立时出京"，夜半，太后召见军机大臣，其入值者，只有刚毅、赵舒翘、王文韶。太后曰："余人何往？朕想其各自回家，置朕母子于不顾矣！无论如何，汝三人必须随驾。"更谕王文韶曰，"汝年太高，朕不想令汝受此辛苦，随后赶来随驾"，转谕刚毅、赵舒翘曰，"汝等善骑，现时随驾，不能远去"。语毕，王文韶奏曰："臣当尽力追从陛下。"光绪谕曰："汝言甚是，自以迅速为宜。"朝会遂终，太后休息片时，十五日上午三时起身，吩咐一切，将行之际，召见宫中妃嫔。光绪宠爱之珍妃忽然入见，请帝留京，太后怒而即命太监推之入井，光绪跪下，为之乞恩，竟不

第十二篇　义和团之扰乱（续前）

可得。妃嫔除皇后而外，无一从者。据景善日记，太后着蓝色夏衣，头挽便髻，一如汉人，其状近于乡间之妇女；光绪则衣长衫，登车向德胜门而行，八点钟抵于颐和园。守园之卫兵不识其为太后，入园片刻，登车北行。人民出城避难者，景善记之曰："圣驾至德胜门，人山人海，致城门口几拥挤不能行矣。"

太后出京，派荣禄、徐桐、崇绮留京办事，城中人民对于联军莫不失望，荣禄、崇绮不敢留京，其他长官或随驾外出，或出城避难，或困守家中，其出城者则以车轿全无，至为不易，妇女尤为困难。初俄日军队攻入城中，遇有抗拒，即怒而纵火，其先黑烟上升，来势凶猛，俄而火光蔽天，外人乘势抢杀，奸淫妇女。顽固仇外之朝臣自知不免于辱者，乃多自尽，其死或以免辱，或以免罪，或求恩恤。徐桐谓遭国难当死，结绳于梁，以颈承之而死，其家中妇女之自尽者凡十八人。崇绮为同治皇后之父，时为大阿哥师傅，于城破后，只身往走保定，其子于家中作坑，并将老母幼子妻妾葬于土中，崇绮闻而自缢。景善于外兵掠劫奸淫之际，记其家中所有之女子，欲吞鸦片，止之，不得，日记尚讥其愚，心中不愿自杀，其长子竟于十五日杀之，妇女均先服毒而死。醇亲王载澧之未婚妻居于家中，惧辱自杀，家人尽死。其他自杀者不知凡几，尤以妇女为甚。其人要多富贵缙绅之家，平日以贞节为重，其死固有出于自愿，亦有以死求名，更有深受家庭环境之支配者，其主因则社会上轻视女子，而于失节之妇女，予以难堪也。殊不知处于武力情状之下，失身非其所愿，实不足羞，其强奸之兵士，则野蛮无理耳，而于女子之人格，固无所损。所可悲者，拳乱造成于无理智之朝臣，彼等之死未足以蔽其辜，而正当营业之平民，备受痛苦，生命危险，财产损失，无辜之妇女反而自杀，可不悲乎！其造成祸乱而留于京师者，尚有启秀、徐承煜等。启秀党于载漪，前已言之，承煜为徐桐之子，见解无异其父，二人俱为联军所捕。

联军入城无恶不作，其初导之者多为被救之教民，教民志在报复，利用外兵，而亦乘机劫掠焉。外兵之抢劫也，可称净尽，其人无论何区，随其意之所向,掳取一切,对于男子则强令工作,不给酬报,对于妇女则奸淫纵欲,全城入于混乱之中。十六日,列强主将会议决定划地分防,多数防地仍在纷扰之中。总税务司赫德在京,目观其状,书告其友,八月三十日曰:"各事颠倒,全城均在不安扰乱之中",三十一日曰:"余从未住于若是纷扰混乱之城",九月六日曰:"吾人逐渐恢复秩序,但其进行极为迟慢,余对于现代军队战争之方法至为失望。"朴笛南(Putnam Weale)于《庚子使馆被围记》中记载一家中妇女多名,欢迎外兵一名,为其临时丈夫,以保护之,他兵尚有敲门而欲闯入者。军队中之最野蛮者,首推俄、德、法,印军次之,其军律最优而首先恢复其防地之秩序者,则为日军,次为美军。九月十一日,英将于会议席上谓各国防地均有许多华人,而俄国独为例外,其所有者唯狗而已。英国时患俄国乘机侵略,其将独以之为言耳。美国十月二十日之陆军报告,中言美军防地于一月以来,华人争至,营业如常。德军防地与之相隔一街,几无人民,华人声称德军抢劫财物也。德兵于其防地,无物不取,及瓦德西至,分取中国钦天监之仪器运回柏林,法国亦分得其小部分。日军纪律之佳,为时人公认,前已言之。其兵首往户部衙门,运去存银于日本使馆兼取太仓之米。日将报告其政府曰:"迄于十月第一星期,日军共得米二十五万石,银二百六十三万七千七百两。"要之,列强之于北京,盖认人民财产为其战胜之奖品,可得自由处置。其心理以为中国破坏国际公法,而公法亦不适用于中国,乃造成无人道之惨史。谋之不臧,祸至于此,能不哀乎! 北京城中之未抢劫者,只有禁城。列强对之,意见不一,大将公使之见解又不相同,最后议决不据禁城,由公使同其属员及少数兵士入内巡行一周,以示屈服中国之意,十月,德将瓦德西入京,驻于仪鸾殿,俄而殿罹于火,宫内珍物遂有散失。

官军、拳民自战败后,溃散乡间,四出抢劫,村民亦多逃难。太后、皇帝之出京也,尚有王公大臣太监侍卫同行,沿途供养困难,兵士抢劫民物,不可理喻,且有殴及县官之事,太监尤为蛮横。车驾之行程,北出长城,而往宣化,西入山西境内,南行而至太原,途中幸得岑春煊之兵护卫。初岑春煊为甘肃布政使,率兵勤王,及抵昌平,值太后出京,奉谕扈从,八月二十六日,驾抵怀安。唐晏记曰:"太后及御舆皆用蓝色轿,从有驮轿二乘,以载物,闻系贯什(地名)李光裕所献,盖出京时本乘骡车,贯什光裕乃进驮轿,至宣化,道府各以轿进,驾始御轿。……至晚,御膳甫上,厨房即为众太监抢劫一空,诸王大臣至于竟夜不得食,闻因索费不遂之故。国势至此,此辈尚敢如此横行,无怪其不可为矣。……时岑西林(春煊)方伯已授行营大臣,兼内务府大臣,便服手马鞭,立行宫外,而诸大臣亦皆便服顶帽,行李萧条。……初五日(二十九日),齐某兵至,队伍尤不整齐,军士亦不靖。此数日间城中虽安堵,而城外被劫者极多,各军止于不杀人而已,而横加掳掠,有甚于贼。其住宿多在人家,且有淫及妇女者,民之畏兵如盗贼也!驾去后,怀安遂闭城不开者半月,日见逃军掠城而过,……来者均捆载充盈,无空手者,亦有以车载妇女者。"十一月,德军将出关报复,唐晏闻之,西入山西,其纪事曰:"此次乱事,惟晋人深受蹂躏,驾过时,宦寺兵士往扰人家,上等之户不免,故神机营斩兵二人,翼长忠某革职,又闻有太监某宿民家,而辱其妇女者,更奇!其后逃军纷至,晋民夙怯,村民逃避一空,兵辄搜妇女使炊食,且不给衣,恐其逃去也。"太后驻于太原半月,深惧外兵攻入山西,更往陕西西安。岑春煊致各省将军督抚电曰:"此次宫车外驾,倍极艰劳,溯忆初出国门,以黄屋尊严,且饥寒不免,其余辛苦可想而知!春煊每于召对时,语及时危,窃见两宫泪随声下,复闻罢朝之后,往往无端吁叹,涕泗弥襟,或中夜彷徨,宵深起立。"光绪在西安诏曰:"乘舆出走,风鹤惊心,昌平、宣化间,朕侍皇太后素衣将敝,豆粥难求,困苦饥寒,不如氓庶。"其言多为实录,人民更因而受祸。唐晏时游陕西,其在潼关记曰:"当大乱之际,又关中饥馑,道殣相望,食物昂贵。"其时大旱,而官吏入关需要者殷也。粥厂放粥,饥民坐待,有饥而大哭者。于斯凶年出狩,侍卫无道情状之下,太后、皇帝虽感不安,而朝臣所受之痛苦尤甚。太后于太原时谕京官每日给银三两,以示鼓励,而来者甚少,其原因一由于畏难,一由于无力外出。张之洞等怜其苦状,汇款入京赈之,及抵西安,下诏官吏由行在京官委任,来者始多,改令日给一两。其尤苦者,则被难之平民也,家中原无多粮而又不得宁居,终日惶惶,生命财产均在危险之中。其在京师通州间之人民逃避一空,村中阒然无人,避难于高粱之中。周馥奉旨入京,记其见闻曰:"自山海关至京师沿途民人稀少,洋兵处处设卡,京中各街闭户,瓦砾荆棘,触目伤心,间有骡车过路,皆插外国旗,以为保护,各国只认全权住处为中国境,余地皆为外国辖境。"其言多为亲身所见之事实。八月二十二日,李鸿章得保定来电,中云:"近日败兵纷纷南下,沿途抢掠不堪,路无行人,食水皆无。"其他诸省于联军进攻之际,亦颇感受不安。印军奉命调至上海保护租界,刘坤一表示反对,终无效果。他国军队继之而至,日军奉命驻于厦门,德兵进驻高密,俄兵占据满洲。于此纷扰之中,其谋趁时起兵者,有唐才常等,唐才常属于康有为党,结合哥老会,议定起兵,谋泄,被捕于汉口,死者二十余人。其党起兵于安徽之大通、湖北之新堤者,先后败死,余党之活动于湖南者,亦为巡抚俞廉三捕斩,人民固已饱受惊惶矣。

  联军之入京也,虽曰共同作战,而实互相嫉忌,各争功利。其在北京除日美军队而外,不能维持治安,恢复原状。天津则由列强统将所设暂理地方之都统衙门管治。其委员初有三人,由俄、英、日将校充任,后瓦德西要求添派德人,美、法、意国先后提出同样要求,人数遂增。其管辖之区域,包有天津全县,东至北河入海之口,原有租界及联军所占之铁路机器局等,不得过问;对于华人行使无限制之威权,征收捐税,保护治安,审判犯人。其助拳民者,由其审判斩杀,联军捕获俘虏,判决罪后,亦转交其斩杀。其对华官之态度尤为强硬,天津道台布告就职,委员召之来见,令其更改布告,申明都统衙门管辖之地,不属于其范围,限其于二十四小时内离津,并转告李鸿章嗣后任何治理该区之官,均将驱逐出境。李鸿章之就直督也,委员奉瓦德西之命,认为私人;衙门对于外人,则无权过问。委员中有转递德军惨杀之报告者,备受瓦德西之申斥,其可议之点,固属甚多,然于短促期内,颇有所为。津民于抢劫之后,食料可虑,都统衙门给以所

第十二篇　义和团之扰乱(续前)

获之漕米,建筑大桥,拆去城墙,改造马路,浚治食水河道。其尤见称者,则修理北河,减少路程以便航行也。及后交还政权,尚余大宗现款归于中国,联军既得控制京津,对于李鸿章之请求议和,置之不理。其本国政策尚未决定,或假托亲善而别有所图,或希望太奢难于提出也。于此期内,其最引人注意者,则德军之报复,及俄国之经营满洲也。

初德皇威廉第二于七月一日闻知其驻华公使确死,次日,即令组织海外远征军,共七千人,欲以瓦德西为联军统帅,征求同意于列强,俄国首先赞同,法国无所表示,余以德使遇害,复称同意。瓦德西于普法战争立有功绩,为欧洲名将,九月末,乘轮抵津,住留一月,始往北京,住于宫中。其名虽曰统帅,而各国军队,实不受其指挥,且时北京已陷,无战可言,乃遣兵四出,专谋报复,凡直隶仇杀教士围攻教民之地,多令兵往,捕杀官绅乱民,火焚佛寺官署,抢劫财货,奸淫妇女。人民恐惧之甚,可于《拳祸记》所言宣化人防祸事见之。其言曰:"有送米粮者,有送银钱者,有欲奉教者,一寸许之十字像,可卖纹银十两,教外人佩于胸上,以为护符,但教友无有卖者,匪徒自教友家抢去之早晚课一本,可售银百两,教友知之,向外人索回。"人民愿出重大代价,以求免祸,可见其野蛮残杀之一斑。他国军队初曾加入者,后渐知其罪恶,脱离关系,德军独前进行。其表面上表示好感,而首先侵夺土地者,则为俄国,俄军自大杀华人而后,侵入北满,九月中积极活动,向南进兵,占据牛庄,乘势进取辽阳、奉天府、铁岭等地,势力达于直隶省界,时间不足半月,可谓速矣。其兵依然前进不已,山海关之守兵奉命退出让之,英舰泊近海岸者,闻知清兵退出,遣兵树立英旗,及俄兵至,已无及矣。瓦德西遂命联军北上,驻于山海关,以防俄人南下,俄军虽未能得山海关,然于直隶之势力,亦不可侮。其兵驻于天津者颇多,夺取天津、北京间之铁路,列强反对,始肯交出,作为国际公共用物,又夺唐山煤矿,幸以德璀琳之力,交还原主,其仍欲据为己有者,则天津、山海关间之铁路也,对于他国抗议,初置不理,明年,始肯交出。其在天津,又先宣布白河东岸为俄租界,其所持之理由,则俄兵流血得之,当属于俄也。其地长凡六里,天津之车站在焉,美使提出抗议,未有效力。初天津有英、法、美租界,其后德、日亦有所得,至是,比、意、奥国各有要求,法日更请扩展地界,美使抗议,无理之者,英德亦有要求,美国独无所得,乃订章程,归并地于英国租界。俄国先开租界之争端,对于满洲亦有占据不退之意。初黑龙江将军寿山奉宣战之诏,不自量力,向俄挑衅,攻击哈尔滨车站,拆毁铁路,俄军乘势侵入,占据城邑,进至吉林。其将军长庆自知不敌,以白旗迎降,俄军未曾肆虐,更另派兵进攻奉天,守兵败溃,不可遏止。将军增祺派员周冕与俄官言和,于是俄国尽占满洲城邑,营口海关初挂俄海军旗,旋改挂其海关旗,殆视为俄国海关矣。英国鉴于俄国之野心,大生恐惧,又以非洲之战事,对俄抗议难有效力,乃向德国磋商,十月十六日,议定协约,申明其不利用现时中国之事变,而仍维持其领土之安全,凡开放之商埠均得自由贸易,在华各种正当经济之活动,待遇上不得稍有歧视。其有利用中国之事变,而获得领土者,二国得协商应付之策略。不幸德国无遵守之诚意,反谓协约不适用于长城以北之地。美国政策则与英国相同,其国务卿海约翰先曾照会列强,依据门户开放政策,不得占据土地。

先是,联军逼近通州,总署照会各国统将停战,李鸿章亦力阻其前进,均不可得,张之洞以其将攻东直门,势必震惊宫禁,电请李鸿章领衔致电上海领事,望其飞电联军各长官,予以万万不至震惊皇太后皇上之实据,使南方各督抚各省民心不致激成大变,务望二十四点钟内复电。其性质近于哀的美敦书,张氏不知外交上之形势,宜后李鸿章斥为书生也。李氏复电婉谢。其时南方与京中消息隔绝,十八日,李鸿章等始知北京失守,车驾西行,疆吏颇为忧惶,刘坤一电李鸿章曰:"洋兵入京,宗社震惊,生灵涂炭,痛澈五内。西狩已确,无人主持,望公航海北上,设法议款,挽救危局,迟恐焚烧迨及,大清存亡,惟公是赖,临电万叩。"李氏婉称事局略定,即航海而北,九月三日,各省将军督抚始由袁世凯电知八月二十日之罪己诏书。文曰:

我朝以忠厚开基,二百数十年,厚泽深仁,沦浃宇内。……不谓近日衅启,团教不和,变生仓猝,竟至震惊九庙,慈舆播迁,自顾藐躬,负罪实甚!……知人不明,皆朕一人之罪,小民何辜,遭此涂炭,朕尚何所施其责备耶!朕为天下之主,不能为民捍患,即身殉社稷,亦复何所顾惜!敬念圣母春秋已高,岂敢有亏孝养?是以恭奉銮舆,暂行巡幸太原。……自今以往,斡旋危局,我君臣责无旁贷。……要之,国家设官各有职守,不论大小京外文武,咸宜上念祖宗养士之恩,深维君辱臣死之义,卧薪尝胆,勿托空言,于一切用人行政筹饷练兵,在在出以精心,视国事如家事。毋怙非而贻误公家,毋专己而轻排群议,涤虑洗心,匡予不逮,朕虽不德,庶几不远而复,天心之悔祸可期矣。将此通谕知之。

诏文多责臣下之语,而于此次祸变,淡然叙述,且有自护之处,据《鲍心增行状录》,谕旨由其拟成,中多沉痛之语,亲贵将其删去。鲍氏为吾邑长者,时任军机章京,从驾西行,故得拟旨。诏文今自吾人观之,非太后承认责任,无论若何,均不忠实;光绪于拳乱始末,从未主张对外宣战,大祸成后,空诏究有何用?二十二日,诏求直言,惜其为时已迟。为朝廷之计,对内当即严办袒护拳民之王公大臣,以谢国人,向外则说诚心议和。其时和议尚无眉目,初八月七日旨授李鸿章为和议全权大臣,促其入京,而李氏留沪不行。及北京失守,刘坤一促其北上,不得,再致电曰:"宗社安危,全在中堂一人。中堂不到京,不能会议,事局非惟难定,且虑各国改易初心。千里蒙尘,是何景象!各省无所适从,是何危急!惟公念四朝恩遇之隆,两宫倚畀之重,同僚推许之切,天下仰望之殷,迅速北发,拯溺援焚,不胜泣祷!"李氏仍不即行,上谕迭催北上,九月八日,且曰:"该大学士此行不特安危系之,抑且存亡系之,旋乾转坤,匪异人任!勉为其难,所厚望焉!"李氏久滞于沪也,一则畏难,一则别谋挽救,对内迭请保护公使,对外进行和议。驻美公使伍廷芳时颇努力,初七月中,伍氏对于美国政府报界,力言驻华公使除德使遇害而外,皆安然无事。现时中国政府予以切实保护,列强不应以拳民之罪恶,迁怒于中国。国务卿海约翰允许赞助中国,但以先用密码致电美使,得其回电,方足证明。伍廷芳为之转递,美使回电言其被围于使馆,日受清兵之攻击,速行来援,始能免于全体之被杀。由是真状渐明,公使难于进言。八月初,李鸿章再以上谕言和,并将遣兵护送公使至津通知列强外部,不幸送使出京,迄未办到,列强多置不理。及李鸿章奉旨为全权大臣,十二日,再向各国请和,欲止联军于通州,终不可得。十四日,北京城陷。十九日,李鸿章再电各国申明联军抵京,保使之目的已达,请求停战;二十一日,再请议和。列强之怀有野心者,不惟不理其请,反欲捕之,德国则其明例,其事见于瓦德西之笔记,盖以李鸿章之活动,妨碍其政府之侵略也。和议未有把握,赫德说大学士昆冈等请饬庆亲王回京,李鸿章吁请加派亲信晓事之王大臣会议,且于未得朝旨之先,不肯北上。太后于途中得奏,诏派奕劻充任。奕劻为总理衙门大臣,初于拳民之暴动,不敢公然表示反对,使馆被围之际,数次休战议和,由其主持,顾其胆怯,约定亲往使馆面商一切,而竟不敢前往,至是从驾,太后命其回京。其入京也,由英日兵保护,带来之卫兵,联军将其缴械,心中恐惧,赫德慰之,九月六日,往谒各国公使,商请议和,而各国公使未得训令,不能开会。李鸿章时在上海,坐失较有利于中国之机会,十六日,始行北上,十八日,船抵大沽口。列强海军大将有欲断绝其与华官互通信息者,以美国等反对而罢。瓦德西拒之不见,饬令都统衙门认为私人,十月,李氏入京,无款可支,同其幕友三人,寄身萧寺,状至凄惨。

　　和议久不能开,列强之意有不可知者,初联军攻陷北京,其政府得有公使之报告,明了清廷之责任,各以利害关系,一时难得共同之政策,于是不理中国方面之请求。李鸿章立意联俄,由来已久,至是,密电驻俄公使杨儒与俄外财两部大臣会商,力言中俄亲善,中国不信华洋各报所言俄心叵测之说,请俄先行撤兵,以作各国榜样。财相微德许之,面奏俄皇,俄皇允许即日将兵队公使人民一并撤至天津,以示真心见好。双方既有谅解,八月末,俄国致通牒于列强,建议公使退住天津,撤回北京之兵,列强信其另有作用,多置不理。俄使独奉命出京,后见其无影响,始再回京。九月,俄国再致通牒于列强,询问对于和议之意见,亦无效果。其主张严厉者,首推德国,次为英国。先是德皇闻知事变,训令其东方舰队强据烟台,司令以其无隙可乘,倘或无故挑衅,既属破坏宣言,而又引起列强之反感,未肯执行。德皇深以为恨,及瓦德西东渡,谆谆然以此嘱之,且欲多得赔款,以备其扩张海军之助。九月十八日,德国致通牒于各国,申明中国先办祸首,始可言和。其时载漪、载勋、载澜、刚毅等从驾西行,途中由甘肃之兵侍卫,时传太后仍深受其影响。李鸿章乃以惩治祸首为言,二十五日,上谕庄亲王载勋,怡亲王溥静,贝勒载濂、载滢均革去爵职,端郡王载漪撤去一切差使,交宗人府严议,并着停俸;载澜、英年交都察院严议,刚毅、赵舒翘交都察院吏部议处。公使以为大臣革职复用,例不鲜见,而惨杀教士之毓贤,及围攻使馆之董福祥,罪尤最大,竟置不问,表示惩罚太轻。十月,驻外公使奏称各国非开议不停兵,非惩恶不开议,请严惩罪首,且曰:"否则无以明中朝悔祸之心,无以谢数万生灵之命,且无以禁诸强有挟之求,安危存亡,在此一举。祸魁就罪,和议可成,宗社幸甚,天下幸甚!"会李鸿章入京会同奕劻再行电请。十九日,太后诏禁革职之大臣随侍行在,罢免毓贤,外使仍不满意,举行会议,一致议决要求中国将载漪、载勋、溥静、载濂、载滢、载澜、董福祥、毓贤、刚毅、赵舒翘、英年正法。李鸿章为之解说,而使团不理,瓦德西派兵赴保定捕杀布政使廷雍等,声称西行。李鸿章与奕劻切实电奏祸首难减,西行难阻。十一月,上谕革去载漪爵职,与载勋、溥静、载滢同交宗人府圈禁,载濂革爵,闭门思过,载澜、英年降级调用,赵舒翘革职留任,毓贤革职,发往极边充当苦差,董福祥独未提及。其时董福祥统率回兵尚在西安,朝廷以其为陕甘汉回所信服,将其严办,恐致事变,后始命其回籍。刚毅时已病死。使团仍不满意,说者谓其困难之症结,由于朝廷远在西安,回兵保护,而势不能有为。初联军逼近北京,李鸿章等会衔电奏车驾不可出京,张之洞不肯列名,电至,而北京已陷。及车驾抵于太原,列强欲其返京,而太后闻知外兵西行,反往西安。奕劻、刘坤一等先后奏请回銮,皆不之许,外使迭以为言,太后保护祸首,可谓无微不至。今自吾人观之,拳乱之祸,造成于载漪等之保护与奖励,其惨杀外人,攻击使馆,违背国际公法,固无论矣。其影响之所及,而使无辜之人民,或丧生命,或失财产,或受污辱,祸及数省,其罪状之重大,一死不足以蔽其辜。及外使迭次要求,始乃从轻发落,朝廷不先将其惩办,必待屈服,方肯办理,一方面表示其无正确之见解,一方面徒失政府之尊严,思之未尝不为之痛恨也!

惩办罪魁交涉之际,列强之意见纷杂,尚无具体之条件。十月四日,法国致通牒于各国,提出六点,作为和议之根据:一、中国惩办北京使团提出之罪魁,二、禁止军火运华,三、赔偿国家团体个人之损失,四、驻兵保卫北京使馆,五、毁大沽口炮台,六、占据北京至大沽间之要区二三,以便使馆人员或军队之往来。列强对于通牒中之建议,虽未一一同意,而大体上则无争执。十五日,中国全权大臣提出和议之条件凡五,一、中国承认围攻使馆违反国联公法,深以为歉,担保以后不再发生此事。二、赔偿损失。三、列强可得修正商约,或另订新约。四、联军交还总理衙门及其档案于中国。五、休战。使团认其擅自草定条件,避重就轻,其中且有未得本国政府训令,而无权磋商者,将其驳回。其时中国代表急望早订条约,虽以法国建议为磋商之基,亦愿接受。公使迭次讨论法国之建议,对于罪魁,主张斩杀董福祥、毓贤等,并请上谕宣布凡仇教之府县官立即革职。当其会商之时,对于罪魁争论颇烈,一派陈说载漪、载澜为皇族近支,董福祥统有军队,朝廷势难处以死罪,一派仍请处以死刑。其余五条亦稍修正。会议中另有建议凡三:一、上谕颁贴各地,严禁仇外之会社,其入会者处以死刑。二、中国取消总理衙门,另设外务部,委任总理一人。三、使团与朝廷之关系,须以明达妥善待遇为基础。其讨论之结果,通过第一建议,第二、三于原则上同意,其采行待后决定。十一月,德国、日本被杀人员之案解决。十二月二十四日,使团始以和议总纲交于中国全权大臣,内称不容改修一字,奕劻、李鸿章即以原文电告西安,二十六日,上谕允许。和议开始进行,公使谓中国全权大臣证书,未用国宝,改用始已。

和议进行极为迟缓,先以惩办祸首之争执,毫无进步,明年二月,太后许办赵舒翘罪,方始解决,中俄交涉更增加其困难。初俄军占据满洲,有兼并之心,李鸿章反欲联俄,其在津也,出入有哥萨克兵护卫。盛京将军增祺擅派委员周冕订成丧失主权之章程,一九〇一(光绪二十七)年一月,朝廷将其交部议处,诏其回京,而俄反对,乃得暂行留任。公使杨儒与微德密谈,微德拟订之条款十二:(一)军费在京核定,另算铁路赔款。(二)东省简放将军及常设兵警,须先与俄商明。(三)每将军处,俄派文武二员,一稽兵数,一办铁路。(四)满蒙及北省各项利益,不得让与他国。(五)中国不得造铁路于满蒙等处。(六)金州归入租借地。(七)俄国代办满洲税关。(八)陆路进口货纳税后,不再收税。(九)中俄借款应改每年付息。(十)军费未清,中国无权赎回东省铁路。(十一)俄国收购山海关至营口铁路,其价在军费赔款内扣算,下欠之款,即在满洲税关进款内扣算。(十二)俄国保路之兵分期撤退。其条款严酷过于周冕所订之章程,诚出世人意料之外,而杨儒、李鸿章见事不明,竟视俄国为友。刘坤一闻知增祺所订章程,称其关系中国安危大计,电奏朝廷曰:"各国眈眈虎视,此次允和而不占疆土,彼此猜忌,互相牵制。若允俄独得东三省政权兵权,无异地为彼有,各国必将效尤,分裂之祸立见。……与其允而失中国,何如坚持勿允?虽弱犹可图存!"刘氏之言可谓扼要,其建议之办法,奏请将其作废,更密商于各国公使以为钳制。二月,朝廷寄国书于杨儒,派为全权大臣。列强颇以中俄交涉为虑,尤以日英为甚。日本外务省迭劝中国议款,万不可割地,如允一国,他国必群起效尤。俄国竟强杨儒承认草约十二条,其内容与微德前言稍有出入,而满蒙划为俄国特殊势力范围,迄未稍改。中国不能自由派官遣兵及行使主权于满洲,其不同于前者,中国反而承认新疆为俄势力范围,许其向北京筑一铁路，先达长城。损失视前尤甚矣。

日、英、德、美、意、奥闻之，先后抗议，李鸿章说其径与俄国商办，俄使见之，谓为二国之事，可置不理。杨儒来电竟以危辞要挟，其心殆不可知，关系若此重大之条款，何不早先请训也。李鸿章为之多方解说，引用俄使恫吓之言，谓中国听信逸言，不愿立约，东三省必永为俄有。朝廷则患不许俄请，俄将阻挠和议。日本多方说明非俄所能阻挠，准许俄约，他国将有同样之要求，造成瓜分之祸，俄不过虚声恫吓，并不敢于启衅。英美诸国亦劝拒俄，以保大局。日本驻沪领事小田切迭向刘坤一劝说，刘氏先后电告西安、北京。张之洞则以英领之陈说，亦以为言，且请外国援助。驻日公使李盛铎、会办商务大臣盛宣怀、山东巡抚袁世凯等均言俄约不可允准，朝廷遂诏奕劻、李鸿章妥议，更命杨儒向俄商减条款，期保自主之权。驻京俄使负气向李鸿章恫吓，杨儒向俄外部磋商，外部反催定议，最后复称不能再易一字，限期画押，危辞威逼，退回公文，拒之不见，但于驻俄英国大使之询问，则称新约无碍中外条款，仍可商改等语。李鸿章不信俄有此言，三月十六日，电复杨儒竟说其电催画押，以破刘坤一等之迷惑。日本外部再进强有力之忠告并向俄国询问，俄称新约无碍中外条约。李鸿章仍称俄必决裂，祸即在目前，电请画押，朝廷又以英国严重警告，主张缓议，且以各国驻使向我声明，公约未定以前，不得与他国议立专约，及期，条约未曾签字，杨儒适得重病，俄国亦无异举。四月三日，俄向各国说明满洲仍照旧例。其堪称异者，李鸿章以法为俄同盟国，四日，电告驻法公使裕庚嘱其向法外部，声称公约成后，再行画押俄约，请其转告俄国。李氏时以中俄交涉与刘坤一等不协，又先以会衔奏请与张之洞不和，张氏谋固禄位，对于重大事件，拒绝列名，关于电请回銮，竟谓如列其名，将即电奏声明，其卑劣至是，古人所谓鄙夫也；又好发言，不为李鸿章所喜，亦力反对中俄交涉。综之，关于中俄交涉，刘张二氏之主张，固胜于李鸿章也。

和议前后，其亲善中国者，首为日本。初当使馆围攻之际，其外务省多所忠告,及后出兵,称其专为救使。李鸿章谋阻外兵入京,日本亦愿讨论。及联军逼近北京,日本通知东南督抚,申言日兵将力保护太后、皇帝。及北京失守,禁门由日兵保护,其外务省对和会建议曰:"宁偿费,勿割地",并派兵士保护庆亲王奕劻入京。瓦德西遣兵往攻保定,日本先期通知,并述应付之策。德兵进至沧州,亦先电告清廷。会闻中俄新约将成,百方劝阻,其政策则以中日地理相近,种族文化相同,日本工商业益形发达,中国土地保安,日商可得经济上平等之待遇,万一俄得满洲之主权,列强效尤,则将妨碍日本经济上之发达。尤有进者,俄国干涉还辽,经营朝鲜、满洲,与日立于冲突之地位。其政治家故力反对中俄条约,其助中国,而实自谋也。朝臣疆吏多以日本"真心助我",二国邦交颇为亲善。

列强之目的不同,是以和议进行颇形迟缓,瓦德西笔记,称英俄利害冲突,而德与英缔订协约,英使故意拖延,而欲德军久住中国,于其对俄较为有利。其言虽不尽确,而英实有相当之责任。一九〇一年八月,李鸿章电报和议情状,称英使萨道义(Ernest Mason Satow)曰:"坚执外省获咎人员及停止考试二事,未经办完,断难有全数撤兵之望,而获咎人员,散在各省,查复需时,军机处及各督抚来电常有应商减免之员。各使甚为厌烦,又不肯以时答复,遂至旷延时日。"其他争执之焦点,则为赔款,其数颇难决定,担保品限于关税、盐课,乃议办进口货收足值百抽五,及前免税货征税,迟之又久而后定。瓦德西反欲遣兵报复,屈服中国,屡次扬言将攻山东,并遣法军往攻山西,下令联军预备作战。美使抗议其破坏和议,他国亦有力持不可者。瓦德西进攻陕西之计划,不能实现。八月,和约议成,公使必欲朝廷明降谕旨,停止仇教各地之考试,严办仇外之附从官吏,及禁军火入境,方可签字。李鸿章等迭电催办。九月七日,双方签字,是为《辛丑公约》。中国代表为奕劻、李鸿章,外国方面有英、美、日、德、奥、比、西、俄、法、意、荷十一国公使,其中比、西、荷三国,未有军队加入作战,余如丹麦等国未与和议,条约共十二款。兹分言其要者于下。

一、道歉。中国政府对于德国驻京公使克林德之被害,特命醇亲王载沣赴德表示惋惜,于其遇害之处,竖立铭碑,列叙皇帝惋惜之意,并建牌坊一座。其于日本使馆书记生杉山彬之被害,朝旨简派侍郎那桐为专使,赴日表示惋惜,凡拳民污掘之外国坟茔,中国允许出款建立涤垢雪侮之碑。载沣、那桐均于条约议定之先出国。

二、惩办祸首。载漪、载澜均定斩监候罪名,由皇上加恩,贷其一死,发往新疆永远监禁。载勋、英年、赵舒翘皆令自尽。毓贤、启秀、徐承煜均即正法。董福祥革职回籍。载勋等之惩罚,于条约成立之先,业已分别执行。刚毅、徐桐、李秉衡时已身死,追夺原官。毓贤自尽。徐用仪、立山、许景澄、联元、袁昶奉旨开复原官,以示昭雪。其杀害外人之城镇,官长革职,地方停止文武各等考试五年。其地共四十五城,山西二十二,直隶十二,满洲六,河南二,湖南、陕西、浙江各一。

三、禁止军火。中国允许禁止军火及制造军火之材料入境,期为二年。自一九〇一年八月二十五日起,嗣后诸国仍得续请,得再展期二年,顾以张之洞等之反对,续禁之请,双方谅解不再提出。

四、赔款。赔款之争执最为激烈,美俄力说北京之形势难得公平之解决,主张交于海牙和平会办理。他国则以驻华公使熟悉中国情形,均言不可。其尤争执不下者,则为额数。英、美、日本皆言赔款不能超过中国财力所能担负,最高之额数须在三万万两以内,而德皇久已决定索取大宗赔款,以为扩张海军之补助,主张额数二十万万马克(约银七万万两),其于瓦德西之东渡,明白告之。其公使于和议席上,坚持不能减少,德皇更派殖民监督司徒来尔(Von Stuebel)赴英磋商,提高中国海关之税率,以供大宗赔款之用。英国以其商业在华最为发达,加税则其本国商人首受影响,拒绝其请。交涉既无进步,一九〇一年三月,列强组织委员会,调查中国财政,以德、法、英、日公使充任,其所得之结果,则为中国全年收入共银一万万两,而支出一万一千万两。委员会召询专家如赫德等之意见,赫德始终坚持中国方面之支付或缴利能力,万不能超过银币三万万两。委员会乃筹增加收入之计划,信其可得四万五千万两。赔款之额数遂定,通知中国代表,奕劻等奏报朝廷,五月二十九日,上谕准可。赔款或主现款,或言借债,多数则主限期还清,年限初为三十年,附加利息,最后定为三十九年还清,年息四厘,赔款虽为银币,以两计算,而于条约上载明分按各国金币之汇兑率付出,自一九〇一年七月一日起息,一九〇二年一月付款,迄于一九四〇年清讫。自一九〇二至一九一〇,每年所付之款,平均计算,凡一千八百八十二万九千五百两。自一九一一年至一九一四年,年付一千九百八十九万九千三百两。一九一五年,二千三百三十万三千三百两。自一九一六年至一九三一年,年付二千四百四十八万三千八百两。自一九三二年至一九四〇年,年付三千五百三十五万一百五十两,共计九万八千二百二十三万八千一百五十两。此就银币而言,追后银价低落,各国以恫吓之辞,要求赔款改作金币计算,中国之损失更巨。其分配也,各国之多寡不同,可于下表见之。

国　别	额　　数	百　分
俄	130 371 120	29
德	90 070 515	20
法	70 878 240	15.75
英	50 620 545	11.25
日	34 793 100	7.7
美	32 939 055	7.3
意	26 617 005	5.9
比	8 484 345	1.9
奥	4 003 920	0.9
其他国	1 222 155	0.3

列强提出之赔款,不许考核减少,美国所得之款,只百分之七·三,就

德、俄、法三国之比例而言，不能谓大，而上海道所欠常胜军主将华尔之款，乃亦并入计算。俄德之要求，殆难以情理论之，徒增无辜平民之担负而已。呜呼！处于衰弱腐败之国，人民所受之痛苦固多也。赔款之担保，共分三项：一、海关之收入，二、常关之进款，其在通商口岸者，改归海关管理，三、盐税。其后美国对华表示好感，一九〇八（光绪三十四）年，退还其一部分剩余之款，专作教育之用。欧战之时，中国对德奥宣战，列强允许中国延期付款，战后德、奥、俄款之处置，均有变更。美国退还余款，英日等国亦将其另作他用。

　　五、使馆。中国允许扩展各国使馆，重行划定地界，地基分送各国，民房由中国收买。界内归使团管理，并得自由防守；各国得驻兵队保护，华人不准居住界内，使馆区域扩大约达一千二百亩，列强各有所得，留京之兵，各国不同，其最多者数为四百，少者一百。

　　六、交通。中国拆毁大沽及有碍北京至海口之炮台，并许各国酌定数处留兵，以免交通断绝之虞。其许外国驻守之处，条约上指明黄村、廊坊、杨村、天津、军粮城、塘沽、芦台、唐山、滦州、昌黎、秦皇岛、山海关。

　　七、禁令。清廷允许张贴严禁仇外之上谕于各府厅州县，其设立或加入仇外之会党者，即行正法。布告惩办仇外之官吏，停止害虐外入城镇之考试。其发贴各省上谕中之扼要语曰："各直省文武大吏通饬所属，遇有各国官民入境，务须切实照料保护，倘有不逞之徒，凌虐戕害各国人民，立即驰往弹压，获犯惩办，不得稍涉玩延，如或漫无觉察，甚至有意纵容，酿成巨案，或另有违约之行，不即立时弹压，犯事之人，不立时惩办，各该管督抚文武大吏及地方有司各官一概革职，永不叙用，不准投效他省，希图开复，亦不得别给奖叙。"

　　八、订约。中国允许各国商改通商行船条约，并襄办改良北河、黄浦水道。北河由外人修治者，于天津政权交还之后，由中国派员与诸国所派之员会办，每年出银六万两。黄浦另设专局整理水道，其每年费用，占算四十六万两，期为二十年，中国与列强各出其半。其详细进行之章程，另

第十二篇 义和团之扰乱（续前）

有附文，刘坤一反对，各国不允考虑。

九、设官待遇。中国允许各国之要求，废除总理各国事务衙门，改设外务部，班列六部之前；使团之意欲去旧时习惯，另换外交上之气象也。太后简派奕劻总理外务部事务，授王文韶、瞿鸿机为会办大臣，徐寿朋、联芳为左右侍郎，外使觐见礼节，另有附件。觐见之所，定为大内之乾清宫正殿。

十、撤兵。条约末后申明字句及往来文牍均以法文为凭。联军之在北京者除防守使馆兵队而外，于本年九月十七日撤退，直隶之外兵亦于二十二日开始回国。赔偿军费则以七月一日为截止之期，各国军队有先撤退一部分回国者。

和约成立，中国对外关系恢复常态，其未完之问题，仍在交涉之中。方议和之际，大臣奏请圣驾回京，太后不许，迨外兵撤退，车驾始自西安出发，东往河南，留于开封多日，始自郑州北上。途中铁路筑成者，即乘坐火车，一九〇二年一月七日，抵于北京。方太后、皇帝之在河南也，上谕称奉懿旨撤去溥儁大阿哥名号，令其出宫，车驾抵京之后，光绪御乾清宫接见驻京公使，待遇颇为优渥，太后亦于宫中撤帘与公使言语。顷之，公使夫人入宫觐见，其曾受惊于使馆者，太后慰之，亦颇自悔焉。其时外兵陆续回国，直督袁世凯商请各国统将交还天津政权，统将初持异议，幸赖公使之指导，迫而于四月议定交还章程，关于中国驻兵，尚有限制，八月归还政权，凡其行政税收等，均有详细报告，剩余之款十八万两，交于直督。直隶而外，上海、厦门、高密、满洲尚有外兵。先是，上海印兵先至，法、德、日军继之而至，实则长江下流并无问题，而各国互相监视也。至是，中国请其撤兵，四国提出一国派兵上海，本国仍可驻兵。德法进而要求于扬子江流域，享受机会平等之待遇，始肯撤兵。英国闻而抗议，中国言其并未予以承认。明年，外军始乃撤退。厦门日军亦回本国，其驻山东者则为德军，德国借口护路防御拳民，驻兵胶州、高密，建筑营房。事平，中国迭次请其撤兵，均置不理。一九〇五（光绪三十一）年，德国始允撤退胶州之兵，高密仍须分期撤退,其营防建筑物售于中国,价银四十万两。满洲俄军始终无撤退之意,造成日俄战争之祸。

撤兵为中国之请求,其为外国所注意者,则为实收值百抽五之关税与改订商约也。税率根据于一八九七、八、九三年之货价而定,一九〇二(光绪二十八)年九月,始行告成,十月三十一日实行,期效十年。其先适用之税则,订于一八五八(咸丰八)年,中国虽据条约要求改定切实值百抽五之税,列强竟不之许,四十年后,始得改定税率,未定以前,则自一九一〇年十一月十一日,海关照按估价百分之五征收。列强之先订商约者,则为英国,一九〇二年九月,中英商约成立于上海。明年,中美、中日商约成立,大体上多仿英约而成者也。商约而外,其载明于《辛丑公约》而后改变性质者,尚有黄浦河道局焉。其经费半出于中国,而大权反归于外人,德国因有扩张势力之计划。两江总督认为有碍主权,不肯派员。会海关建议中国出款自办,一九〇五年,改订章程,后二年,荷兰之工程师承揽濬浦工程,颇著成效。

综观拳乱,始于民众感受荒年衣食之困难,被惑于白莲教之神奇传说,深惧外国势力之侵入,刺激于少数教民之专横,造成于顽固雪耻之大臣。其人不知国际上之形势,缺少辨别是非利害之能力,恨恶外人,而力无如之何,仇视外人之心理,蕴郁日深,其报复之心愈毒。同时,外国专于中国图谋权利,不顾信义,其所威胁而成之条约,关于中国之利益,且多漠然视之,关税尤其明显之例;一八九七——一八九八年中,倡言瓜分,或租军港,或筑铁路,或划定势力范围,或巩固其地位。中国形势之危险,汲汲然不可以终日,共御外侮,遂成普遍之需要。其所难者,则外国之军火远非中国之所能御,拳民因而利用其不畏枪炮,及扶清灭洋之说,大臣信之,载漪假造照会,竟无一人疑之。其愚陋可想,外兵乘之,攻取炮台,大乱遂起。拳民外兵各以残杀焚抢报复为事,其悲惨之情状,吾人思之,尚为心悸,其身受其影响而入于痛苦之境遇者,更不知若何矣!迨及联军攻陷北京,列强对华之政策不一,尚有主持瓜分之议,幸其利害冲突,互相忌嫉,而无满意解决之办法。更就中国之国际地位而言,其屈服可谓至矣,北洋精军悉数败溃,太后皇帝狼狈出逃,联军统帅住于宫中,条约中之要款,尚有毁炮台、出赔款、外兵驻防使馆等。其堪称异者,中国于兵败屈服之际,而朝廷尚未彻底觉悟,对于天津失守,则信"倭人装扮拳民模样,夜赚城门"所致。关于议和,则不知适当处置之方法,国中所谓清议,亦未能辨别是非也。祸首之惩办,徐用仪等之开复,必待外国之要求,其诏复徐用仪等之原官,则曰"经朕再垂询,词意均涉两可,而首祸诸臣遂乘机诬陷,交章参劾,以致身罹重辟"。其后更应英美公使之请求,诏复张荫桓官,张氏于拳乱时被害于新疆故也。上谕之措辞,竟谓由于外使之要求焉。舆论之足称异者,广州报纸于联军攻陷北京,尚捏造其败溃不堪之情状。及车驾在陕,瓦德西遣兵挑衅,朝廷迭以严防应战为言,乃战无不败退,冯子材等亦持力战转弱为强之说,天下之事,固不若此之易!幸赖李鸿章等之力,始免于事。张之洞据人报告,致电刘坤一论随驾人员曰:"其议论皆是一派旧话,于时局一切茫然,忧焦万分。"又曰:"今日见自陕来人言,西安京外官绅士,多言敌不能深入,若添足一百营,必能破敌。京津破败,皆汉奸为之等语。今日又见自湘来人言,湘绅多言必须战胜,方可和。由鄂省昌言保护,两湖平安无战事,以致湘人勇猛无从施展;电报局于洋胜则报,华胜则讳,皆是汉奸等语。"其言不知何所根据,竟出于士大夫之口。陕西人士闻知赵舒翘之斩罪,表示不服,朝廷改而令其自尽。甘肃文人于毓贤之正法,群谋救之,毓贤自知不免,止之,自杀。于此可见自《南京条约》以来,缔结《天津条约》、《马关条约》、《辛丑公约》,其一次损失过于前一次者,未始不由于知识之浅陋,以及执政者无适当之处置也。外人利用时机,更何足责。

第十三篇　改革与革命附外交

变法之倾向与主张——改革之困难——预备立宪——朋党之排挤——言官之地位——人民觉悟之表现——政治改革——官制军政法律——新教育之创办——盲然奖学之流弊——实业之奖进——废八股——满汉平等——谕放脚——严禁鸦片——帝及太后之病死——亲贵大臣之重用——谘议局与资政院——秘密会社之活动——兴中会及同盟会——光复会等——会党活动之方法——国有铁路政策之决定——川路争议之严重

慈禧挈光绪自京出逃，初驻太原，后至西安，时值大旱，供养困难，途中所受之痛苦，起居饮食之不便，光绪身体之衰弱，莫不深予太后以刺激。太后初尚切责臣工，继则转念政治上之积弊，军队远非列强之比，后以列强肯开和议，屈服承认苛刻之大纲，知非表示变法，则将大失人心，一九〇一年一月朱谕曰：

世有万祀不易之常经，无一成不变之治法，穷变通久，见于大易，损益可知，著于论语，盖不易者，三纲五帝昭然如日星之照世，而可变者令甲令乙，不妨如琴瑟之改弦。伊古以来，代有兴革，当我朝列祖列宗,因时立制,屡有异同,入关以后,已殊沈阳之时,嘉庆、道光以来,渐变雍正、乾隆之旧。大抵法积则敝,法敝则更,惟归于强国利民而已。自播迁以来,皇太后宵旰焦劳,朕尤痛自刻责,深念近数十年积敝相仍,因循粉饰,以致酿成大衅,现在议和,一切政事尤须切实整顿,以期渐致富强。……今者恭承慈命一意振兴,严祛新旧之名,浑融中外之迹。中国之弱,在于习气太深,文法太密,庸俗之吏多,豪杰之士少。文法者庸人藉为藏身之固,而胥吏恃为牟利之符,公私以文牍相往来,而毫无实际,人才以资格相限制,而日见消磨,误国家者在一私字,祸天下者在一例字。晚近之学西法者,语言文字制造器械而已,此西艺之皮毛,而非西学之本源也。居上宽,临下简,言必信,行必果,服往圣之遗训,即西人富强之始基,中国不此之务,徒学其一言一话一技一能,而佐以瞻徇情面,肥利身家之积习,舍其本源而不学,学其皮毛而又不精,安得富强耶?总之,法令不更,痼习不破,欲求振作,须议更张,着军机大臣、大学士、六部、九卿、出使各国大臣、各省督抚,各就现在情弊,参酌中西政治,举凡朝章、国政、吏治、民生、学校、科举、军制、财政,当因当革,当省当并,如何而国势始兴,如何而人才始盛,如何而度支始裕,如何而武备始精?各举所知,各抒所见,通限两个月内,悉条议以闻,再行上禀慈谟,斟酌尽善,切实施行。

诏旨深切时弊,主张多同于百日变法之新政,重大损失屈服之后,始乃改变态度,诏中辩护则斥康有为之讲新法为乱法,而并称其潜谋不轨。二月,帝再降旨,说明拳祸之始末,保护使馆之苦心,末后申言变法之意。其言曰:

……近二十年来,每有一次衅端,必申一番告诫,卧薪尝胆,徒托空言,理财自强,几成习套,事过之后,徇情面如故,用私人如故,敷衍公事如故,欺饰朝廷如故,……无事且难支持,今又构此奇变,益贫益弱,不待智者而知。尔诸臣受国厚恩,当于屯险之中,竭其忠贞之力。……朕受皇太后鞠劳训养垂三十年;一旦颠危至此,仰思宗庙之震惊,北望京师之残毁,士大夫之流离者数千家,兵民之死伤者数十万,自责不暇,何忍责人,所以谆谆诰谕者,则以振作之与因循,为兴衰所由判,切实之与敷衍,即强弱所由分。固邦交,保疆土,举贤才,开言路,已屡次剀切申谕,中外各大臣其各怿遵训诰,激发忠忱,深念殷忧启圣之言,勿忘尽瘁鞠躬之谊,朕与皇太后有厚望焉。

诏书切责臣下,欲于二月之内,令其条议变法事宜,时间既已匆促,又值和议进行之际,实不可能;三月,谕设督办政务处,议商变法条陈,派奕劻、李鸿章、荣禄、昆冈、王文韶、鹿传霖为督办政务大臣,刘坤一、张之洞遥为参与大臣。政务大臣三人在京,三人随驾,变法大计,何能会商?朝廷盖无诚意,所欲进行者,一则删去旧例,一则教养真才,内外大臣应诏条陈。其言扼要盛称于时者,首为刘坤一、张之洞之会衔奏疏,七月,二人上奏三疏。第一疏论育才兴学,主张参考古今,会通文武。其拟定之办法凡四:(一)设文武学堂,州县各设小学,童子八岁以上入蒙学习,十二岁以上可入小学,十五岁以上得入高等小学。府设中学,其学生年龄十八而于高等小学毕业者,始得肄业,三年后卒业,再入高等学校,其学程分为七门,卒业后再入京师大学。(二)酌改文科,其所指者则变通科举也。头场考试以政治史书为限,名曰博学。二场兼考政治、地理、算学,名曰通文。三场注重四书五经道学之书,名曰归纯正。(三)停罢武举,其原因则武举无用于国,而武生反为害于乡。(四)奖励游学,日本文字近于中国,学生宜往游学。第二疏论立国之道凡三,曰治富强。中国之必应整顿变通者,共十二端:(一)崇节俭,国内饥馑凋残,内外臣工宜禁奢华。(二)破常格,朝廷变通繁文缛节,官吏可得直言正谏,庶免官气太重之积习,用人宜取少壮,而不可以常格限之。(三)停纳捐,纳捐之收入,年虽三百万两,而于民生则有不良之影响,须当禁绝。(四)课官重禄,朝廷设仕学院,各省设校吏馆,以养成有用之官吏;其俸禄更宜增厚,就今州县官言,位卑事繁,尚有科场考棚之摊捐,解役缉捕之费用,驿路大差之供亿,委员例差之应酬,宜当改革,而令其办公有资。(五)去书吏,书吏专查旧案,因得索赂舞弊,而催征田税之底册且在其手,积弊日深,势当废去,改用委员。(六)去差役,差役为害于乡里,人民视之如虎,应汰另募,推行警察。(七)恤刑狱,折狱宜迅速公平,而去敲扑之罚,向者相验之费取于被告,今当减恤,监狱势应改良,并当派官监视。(八)改选法,凡正途保举捐纳之官,皆到省补用试用。(九)筹八旗生计,政府宽其约束,听其侨居乡试,而其所得之钱粮,缺额不必另补。(十)裁屯卫,屯兵不如田在何处,无益于国,反而有害。(十一)裁绿营,绿营不堪战争,而所耗之饷额尚巨。(十二)简文法,政府省去虚文无用之册籍而宽其例。第三疏陈说采行西法,建议凡十一端:一曰广派游历,二曰练外国操,三曰广军实,四曰修农政,五曰劝工艺,六曰定矿律、路律、商律、交涉刑律,七曰用银元,八曰行印花税,九曰推行邮政,十曰官收洋药,十一曰多译东西各国书。综观三疏之内容,不无可议之点,大体上则深切中国之积弊,迎合时人之希望,疏上,太后诏命督办政务处核议施行,顾其范围广大,决非空言所能推行见效也。

拳乱,太后原有重大之责任。其时年龄已高,性情偏于守旧,思想趋于固定,诏言变法不过迫于环境,而为笼络人心之计。光绪先以变法丧失政权,处于忧伤悲苦之境,拳乱时,信其无用,终亦无所挽回,至是仍无实权。香港总督曾向李鸿章言,请帝亲政,李氏电告张之洞,而全国大小臣工中无一人奏请太后归政者。张之洞反先进贡,太后心甚感之。张氏又于和议进行之际,力持保全太后之说,朝臣疆吏各图富贵,国中之无人也久矣。太后仍握大权,和约成后,车驾始出陕西,东至河南,折转而北,自正定乘坐火车达于保定。一九○二年一月至京。宫殿一部分已毁于火,收藏之内帑虽无损失,而珍宝则不免于散亡,观景生情,原有不胜今昔之感,而太后则以安然返京为幸事,每晨临朝坐于殿上,旁设椅桌,作为皇帝座位。军机大臣入值,议商国政,光绪坐于位上,默然无语,面带忧容,一若木偶;德龄女士随父自欧洲归京,奉命入宫,侍奉太后,留住宫中二年,著有《清宫二年记》,据其所言,光绪从之学习英文,知识广博,顾其深畏太后,见之默无一语。太后尚信中国之政教优于欧美各国,疆吏公使之亟欲变法自强者,争求西方新发明之机物进贡宫中,以冀太后觉悟,太后则淡然视之。女士初入宫中,抱有促进改革之希望,后则竟无所成,光绪曾讥笑之。德龄所记情节,多属信而有征,太后下诏变法,实无坚决进行之意。初变法诏下,张之洞电复枢臣鹿传霖曰:"嗣闻人言,内意不愿多言西法,尊电亦言勿袭皮毛,免贻口实",鹿氏先以此言告之故也。张氏则信整顿旧政,难望自强,其警要之语曰:"欲救中国残局,唯有变西法一策。"力说鹿氏主持。鹿氏何人,岂有补救? 张氏电商于各省督抚会衔奏请,不得,乃与刘坤一合辞上奏,终无实效。

改革初无成效,虽曰太后专政,其佐之治理国政之大臣,亦有相当之责任,其人明了各国政治实状,而欲切实改革,并有具体办法者,实不易得,乃多囿于环境,无所主持,一无建设。张之洞曾说鹿传霖主持变法曰:"各国谓中国人昏陋懒弱,诈滑无用,而又顽固虚骄,狂妄自大,华已夷人,嫉视各国如醉如梦,其无用既可欺,其骄妄更可恶,故视中华为另一种讨人嫌之异物,不以同类相待。"其言有为而发,既不能谓外人尽信此说,又不能言中国人卑劣至此,盖以刺激鹿氏主持变法也。其言虽不免于附会,朝臣中之顽固者,间亦类之。一九〇一(光绪二十七)年政务处大臣均信书吏差役病民害政,上谕裁之,尚有视为具文者。八月张氏电告鹿传霖,称部仍祖蠧吏,吏兵各部来文可见,望其主持,俄而再据报告,电称"京城仍被书吏把持,外省观望,官多谬论,此不能办,变法无望",请其力言。其困难一则司员不习公事,奉之为师,一则互相勾结,分财舞弊也。区区一端,犹不易办,他复何言! 朝廷上时无指导领袖之人才,枢臣又相水火,张氏初闻李鸿章荐之入枢,心烦意乱,迭论不可,曾曰:"京朝门户已成悍戾不改,洞命坐磨蝎,最好招谤,必受此辈之害。"周馥奉命自川入京,述川督奎俊之言，张氏将其电告刘坤一曰："总之，不化新旧之见，顽固如故，虚骄如故，老团不出之说如故，和局断不能和，贪昏如故，废弛如故，蒙蔽如故，康党断不能绝，官派如故，兵派如故，秀才派如故，书吏派如故。穷益加穷，弱益加弱，饷竭营裁，则兵愈少，债重征苛，则民愈怨。游勇叛匪康党合而为一，中国断不能支矣，枢纽只在化新旧之见五字。"其言杂有附会推论，而固娓娓动人，枢臣情状一如旧日，可于张氏致鹿传霖书见之。其言曰："时局艰难到此地步，而滔滔不返，依然袭故蹈常，惟公正色在朝，以庄见惮，孑然独立。"独立无援，固无所成。

朝廷之情状若此，采用西法，实不可能，其力进行者，可分为三端：（一）摊派款项。赔款巨大，帝饬各省摊派，多者数逾百数十万两；创办烟酒税，直隶奉天年摊八十万两，江苏、广东、四川各五十万，余或三十万，或十万，或六万不等；办理京师大学堂，各省亦有摊款，大省二万，中省一万，小省五千，并未指定税项，究将若何增加？朝廷则不之问尚以恤民为言，矛盾何不之思。（二）教养人才。太后诏令整顿翰林院，编修检讨以上各官，课以政书法令，奖励游学，改设学堂，科举改试策论，武举废去弓刀石等，举办经济特科。顾时教育尚无基础，人才盖非一二年内即可养成，况朝廷未有诚意耶？其办特科也，严防新党被荐应试，一九〇三（光绪二十九）年考试，应试者凡一百二十二人，一等考取袁嘉毂等九人，二等冯善征等十八人，均未大用。（三）提倡实业。朝廷渐知列强之富强，由于工商业之发达，亲臣载泽奏请创设商部，太后许之，饬其议订商律，办矿奖农，顾其范围广大，绝非空言所能成功。总之，国内之急切需要，无过于明达远见之政治家，社会上之领袖人才，而时未有其人，不能应付环境，反受环境之支配，兼以时势为推移，全无事先适当处置之办法。其较有声望者，内则李鸿章、荣禄，外则刘坤一，相继病死。荣禄死后，奕劻继为军机大臣，奕劻原为皇室远支，久任总署大臣。其为人也，机巧贪婪，与世浮沉，毫无建树，及改总署为外务部，太后授为总理大臣，一九〇三年，兼任军机大臣，其女在宫侍奉太后，其子在朝居于要职。其势焰之高大，炙手可热，卖官受赂无所不为,御史称其门庭如市,固卑鄙无耻之小人也。朝中无人,先无改革,土地不能自保,酿成日俄之战。二国战于满洲,中国为势所迫,反守局外中立,固奇耻也。太后始肯积极整理内政,战争既启,日本陆军舰队战无不胜。日本以岛立国,土地褊狭,人民短小,曾为中国所轻,而俄为欧洲强国,地跨欧亚,其哥萨克兵以能战称著于世,而竟败于日兵。其昭著之明证,则亚洲人民之才力,与欧人相较,实无轩轾;日本先亦屈服于欧人,明治维新,四十年中跃为东方强国。中国明达爱国之士,受其影响,其心理以为日本立宪,上下一心,俄国专制,内乱时起,日本变法前之政教学术传自中国,其人口领土远不能及中国,乃能变法自强,战败领土广大人口繁殖之强俄,屈服之中国果能效法日本,将亦跃为强国。向者屈服失望自怜之心理,全然消灭,精神为之一振,爱国之心油然而生。于是内外臣工争言立宪,学生则倡言革命,绅商亦请改革,太后心为之动,诏设考察政治馆,派五大臣出洋考察宪政,裁汰冗官,归并衙门。一九〇六(光绪三十二)年九月一日,谕称预备立宪,先从官制入手曰:

廓清积弊,明定责成,必从官制入手,亟应先将官制分别议定,次第更张,并将各项法律详慎厘订,而又广兴教育,清理财政,整顿武备,普设巡警,使绅民明悉国政,以预备立宪基础,着内外臣工切实振兴,力求成效,俟数年后规模粗具,查看情形,参用各国成法,妥议立宪实行期限,再行宣布天下。视进步之迟速,定期限之远近。

谕旨承认上下相睽,内外隔阂,为中国不振之原因,立宪虽未确定时期,而固宣示仿行宪政之政策,太后之观念盖异于前,明日,诏内外大臣议订官制,十一月,据其复奏,诏定官制,改参办政务处为会议政务处。明年,臣下奏请颁布宪法者益多,太后诏派汪大燮出使英国,于式枚出使德国,达寿出使日本,考察宪政,并谕筹设资政院于京中,谘议局于省会。一九〇八(光绪三十四)年,谘议局章程议妥,即令各省督抚设立。八月,王大臣议定预备立宪,限定九年,及期,召集国会,并拟定宪法。其原则则大权归于皇帝,司法独立。议会不得干涉行政,唯有协赞预算弹劾建议之权而已。人民权利义务,则于宪法载明,预备立宪期内,逐年均有筹备事宜。其办法自国内情状而言,原不可非,而士大夫之希望太奢,或以国会万能,一旦召集,即可富强;或不满于亲贵大臣之揽权,而别有所冀图,其中要多激进之士。二十七日,上谕宣示九年作为预备立宪,务将各项筹备事宜一律办齐,"届时即行颁布钦定宪法,并颁布召集议员之诏",九年立宪之诏,与时论相违,太后非不之知,谕中明言如有不靖之徒,附会名义,借端构煽,或躁妄生事,紊乱秩序,朝廷唯有执法惩儆,断不能任其妨害治安也。无如人心所欲,大势所趋,固非空文所能阻止,问题并未解决。及冬,两宫病死,醇亲王子溥仪奉旨嗣位,其父载沣摄政,明年改元宣统。谘议局议员等要求速开国会不已,一九一〇(宣统二)年,诏命改于宣统五年(一九一三),召集议院,颁布宪法。明年革命军起,清廷公布宪法,而时事已变,**无能挽救矣**。

清廷迫于时议,改革官制,预备立宪,大臣则党争愈烈,水火益甚,一九〇七(光绪三十三)年,都御史陆宝忠奏曰:"臣观去年自改定官制以来,大臣不和之事,时有所闻,其几实起于细微,而其害驯至倾轧。……台谏为耳目之官,……倘一有弹劾,辄有猜忌,将使戆直者寒心,庸懦者结舌。"其言多有所本,瞿鸿禨等竟受排挤落职矣。初奕劻授军机大臣,地位之高,无人及之,朝臣疆吏多其党羽,独瞿鸿禨、岑春煊不服。瞿氏久官于翰林院,从驾西狩,荣禄荐之,日见信任,初在军机大臣上学习行走,寻授督办政务大臣,兼任外务部会办大臣。瞿氏学识才力虽不足称,然颇小心自守,负有清望,自以深得太后信任,不附于奕劻。岑春煊于西狩颠沛之际,督兵护驾不辞劳苦,太后德之,自布政使迁为巡抚总督,时任两广总督。岑氏督兵剿平广西匪乱,声望昭著。奕劻外有直督袁世凯。袁氏机谋奸诈,饱历时变,善于练兵,戊戌政变负有重大之责任,甘为欺君卖友之小人。其在山东也颇能维持境内治安,李鸿章死,奉旨代为直督,兼北洋大臣,为官精核,不私财货,知人善用,设办警察,兴立学校,整理税收,颇称于时。袁氏谄事奕劻,交结疆吏,固当时较有胆量才力之政客也。说者言其先曾请为瞿鸿禨门生,而瞿氏拒之,遂为奕劻死党。岑春煊则与瞿鸿禨较为接近。由是二党峙立,各不相下,就其地位声势党羽而言,奕劻实占优势,瞿氏则与都察院御史接近,御史迭次弹劾奕劻,奕劻疑为瞿氏主使,终乃出于诡计排挤之途。其手段卑鄙秽劣,无以复加,政治道德扫地以尽,自不能顾及国家大事,人民生计也。

奕劻贪婪,迭为言官所参,一九〇四(光绪三十)年四月,御史蒋式瑆奏劾其未改受赂常态,父子起居饮食车马衣服,异常挥霍不计外,尚有一百二十万两存于日俄银行,及闻二国宣战,将款改存汇丰银行,汇丰明其来意,多方刁难,数四返往,始允收存,月息仅给二厘,鬼鬼祟祟,情殊可悯等语。上谕派员带同蒋式瑆往查,而汇丰拒绝,案终未明,蒋氏反而落职。一九〇七(光绪三十三)年,御史赵启霖奏劾段芝贵于上年充当贝子载振随员,前往东三省,购女伶杨翠喜献之,又以十万金为奕劻寿礼,乃自道员擢至黑龙江巡抚。且曰:"奕劻、载振父子以亲贵之位,蒙倚畀之专,唯知广收贿遗,置时艰于不问,置大计于不顾,尤可谓无心肝,不思东三省为何等重要之地,为何等危迫之时,改设巡抚,为何等关系之事。此而交通贿赂,期罔朝廷,明目张胆,无复顾忌,真孔子所谓是可忍孰不可忍者矣。旬日以来,京师士大夫晤谈,未有不首先及段芝贵而交口鄙之者,若任其滥绾疆符,诚恐增大局之阽危,贻外人之讪笑。"疏上,太后诏免段芝贵职,命醇亲王载沣、大学士孙家鼐彻查。奕劻谋得掩饰之方,直督袁世凯又其心腹,访查未有所得,复奏称王益孙买杨翠喜为使女,礼金亦无所据。太后遂以污蔑亲贵重臣名节,将赵启霖革职,载振请开去各项差使,优诏许之。综观事之原委,段芝贵究以何功何能,擢至巡抚?其媚事奕劻父子以求高官,盖为事实。奕劻贪婪,"细大不捐",时人已有公论,送收礼金,双方将有处分,原不易查。关于买献女伶,亦易装点掩饰,况有直督力为之助耶?要之,人言凿凿,殆非虚构。太后曾问奕劻于瞿鸿禨,瞿氏乘机下石,太后有欲罢之之意，瞿氏竟将机密泄漏于外，反而先受祸焉。其经过今有二说，一谓瞿氏门生汪康年于京办报，诋毁奕劻，瞿氏以此告之，宣传于外。一说瞿鸿禨归语于其妻，其妻偶于宴会席上，无意中对公使夫人言之，及其进觐，有以之为问者，太后信为瞿鸿禨所泄，心中大怒，以为机密大事，军机大臣不能严守秘密，何能信用？又疑奕劻得有公使之助。次日，军机大臣入值，太后对于瞿鸿禨异于常态，怒气见于辞色，朝退，奕劻访知始末，认为排去政敌之时机至矣，商于其党，谋得奏参之言官。按之故事，御史均能奏劾大臣，无如御史数参奕劻，无人肯为之助，余则翰林院侍读学士亦得发言。其党利诱学士恽毓鼎奏参瞿鸿禨；其罪状则为暗通报馆，授意言官，阴结外援，分布党羽。奏文措辞含混，影射前事，并未详列事实，有所证明，借以触动太后之机。奏入，太后派员彻查，俄而改谕瞿鸿禨开缺回籍。奕劻之计既售，方信可得为所欲为，而太后遽命醇亲王载沣为军机大臣，载沣为光绪之弟，其妻荣禄之女也。奕劻心无奈何，意不自安，托病奏请开去差事，得有温谕慰留，载沣仅得在军机大臣上学习行走之旨。

瞿鸿禨去后，奕劻少一政敌，而岑春煊在京，勇敢任事，不顾一切，尤足以寒其胆。初一九〇六（光绪三十二）年，岑春煊奉旨调授云贵总督，意不欲往，奏请入觐，朝旨授为四川总督，而仍电请陛见，一九〇七年春，入京，太后授为邮传部尚书。岑氏面奏左侍郎朱宝奎声名狼藉，操守平常，太后即诏朱宝奎革职。朱氏为奕劻之党，官至邮传部侍郎，乃以一参而革职，朝臣莫不惊异岑春煊之得太后信任。奕劻大惧，深患岑氏重用，在京挑衅，亟谋出之，相传商于袁世凯等以倾之。其时周馥方任两广总督，周馥初为李鸿章属员，倾向于改革，负有能名，袁世凯与之结为儿女亲家，说者言其谋去政敌，不惜卖其老友，而向奕劻建议焉。时值广东会党起事，奕劻奏言周馥年老不能平乱，两广总督非威望素著如岑春煊者任之，势将蔓延。岑氏适在病中，太后信以为真，诏命周馥开缺，而授岑春煊两广总督。周馥于自订年谱言其经过曰："朝臣党争互相水火，枢臣疆吏有因之去位者，遂波及于余。传闻某枢奏广东匪多，周某年衰，恐筋力不及，可以某某代之,实挤某某出京也。"岑春煊奉旨意殊怏怏,其视广东之乱原不足平,其所患者,朝中无人相助,一人孤立于外,而与奕劻结仇已深,彼将借端报复也,出京后称病留于上海。相传两江总督端方党于奕劻、袁世凯,取得岑春煊、梁启超之相片,密奏岑春煊心怀怨望,滞留上海,而与逆党梁启超相结,附其假造二人合摄之照片为证。疏入,太后大怒,盖自政变以来,欲得康梁而甘心焉,迄未稍改,迭命各省捕缉,及拳乱后,仍不之赦。端方借以引起太后之怒而去之也。其说现无可信之史料证明,不无可议之处。所可知者,太后果诏岑春煊开缺;其措辞则病假已满,尚未起程也。大臣因病请假,得再续给,向少开缺之例,亲信如岑春煊竟以"病尚未痊"开缺,必有毁之者矣。奕劻党羽不择手段,排去敌党,更谋应付御史之策。其时徐世昌方任东三省总督,调用御史,徐氏党于袁世凯,盖欲利诱言官借以缓和反对奕劻者也。都御史陆宝忠疏言督抚奏调言官,保留原职,不合祖制,应请申明旧章,维持纲纪。上谕允之。陆氏于赵启霖之革职,上疏争论,其所言者,要皆分内之事,竟为奕劻等所恨。会朝廷严禁鸦片,陆氏久有烟瘾,说者谓奕劻曾面奏太后,太后问之,陆氏据实以对,乃谕其戒烟,瘾断后再任原官,于此可见假公济私图谋报复之一斑。

朋党排挤,极奸诈阴险之技,张之洞入京,太后授为军机大臣,自京电鄂曰:"到京十余日,喘息甫定,时局日艰,积习如故,毫无补救,唯有俟冬春间乞骸骨耳。"盖当入京之初不满于奕劻之专横,而势无可奈何也。袁世凯亦奉旨入京,在军机大臣上行走。及两宫病死,宣统嗣位,其生父摄政王载沣监国,载沣原不协于奕劻,奖用言官。一九一〇(宣统二)年,御史江春霖奏参奕劻,而又多所顾虑,无法处置,乃斥其莠言乱政,奕劻心不自安,遇事推诿,不敢负责。载泽等则与载沣相亲,各立门户。及四川国有铁路案起,奕劻先后主张起用其党端方、袁世凯,载泽则请用岑春煊。载沣皆许其请,卒至互相观望,事权不一,造成土崩瓦解之势,清廷遂与朋党俱亡矣。综之,专制政府之下,朋党之争,常为大患,清帝鉴于唐、宋、明末之故辙,严禁朋党,及至末叶,党禁破坏无余。其结党为援者,全无高尚之思想，而只唯利是视，不顾道德，不择手段，以泄一时之愤。其能胜者常为阴险毒狠之小人，小人得志，政治愈不堪问。其补救之方法，常赖上下之情相通，上之旨意无不可告下，下之隐情，无不可达上，则无壅隔之虞，而蒙混之阴谋不售矣。更可于此证明者，政治上之建设，必赖道德，公开正直之竞争，实有利于国也。专制帝王视御史为耳目之官，弹劾敢言，不避亲贵，为古代台谏之美谈。今自吾人观之，所贵乎御史者，不在其有参劾大臣之权，而在其辨别是非，权其轻重，言有根据，且能发生相当效力也；否则逞于意气，高倡不负责任之空谈，颠倒是非，反足以使当局者进退困难，政治将陷于停顿，或维持现状之中。古今形势不同，政治非为防弊，政治家苟无权力，终难有所作为。清末军机大臣常处于窘迫之苦境，多由于言官之妄言，结果则建设之新事业无法进行，徒供党争之工具。其人知识浅陋，胸襟狭隘，多不肯于大处着想，而断断然以琐事为言，如一九〇四（光绪三十）年外洋马戏入京，太后召之宫中，御史争言不可，对于大臣亦时毛举细事，作为弹劾之根据。

国内政治虽多失望，而一部分人民业已觉悟，其心理以为中国深受列强之侵略，因循苟安，不知振作，将有亡国灭种之祸。其人多居于通商大埠，时与外人接触，渐知其国中工商业之发达，人民生活之安适，而中国远非其比；更受日俄战争之影响，人心奋发，争言效法日本维新自强。疆臣于时亦多改变观念，李鸿章于拳乱时，闻知闽浙总督许应骙捕杀党人，致电劝阻，张之洞于鄂，惨杀康党，两广总督陶模电劝之曰："南方会党宗旨不一，亦有欲解散流血之谋者，湘楚少年托名保皇会出洋，讹索巨款。……今少年不尽信康，而信革命党之说。我不变法，若辈日多，非杀戮所能止，请吾师勿再提拿，……恐为丛驱爵。"陶模所言颇有根据，人心趋势，迥异于前矣。日俄战后，内外臣工争论立宪，留学生应时需要，政治上社会上之地位日高；其人游历外国，本其所得之印象，比较中国之情状，颇有觉悟，其中虽有中西知识皆极肤浅之人，但于中国之弱衰力谋补救，以抗外国之侵略，固一心一德也。少年之士从而和之，如俄强迫中国签定

《满洲条约》,志士于上海新园集会,到者数百人,满口皆流血、自主、自由、仇俄等说,官吏闻而大惧。其时国内报纸之需要日殷,消息之传递迅速,其功效尝能唤起读者之注意,鼓舞时人之兴奋。于是绅商少年志士焕然振作,而以改良中国自励。其视事也虽属太易,然其不甘暴弃,自居于落伍之地位,而有奋斗向上之精神,打破人民、政府无关系之观念,有足多者。试举二事证明于下:

一、排斥美货 初美人排斥华工,虐待惨杀,时有所闻。其中央政府束缚于宪法之规定,不得负责处置,华侨遂无切实之保护。一八八〇(光绪六)年,中美订约,其要款凡二:(一)美国得整理或限制华工入境,(二)其已入境之华工,美国设法保护,一律优待。约成,仍未减少排斥华工运动之势力,华人所受之虐待如故。一八九四(光绪二十)年,二国再订保工协定,其要款则中国允许美国自互换协定日起,十年之内,禁止华工入境。及期,美国政府不待中国之同意,自由禁止华工入境。华人之在美国者,仍有无故被击,或受虐待者,领事馆之职员且不免焉。其排斥华侨之原因,虽曰其生活简陋,工价低廉,而白人不能与之竞争,必将低其生活程度。按之事实,华工之数极少,殆无若大影响之可能性,且其侨居异国,感受环境之变迁,将于短促期内,亦渐提高其生活程度也。其根本之困难,则以种族之不同,美工存有仇恶之心,动于情感,惑于宣传,而致暴动也。华人既遭歧视,又不得入境。一九〇五(光绪三十一)年,通商口岸之商人,议定共同不买美货,作为报复,抵制美货遂实现于广州、厦门、福州、上海、汉口、天津、牛庄,其最有效力者,首推广州、上海。美国政府严重抗议,将以舰队示威,清廷谕劝停止排货,各地长官亦出示劝阻,排货运动逐渐失其效力。其所难者,运动倡于商人,而政府阻之,此可表现商人之爱国心矣。顾此实非根本之大计,反而引起二国之恶感,且终难于持久,盖国际贸易,乃应两国之需要,双方均受其利,市场上之买卖,物品之优劣,货价之高低,尝非一时意气之所能胜;国人苟有不买之决心,胜于商人之言抵制矣。

二、私人兴学　学校之设立关系于教养人才，时人渐知其重要。中日战后，盛宣怀集资创办天津头等二等学堂，又于上海创设南洋公学上院中院。其尤难得者，则由船贩出身之叶成忠、瓦匠出身之杨斯盛，均能出资兴学也。叶成忠初以小船于黄浦江中贩运零星物品，外船泊于江中，售于水手，日久稍有积蓄，改营他业，遂致富厚，一八九九（光绪二十五）年，捐出公共租界内虹口之私产二十五亩为澄衷学校之校址，以银六万两建筑校舍，十四万两作为基金。杨斯盛由瓦匠为工头，营造房屋，渐有资产，一九〇四年，创设广明小学于公共租界，明年，创立广明师范讲习所，又明年，出款十数万建设浦东中学，复捐十万作为永久基金。其他私人兴学者，时有所闻。其慷慨为公之精神，诚令吾人钦服。人民既有觉悟，政府亦谋变法自强，兹略言之于下：

一、政治改革　中国政体自秦统一以来，相沿二千余年，未有剧烈之变更，历朝官制虽有损益，或名称不同，而实质上并无根本重要之改革。及至近代，国际上之关系日密，政府办理之事业增多，先进国家为谋公共利益之计，而大扩张政府之职权。中国处于十九世纪，环境虽异于前，而中央官制仍本于前代之组织，其职权之分配，多由于遗传与习惯，常无理智之根据，官吏之责任，尝不专一。其仿自外国者，概归总理衙门办理，衙门兼管海关电报等事业，朝臣多不明了世界之趋势，不能比较列国之制度，辨别利弊，有所采用。郭嵩焘出使英国，记言途中情状，有所主张，书竟毁版，返国后废而家居。曾国藩、左宗棠等以为仿造外国之机炮轮船，训练军队，力即足以自强。慈禧太后则持中国政教远非外国所及之说。更自地方政府而言，制度复杂，阶级繁多，官官相管，而亲民之官常少，效率减低，行政上徒多困难。其当根本改组，实无疑义。一八九八年，光绪变法，整顿官制，裁汰冗官，不幸政变，太后诏复旧状。拳乱后，太后诏言变法。及日俄战争，士大夫皆信日本之所以战胜，而俄国之所以败者，一有宪法，一无宪法，一有国会，一无国会，一举国一致，而一内乱时起也；主张改革官制，要求立宪。其所持之理由，则受欧美政治哲学影响，国家由人民组织而成，人民有纳税服务之义务，当有参政权利，选举国会议员，表示政见，而冀有所施行。内外臣工亦有奏请，朝廷始肯变法。兹为便利读者起见，分言政治改革于下。

甲、官制　拳乱后，太后整顿吏治，诏停捐输，筹议变法事宜，创设督办政务处，后改为会议政务处，和议废去总理衙门，改称外务部，班在六部之上。太后应载泽之请，创设商部，又设学部、巡警部，合前六部，共有十部。其重要非多设官署，安置闲员，乃认古今之环境不同，政治制度，有因时制宜之必要也。日俄战时，朝廷整顿官制，上自内务府，下至通判官同知，均有裁缺，总督、巡抚同在一城者，则裁巡抚，东三省则废将军，裁去五部府尹。一九〇五（光绪三十一）年九月，大臣载泽、戴鸿慈、端方、徐世昌、绍英奉旨分赴东西各国考察政治，出发之日，突遇炸弹，遂改行期。太后改诏尚其亨、李盛铎会同载泽、戴鸿慈、端方前往。明年夏，五大臣回国，奏请仿行宪政，其警要之语曰："国势不振，实由于上下相暌，内外隔阂，官不知所以保民，民不知所以卫国；而各国之所以富强者，实由于实行宪法，取决公论，军民一体，呼吸相通，博采众长，明定政体，以及筹备财政，经画政务，无不公之于黎庶；又在各国相师，变通尽利，政通民和，有由来矣。时处今日，唯有及时详晰甄核，仿行宪政，大权统于朝廷，庶政公诸舆论，以立国家万年有道之基"（见九月一日上谕）。谕旨则称民智未开，立宪须从官制入手，预备时期，将视成效情状而定。王大臣奉旨拟定改革计划。十月，王大臣奏言政治积弊盖有三端：一则权限之不分，如行政官兼有司法权之例。一则职任之不明，例如一堂共有六官。一则名实之不副，"名为吏部，但司铨掣之事，并无铨衡之权。名为户部，但司出纳之事，并无统计之权。名为礼部，但司典礼之事，并无礼教之权。名为兵部，但司绿营兵籍，武职升转之事，并无统御之权。"其建议则三权分立，行政归于内阁，分设十一部。说者谓其成功，袁世凯颇有力焉。上谕称军机处由内阁分设，无庸更改。外务部、吏部、学部照旧。改巡警部为民政部。户部为度支部，以财政处、税务处并入。礼部以太常、光禄、鸿胪三寺并入。

兵部改为陆军部,以练兵处、太仆寺并入。海军部及军咨府暂归其办理。刑部为法部。工部并入商部,改为农工商部。轮船、铁路、电线、邮政设部专司,名曰邮传部。理藩院改为理藩部。各部堂官,除外务部外,均设尚书一员,侍郎二员,不分满汉。尚书并充参与政务大臣,轮班值日,听候召对。后改考察政治馆为宪政编查馆,归并会议政务处于内阁。其余衙门,多无改变,缺额照旧。综观此次改革,远胜于旧制,所可惜者,设部太多,旧署仍多存在,徒縻国帑耳。尚书十一人,满人七名,汉人四名,汉人之地位势力,均不之及。各部经费视前大增,书吏亦有裁去者。其时风气已开,臣工绅耆迭请立宪不已。太后诏命各省筹设谘议局,并拟创设资政院,宣示预备立宪之期。王公大臣拟订宪法大纲二十二条,内容仿自日本钦定宪法,大权仍独归于皇帝。地方官制亦有改革,朝廷谕裁官署冗员,东三省则以日俄之逼,开放荒地,许民移居耕种,改设总督巡抚。直省废撤学政,改置提学使,添设交涉使。更据王大臣之奏请,改按察使为提法使,增设巡警劝业道缺,由东三省先行试办,直隶、江苏择地试办,其余分省分年分地请旨办理,统限于十五年后一律通行。顾此实非根本大计,其积弊则为制度复杂,官官牵制,改革固未将其改正,其比较重要者,当为谘议局之创设也。

乙、军政　军队自太平天国平定以来,可分为三:一曰八旗,二曰绿营,三曰兵勇。旗兵久受豢养,人不习战,营勇则缺额甚多,将弁冒饷,积弊深重,无从整理。其称精锐者,当为淮军,淮军于中日战时,一败涂地。识者始言西法练兵,南方张之洞雇用德员,创练自强军,北方聂士成教练淮军旧部,袁世凯亦于新丰镇练兵,其地距天津七十里,即俗所谓小站也,其兵约有七千,训练编制采用德法。政变后,荣禄奉旨统练北洋军队,小站之兵属之,统称武卫军。及拳乱起,武卫军之大部分对外作战,消灭殆尽,独袁世凯统其所部于山东,未受损失。和议告成,李鸿章病死,袁世凯奉命代为直隶总督。袁氏于新败之后,创设行营将弁学堂,裁撤营兵,改良新兵待遇,募选颇严,扩充新军,不遗余力。一九〇三(光绪二十九)年,朝廷设立练兵处,任命奕劻为管理大臣,袁世凯之部将佐之,厘订军制。日俄战后,朝廷益知练兵之重要,下令操练旗兵,派员南下观操,分全国为三十六镇,镇有步队两协(后改称旅),马队、炮队各一标(后改称团),工程辎重队各一营,军乐一队。协有步兵两标,标分三营,营分四队,队有三排,排有三棚,棚凡十四人,共一万余人。军士有常备、续备、后备之分,常备军训练三年,各回原籍,续备由常备军出伍之兵充之,政府酌予津贴,而仍听其谋生,每年会操一次,遇有战事征调入营,三年递退。后备军由续备军退伍之兵士充之,仍须会操候征,四年退休。其制杂采欧洲征兵及唐代府兵之制折中而成,政府诏令推行新军于各省,其兵士自土著壮丁选募,而良民以轻武之习俗,入伍者仍少,其中杂有市井之游民,各省长官且言财政困难,主张逐渐招募,或设二镇,或设一镇,或设一混成协,独袁世凯以全国之财力,练成六镇,其设备军威远在他军之上。政府令其会操,外人亦颇赞之。载沣监国更谋扩张兵额。新军之将校多曾受过教育,而倾向于革命,尤以南方为甚,其后革命之成功,深赖其力。新军既成,政府酌改营兵为警察,或选为巡防队,巡防队之统将,仍为提督,其战斗力较弱。旗兵除新法操练者外,无足轻重。

丙、法律　中国人民之法律观念,与欧美先进国人根本不同,对于司法制度之恶劣,监狱之黑暗,胥吏之恶狠,无权改革,置而不问,乃以息讼为事。领事裁判权成立后,识者知其损失之重大,而谋将其取消。一九〇二(光绪二十八)年,中英商约载明中国改良律例,英国允许协助,并可放弃治外法权,中美、中日商约有同样之规定。其取消之条件,乃视中国法律之改良而定,当时明显之弱点,则地方尚无独立之法庭,审理诉讼之法官,行政官兼理司法也。就理论而言,其威权之大,无论何项事故,均得自由捕人,而久置诸狱中,人民殆无法律上之切实保障,刑罚之酷,犹其余事。至是,朝命出使大臣查取各国通行律例,饬令袁世凯等慎选熟悉中西律例者保送来京,听候简派,编纂律例,诏派沈家本、伍廷芳为修订法律大臣,将国内现行律例,按照交涉情形,参酌各国法律,悉心考订。沈家本曾任按察使，精通历朝律例，伍廷芳留学于英，曾为律师，说者言其得人。其工作可别为三，一曰修改旧律，二曰更改刑名，三曰另编新律，其重要则采取西方制度，而减轻重刑也。一九〇五年，沈家本等奏请永远删除凌迟、枭首、戮尸三项，死刑至斩决而止，三者残酷不仁，而皆古代之产物也。凌迟创于辽人。枭首始于秦，汉用诸夷族之诛，南朝梁时始立枭名，隋唐去之，清则沿用明制。戮尸见于《始皇本纪》，明末定为杀父母者之刑，清则兼及强盗。奏上，帝谕从之。商部会同法律大臣纂订商律，破产律首先告成。关于民事刑事诉讼法，聘用日人为顾问，颇多改革，及成，张之洞斥其乖违中国情形，发生激烈之争论，未及实行而清亡矣。关于司法行政，由法部主持，一九〇七（光绪三十三）年，创设审判厅于东三省，并试办于直隶、江苏，是为中国行政司法分立之始，而开法官独立之先声。

二、建设　变法中之进行速而易者，首推教育。士大夫初则专心诵读经史，学习八股，县学府学国子监莫不以此为重，无今日分科之大学。及中英、中法、中俄《北京条约》成立，总理衙门大臣文祥具有外交常识，深以华人不通外国语言，而交涉困难为病，商于恭亲王奕䜣，一八六二（同治元）年，创设同文馆，教授外国语言，后则聘用外人，教授天文数学等，其性质颇近于文理学院。总署交其事于总税务司赫德办理。一八六九（同治八）年，赫德聘用美传教士丁韪良为总教习（教务长），丁韪良在华年久，精通华语，对于校务颇有整顿，同文馆之设备日臻完备，其课程有英、法、俄、德语言，国际公法、化学、数学、天文学、生物学等，其学生均为八旗子弟，官气颇重，无法改良。总署曾招士子入馆习学，而倭仁斥其奉夷人为师，坏人心术，士子固不屑就学，广州、上海各设广方言馆，湖北后创自强学堂，学生均不甚多，无足轻重。此外尚有武备学堂等，亦无成绩。其要因则主其事者，多为政客，未有办学之经验，自无美满之效果也。外人在华创办之学校为时颇早，尤以美国教士为热心，其人多卒业于大学，富有常识，乐于教导学生，借以增进传教之机会，并愿灌输新知识于中国。其创办之学校，规模初甚简陋，逐渐充实内容，成为著名大学之一。约翰大学成立五十余年,金陵大学则有四十余年。其兴学负有盛名者,尚有玛提尔(C. W. Mateer)、林乐知等,玛提尔于山东登州传教,善说华语,其创立之大学校,后为齐鲁大学之基础。林乐知于上海教育,大有赞助。其在内地办学者尚多,女子学校先由教会创设,其所受之困难,则时人不知学堂之地位,而学生不易多得也。中日战后,识者始知新教育之重要,盛宣怀创办天津头等二等学堂,更于上海创办南洋公学上院中院。一八九六(光绪二十二)年,朝臣李端棻受其妹夫梁启超之影响,奏请创设京师大学堂。朝命孙家鼐为管学大臣,即景山下马神庙四公主府为大学堂,其教职员多为翰林,茫然不知办学之方法,总教习则以丁韪良充任,专办西学。大学堂开办未久,即遭政变,幸其筹办颇早,得不停办。其入学者,有膏火之助,学生人数不多,斋中时闻诵读八股之声,及拳乱起,教职员或死或逃,学生尽散,校室残毁不堪。

车驾出京,太后始知人才之缺乏,而变教育之方针,一九〇一年,诏办经济特科,废去八股,整顿翰林院,饬编检以上各官课政治学,复办京师大学堂,令张百熙为管学大臣,谕改各省省城书院为大学堂,各府及直隶州书院改设中学堂。州县改设小学堂,奖励学生出洋,诏办留学生考试,予以进士举人贡生出身。顾其范围广大,何人将为教习?盖非一时所能解决,将赖主持者得人,决定大计,而张百熙既不明了世界教育之趋势,又无办学之经验,徒以空言虚声,而任管学大臣。及车驾回京,张百熙筹得大学堂经费,而以校址残废,就虎坊桥之前强学书局旧址为筹备所,附设编译所。所可异者,张百熙办理大学,首先谢去丁韪良,坚请桐城派之古文家吴汝纶为总教习。吴汝纶久为保定莲池书院山长,负有重望,对于办理学堂,固无经验,乃以学务重大,当效日本,请于张百熙,因得东渡考察学务,天下殆少先任总教习,而始出国调查,方有计划也。耗费既多,而亦不过走马看花,所得几何。日本学制岂尽宜于中国乎?更就大学堂之教习而言,多为不知科学之文人,张百熙盖将造成学生尽成文人也。其于全国教育,除奖励游学及拟订章程而外,另无可言之成绩。其根本错误,在其不肯利用外人在华办学之经验,而与同文馆之教员或著名之私立学校当局磋商,酌定适当之办法,以收事半功倍之效。所当知者,外人之建议,仅供比较参考之用,取决采行之权,仍在管学大臣也。张百熙不肯虚心,不知出此,靡费公款,而作无意识之试验,殊深可惜。政府奖励游学,亦无切实具体妥善之办法,对于学生之学识人选,未有若何有效力之限制与规定,终无良好之结果,盖留学于外国者,必有相当之预备,始能有所得也。会朝臣不慊于张百熙,请设满员,朝旨添派荣庆为管学大臣。二人之意见不协,时起争执,太后复命孙家鼐为学务大臣,名曰集思广益,而其组织上之明显弱点,则责任不专,互相牵制也。一九〇五(光绪三十一)年,朝廷始设学部,以国子监并入,诏授荣庆为尚书,熙瑛、严修为侍郎。荣庆、熙瑛均非办学之人,严修初为徐桐之门生,曾以外侮日迫,奏请开考经济特科,竟为其师所恶,退而家居,创立学堂于天津,声誉日隆。及袁世凯为直隶总督,请其出而办理教育,于是直隶境内之学堂,颇著成效,以袁世凯之疏荐,故有此命。学部奏定教育宗旨,略称中国政教之所固有而亟宜发明以距异说者有二,曰忠君,曰尊孔,又宜箴砭以图振起者有三,曰尚公,曰尚武,曰尚实。朝廷许而从之,宣示国中。顾此不过空言,办学成绩,非决定于宗旨,惟视办理如何,及造就何等人才耳。学部整顿教育,设置专官,管办京师大学堂,学部、京师大学堂始行分立。学部奏请裁去各省学政,改设提学使司,其长官曰提学使,主持一省学务,太后许之,又分学堂为二,高等专门学堂,归部办理,其下各学堂归提学使司监督。学部之职权既清,规模粗定,各省先后创设师范学堂。其困难则设备不全,课程不全,良师难得,故斐然有成效者,殊不多见。学校之中办理入于正轨者,有北洋大学、南洋公学及山西大学。

初,朝旨饬各省会书院改设大学堂,督抚有创大学堂者,北洋大臣改设盛宣怀所创之天津学堂为北洋大学,聘美教士坦来(Charles D. Tenney)为校长。上海南洋公学聘美教士福开森(John D. Ferguson)为监院,迭次改隶商部及邮传部。山西太原大学,亦有外人办理西学。三校办理得法,以其主持者较有经验也,余则徒拥虚名。及学部改订学制,改各省省垣所设之大学堂为高等专门学堂,江督张之洞创设之两江优级师范,管理得人,聘日人为教习,颇负时望。南北洋大学均得不废。太原大学则因教案关系,亦得不改。先是,毓贤惨杀教士,瓦德西来华,欲遣军队报复,李鸿章电召李提摩太磋商解决之办法,李提摩太曾在山西传教,救济灾民,至是,代表基督教各教会应召抵京,以为人民知识浅陋,造成此祸,建议创办学堂,开通风气,由山西出银五十万两,创立大学堂一所于太原,初归教士办理,十年后交还山西长官。李鸿章赞成其计划。同时,教会不愿以其被杀之教士,换取金钱,表示同意。各国公使亦无异议。及议细则,李提摩太要求十年之内,学堂课程,延聘教习,及考选学生,归其主政,而巡抚岑春煊言其侵犯中国教育之权,主持不可,后以前已议定,始肯让步。会山西筹办大学堂,李提摩太言其竞争,不如合并为一,经费既得稍裕,设备亦得较全,磋商者三,始许其请。岑春煊之奏报朝廷,屡以"无主权旁落之嫌"为言,盖朝臣疆吏不辨合作雇用之性质,而于办学之效率,固不问也。李提摩太所聘之教习敦崇礼,专管西学,颇有成效,山西大学堂最初翻译之西书,尚有用于今日者。

学堂次第设立之后,招考学生,给与膏火,待遇颇优;无如风气不开,入学人数不多,其主要之原因,则读书之文人,方以科举为正途,学堂之课程无关于考试之科目也。一九〇三(光绪二十九)年,张之洞等奏请递减科举,而以所减之额,酌量移作学堂取中之额。其言曰:"俾天下士子,舍学堂一途,别无进身之阶,则学堂指顾可以普矣。"袁世凯竟称科举为学堂之敌,奏曰:"科举一日不废,即学校一日不能大兴,学校不能大兴,即士子永远无实在之学问,国家永远无救时之人才,中国永远不能进于富强,即永远不能争衡于各国。"科举之害,何至于此,极牵强附会之技矣。朝旨饬递减科举中额,三科减尽,而袁世凯等以为不可,一九〇五年,会奏科举有妨学堂出身之路,且无以范向学之心,应请自本年始,即停止乡会及各省岁科考试。奏上,太后谕停科举,以广学校。政府之政策,全以利禄诱致学生,学生自以读书求官为目的,其结果则徒造就近于流氓之政客,而为害于国内。其妄谬之主张,多由于不知大学堂之功用,大学原为研究高深之学识,发展个人之才力,而造成社会上各种事业需要之相当人才也。学生即多以求官而入学堂,对于课程原无兴趣,其不肖者敷衍至于卒业之年,得有文凭而已,知识肤浅可想而知。更就教习人选而言,国内学者除于国故学尚有研究而外,别无深造,势不得不以留学生充之。其人限于时间,对于东西学识多无所长,而徒傲然自大,暴躁浮狂,不负责任。于此现状之下,学堂实难造就切实有用之人才,而政府盲然奖励游学,一九〇五年末,留日学生增至八千余人。公使杨枢密奏学生情状,略称普通学堂专为中国学生而设,有以三个月毕业者,有以六个月毕业者,甚至学科有学生自定者。其入尚称完备之学堂习普通科者,以两年半毕业,"此两年半内,仅习日本语文,犹虑不足,其他学科往往有名无实,近并两年半毕业者,亦寥寥其人"。其在大学及高等毕业者,为时三年,甚或国文尚未尽晓,强不知以为知,贻害将不胜言。其结论曰:"所入之校屡迁,所习之业无定,争学费则一省以一省为例,补学额则一府与一府为仇,甚至奸窃之案,亦不一见,贻笑外人,莫此为甚。"

其年,日本文部整顿中国留学生教育,学生罢课,大闹使馆,杨枢深受激刺,乃以实情密奏朝廷,不无愤激之语。游学生返国者,朝廷许其应考,赏以进士举人,乡者童生应考终身,尚多求一秀才而不可得,今则东渡留学,竟于短促期内可得进士举人,官狂之青年莫不视为富贵之捷径,此固不能例推所有之留学生,其中卑劣投机分子,盖不免于如此,遗祸之深迄于今日,高等教育可谓失败。关于中等以下学校,学制学龄课程迭有改变,主其事者盖无定见,而又重视法令,以为订有详细章程,则事成矣。张之洞入京,亦曾奉命妥议;实则天下之事,固无若此之易,学校缺乏课本,教习缺乏人才,讲授英文西学者,待遇独优,则其明例。教习上课,或分发抄袭之讲义,逐字讲说,或为报告演讲,学生除听讲而外,多无所事。其人或为成年生员,或为无知儿童,程度不一,风潮迭起。张之洞原主创办学堂,深为失望,曾曰:"近数年来,各省学堂,建设日多,风气嚣张日甚,大率以不守圣教礼法为通才,以不遵朝廷制度为志士。"朝廷制度如于开学之时,师生拜孔尊君,行三跪九叩礼,固非通才志士所愿。时人仍多遣其子弟入学塾读书。各省报告,一九○八(光绪三十四)年共有学生一百五十万人,官场报告多不确实,舍此亦无其他统计。要之,中等以下教育,限于人才经费时间,多无成绩可言。

政府谋兴教育,对于实业亦欲发展,其主因则逐渐改变传统思想,而认实业之盛衰,关系于国家之富强衰弱,以及人民之生计也。中国原以农业立国,而农民中之妇女,多能纺织捻麻,足以供给一家之需要,工业于此现状之下,无需巨额资本,生产之器械少有进步,大规模之工厂难于成立。其开采矿物也,仍为千百年前之旧法,及大宗外货输入,中国遂处于不利之地位,家庭工业逐渐破坏,人民之生计大为困难,朝臣疆吏初本于传统之政策,或言通商不便,或漠然置之,唯欲仿造外国枪炮轮船,设立机器局船厂而已。一八八二(光绪八)年,李鸿章以洋布销路日广,奏言试办机器织布局,以谋补救,八年后,始力进行,而一八九三(光绪十九)年,全局罹于火灾,前功尽弃,实业仍少发展之机会。其时外商谋于通商口岸,建设工厂,总理衙门以其将夺贫民生计,并无条约上之根据,力持异议。《马关条约》始许日商设工厂于商埠,外人乃得经营工业。拳乱后,国人觉悟,筹资创设工厂,朝廷诏命亲贵大臣出国考察各国实业,又以载泽之奏请,创设商部,奖励或保护农工商业。及日俄战起,国人深受激刺,争言变法,树立富强之基,官吏颇力提倡,如直督袁世凯创立工艺总局于天津,商部设置劝工陈列所,并奏创立工业学堂,一九○六(光绪三十二)年,太后诏改商部为农工商部,以工部并入。部订奖励工商章程,奉旨遵行,凡办理一千万元以上之实业者,赏以男爵,二千万元以上者子爵。夫清末立有大功如曾国藩、李鸿章者,一则赏以侯爵,一则赏以伯爵,而今经营工商之资本家,竟有赏给子男之希望,不可谓非根本观念之改变也。地方政府,则南洋大臣兼两江总督端方筹备南洋劝业会于南京,搜集国内之出产品,陈列于会所,一九一〇(宣统二)年开会。其规模之宏大,搜集物品之繁多,盛称于国内,政府振兴实业之计划若此,信如杨佺所谓"黄金时代"也。所可惜者,朝廷顾虑外交财政之困难,未能断然废除厘金,厘金有害于农工商业,国人莫不知之,于其存在之日,实业殆难得有重要之进步也。国际贸易视前大为发达,乃以人民嗜好之改变,输入远超过于输出。

风气既开,清廷益知铁路开矿之重要,其先俄筑中东铁路,德筑胶济铁路,法筑滇越铁路,中国借款筑有京奉铁路,新民屯奉天一段尚未筑成,至是,大借外债,先后建筑京汉、津浦、正太、道清、汴洛、沪宁、沪杭甬、广九铁路,东北则以日俄战争之结果,日本经营长春、旅顺间铁路,是为南满铁路,建筑安奉,承办吉长等铁路。南方则四国银行团承办川汉、粤汉铁路(其详见后)。本国自行建筑之路,首推北京、张家口铁路,其地形势险要,工程困难,能以本国之力筑成,其工程师则詹天佑也。绅商视为有利可图,争言集资筑路,要为空言,反而阻碍铁路之发展,国内现有之铁路,多筑于清季。关于开矿,一九〇五(光绪三十一)年,矿政调查局成立,绅商争言开矿,山西、陕西、江西、湖南、广西等省,次第兴办,或为煤矿,或为油矿,或为铁矿,或为铜矿等,后多失败。其原因则矿苗先未切实调查,公司资本短少,经营不得其法也。其创办早而成绩昭著者,首为开平矿务局,初由唐廷枢主持,深得李鸿章之赞助,颇形发达。拳乱后,矿为俄军所据,改为中外合办,向俄收回,资本六十二万五千镑,矿坑作股三十七万五千万镑,票由英人收买,注册于香港,改称开平矿务公司。公司越界开采滦州之矿,官方诉之于英,公司败诉。一九〇六(光绪三十二)年,天津官银号于滦州买地开矿,乃以资本短少,革命军起,与之合并,改称开滦矿务公司。英商福公司于山西南部、河南北部,亦得开矿之权。德人于临城开矿,日人经营抚顺煤矿,进步颇速。张之洞办理之汉冶萍矿,经营不得其法,负债颇巨。政府其他主要改革,尚有整顿币制,惜为空名耳。

三、禁令 中国政治上社会上之积弊,造成衰弱之现象,由来已久。识者曾谋自强,而欲有所矫正补救,无奈人民之知识浅陋,对于固有之恶习，视为当然，恬不为怪，其潜伏势力之雄厚，竟使健全有势力之舆论，难于产生，官吏往往谋用政治手段，解决一切；不知法令原应社会上之需要，或代表一部分人民之意见，其效力曾恃舆论之督促与援助，是故组织严密效率昭著之政府，执行禁令犹多困难，而腐败如清季政府，管理广大之领土，自理论而言，执行禁令颇难有效，乃竟多无阻碍，不可谓非人民之觉悟也。其有一二难于实行者，多由于民间缺少有势力之援助。其明显之主因，一则专制之遗毒，一则人民知识之浅陋也。兹就清末主要之禁令，分言之于下。

（甲）废八股　八股为明清考试之文体，历时约五百年，其题目多选自四书，作者须设身处于圣贤之地位，发挥题中之微言大义，文体整齐，有一定之程式，束缚个人思想之发展，耗其精力于无用之地，盖八股为文，朝廷之诏谕，臣下之奏疏，民间之应用文，均不与之相合，除应考而外，别无他用。识者以其深痼士人之思想，言为中国穷弱之主因。斯言也，虽或过于夸张，然可略见识者恶之深矣。及百日变法，光绪下诏废之，慈禧听政恢复旧制，但时识者反对八股之潜伏势力尚盛。一九〇一（光绪二十七）年，太后下谕自明年为始，乡会试等均试策论，不准再用八股文程式，八股文遂于一九〇二年废去。士人之习学者，原为冀入仕途之用，考试既改策论，自无学习之需要，由是八股失其存在之势力，文人得一解放。其当附带说明者，武举考试弓刀石等，始于唐代，古今兵器利钝不同，清季沿用旧制，毫无实用，光绪初诏废之，不得，亦于此时废止。

（乙）汉满平等　满人自入关以来，驻防于全国之要害大邑，八旗之住居于北京者尤多，其人备受清室之优待与豢养，安坐而食，多无向上奋斗之精神，造成不能自立自养之阶级。及清中叶而后，人口增加，限于旧例，不能谋生，生计遂日困难。其不肖者凭依权势，欺侮汉人，其人居于优胜之地位，汉人处于被征服之阶级。不通婚姻，不遵汉人法律，不归汉官审判，朝廷更谋保全其固有之习惯，无如满人数少，居于汉人社会，而于不知不觉之中受其影响，旧例迄未废除。至是，汉人之种族思想日渐发达，一九〇二年二月,太后诏许满汉通婚。其言曰:"满汉臣民,朝廷从无歧视,惟旧例不通婚姻,原因入关之初,风俗语言或多未喻,是以着为禁令。今则风同道一,已历二百余年,自应俯顺人情,开除此禁。所有满汉官兵人等,着准其彼此结婚,毋庸拘泥。……如遇选秀女年份,由八旗挑取,不得采及汉人,免蹈前明弊政,以示限制而恤下情。"互通婚姻,要多本于习惯,实非一诏所能促成,其重要则开平等待遇之渐耳。其时革命之宣传,利用种族之恨恶,势力日盛。一九〇四(光绪三十)年,张之洞陛见后出京,其弟子称其陛辞,请去满汉畛域,将军都统等官兼用汉人,驻防旗人犯罪,用法一如汉人。太后从之。其言虽有所本,修订法律大臣沈家本亦以为言。盖势之所趋,非一人之力也,种族革命之宣传,并不为之稍减。一九〇七年,上谕化除满汉之见,并令各衙门妥议办法,所可异者,太后任用之尚书,满人仍多于汉人也。

(丙)谕放脚　弓足之起始,现殆不可指定何时,说者疑古舞女缠足,而唐代诗人歌咏女子之足并不甚小,钱载十国词笺,称南唐后主(十世纪下叶)宫中,宵娘纤丽善舞,后主作金莲高六尺,饰以宝物,命宵娘以帛缠足,使其纤小屈上作新月状,素袜舞莲花中,由是人争效之。宋时渐普遍于民间,垂有千年,其原因则人民之心理,对于女子恒以纤柔为美,习俗乃以"三寸金莲"相尚。清初康熙诏禁缠足,未有效力,将其取消,至是,国内大多数女子均自年幼缠足,父母于其痛苦置而不问。《湘报》引俚语曰:"小脚一双,眼泪一缸。小脚遍邑,眼泪四溢。"呜呼痛哉!其在南方,穷苦工作之妇女,则多天足,八旗妇女则以禁令不敢缠足,顾就全国而言,其数无几。恶习相沿既久,人民视为当然,在华教士言其违背生理。其夫人说其接近之女子放足,一八九五(光绪二十一)年,创设天足会,上奏太后请禁缠足,康有为等后亦组织不缠足会,但无重大之影响。其困难则中级社会对于弓足之美观,虽渐改变,而社会上之不缠脚者,多为娼妓仆妇或穷苦女子,一部分妇女因其地位关系,不肯贸然放脚。其在乡村者,知识浅陋,安于习俗,更不肯为。一九〇二年,太后始谕妇女放脚,城市有设天足会宣传者。一九〇六年,外人创设之天足会交于华人续办,乡村则少改变,尤以北方为甚,然而缠足观念,固根本动摇矣。

(丁)严禁鸦片　鸦片自十八世纪末叶以来,畅销于中国,其主因则抽吸之发明,而社会上之弱点,并有以促成之也。鸦片战争前后,自印度输入者,年约二三万石,一八七九(光绪五)年,增至八万二千余石,漏税偷入者估计约二万石,产自本国者,数亦渐多,其地初以西北为最广。斯年,左宗棠与友人书曰:"弟自入关度陇以来,目见鸦片流毒之甚,甲于各行省,心窃伤之。"其地唯有汉人种烟吸烟而已,普遍至此。一八八一年,张之洞授山西巡抚,其与友人书曰:"晋患不在灾而在烟,有嗜好者四乡十人而六,城市十人而九,吏役兵三种几乎十人而十矣。人人枯瘠,家家晏起,晋阳一派阴惨败落气象有如鬼国,何论振作有为!循此不已,殆将不可为国矣!如何如何?"今读其书,悲伤不已,迄无挽救办法。山西之灾,多由于此。一九〇〇年,唐晏避难入晋,记曰:"大抵晋人吸阿芙蓉者多,富家咸困于此,无暇出游,贫至车夫亦日耽此。自大同南行,每投店,则车夫先卧地吸烟,不遑饭也。明晨虽五更启行,亦必先过瘾,而后执辔,且沿途卖烟酒者,如他省之茶肆。"此就一地而言,他省之吸烟者,数亦不少。外土输入自一八八八(光绪十四)年以来,数反减少,其原因则中国种植之地益广也。四川、云南、西北、满洲均有大宗产额。一八八一年,宜昌英领事估计中国西部产额,岁有十万石。一九〇六年,识者估计全国产额约三十七万六千石,数量巨大令人心悸,国内有为之士,久认鸦片为贫弱之主因,时值变法自强,大臣主张不宜再有鸦片之毒害——弱国病民,教士亦有奏请严禁之者。斯年,太后决心禁烟,限期十年革除净尽,会议政务拟定禁烟章程十条。

一、限种罂粟,以绝根株。

二、分给牌照,以杜新吸。

三、勒限戒瘾,以苏痼疾。

四、禁止烟馆,以清渊薮。

五、清查烟店,以资稽察。

六、官制方药,以便医治。

七、准设戒烟会,以宏善举。

八、责成地方官督率绅董,以期实行。

九、严禁官员吸食,以端表率。

十、商禁洋药进口,以遏来源。

十条办法各有详细说明,吾人读之,颇见思虑之缜密,办法之周到,切实且易于行,十年之限原为人民。官员则限时断瘾,其因多病畏难不能戒断者,准其陈明,世爵则照例另袭,官员则原品休致,倘阳奉隐违,阴匿不报,一经发觉者,立予褫革。教习学生军弁统限于六月内断瘾。凡年在六十以上,患瘾已深,不能戒断者,从宽免议。章程限种罂粟,商禁洋药进口,实为根本要法。其管理售卖烟土,查禁烟馆,分给牌照,均为切实有效之办法。前此放任,漫无限制,每年出产量数,销售之烟究有若干,吸者究有多少,皆不可知,而今迥异于前,易于管理矣。官制方药,准设戒烟会,亦为重要之补救方法。总之,章程虽无可议,要亦有能自行。禁烟成绩,非视章程,乃定于实行之成效。其时太后决心禁烟,大臣有烟瘾者,奉旨戒断,一九〇八(光绪三十四)年,认为仍有掩饰,诏派恭亲王溥伟、协办大学士鹿傅霖等为禁烟大臣,精选良医,设立戒烟所,查验各衙门烟瘾未断之官员,并得指名奏请查验大员。谕旨饬其破除情面,不避嫌怨,实力奉行,勿得顾忌因循,致负重任。"倘嗣后办理禁烟仍无起色,该大臣等亦不能辞其责也"。溥伟等奏请言官留意访察,随时参奏,太后许而从之。于是官有戒心,多自戒烟,其畏难发觉者,即行革职。各省奉旨之后,设立戒烟所,售卖戒烟药品,查封烟馆,捕捉烟犯,戴枷游街,以警其余,亦间有敷衍塞责者。种植罂粟之区,谕民改种嘉谷,山西长官雷厉风行,民有起而暴动者,以力平之。鸦片之产额既减,洋药进口亦受限制,政府更课以重税,向时每两售银一二角者,增至数倍,贫民无力吸食,势多迫而戒烟。官员绅富虽有吸食,而人数视前则大减少。

外务部为禁洋烟进口,商于英国外部,其政府初以教士及慈善家之宣传,国会对于烟禁已有决定,而又鉴于印烟销路之减少,允许其请。一九〇七年,二国议定办法。自一九〇八年起,三年之内,中国果将土药减种减销,英国允将印药每年减运一成,如是十年,迄于一九一七年终止,议定三年为试验之期,期内中国苟无禁烟之成绩,英国于三年后,仍得不受限制运入鸦片。其时朝廷禁种禁吸颇著成效,一九一一(宣统三)年五月,英国根据前订之办法,特派代表缔结条约,其要款凡四:(一)七年之内,土药概行绝种,印烟亦同时停止入华。(二)何省土烟绝种绝禁,印烟即不运入,唯广州、上海应为最后输入之地。(三)烟税每百斤箱,征银三百五十两。(四)英国报告印烟输入之号数于中国,以便稽查。约成,英商贩烟大受限制,别国商人之享有领事裁判权者,仍易偷运。一九〇九年,美总统罗斯福建议召集国际禁烟会议于上海,会议召集,以美主教白兰德(C. H. Brent)为主席,议定承认中国实行禁烟之成绩,并由各国代表请其政府予以赞助,禁烟入口。明年,美国商请荷兰召集禁烟公会,一九一二年一月,开会于海牙和平会,出席之代表有中国、英、法、德、意、日、俄、荷、葡、波斯、暹罗诸国,仍由白兰德主席,议决各国禁运鸦片、吗啡、高根入境。清帝逊位以后,禁令尚能维持,烟价视前昂贵。民国六年(一九一七),英国遵照条约,禁运鸦片入口,鸦片遂为中国内政问题之一。所可痛哭者,军阀各据一地,战争不已,为其增加税收养兵之计,强种罂粟,或变相公卖,或课重税,许民吸取,鸦片之害,迄未铲除。

于此期内,政府采行改革之计划,虽或令人失望,而固视前大有进步,改革范围,且太广大,决非一二年内所能成功,惜其为时太晚,觉悟太迟。青年之士希望太大,失望益甚,以为中国于数败之后,国势危急,而政府之腐败如故,尚无领袖指导之人才,又不肯于根本着手,切实改革,政治上之积弊祸根酝酿已久,光绪、慈禧死后不及三年,革命起而清室亡矣。初光绪自政变以来,日在悲愁忧患之中,其宠妃不礼于太监,而听其受祸,拳乱后,待遇视前稍优,大阿哥废黜,奉旨出宫,则其明例,然仍不得听政。识者谅其境遇之苦,颇表同情于其变法。康梁之徒更于海外鼓吹,高倡保皇之说,但终无济于事。光绪乃以多愁多病之身日益羸弱,一九〇八(光绪三十四)年十一月十五日病死,太后于次日亦死。据《慈禧外纪》,光绪自夏季患病,日久不愈,征医于外,仍无进步。十一月三日,值慈禧七十三岁寿辰,光绪病甚,得奉懿旨免率百官行礼,病忽转剧,太后急诏庆亲王奕劻回京,其时奕劻奉旨巡陵也。十三日,军机大臣入值,太后宣示皇帝病危,宜立嗣君,询问谁可入承大统,大臣有奕劻、载沣、袁世凯、张之洞、鹿传霖、世续等。奕劻、袁世凯请立溥伦或恭亲王奕䜣之孙溥伟,余请太后决定。太后宣示载沣之子溥仪当立,载沣者光绪同母弟也。太后谕为摄政王,载沣叩头奏辞,而袁世凯尚言溥伦年长当立,太后怒而斥之,即命军机大臣拟旨,并谕溥仪入宫教养,可在上书房读书。方光绪之病卧也,自知将不能起,于其手中自书十年困辱,由二人所致,其一为袁世凯,其一则字体不清,无从明了。恽毓鼎则信光绪死于非命,吾人今按光绪之病,传于当时已久,上谕称自去年入秋以来,"朕躬不豫,征求良医,仍无起色",自本年入夏以来,祭祀谢神乞雨,均命亲王代行。亲王代其行礼,《东华续录》迭有记载,实属信而有征,死于非命,近于无证据之推测。《慈禧外纪》所言溥仪入承大统之争论,光绪手中之墨迹,不无可疑之点。一说光绪病剧之际,交留密谕于皇后,言其末年痛苦,造成于袁世凯一人。二说各不相同,宫中之事,殆难深知,其共同之点,则光绪痛恨袁世凯已久,而于太后在日,无如之何。明日慈禧亦死,其病已有时日,而死只距光绪后一日耳,说者之推论,盖起于此。光绪遗诏溥仪嗣位,兼祧同治,任命载沣为摄政王监国,上皇后徽号曰隆裕皇太后。载沣摄政,拟将袁世凯正法,军机大臣张之洞等婉言不可,载沣为其所动,诏称袁世凯近患足疾,步履维艰,难胜职任,命其开缺回籍养疴。袁氏先未上疏辞职,而今言其有病,其免于死亦云幸矣! 袁氏为人,狡诈奸滑,卖主求荣,原不足取,然于大臣之中,较有才能,精明练达,称于当时。

溥仪入承大统,年方三岁,明年,改元宣统,由其生父载沣摄理政事。

其奉遗诏监国也,凡遇国家大事,须请训于隆裕太后。隆裕性情和平,无慈禧果决之才,载沣年轻,生长于贵族环境,视事太易,既无特殊之才能,又少政治上之经验。大臣之中,奕劻较有机变,为人贪财好货,喧传已久,摄政王心亦疑之,御史江春霖承旨奏劾奕劻,载沣意欲罢之,而势有所不能,乃斥江春霖莠言乱政,着回原衙门行走,一面谕饬亲贵内外大臣,敦品励行,整躬率属以讽之,言官弹劾奕劻者,仍有所闻。奕劻心不自安,迭次奏恳开去要差,摄政王均下温谕慰留。其影响之所及,大臣难于负责,积极办理事务,盖用其人,对之必有信心,尤须互相谅解,而并予以实权,始得有所进行,否则互存猜忌之心,监视掣肘,在其下者,唯求免过,万无负责进行之理。内情若此,官制改革,不过其名,所谓皮之不存,毛将焉附?行政上遂无效率可言。一九一一(宣统三)年,朝廷颁布官制,裁去内阁军机处、会议政务处,改设内阁总理大臣一人,协理大臣二人,其下分置外务、民政、度支、学务、陆军、海军、司法、农工商、邮传、理藩十部,各有大臣一名,均为国务大臣,尚书、侍郎之名由是废去。就新官制而言,吏部、礼部之废除,合于以事设官之原则,添设海军一部,究为事实所需,实一疑问。就大体而言,官制仿自外国,变复杂为简单,尚少可议之点。其诏委之大臣,多不符于时望,而总理大臣仍属奕劻,协理大臣则满汉各一,十部大臣满人占七,汉人占三。其时汉人之种族思想日形发达,革命党人方以排满为号召,慈禧曾谕化除满汉畛域,而今内阁大臣满人超过汉人二倍以上,能不引起种族之恨恶乎?

满人政治上之势力优于汉人,而其所有人数不及汉人百分之一,自人才而论,满人无一伟大之领袖,建设之政治家。机变如奕劻,及革命军起,黄远庸请愿见之,奕劻自言求免一死足矣。总理大臣乞怜至此,如何有为?端方精明有才,为满人中不可多得之大员,曾言旗人无一可用。朝廷对于地方长官,迫而任用汉人,其季年新设之衙门,用者尤多。载沣乃于汉人种族思想发达之际,多用亲贵,以长部务。其人幼时多未曾受良好之教育,而于十五六岁,即备拱卫扈从之役,出入宫中,暇则射猎驰马以自娱乐,一旦身居要职,自为时论所不满。侍郎徐致祥曾语恽毓鼎曰:"吾立朝近四十年,识近属亲贵殆遍,异日御区宇握大权者,皆出其中,察其器识,无一足当军国之重者,吾是知皇灵之不永也。"夷考清代祖制,自雍正帝后,亲贵大臣鲜得与闻政事,及咸丰嗣位,内乱正炽,任用其弟恭亲王奕䜣等为军机大臣,咸丰死后,太后授奕䜣议政王大臣,醇亲王奕譞等继之执政,祖制遂坏。及是,载沣重用亲贵,致失人心,亲贵中既少才能英哲之士,而驻防各地之旗兵,亦无战斗力可言。旗兵自入关以来,深受汉人社会之影响,其人虽以战争为职业,而直省防地多无广大之牧地,供其驰骋,锻炼武艺,后渐安居而食,习于奢侈,懒于工作,久而失其勇敢之气。及外患内乱交至,旗人或死或逃,无足轻重,其多数在京者,尚以劲旅见称,及英法联军进逼北京,八旗禁兵奉命拒战,遂受重大之损失,战败而后,军器仍无改革。后光绪变法,诏谕旗兵改习洋操,练用枪炮,未及认真实行,而政变已作,遂无效果。拳乱后,诏废武举,而八旗人员尚有持弓者,一九〇五(光绪三十一)年,上谕废去弓箭,凡出入扈从宫禁之官兵,所备军械,亦应变通尽善,不准虚应故事。其时政府方练新兵,旗兵之切实改习洋操者,数实无几,朝廷给予粮饷,担负已重,而八旗生计,仍极困难。大臣筹其生计,终无进步,旗兵不足一用,此革命成功迅速原因之一也。

通达时务之士,深信立宪、召集国会,中国可得富强。国会之于欧美先进国多有悠久之历史,其人民生于自治之区域,富有参政之经验,二十世纪,国民未受教育者为数日少。其人多能看报,留心政事,选举之先,政党互相竞争,利用各种有效力之宣传,使其对于政治上之问题,能有相当之了解与认识,故其投票常能表示其赞成或反对政府之政策。中国则异于此,其政治哲学向分治人、治于人者之阶级,人民于地方或中央政府,均无参政之机会。一旦采用代议士制,如选举资格规定太严,则由少数包办,规定太宽,则人民不知应用。政府当斟酌情形,规定选民之资格,早日宣示国会召集之期,议员由选民选举,庶使人民得有政治上之经验。经验云者,非亲历其境,则势难有所得,例如习学游泳,日读指南,而不切实练习,则终不能成功,清廷宣示九年预备立宪,何以异此!载沣监国申明实行,罢免各省玩误宪政之官吏,颁行地方自治章程,其程序不可谓非,办法究与时论不合。一九〇九(宣统元)年,各省谘议局成立,其议员人数多者一百四十名,少者三十名,定额原以一省进学总额百分之五为标准,而江宁、江苏则参酌漕粮增加额数,吉林、黑龙江、新疆则除为例外,各定三十名。凡年满二十五岁以上,而有下列资格之一者,方得投票:

一、曾在本省地方办理学务,及其他公益事务,满三年以上,著有成绩者。

二、曾在中学堂及与中学同等或中学以上之学堂毕业得有文凭者。

三、有举贡生员以上之出身者。

四、曾任实缺职官,文七品,武五品以上未被参革者。

五、在本省地方有五千元之营业资本,或不动产者。

六、凡非本省籍贯之男子,寄居本省满十年以上,而有一万元之营业资本或不动产者。

其犯下列情事之一,则丧失其选举权及被选举权:(一)品行悖谬,营私武断。(二)曾处监禁以上之刑。(三)营业不正。(四)失财产之信用,被人控实,尚未清结。(五)吸食鸦片。(六)有心病。(七)身家不清白。(八)不识文义。其因职业关系,停止选举权及被选举权之规定凡六:(一)本省官吏及幕友。(二)常备军人,及征调期内之续备、后备军人。(三)巡警官吏。(四)僧道及其他宗教教师。(五)各学堂肄业生。(六)现充小学教员。综观选举资格之规定,可谓严矣。士商立于优利之地位,商人不知使用新得之权,乃由士绅包办,一省选举人往往不足十万,其被选者尚有年龄三十岁之规定。选举方法采用复选制,政府分厅州县为初选区,府州直隶厅为复选区,选举人于初选区选出代表,由其集于复选区选出议员,每三年改选一次。

谘议局议员选出,由本省督抚召集会议于省会,其会期分常年、临时二种,常年集会四十日,临时以紧要事件,召集会期二十日。局有正议长一,副议长二,会同选出十分之二之议员,常驻省会,办理事宜。谘议局之主要职权凡六:(一)本省应兴应革之事,凡义务之增加,权利之存废,由其议决。(二)决定本省岁出岁入之预算决算,及税法公债。(三)修正单行之章程规则。(四)选举资政院之议员。(五)申复资政院或督抚之咨询事件。(六)公断和解本省自治会之争议,及受自治会或人民之陈请建议。其于督抚之关系,则督抚召集会议,提出议案,并得出席或派代表陈述意见;谘议局之议决案,呈候督抚公布施行,倘或认为不合,得交令复议。会议事件,如遇疑问,得呈督抚批答,对于官绅舞弊案,亦须呈候查办。督抚对于谘议局选举开会,均有监督之权,会期之中,得提出劝告,或令其停会,或奏请解散。谘议局于解散之后,重行选举,须于两月内召集开会。要之,谘议局近于督抚顾问之机关,而非人民代表之会议也。明年,朝廷召集资政院于北京,其议员凡二百人,皇帝派定半数,中有满蒙王公,富有经验之官吏,著名绩学之士,及纳大宗税金之人民。其余半数,由各省之谘议局选出后,经督抚挑选,各省定额,占其议员十分之一。资政院之主要职权,则为审查预算,改订法律,弹劾内阁等,其最后决定仍在皇帝。乃事出于意料之外,谘议局、资政院自成立以来,皆能行使职权,而有良好之印象。各省谘议局议员,联合推举代表,迭次入京请愿速开国会,罢免亲贵大臣。资政院亦请召集国会,督抚亦有奏请,摄政王始许改于宣统五年(一九一三)召集国会,而请愿代表仍不满意,在京奔走,载沣恶之,下令送回原籍,并谕各省督抚开导弹压,如有违抗者准其查拿严办。会温世霖于天津组织第四次国会请愿团,朝命将其发遣新疆,于是人心大愤。

请愿早开国会之运动,原多绅士,或信立宪为万能,召集国会,中国即可富强,或恶亲贵大臣专权,而欲以国会之力削减其势,或借国会活动,冀得高官。国会议员将由何人选出?是否足以代表民意?未曾加以考虑,谘议局本身是否为民意机关?亦未顾及。其人先不谋立自治基础,而徒好高骛远,不切实际。民国成立以来,中有变为政客,从未谋及人民幸福者,说者谓其利用革命党人造成之势力,谋得政权。此虽不能例推所有之代表,而固有所根据。其人谋得政权,对于清廷实有妥协之意。其谋倾覆清室另设政府者,则为革命党人。初国内自大乱定后,秘密会社之势力仍盛,哥老会之党徒蔓延于长江流域,而以湖南等省为根据地。其人分青帮、红帮,红帮之红,或为洪字之转音,其徒视为会之正统,青帮则多盐枭,散处江苏北部,私贩淮盐,拒抗缉私巡船。二派各有首领,招练徒党,互相协助,有共生同死之气。其人多无知识,党羽曾为乡里之强豪,及其势成,起而为乱,例不胜举。其在南方者,则以天地会(三合会)之势为盛,党徒分散于广东、广西、福建。一八九八(光绪二十四)年,其头目李立亭举兵于广西东南部,众至数万,扰及广东,官军大举会剿,始能定之,余党败散,官兵未曾认真搜捕,听其为祸于民间。广西之土地原瘠,居民贫苦,风气强悍,而嗜赌博,其统兵大员苏元春克扣军饷,兵士贩私纵赌,出售枪弹,乡里中无赖之赌博倾家者,多试为盗,良民报之于官,而官不问,势乃迫而附盗以自救。孟森《广西边事旁记》称一九〇〇年,全省匪多于民数倍,专事剽夺,广西不足容之,侵入他省。朝臣疆吏亦以为言,桂霖言尤扼要。其言曰:"粤匪羽翼日广,有会而匪者,兵而匪者,官而匪者,与黔滇接壤各地,几于无人不匪。"朝廷诏两广总督岑春煊督兵剿之,一九〇四年,广西始得粗定。其在东北骚扰者尚有马贼,马贼猖獗一时,久始定之。凡此扰乱,人心为之不安,国内之积弊,昭然暴露于世,青年之士更为失望,力谋推翻政府。其人可别为二,兹分言之于下:

一、兴中会 兴中会创于孙文,孙文生于一八六六年,父为基督教徒,兄营业于檀香山,及长曾往游焉,肄业于广州教会设立之博济医学校,后闻香港新立医学专科,设备完备,渡港就学,一八九二年卒业,为该校第一届毕业生,初悬壶于澳门、广州,葡官以其未得葡萄牙医科证书,阻其营业,广州愚民不信西医,营业不甚发达。孙文自卒业以来,留心国事,曾上书于李鸿章有所建议,李氏未能实行,遂益努力从事于革命运动。其动机则鉴于清廷之腐败,不能有为,苟非种族革命,则中国无以自强也。中日战起,孙文召其同志组织兴中会,谋袭广州,作为根据地,明年,运械事泄,脱险而往日本,始与其赞助中国革命之人士相交,自日往游美国。凡其所过之地,遇有华侨,皆说祖国危亡,"非从民族根本改革,无以救亡,……然而劝者谆谆,听者藐藐"。又明年,抵英伦敦,使馆人员知而拘之,将送回国,幸赖其师康德黎(Cantlie)之营救,始免于祸,因而暂留于欧洲,考察政治。其所得者,据其自言,采取民生主义,以与民族民权问题同时解决,此三民主义之主张所由完成也,俄再游历各地,对于华侨劝说革命。无奈信者极少,康梁向之进攻,其自言曰:"当此之时,革命前途黑暗无似,希望几绝",乃命同志史坚如入长江联络会党,郑士良于香港招待其徒,由是长江、两广、福建之秘密会社有听令于兴中会者。义和团之乱,郑士良奉命袭取惠州,史坚如谋入广州应之,皆归于失败。顾自拳乱后,人心一变,华侨转而深表同情于革命,各省派遣东渡之留学生,踊跃加入,日本遂为排满总机关所在之地。张之洞等深以为忧,迭商于日使,请其政府取缔,均不可得。后黄兴、宋教仁等东渡日本,二人于湘南组织华兴会,纠合同志,谋于长沙举兵,事泄东渡。各派领袖以为合则力聚,分则势散,一九○五年,成立革命同盟会于东京,声势大盛。会文部订立新例,限制滥收学生,住宿不准移转,退学不得再入他校,留学生以其阻碍政治活动,拒抗命令,起而罢课。此可见其热心之甚,同盟会会员日多,华侨出款助之,大活动于中国。

二、光复会等 光复会创于浙人徐锡麟等,由复古会改组者也。其会员有陈伯平、章炳麟、秋瑾等,宗旨则推翻满清,创立汉人政府,所谓种族革命也。其口号曰:"黄河源溯浙江潮,卫我中华汉族豪,莫使满胡留片甲,轩辕神胄是天骄。"徐锡麟颇有才能,深为达官所重,曾赴日本学习警政,为学校所拒,回国创设大通学堂于绍兴,纳资得候补道,安徽巡抚恩铭命其办理巡警学校于安庆,隐谋举兵,而恩铭严防党人,乃欲先期一击。一九○七年,学校举行卒业典礼,恩铭莅会,徐氏突以手枪击之,并伤多人,率其同志闯入军械所,乃为清兵所捕,惨杀而死,陈伯平等与焉。其会员得免于难者,仍谋活动,其在长江上流力谋革命者,尚有日知会,会为圣公会牧师所设,武昌、长沙各有会所,备有书籍报章,供人阅览,主其事者乘机宣传革命,官吏初不敢问,黄兴之脱险,深赖其力,武昌军人加入会中,更与同盟会相结,后为清吏所知,捕去领袖。三会而外,贵州哥老会时亦受外影响,利用人民心理,改称光复公会,由黄泽霖主持,此可略见人心之所向矣。

以上主张革命之会社,多创于知识界人,当时共同之要点,则种族革命也。吾人于此,亦当明了保皇党之活动,其领袖康有为逃往英国属地,梁启超住于日本,发行杂志,鼓吹拥护光绪,对于慈禧及其党羽,肆力攻击,其见解与兴中会之思想根本不同,常相攻击,日人之同情于中国改革者,力谋促进二党领袖之合作。康有为听信讹言,不肯与孙文相见,卒致无从调停。康党得有华侨之捐助,唐才常联结哥老会,谋于拳乱时举兵,事泄被杀,其党遂无活动。自此而后,风气大开,东渡之留学生,勇于动作,争言革命,保皇党之势力大衰。顾其刊行之文字,多为梁启超之作品,流利动人,目的虽非种族革命,然于清廷秕政指摘无遗,对于太后主持之新政,莫不以恶意解释,谓为多无诚意。读者常于不知不觉之中,发生清廷毫无复兴之希望,而有革命之倾向,其在中国知识界中,固有一部分之势力。同盟会之势日盛,其活动之根据地则在外国,经费募自华侨。华侨散居各地,勤俭耐劳,渐有积蓄,深愿中国富强,力能予以保护,并将提高其地位,对于保皇党、同盟会先后均予以经济援助。兹为便利起见,总论会党活动之方法,简单言之,可别为三,一宣传,二举兵,三暗杀,分别言之于下:

一、宣传 初兴中会创办《中国日报》于香港,倡言排满,及同盟会成立,刊行《民报》,作为宣传之机关,由汪兆铭、胡汉民主持,其揭载之大纲凡六:(一)颠覆现今之恶劣政府;(二)建设共和政体;(三)维持世界真正之和平;(四)土地国有;(五)主张中日两国之国民联合;(六)要求世界列国赞成中国之革命事业,海外信者日多。梁启超初于日本发行《清议报》,后改为《新民丛报》,主张君主立宪,开明专制,其在国内,鼓吹革命者,则以上海租界为中心。一九〇三年六月,《苏报》案起,《苏报》由章炳麟等主办,川人邹容曾著《革命军》一书,发表排满之激烈思想,章炳麟为之作序,至是,报中登载反对政府之言论,沪官交涉,封闭报馆,捕办主笔,工部局许之。邹容、章炳麟被捕,终以外国观审员之干涉,从轻发落,邹容死于狱中,章炳麟出狱后,逃往日本,其他相类之报尚多,撰著文字者,均为青年,虽曰秘密传递,销数有限,读者无几,然足代表激进学生之思想,革命之趋势矣。

二、举兵 保皇党募得巨款,唐才常因而联结长江会党,发给富有票,利用拳乱,划分长江为五军区,将作大规模之行动,谋泄,唐氏被杀,其党先后举兵于湖北、安徽者,清兵平之,保皇党遂无生气。同盟会则力活动,初兴中会于拳乱前,两次举兵于广东,皆未成功。自同盟会成立以来,举兵九次;一九〇七年,会员联合会党起兵于萍乡、醴陵,清兵败之,党人又于广东起兵六次,广西、云南各一,无不失败。其起兵之方法,或先联络秘密会社,或运动新军,其失败者,多以人数太少,子弹缺乏,而清兵较众也。同盟会之最大牺牲,则在一九一一年四月二十七日(阴历三月二十九),攻袭广州之役,死者七十二人(或言八十余人),皆党中之精英也。方其先后举兵之际,得有日人、法人之援助,日人多其民党,与同盟会领袖为友,表同情于中国革命者也。法人则为武官,奉其政府之命赞助中国革命之事业。其受革命宣传之影响起而举兵者,安庆尚有熊成基,亦未成功。

三、暗杀 暗杀为恫吓清吏手段之一,效力尝能动人视听,其盛传于当时者有三:(一)吴樾谋炸考察各国宪政之五大臣,吴樾身死,而五人未有死者。(二)汪兆铭谋刺摄政王载沣。汪兆铭于革命迭次失败,心极失望,一九一〇年,约合同志数人入京,谋刺载沣,不幸事败,反而被捕,囚于狱中。(三)温生才刺死孚琦。初同盟会迭于广东举兵失败,以水师提督李准屡次摧残革命,认为劲敌,谋刺杀之,一九一一年,访知其观习飞艇之日,温生才俟之于途,见有官轿入城,侍从甚多,以为李准至矣,投炸弹击之,死者乃将军孚琦也。党人心终不甘,复炸伤李准。综其影响之所及,则朝臣疆吏囿于见闻,惊惶失措,而以党人有神出鬼没之技焉。

国内纷扰,人心不安,革命之酝酿已久,其引之爆发者,则四川铁路之争也。初朝廷改变政策,筹筑铁路,盛宣怀奉旨办理,先筑卢汉铁路,后向美商借款,建筑粤汉铁路,湖广总督张之洞听信湘绅王先谦等之言,奏请废去合同,自行筑路,瞿鸿禨助之,历久交涉,始得收回。川绅要求自筑川汉铁路,亦得朝廷之准可,但于实际问题,若款从何来?工程困难若何解决?何时完工?则皆未曾顾及。初张之洞批示绅商筑路曰:"自中国兴办铁路以来,谬妄不安分之绅商,纷纷谋办铁路,动云已筹有巨款,实则未筹分文,希图侥幸蒙混,名为借用洋债,实则全是洋东,不过欲借经手承理之名,以冀立致巨富,专意营私,不顾国家利害,最为近日大患。"其言发于拳乱前,此时情状,略不相同,绅士认为有利可图,不愿外商投资也。后摄政王诏曰:"从前规划未善,并无一定办法,以致全国铁路,错乱纷歧,不分枝干,不量民力,一纸呈请,辄行批准。"诚商办铁路之实状也。绅商设立公司,招股兴办,而入股者不多,湖南筹筑粤汉铁路,带征田赋,兴办出境米捐、淮盐溢引捐、食盐加价之口捐,及供差员之薪派捐,款尚不足,再办房捐,贫民之负担骤增,工程估计需款六千万元,而杂捐苛税之收入,只有五百余万。广东收股及半,董事起而争权,造路无多。其情状尤为恶劣者,当推川汉铁路,董事施典章侵蚀股款二百余万两,追交无着,于是铁路完成,遥遥无期。一九〇九(宣统元)年,张之洞始知前议之非,更向德、英、法、美银行团磋商借款,建筑粤汉、川汉铁路,绅士闻而反对,清廷犹豫不决。会张之洞病死,四国公使迭次催商开议,请照原议办理,一九一一年五月,邮传部迫而与银行团订立借款合同,粤汉路线照旧,川汉路线起自广水,经过襄阳、荆门,直达四川夔州,期限三年竣工。政府借得外债,给事中石长信承旨奏称铁路关系国防,亟应兴办,宜分干路支路,干路应归国有,支路可许商办。朝命邮传部核议,邮传大臣盛宣怀向持借款筑路之议,主张国有铁路,复奏称便,上谕宣示政策。识者方冀干路可告速成,交通趋于便利。其不审查事理,激于情感,攻击盛宣怀借债卖路者亦众,御史赵熙等首先劾之,民间张皇附会,有路亡地亡之说,把持铁路公司之绅商,则以利害切己,反对尤力。政府之筹还路股也,粤路股票市价,不及五成,每股从优发给六成,亏耗之四成,发给无利公债。湘鄂二省照本发还。川路实用工料之款四百余万,发给公债,其现款七百余万,听其入股或兴办实业。观其发还商股,湘鄂最优,广东次之,四川最下,其原因则川路董事侵蚀太甚,政府苟或增加国人之负担以偿还之,固非事理之平,湘鄂之风潮渐息,粤商亦无重大之争执,独川绅谓商办铁路为先皇所许,不应以外资收回,"实行卖国",处分商股又分厚薄,非议沸腾,方谋共同应付,而李稷勋破坏其团体。李氏原为川路驻宜总理,至是,与邮传部密议,仍得主办宜昌、秭归路工,川人请求将其黜退,而盛宣怀奏请改为钦派,朝旨从之,川人之忿益不可遏。

方川人反对铁路之收为国有也,朝命赵尔丰为四川总督。赵尔丰时任川滇边务大臣,剿平西康之番乱,敢于杀戮,负有声望,命下,不能即至成都就职,布政使王人文奉旨暂权督篆,不肯负责得罪川绅,敷衍委蛇,代之奏请,及赵尔丰至,势成骑虎。八月二十四日,成都罢市罢课,凡与铁路有关系之人民,载光绪灵主,焚香游行街市,前往督辕请愿。其铁路股东会长,请赵尔丰代奏铁路暂归商办,俟资政院开会,由政府提交议决。赵尔丰会同将军等转奏,朝廷不许,其主持于内者,载泽、盛宣怀也。载泽官任度支大臣,深为摄政王所信,与盛宣怀之政见相同,以为川事之起,由于诸绅主动,主张将其严惩;内阁总理大臣奕劻、协理徐世昌意不谓然,而奕劻数受言官之弹劾,意不自安,不欲坚持异议,徐世昌亦以载泽等之主持,不肯力争。其时朝廷已授端方督办川汉、粤汉铁路大臣,命其率兵一协入川戡乱,会四川保路会代表入京上书请愿,哭诉于庆王府,皆无效果,乃于摄政王载沣入朝拦舆哀诉,载沣大怒,下命递解回籍。政府之表示益明,川人怒而罢市,风潮日形扩大。及铁路公司开股东会于成都,赵尔丰列席,有学生分散煽惑暴动之自保商权书,赵氏初闻端方奉命入蜀,以为将或代已,心不自安,至是,得书,遂欲重惩首要,以见好于朝廷,捕而讯之,将军等合力营救,始免。由是川局趋于恶化,游民乘机暴动,斩割电线,断绝往来官报,成都闭门数日。赵尔丰上奏川绅为逆,徐世昌辨其为诬,载泽等以前督岑春煊著有威信,请起用之,摄政王诏起岑春煊入川办理剿抚事宜,岑氏与奕劻有隙,九月,抵鄂,而奕劻遇事沮之,端方亦恶岑春煊入川,观望不前,留于川东,赵尔丰心不自安,造作蜚语。岑春煊因而托病不行,川人更形不安,会党乘之扰乱,民团官军时相混战,载泽、盛宣怀始准四省路股均按十成偿还,虚縻倒亏由部担任,顾其为时太迟,无济于事,武昌之革命遂起。

综观四川铁路之争,干路收为国有,就已往事迹证明而言,实为国内要政之一,无可非议。其为时人所反对者,固由于绅士之把持煽惑,而朝臣之处置失当,亦为明显之事。借款筑路,见逼于四国,又合于盛宣怀之主张,收为国办之先,当即征求绅商之意见,及如何处置之方法,绅商之招股筑路,原得光绪之诏许,其视铁路为其财产,实为自然之理论,当有法律上之保障。政府为公众利益之计,虽得将其收买,而原主固有表示意见之机会,双方共谋适当之解决。万一行政官处置失当,人民尚可诉诸法庭,以求法律上之救济,固不应以谕旨强收商办之铁路。铁路之经营,政府虽可指导监督,然无据为己有之理,恃强夺之,则无异于抢掠之行径,人民之财产,将无法律上之保障,对于社会,将有不良之影响。清末中央政府软弱已久,一旦忽而振作,不顾一切之反对,专断独行,结果原难逆料,而况朋党峙立,互相牵制,终乃造成革命成功之机会,清亡至今,铁路尚未续造,彼绅商耗费民财,岂有心肝哉?

第十四篇　改革与革命附外交(续前)

武昌革命之经过——清廷应付之策略——各地之响应——革命之势力——建设之精神——清廷惊惶失措之窘状——鄂宁两军之战——临时政府成立之经过——和议之进行——袁世凯之阴谋——清帝之逊位——国内之政治问题——清季外交之趋势——乱后之善后问题——三国商约——英日同盟——满洲问题之严重——日俄战争——中日会议东三省事宜条约——中日交涉之困难——悬案之解决——中美德同盟之议——国际铁路计划之失败——中俄交涉——领荒移民之开始——借款筑路——列强对于革命之态度——外蒙独立——英谋西藏——经营西藏之失败——外交损失之总论

方川变之起也,人心惶恐,疆吏感觉党人之活动,互相警戒。先是,同盟会员屡次起兵失败,转向新军运动,新军之在长江流域者,将校兵士多曾受过教育,其一部分受其运动,加入会党。端方之率兵入川也,说者谓湖广总督瑞澂以倾向革命之兵一协归其调遣,冀得无事。信如其言,军队不稳,先竟无所处置,可见清官之因循昏庸。据尚秉和之《辛壬春秋》,九月二十二日,武昌炮兵有退伍者,营兵饯之,排长不许,众怒驱之,起而开枪,遂逃出营。及捕获变兵六人,协统黎元洪恐其激成事变,请轻罚之,并黜排长。军律之废弛,外人亦以为言。至是瑞澂得有密报,谓党人于中秋节日举兵,下令戒严。① 十月九日,俄国租界内党人所设之机关,炸弹爆发,俄捕往搜,获得炸弹手枪等物。及夜,统制张彪根据密报,围捕三十一人,并得军械及党人名册,明日,狱定,先斩首要三人,余均囚于狱中,供辞连及军人甚多。瑞澂责令张彪按供一一逮捕,新军闻之,惴惴然不安,乃为自卫之计,附和革命之炮兵及工程队于夜间开枪发难,戕杀营官,掠取子弹。瑞澂先已自惊自扰,闻知兵变,惊惶无策,首先逃出武昌。张彪亦遁,军队遂无主帅,先后加入,天尚未明,即行占据武昌。孙文言其经过曰:"总督一逃,而张彪亦走,清朝方面已失其统驭之权,秩序大乱矣。然革命党方面,孙武以造炸药误伤未愈,刘公谦让未遑,上海人员又不能到。于是同盟会会员蔡济民、张振武等乃迫黎元洪出而担任湖北都督,然后秩序渐复,厥后黄克强(黄兴)等乃到,……按武昌之成功,乃成于意外。其主因则在瑞澂一逃,倘瑞澂不逃,则张彪断不走,而彼之统驭必不失,秩序必不乱也,以当时武昌之新军,其赞成革命者之大部分,已由端方调往四川。其尚留武昌者,只炮兵及工程营之小部分耳,其他留武昌之新军,尚属毫无成见者也。乃此小部分以机关破坏而自危,决冒险以图功,成败在所不计,初不意一击而中也。此殆天心助汉而亡胡者欤?"黎元洪于迫就都督之后,书招其师萨镇冰降,中言其出就都督曰:"洪当武昌变起之时,所部各军,均已出防,空营独守,束手无策。党军驱逐瑞督出城后,即率队来洪营,合围搜索,洪换便衣避匿室后,当被索执,责以大义。其时枪炮环列,万一不从,立即身首异处,洪只得权为应允。"总之,武昌成功之易,要由于瑞澂、张彪之无能。瑞澂以旗员擢至总督,空有能名,实无经验,胆小如鼠。张彪初为张之洞之弁员,而以善于逢迎,擢居要职。二人皆不胜任,临事慌张,要亦由于革命党之先声夺人也。

---

① 中秋节在公元十月六日。

十一日，革命军渡江，未遇拒抗，占据汉阳兵工厂，其地官吏先逃一空，汉口清官亦然，陷于无政府之情状，十二日晚，土匪抢劫纵火，黎元洪始派兵士前往弹压，民军遂有三镇。顾其力兵犹弱，范围尚小，信如孙文后论武汉危急曰："欲救武汉而促革命之成功者，不在武汉之一著，而在各省之响应也。"各省响应，乃清廷之所以覆亡也。朝廷闻报，十二日，诏命陆军大臣荫昌率陆军两镇援鄂，并饬海军提督萨镇冰统率舰队助战。荫昌所部时有铁路运输，而迟迟不来，民军从容布置，扼据要害，分派信使四出活动。十六日，民军攻击少数北军于汉口附近，北军以大军未至，兵力不敌，败而退守滠口，是为南北二军第一次战争，距起义多日矣。民军进攻，亦不能胜。摄政王既命荫昌援鄂，十三日，诏起袁世凯为湖广总督，岑春煊为四川总督，二人立有功绩，负有能名，均以事故落职，深在失望之中。袁世凯原为总理大臣奕劻之党，川变之起，说者言奕劻拟起用之，而摄政王载沣不可，改用岑春煊。奕劻以非其党，又因私怨嫉之，遇事留难。岑春煊之入川也，初无名义与实权，滞留武昌，托病不行，及武昌变起，逃往上海。袁氏初练北洋新军六镇，将校多其手拔，办理新政盛称于时，太后招之入京，改授军机大臣，及宣统嗣位，几遭不测之祸，时方家居，朝廷迫于情势，诏起用之。袁氏追念其昔日之待遇，心中自不慊于清廷也，奉命而出，湖北一地，乃有二帅，军权反不专一。朝廷上有二党争权，载沣素不慊于奕劻，偏信载泽，奕劻心自不安，竟于川路争议之际，托疾不肯视事，及时局严重，上奏载泽、盛宣怀乱国，自请辞职。摄政王下诏慰留。二党意见日深，载沣诏革盛宣怀职，以慰人心。顾武昌之举兵，初与川路无关，举兵之后，已由铁路问题，变为政治种族问题。苟无根本适当解决之办法，兵祸终不能止，盛宣怀之去留，固非问题之焦点，徒见朝臣认识时局不清耳。举义后七日始有战事，又值北军败退，革命军之声势张旺，起兵之原动力酝酿已久，直省多闻风响应。其主动者可别为四，曰哥老会，曰同盟会，曰新军，曰清吏。兹分言之于下：

一、哥老会　湖南为哥老会势力发达之区域，党徒先后举兵者，不知凡几,其首领焦达峰自称部下一万余人,曾与同盟会合作,至是联合新军,十月二十二日,闯入长沙,巡抚逃去。焦氏立有大功,以都督为望,及谘议局开会,据尚秉和记载,其徒以红纸大书黏壁曰,"正都督焦达峰",议员未有异议,焦氏被举就职,时间匆促,尚无印信,而即委任官吏,广招新兵,尚氏言其招兵曰:"凡城内庙宇公廨旅邸,皆高悬旗帜招兵,流氓乞丐车轿担役均入伍,无军械戎装,胸前拖长带,高髻绒球,谓是汉官威仪。"其言不免形容过甚,新兵入伍者,原多平民,非独长沙为然;乃遭新军之忌,又与谘议局不协。三十一日,新军为变,枪杀焦达峰,推前谘议局长谭延闿为都督,长沙始稍安定。贵州亦以哥老会首先举兵,其省秘密会社之势颇盛,尤以光复公会为最大。公会虽与同盟会发生关系,然实哥老会之变名,黄泽霖为其首领,及闻武昌兵起,湖南等省响应,召其党徒,更说新军将校光复,十一月四日,贵州宣布独立。黄泽霖招募其徒,编之为兵,说者称其公然开山堂于省会,自称巡防大总统,其兵不守纪律,动辄拔刃仇杀,人民深受其害。云南都督蔡锷闻之,遣唐继尧率兵援黔,贵州始得粗安。综之,旧有秘密会社之首领,多无建设才力,而又仓猝起兵,为时甚短,嫉之者众,约束党羽,原或不易。其人于失败之后,尝为论者所指摘。方其起兵之初,耸动时人之视听,增加革命之力量,固不可抹杀也。

二、同盟会 同盟会自成立以来,会员多为文人学生,一面从事于宣传,一面联结会党,迭次起兵,或谋暗杀,声振于时,而活动大本营则在外国。及武昌兵起,黄兴等应召赴鄂,陈其美无兵无械,竟能冒险取得上海。初陈其美久居上海,及响应革命者日多,运动巡警商团等独立,独制造局不应,十月二十四日,率兵往攻,不胜,乃往说守兵,伶人王钟声、夏月润与焉,拥入厂内,局员捕之,以绳系其手足,置于马厩。明日,民兵再攻,由匠人导往厂后,逾垣而入,灌油纵火,制造局遂下。陈其美始得放出,沪兵不战而降。绅商开会,议设军政府,陈氏在场,述其被囚情形,王钟声称其功绩,力请举为都督,陈其美乃为都督。上海地居长江下流,为通商要埠,全国金融视为转移,且有制造局供给军火,军政府成立,影响于江苏、浙江者至巨。陈其美于上海招兵筹饷,接济他省军火,说海军反正,同盟会员集于其地,义气激昂之甚,过于各地。其组织者,有光复团、规复团、光复军、国民军、学生军、敢死队、决死队、北伐先锋队、北伐独立队、北伐预备队、北伐女国民军、女子军事团,名号之繁,设立之多,一如风起云涌。其中杂有名实不符,受人指摘者,然其勇敢之气足称,先声且能夺人也。

三、新军　新军将校多曾受过教育,各省响应武汉革命者,往往由其主持,或赖其援助,革命期内,其势最大。十月二十三日,江西九江新军独立,标统马毓宝自为都督,陕西、山西、云南、浙江、福建、四川均于十月末至十一月中先后举兵。南方独立诸省,北军无如之何,陕西、山西之革命军,则受清兵之攻击,颇濒于危。山西都督阎锡山兵败北逃,陕西于独立后,发生纷扰,清将姜桂题奉命援陕,攻破潼关,朝廷更诏陕甘总督出兵援陕,而以前陕西巡抚为帅,进逼西安。其顿兵于直隶而威胁朝廷者,尚有张绍曾、吴禄贞,张绍曾为第二十镇统制,以秋操之故,将兵驻于滦州,至是,联合将校电奏改革政治,朝廷设计罢免其职,部兵为变,不久即平。吴禄贞为第六镇统制,及山西兵变,朝廷命之将兵赴援,吴禄贞顿兵于石家庄,单骑入晋,招抚山西都督,扣留运鄂军火,奏劾荫昌督师无状,并电张绍曾会师北京,不幸被刺而死,直隶始乃转危为安。

四、清吏　自武昌举义以来,各省多起响应,清廷有土崩瓦解之势,疆吏中知其不可挽回颓势有独立以图自保者,成功失败各有其例。广东、广西、安徽、江苏、山东先后宣布独立。初广东绅士,以为革命之势日盛,祸患将至,商请总督张鸣岐独立,张鸣岐无奈,奏称停解京款,宣布自保,撤下署内龙旗,后闻清兵胜于汉口,取消自保,上奏请罪。同盟会员以其久为政敌,尚无独立之诚意,散资召集三合会党徒,戒官据城,张鸣岐见势已成,不可为力,改言服从民意,十一月九日,谘议局宣布独立,举张鸣岐为都督,递进印信,张鸣岐收之,乘间遁去。广西、安徽、江苏巡抚均称都督。苏抚程德全受军民之拥护,独立于苏州,鸡犬不惊,而上海、松江、无锡、常州、扬州、清江浦先后举兵,各有都督,不相统属,其受兵祸最深者,当推江北,南京尚有张勋据守。广西、安徽都督均不能久于其位,安徽巡抚朱家宝初平新军之变,后受谘议局之推举,得为都督,党人王天培副之,王氏不服,索取印急,朱家宝与之,将即去皖,值巡防营鸣枪,商民大恐,求其勿去,拥之复至军政府索取都督印,谘议局长取之以还朱家宝,会九江之兵来皖,朱家宝始行逃去。山东巡抚孙宝琦亦于十一月十三日独立,孙宝琦自为都督,顷之,将士要求取消独立,孙氏迫而去职,党人蓝天蔚占据烟台,然无重大影响。其他诸省,奉天则以张作霖之主持,官绅设会推东三省总督赵尔巽为会长,而仍捕杀境内之活动党人,固变相之独立自保也。甘肃曾有扰乱,新疆则二党相攻,直隶、河南、吉林、黑龙江之疆吏则未独立。至于藩属,则外蒙古、西藏次第独立,其目的则脱离中国也。

各省响应革命,多仓猝而起,不相联络,其中多为爱国志士,深信革命成功之后,人民可得安居乐业,而国势趋于富强。少年勇敢之士,激于时愤,慷慨从军,多置其生死于不顾,更无富贵之思想,其志可嘉,其心可佩,兵起之后,社会上之秩序不免扰乱,而急事好功者,不择手段,不问利害,徒求逞于一时,不惜利用卑劣分子,土匪因而为害,其狡黠者且盗革命之名,实行抢劫滋扰。起兵首领本多武人,其中不免一二杂有囿于传统思想谋欲夺取地盘者,于斯人心不安期内,革命二字,常有不可思议之权力,盖中国深受外国之影响与压迫,知识界人谓非政体上极大之改革,则难图存,国人久闻同盟会员之宣传,官吏怵于手枪炸弹之袭击,恐慌之极,无法应付,唯有屈服服从或逃遁而已。试就上海而论,清吏逃避,革命成功之易,有如反掌,全国城邑类近此者,不知凡几,先声夺人竟有若此之效力,更就扬州、南昌事变而言,尤足以有所证明。初,江苏要城如上海、松江、无锡、镇江次第宣告独立,扬州尚无举动,人心日冀党人来扬,而党人不至。有名孙天生者同其党羽数十人入城,膊缠白布,大呼革命军至,好事者从而观之,拥挤塞途,闯入盐运使衙门,运使不知虚实,仓皇遁走,防兵亦多逃去。其党乘机掠取税金,饱而散去,孙天生放出狱中罪犯,城中纷扰,人心不安;防军统领徐宝山于镇江闻变,即回扬州,捕获孙天生于娼家,扬州始安。绅商公举徐宝山为都督。南昌于九江独立后,宣布自主,公举协统吴介璋为都督,相处尚安。一日,南昌军政府忽得飞函,略言孙文、黄兴在海外开会,公举彭程万为都督,遣敢死队百人持炸弹入城。事闻,官员恐惶,警兵逃匿,突有一人自称孙文代表,诣军政府召集会议,宣读彭程万委任状。其时孙文尚未归国,而众相顾愕然,莫敢究诘,吴介璋对众辞职而去,彭程万就职,仿尚书诰体,称予一人。九江都督来电严诘,彭程万惊惶无措,其事原委,皆其造成,直类于儿戏。湖北则鄂人之地方观念极强,后黄兴来鄂,鄂人不附。朱通孺于民军败后来鄂,其《五十日见闻录》,记言武昌政治情状曰:"都督府直隶之政事堂,内分五局:一、财政局,二、交涉局,三、统计局,四、民政局,五、法制局。各员无论大小,皆称大人,人声庞杂,喧腾于耳,虐待差役。"一部分人士,未袪官场之恶习,朱氏言下颇有失望之意,顾此久为习惯,决非一旦所能改革,何能独责鄂人?

吾人对于以上事迹,所当明知者,革命战争期内,情感用事,发噱之事,常不能免,此固不独中国为然,而法国革命中之趣事尤多。其明显之原因,则事起仓猝,参加之分子复杂,人各为谋,不相统属,事多出于个人行动。其代表者非一阶级,于此可见民众之心理,革命之势力,一二事迹对于革命精神毫无妨碍,况一地偶尔之例,不能适用于全国也。其几近于普遍者,则仇杀旗人也。旗人入关之先,历史上之名称,原作东胡,其一部分久与汉人通婚,同为蒙古族。二族之头颅容貌发肤,实无主要不同之点,顾时以政治关系,立于反对之地位,而宣传者利用种族上、政治上之恨恶,刺激时人,旗人又不善于自处,傲然自尊,轻侮汉人,调戏妇女,汉人报复之心日强,革命之际,旗人被杀时有所闻。其最惨者首推陕西,次为南京。初西安新军独立,旗兵据满城力守,新军力攻破之,纵火焚屋,将军及副都统尽室自戕,旗人中妇孺号哭,麇集北门城楼上焚死,新军仍与旗兵巷战一夜,乃尽杀之。南京旗兵于张勋败后,无足轻重,及民军入城,火药库炸毁,其声之大,殆如天崩地裂,声闻百余里。民军指谓旗民反抗,缴其枪械,允许保护其生命财产,将校中有不服从命令者,劫其财物,火其住宅,而杀其人。其堪告慰者,事出之后,主动者得有相当惩罚也。其他各地亦有惨杀旗兵之案,所幸者未致扩大范围耳。独四川保护旗人,未有滥杀,其原因则驻防将军,初力保护绅士,而绅士不肯仇杀也。旗人而外,死于兵者以官吏为多,独立诸省,例不胜举。此殆一时难于避免,无足深论。

上就一方面而言,其除弊刻苦,建设精神,足令吾人钦佩而可奉为圭臬者,尚有三种:一、豁免恶税——中国税额远少于世界先进国家,若就人民富力及政府所办事业而言,其担负之税,实已重大,政府不图发展生产事业,反以财政窘迫,另立新税,专谋增加收入,不顾民生大计。其政策所谓干泽而渔也。武昌革命,都督府成立,下令废除恶税:(一)除盐烟酒糖土膏各税捐外,所有统捐局卡,一律永远裁撤。(二)除海关外,所有关局一律永远裁撤。(三)本年下忙丁漕概行蠲免。(四)本年以前积欠丁漕概行蠲免。(五)各属杂捐除为地方所用外,概行豁免。浙江等地亦去恶税,江苏临时省议会通过苏、松、常、镇、太五属之粮减少,征收八成。所可惜者,苛捐恶税不久即得恢复原状,甚者且加重焉。二、俸金——官吏之俸金至微,常难维持其一家之生活,其弊则易启其营私舞弊之心,廉洁政府事实上盖不可能。就理论而言,俸金既不可太低,又不可过高,高则人民视为有利可图之职业,百方钻营,既得之后,则设法保全其地位,毫无牺牲服务之精神,徒为害于民间,最善之方法,莫如斟酌社会上之生活费用,及专家与普通职业所得之酬报,而定其数也。其时南方诸省独立,除去恶税,商业则受兵事影响,多行停顿,省政府收入大减。官吏俸金,浙江高级长官月得二十元,低级十元。南京临时政府成立,高级官六十元,低级三十元,俸金与今相较,低微无以复加,说者言时生活费用较低,金钱购买力较强,固为事实,然不足以解释一切。更就清官俸给而言,月得六十元或三十元,已大增加,顾清官除正俸养廉而外,尚有陋规,与之相较,难有正确之观念。综之革命之初,服务精神,有足称者。三、民治——中国人民向无直接间接参政之权利,日俄战后,识者倡言立宪,召集国会,朝廷下诏预备立宪,各省奉命召集谘议局,朝廷召集资政院。其性质职权类近顾问机关,自其召集以来,谘议局对于督抚,资政院对于内阁,均能加以监督,行使职权,见称于时。及武昌革命,响应诸省多以武人为主动,名义尝由谘议局、商会、绅士给予,如都督由议员公推之类,其中杂有假托民意,自尊自称,或强迫推选之例,而代表民意机关,尚为武人所重视,固明显之事实也。湖南初奉焦达峰为都督,谘议局以其举措乖谬,谋削其权,公举谭延闿为军政部长,继设参议院,凡募兵、给饷、任免官吏,概须经其议决,方得施行,而焦达峰无如之何。此种精神惜未充分发展,政府后亦不肯奖进,以致今日人民尚无切实参政之机会,惜哉!

　　清廷应付武昌举兵之方法,初遣北军会同海军进攻,而北军迟迟始至,先战不利,十月二十二日,陕西、湖南独立,明日,九江独立后二日,广州将军凤山为党人炸死。警报迭至北京,朝廷始以大乱开始发动,免盛宣怀官,诏荫昌回京,而命袁世凯为钦差大臣,节制陆海军。二十九日,山西兵变,人心益为动摇,明日,下诏罪己,其警要之言曰:"朕……用人无方,施治寡术,政地多用亲贵,路事朦于佥壬,驯致怨积于下而朕不知,祸迫于前而朕不觉……兹特布告天下,誓与我国军民维新更始,实行宪政,凡旧法制有不合于宪政者,皆罢除……此次湘鄂乱事虽涉军队,实由瑞澂等乖于抚驭,激变弃军,与无端构乱者不同。朕维自咎用瑞澂之不宜,军民何罪,果能翻然改正,决不追咎既往。"其时资政院在京开会,多所奏请,至是,请罢亲贵内阁,实行责任内阁。三十一日,张绍曾顿兵滦州,要挟朝廷改革政治,十一月一日,内阁总理大臣奕劻等辞职,上谕许之,诏授袁世凯内阁总理大臣,湖北陆海军仍归其节制调遣。明日,吴禄贞顿兵石家庄,扣留运鄂军火,奏劾荫昌纵兵为虐于汉口。事闻,京师大震,人心惶恐,资政院拟具宪法信条十九条,奏请宣誓太庙,立即颁行,信条载明皇统万世不废,皇帝神圣不可侵犯,但未予以实权,其位等于虚设。宪法由资政院起草,政权归于国会及内阁总理。总理大臣由国会公选,对之负责。关于宪法起草议决修正,均非皇帝所能干预。今就信条内容而言,国会将为政治中枢,近于英国制度,惜其为时太晚,而终不能挽回颓势,上海、苏州、浙江、贵州、广西、安徽、福建且相继独立矣。八日,资政院奏称遵照信条,公举袁世凯为内阁总理大臣,朝廷依据信条,下诏委任。十一日,袁世凯至京,奏言责任内阁业经成立,总理大臣不必每日入对,凡内外章奏均宜送至内阁,由阁代递,召见官员及奏事处传旨,应即停止免与宪法抵触。朝廷许之,亲贵大臣时亦相继罢免,政权落于汉人之手。袁世凯利用责任内阁之名,掌握军权政权,无异于皇帝矣。十二月二日,南京失守,摄政王载沣俄而引咎辞职,隆裕太后许之。方各省之响应独立也,资政院请释党人,朝廷许之,释放汪兆铭等。综观清廷之应付革命,盖无一定坚决之方略,其逐渐让步,全受环境之支配,可见其张皇失据,毫无主张之窘状。及北军攻陷汉阳,袁世凯按兵不进,清廷许其委托代表赴南方议和,问题乃由会议解决。

自武昌举义以来,独立之区域日广,而大规模之战争殊少,其比较激烈者首推湖北、南京之战,次为陕西、山西之役。山西新军势力薄弱,独立后,清兵败之于娘子关,余兵向北奔逃,无足轻重。陕军于清军攻下潼关之后,更受甘军之围攻,颇濒于危。其转移大局者,殆汉阳、南京之战乎?先是,民军、北军冲突于汉口,北军不敌,退于滠口,民军进攻亦不能胜,相持不下。会北方援兵大增,十月二十七日,反攻刘家庙,海军助之,民军败守汉口,避匿尘市,狙击北军,北军纵火焚毁房屋,民军死伤颇重,人心丧沮,退守汉阳,北军遂得汉口。其地居民避祸先逃,兵士买物不得,转而抢劫。此役也,由于荫昌主持,而朝廷以其望轻,已诏袁世凯代之,袁世凯停战息兵,遣人说黎元洪降,黎氏弗应,湘兵来援者日多。会黄兴来鄂,有欲推为都督者,鄂将不可,乃由黎元洪推为总司令,湘鄂之隙遂成。黄兴招编湘人为敢死队,十一月中,反攻汉口,不胜,改自襄河上流袭击,复又败退,汉阳、汉口发炮互击,海军时已独立,炮击北军,两方相持不决。二十三日,北军战将冯国璋分遣部将李纯渡襄河反攻,迭占要塞,乘胜而前,民军谋袭北军后路,以冀有所挽回,终不可得。其来自襄河之清兵,攻陷大

第十四篇　改革与革命　附外交(续前)

别山炮台,控制汉阳,汉口之兵乘机渡河往援,汉阳民军迫而溃逃。二十七日,北军占据汉阳,遂得俯瞰武昌,声势颇振。黄兴东往上海,武昌当局日捕汉奸,而人心惶恐如故,会都督府起火,黎元洪于东门外洪山设立行台,人民争先出城,形势险恶。其电各省乞援,有"事关大局危急异常"之语,而各省竟多推诿(见《黎副总统政书》),乃通电全国主张与政府暂时议和。斯役也,冯国璋指挥北军,朝旨授为二等男爵,三十日,内阁忽电冯国璋停攻武昌。湖北民军虽败,而南京之得,足以偿失。初江苏要城相继独立,独南京守将忠于清室。其地有新军第九镇及江防营十二营、新防营十营驻守,十一月九日,第九镇统制徐绍桢独立,江防营统制张勋,新防营统领王有宏败之,会浙苏诸省出兵来援,公推徐绍桢为总司令,张勋电京告急,而援兵不至。二十五日,苏州都督程德全等师进攻,分兵绕道,进扑雨花台,南京要塞次第失守。张勋知不可为,由领事协商条件于徐绍桢,十二月二日,率其残卒渡江,退至浦口,民军遂得南京。党人时以湖北新败,集于长江下流,民军主力乃移于宁沪。

南方诸省响应革命,各自为谋,不相统属,形势涣散,实力薄弱,识者忧其拒抗北洋精兵,难于取胜,苏浙都督电请各省代表赴沪,议设临时政府。黎元洪则电代表莅武昌开会。十一月十六日,代表于上海开第一次会议,定名曰各省代表联合会,其会员为资政院议员,其人于革命军起,散归原籍,或不肯北上者也。会议席上,湖北代表力持武昌首先起义,宜为首都,并推黎元洪为大都督,他省代表无以难之,通过武昌为中央政府所在之地,黎元洪为大都督,由沪赴鄂,酌留代表于沪以便通讯。其出席总数共二十三人,及抵湖北,汉阳形势危急,十一月二十七日,开会于汉口租界,议决临时政府组织大纲二十一条。大纲共分三章,第一章规定临时大总统,由各省都督府代表选举之,每省一票。总统统治全国,统率陆海军;宣战媾和缔约,遣派外交专使,任用各部长,设立临时中央审判所,须得参议院之同意。第二章载明参议院之组织与职权,其议员由各省都督府遣派,方法由其自定,每省额定三人,职权颇为广大。第三章关于行政事务,共设外交、内务、财政、军务、交通五部,部有部长一人。末后附则言明大纲施行期限,以宪法成立之日为止。综就条款而言,政治大权操于参院,其议员既非人民代表,又非资政院或谘议局议员,乃由都督府遣派,其性质近于都督之私人代表。纷扰之际,政治尚未入于常轨,武人最有势力,选举又不可能,迫而承认其政治势力,民治遂受重大摧残。尤有进者,一省都督,有于一月之内多至五六人者,有先独立而后取消名义者,大纲均未有所规定,其出席参议院者,究为何人代表?临时政府成立,代表团自为参议院,立法机关固未遵照大纲。综之,大纲成立,为时短促,实无充分之考虑与讨论,后以解决困难,添设副总统,改五部为九部,亦可见其疏忽不切于用。要之,民意不可假造,究不如直认事实,尚较易于改革。方代表之会议于汉口也,黄兴赴沪,陈其美劝说留沪代表举为大元帅,代表从之,并推黎元洪为副元帅。事闻,湖北代表倡言留沪代表无权选举,黎元洪电称情节支离,请其取消,以免淆乱耳目。南京克复,代表团议决建设政府于南京,赴宁议员增至四十四人,通过缓举临时大总统案,追认上海代表所举之大元帅、副元帅,修改组织大纲。总统未举以前,其职权暂由大元帅代行。会黄兴辞职,代表改选黎元洪为大元帅,黄兴为副元帅,同盟会会员不平,黄兴辞谢,黎元洪亦不肯至宁就职,后以代表之劝,电称承受大元帅名义,镇守武昌,委任副元帅代行职权,黄兴不肯就职,临时政府无人负责。十二月二十九日,代表团公举孙文为临时大总统,俄选黎元洪为副总统。初孙文游历美国,黄兴电告武昌新军将动,请其汇款接济,孙文无款应之,拟电嘱其勿动,电尚未发,而报已载革命党占领武昌,乃赴美东,觅船渡英,托人向英政府有所请求,取道于法国东归,至是,被选,一九一二年一月一日于南京就职,是为中华民国元年。临时大总统提出陆军、海军、外交、司法、财政、内务、教育、实业、交通九部总长,参议院予以同意,临时政府成立。南京于湘军焚劫之后,迄未恢复原状,城中未有伟大建筑,政府办公房屋不敷分配,各部长官,乃自寻觅,教育总长蔡元培于友人处,分借余屋办公,蒋维乔佐之,二人亲理各事,幸其事务尚少。教育部成立之后，人员谋差者日众，职员始乃增多。临时政府则以政费军费浩繁，款无所出，谋借日款，不得，三部总长不肯就职，黎元洪仍称海陆军大元帅，中央号令，颇难行于各省。

临时政府之将组织于南京也，袁世凯按兵不进，主张议和，初袁氏起用，即言此次事变，非兵力所能平定，及汉口收复，遣道员刘承恩等往说黎元洪罢兵，其理由则朝廷下诏罪己，宣誓太庙，与民更始也。黎元洪不从，顷之，袁世凯再遣人议和于汉口俄租界，仍无结果。迨北军攻下汉阳，湘鄂之见益深，黄兴东下，黎元洪通电全国主张议和。十二月八日，朝廷以英使朱尔典（Sir John Jordon）之劝说，诏准袁世凯委托代表唐绍仪等南下，讨论大局。同时，袁世凯电招冯国璋回京，而以段祺瑞代之，段祺瑞明识袁世凯之深意，主张和议，其部下隐通民军，谋奉袁世凯为总统，黄兴、程德全许之。及唐绍仪南下议和，与民军代表伍廷芳会议于上海，伍廷芳要求清帝退位，改建共和；唐绍仪电陈和议艰难，盛称南军声势浩大，北军难于取胜。袁世凯会同国务大臣奏言武昌事起，势成燎原，奉旨以唐绍仪往南讨论大局，各国均冀和平解决，而伍廷芳力言共和，主张速开国民大会，公决君主、共和，拒之则和议决裂，饷械两绌，难于取胜，恳求太后召集近支王公速行会议，早定大计。奏文危辞哀诉，极恫吓劝说之技能，而在当时则严守秘密。隆裕太后心无主张，召集王公御前会议，无所决定，乃慰袁世凯勉为其难。《辛壬春秋》称其言时泪下，与皇帝相抱而泣，孤儿寡妇之境遇，诚亦可哀，大臣涕不可抑。太后迫而诏谕内阁总理大臣召集临时国会，公决国体。唐绍仪遂与伍廷芳磋商召集代表之办法，会其属员许鼎霖北归，报告民军乌合，饷械困难，易于平定，而唐绍仪至沪馈献江山。亲贵大臣闻之，劝说张怀芝通电各镇联名请战，冯国璋亦以未得乘势进攻武昌为恨，力主战议。资政院之一部分议员，又持战说。袁世凯迫不得已，撤唐绍仪职，和议暂时停顿。

方和议之进行也，参议院举孙文为临时大总统，段祺瑞疑事中变，遣人往谒黄兴，答言如约，临时大总统亦言辞职让贤，其主要条件则袁世凯赞成共和也。袁氏为清室大臣,究将如何强逼清帝逊位?乃利用部将,胁迫亲贵,而并恫吓太后。初冯国璋奉命回京,段祺瑞代为第一军军统,段氏为袁世凯亲信,主持袁为总统为和议之条件,其子袁克定从而助之,密商于段祺瑞,遣人往说各镇将校,独冯国璋不可,乃日使人说之,冯国璋后亦迫于大势,屈从众议,不再言战。朝中反对和议者,多为亲贵大臣,尤以宗社党首领良弼为甚,袁世凯先言筹得军费一千二百万两,大局可以粗定。其时南方独立各省扣留款项,外使干涉海关,税银暂由外人保存,不肯交给南北政府。清廷军饷政费多无所出,发行短期公债,令亲贵大臣捐输,而应者无几,统兵大员姜桂题等致书王公大臣,责其存款外国银行,若不尽买公债,将有杀身之祸。内阁指挥下之督抚,亦以为言。亲贵大惧,争上财产簿籍。袁世凯面奏太后,兵饥虞其哗变,太后发内帑黄金八万两,并合亲贵捐款充作军饷,而袁世凯仍不下令进攻。其党赵秉钧联结太监张德,构造谣言,恫吓妃嫔,亲贵大臣疑之益甚。元年(一九一二)一月,袁世凯对于和议,渐有把握,十六日,会同国务大臣奏言形势危险,饷源困难,而民军万众一心,莫之能御。民主如尧舜禅让,非亡国之可比,合于圣贤民重君轻之说,久持争议,则将难免友邦之干涉。民军对于朝廷之感情,将益恶劣,法国革命,其王"如能早顺舆情,何至路易之子孙靡有孑遗也?……我皇太后皇上,何忍九庙之震惊,何忍乘舆之出狩?必能俯鉴大事,以顺民心"。事关重大,请皇太后皇上召集皇族会议解决,以顺民心。奏文严守秘密,民间鲜有知者。隆裕太后即召王公御前会议,溥伦、奕劻主张让位,溥伟、载泽争论不可,相持不决。值袁世凯遇刺未伤,太后以其忠于清室为党人恨恶所致,二十一日,召集会议,宗室王公国务大臣与焉。其时奕劻、溥伦已为宗社党所吓,溥伟仍力反对共和,无所决定。良弼密说由旗民改练之第一镇禁卫军,合谋暴动,以倾覆袁世凯。二十二日,太后复召亲贵御前会议,奕劻托病不往,溥伟力谏太后,勿惑流言,勿堕奸计,并奏参奕劻。载泽则劾袁世凯尚不开战。

袁世凯之计不售,反受宗社党之危词恫吓,地位日危,密召亲兵入援。

一月二十七日,军咨使良弼遇刺,良弼曾学陆军于日本,果决敢为,主持战议,被刺重伤而死,亲贵大臣之气大沮。段祺瑞下令北军退至孝感,闻知袁世凯所谋不遂,几遭不测,联合将士二十八人,致电北京政府,要求共和,略称和议已有要领,宫廷允许改建共和政体,乃为载泽、溥伟等所尼,而今势屈力单,势成坐亡,人心趋向共和,不如早日裁决,恳求宣示立定政体,以现内阁及国务大臣等暂时代表政府,担任条约国债及交涉未完各事,再行召集国会,组织共和政府。电至,闻者惊愕,三十一日,袁世凯据以上奏,太后召示亲贵大臣,莫不悲哀。二月一日,太后复召王公大臣开御前会议,最后决定逊位,四日,诏饬袁世凯与民军磋商优待条件,实则据《黎副总统政书》,一月二十日南京来电,条件已商妥矣。其困难则袁世凯为临时大总统,南方要求黄兴为陆军总长,北方坚持段祺瑞。北军较强于南军,段祺瑞掌握军权,武人易于操纵政治,政体改更,不过空有虚名,关系至为重大。双方各以利害切己,不肯让步,磋商多日,均无办法。临时政府连日开会讨论,蔡元培以为妨碍统一,怒而将往上海,宣布内幕,会闻兵变将作,始止,临时政府乃以内部意见不一,变兵焚劫,莫可奈何,处于不利之地位,迫而让步,袁世凯遂处优势,嗣后得而为所欲为矣。优待条件八款,兹分三端言之:一、关于清帝——清帝之尊号不废,民国待以外国君主之礼,岁拨经费新币四百万元,许其暂居宫禁,日后移居颐和园。其宗庙陵寝,由民国设兵保护,其原有私产,亦由民国特别保护。二、关于皇族——其世爵仍照其旧,私产一体保护,除免其当兵外,享受之公权、私权与国民同等。三、关于满、蒙、回、藏——其王公世爵及固有宗教,概仍其旧,并代筹王公及八旗生计。四族概与汉族平等。条件由参议院通过,双方通知各国政府。逊位之旨将下也,隆裕太后率皇帝召集近支王公内阁大臣开御前会议,尚秉和记之曰:"太后哽咽流涕,各王公大臣亦皆哭失声,久之,太后谓皇帝曰:'尔之所以得有今日者,皆袁大臣之力',即敕皇帝降御座致谢袁大臣,袁大臣惶恐顿首辞谢,伏地泣不能仰视。"斯言也,极文人形容之笔,或不免于失实。二月十二日,下诏凡三,一逊位,二

公布优待条件,三饬长官维持治安。其逊位诏曰:

> 朕钦奉隆裕皇太后懿旨,前因民军起事,各省响应,九夏沸腾,生灵涂炭,特命袁世凯遣员与民军代表讨论大局,议开国会,公决政体,两月以来,尚无确当办法。南方睽隔,彼此相持,商辍于途,士露于野,徒以国体一日不决,故民生一日不安。今全国人民心理,多倾向共和,南中各省既倡议于前,北方诸将亦主张于后,人心所向,天命可知。予亦何忍因一姓之尊荣,拂兆民之好恶,用是外观大势,内审舆情,特率皇帝将统治权公诸全国,定为共和立宪国体,近慰海内厌乱望治之心,远播古圣天下为公之义。袁世凯前经资政院选举为总理大臣,当兹新旧代谢之际,宜有南北统一之方,即由袁世凯以全权组织共和政府,与民军协商统一办法,总期人民安堵,海内乂安,仍合满、汉、蒙、回、藏五族完全领土为一大中华民国。予与皇帝得以退处宽闲,优游岁月,长受国民之优礼,亲见郅治之告成,岂不懿欤!

革命成功之速,由于酝酿已久,清廷不能及早改革,以餍士大夫望治之心,一旦爆发,所谓应天顺人也。中国自鸦片战争以来,外交上仍存闭关之思想,英法联军祸后,边地藩属丧失滋多,继而屈服于日本,引起列强之侵略,几至不国。志士愤而变法,归于失败,朝臣思想反而顽固,养成拳乱。六十年中,对外知识肤浅空疏,迭于祸患屈辱之后,士大夫毫不觉悟,愚陋顽固类近未受教育之愚民,所贵乎政治家或外交家者,非其见解同于愚民,乃其考虑事实,权衡利害,辨别是非,其先见之明,足以指导国人,而采用之方法,且为适当之途径也。国家所以治者,常由于少数英杰才能之士,专制政府之下,大权集中,自上而下,改革较易。朝臣之思想行动,反而阻挠改革,直为愚民中之愚人。拳乱之祸,屈辱无以复加,士大夫之观念遂大改变,以为内政不修,贫弱如故,希望太大,失望亦其最甚。其先人民非无痛苦,特以不肯虚心观察,诚意讲求,视若未睹,听若未闻。及至此时,始奖学生出洋,派员考察宪政,觉悟之后,改革已迟。通达时务之士鉴于日本取法欧美,跃为强国,深信中国召集国会,公布宪法,即可富强,大从事于政治活动,一九一一——九一二年之革命应时产生,以改革政治为目的者也。所可惜者,重要问题之解决,本于妥协调停免事之思想,袁世凯之赞同革命,动于权利自私之心理,其北洋军队依然存在,段祺瑞掌握军权,承奉其意,是虎而翼也。封建思想迄未铲除,袁氏成功,出于诡谋阴计,政治道德之卑劣,影响于国家者至巨,民国以来,国内仍少光明正大之政治家,此纷扰尚未终止原因之一也。尤有进者,革命共和本为政治上之名词,其真价值在其以人民所享之幸福为断,就名称而论,革命则言政治上或社会上之激烈巨大改变,共和则指一国元首,由人民直接或间接选举而言。革命成功,改专制为共和,名称改变,为事至易,求其实现,往往困难。主张改革者,多为知识界人,百姓虽表同情,固无深切之了解。战争期内反受损失。要之,破坏原为革命过程中不易避免之事,其价值则在事后之建设,否则可谓失败。欧洲法国革命虽曾经过长期之纷扰,重大之代价,而吾国革命在后,若得其试验中之教训,则事易功倍,迄今尚未卓有成效者,主要之原因有二:(一)专制之毒太深,国人初未努力利用事机,监督政府。(二)共和仿自外国,人民多不了解,不知切实运用之方法,政客军阀反而借以号召。总之,清帝逊位而后,政治上之问题益多,迄今盖在试验期内也。

一国国际地位,常以内政实力为表征,清季外交失败,暴露积弊,终以改革迟缓,大失人心,致于倾覆。其末年之外交,就时人心理而言,于屈辱刺激之后,始知列强不可轻侮,向时自大之气,恨恶之心,变为恐惧,遇事辄以列强干涉为言,试引革命起后时人言论为证。袁世凯第一次密奏隆裕太后,召集国会,解决政体,其所举之原由,牵入外交。其言曰:"勉从英使朱尔典之介绍,奉旨以唐绍仪为总理大臣代表,……讨论大局。……其时英使倡议,日、美、法、俄、德等国亦均赞成。……唐绍仪又电称各国政府投书劝和,双方并题,彼党认为己以政府见待,其气愈增。……万一挫衄,敌临城下,君位贵族岂能保全?外人生命财产,岂能保护?"后讽清帝逊位,其言外交情状曰:"东西友邦,因此次战祸,贸易之损失,已非浅鲜,而尚从事调停者,以我只政治之改革而已。若其久事争持,则难免不无干涉。"武昌独立,时人盛夸交涉员能得领事谅解,严守中立。民军对外,首以保护外人遵守前约为言,孙文在美,闻知革命,乘轮渡英,请求外相三事。其言曰:"一、止绝清廷一切借款,二、制止日本援助清廷,三、取消各处英属政府之放逐令,以便予取道回国。"可见国人之重视外交,清季办理外交之机关,北京新设外务部,各省后设交涉使,公使觐见待遇优渥,各省官吏,莫不切实保护外人,甚者执礼太恭。其时教案大减,未尝造成严重之局势。意大利政府于一九〇二(光绪二十八)年,开始保护本国神父,一九〇六(光绪三十二)年,法国政教分离,放弃保护东方他国之神父,教士平民相处甚善。其时外交上之问题有二:一、公约成立后之善后事宜,二、日俄战后之形势。就各国在华势力而言,俄德初则各抱野心,日俄战后,日本跃为强国,并于大陆上得有根据之地,形势一变。英美诸国联合分离,或视本国之利益,或视同盟国之关系。清廷时方放弃传统思想,猛力经营属地,不及成功,而革命军起,于是蒙古、西藏欲行自治迄今尚未取消,兹略分言清季外交于下。

一、公约成立后之善后事宜。条约中要款,业已列举于前,其因形势之转移较为重要者,尚有四点,兹作简单之说明:(一)赔款款额四万五千万两,原就银币而言,条约成立后之次年,金价昂贵,列强要求照金币核算,朝廷疆吏莫不视为意外之重大损失。张之洞等力持不可,胪举理由,电请商于各国,美表同意,英许暂可还银,后还金币,日本坚持拒绝。斯三国者,较与中国邦交亲善,意见竟不一致,德俄诸国更无磋商接受之可能性。中国乃欲改收海关税银为金币,列强未曾加以考虑,不肯同意,对于到期之款,必欲改银两为金币,多方恫吓。外务部不敢坚持,承认金币,嗣后银价益落,中国之担负益重。(二)整理北河、黄浦河道。天津、上海均为国内重要之商港,各有河道通于海口,顾其淤泥积多,巨大轮船不能出入,货物运输颇为不便,外商久谋修浚不得。拳乱时,联军占据天津,创设都统衙门,衙门设立委员会整理北河。及公约成立,关于二河,均有整理之规定,予外人干涉之机会。天津政权交还之后,河局初仍由外人主持,上海先未设局,刘坤一认为条约有碍主权,不肯派员,及浚浦局成立,职员以英人为最多,德法诸国颇为不平,张之洞请其赞助中国出款收回,作为自办,历久交涉,一九〇五(光绪三十一)年改订条款,后二年,浚浦工程由荷商承揽,成绩昭著。(三)撤兵。拳乱之时,联军作战于直隶,占据大城要塞铁路,俄兵借保路保民为由,次第占据东三省各地,收缴华兵器械,德则驻兵于胶州、高密,建筑营防,上海租界言明由各国保护,但未许其出兵,乃英首先出兵,德、法、日继之,南方日本出兵厦门。列强出兵之意,各不相同,其中固有视为最好之机会,便于经略者也。及公约成立,使馆要塞允许外兵驻守,作战之兵开始撤退,中国要求各地之外兵撤退,上海英兵回国,德法要求照复长江一带,所有政治、兵权、海政、工程、商务权利等,及要隘不得给予一国,始肯撤兵。外务部复称其为中国自主之权利,断不让与他国。上海德总领事亦向两江总督张之洞提出同样要求,张氏复称中国决不放弃,主张如他国来夺,则请德等国禁阻,德兵始乃归国。日本亦撤上海、厦门驻兵。独满洲俄兵、山东德兵不肯撤退,满洲撤兵等问题,造成严重局势。日俄战争之后,列强在华之军队,除有条约根据而外,尽行撤归。(四)商约。列强久欲扩张在华商业上之机会,公约许其改订商约。其时中国国际贸易仍以英国最为发达,二国商约首先成立,中美、中日商约继之,关系颇为重要,试分言其成立之经过,及主要之条款。

初公约成立,英国利用时机,派遣久在印度之长官马凯(Mackay)来华议订商约,马凯未有在华公使领事之恶习,对于中国主权,不愿有所损坏,朝廷诏授前驻德公使吕海寰及盛宣怀为办理商约大臣,并饬刘坤一、张之洞遥领会议。马凯与中国代表会议于上海,而朝臣及两督意见尝不一致,电商稽延。马凯自沪乘轮上驶,先与刘坤一面谈,再至武昌与张之洞会商,争执之问题,次第解决。及返上海,以英商工部局之反对,推翻议定之条件凡二,交涉进行颇为迟缓。马凯声称将欲回国,张之洞迭电军机大臣请许商约大臣画押,朝旨许之。一九〇二(光绪二十八)年九月,签字。期约也,磋商十月之久,始乃成立。中美商约由美使康格(Conger)等三人与商约大臣会商,其中虽有争执,而条约大体上则与英约相同。中日商约,初由日方提出,后以英约尚未成立,暂置不议,及英约签字,始再磋商,日方多所要求,而于加税免厘,只许合税率增至值百抽十,英美业已承认百分之一二·五税率,商约大臣力持不可,交涉未有进展。会张之洞入京,与日使内田康哉磋商,张氏多所让步,议成草约,寄至上海,再由二国代表画押,是为中日商约。兹综言其要款于下:

一、免厘加税。厘金病商扰民,久为世所诟病,顾为地方政府主要收入,时方患贫,非得补救方法,去之殆不可能。马凯要求免厘,中国则请加税,初和约允许加税一倍半之数,至是,要求增至百分之十五,历久磋商,双方议定进口税增至百分之一二·五,出口税改为百分之七。张之洞仍谓不足补偿所失,欲抽产地税,马凯坚决不可,改许中国不撤常关,照旧征收土药厘金、盐厘(改称盐税),及向不出洋之土货,征抽一销场税于销售之处。美使坚欲裁去内地常关,始肯加税,美约仅许新关存在,沿海沿陆得设新关。日约则言按照中国与有约各国共同商定加税之率,一律照输无异,所有中国征收出产、销场、出厂以及土药、盐斤等税,亦悉照各国与中国商定办法无稍歧异。其含混之原因,则日本始终不同意于英美所许之税率,知其又非德、俄、法国之所愿,乃以一律办理为推托。盛宣怀等对之不满,张氏虽力辩护,固不免让步太甚。加税免厘之期,英约载明为一九〇四(光绪三十)年一月一日。其条件为各国同意,陆路商业亦须征收同样之加税。美约、日约未有时期之规定。二、商业权利。英约载明中国开放江门,许轮船于西江停泊处凡三,上下搭客处凡十。加税实行之后,中国开放长沙、万县、安庆、惠州,并征收帆船往来通商口岸之货税,不得较轮船为低。美约则言开放奉天府、安东,日约又言开放北京、长沙、奉天府、大东沟。俄国闻知开放东三省,力谋阻止不得。关于航行,中国允许除去珠江有碍行船之物件,民船自香港载货往来广东通商口岸者,所纳货税不得视轮船减少,并许外轮设置拖拉,上驶四川;开放内河,改订内港行船章程,外商得租设码头于内河沿岸。关于发展商业,海关发给存票,商人用以抵纳税银,洋货入口后三年内再运出洋者,得领取现银。中国允设关栈及准商栈为官栈,以便货物囤积,拆包改装转运,并许华洋合股经营商业,妥订矿务章程,保护商标版权。关于中国责任,条约中载明二端:(一)设法立定国币,(二)统一度量权衡。顾此属于内政,相沿已久,积弊太深,固非一旦所能划一也。三、中国要求载入英约者条款凡三:(一)中国允许整顿律例,英国予以协助,将来司法情形妥善,即允弃其治外法权,美约、日约均有同样之规定。(二)英美允禁吗啡(原译莫啡鸦)自由运输来华,非医生、医院、药铺切实有领事馆具结者,不得进口,中国允禁国内制造。(三)英约允许派员妥议教案,美约则言教民、平民一律待遇。教民犯法仍须追究,平民缴纳之税捐,不得免去,唯不得向其索取酬神赛会之费。教士不得干预官员治理之权,教会得租赁或购置地产,作为传教之用。

综观条约之内容,关系至为重大。张之洞于英约议妥时电告枢臣鹿传霖曰:"此约中国毫不吃亏,实为意料所不及,不惟抵补必敷,其间维国体、杜流弊者甚多。……将来议他国之约,断断不能如此。"后又电述会议情状曰:"马使每议定一条,辄笑曰,'此事又让与阁下了',又对人云,'非因本国素仰江鄂声望,彼亦不敢事事如此相让,尚不知将来本国有无闲言,即本国照允,恐各国亦断不能如此和平',实系肺腑之言。彼已让到极处,鄙人亦不能再与之争。"张氏所述各节,传译或不免于失检,要有所本,马凯之言竟不幸而中。中国与列强所订条约,莫不载有无所不包之最惠国条款,加税非各国同意,势不能行,常关之存在,产地税之兴办,加税之税率,三国较与中国亲善,而已意见分歧,况德俄诸国乎?谚所谓筑室路旁三年不成,列强中有野心侵略之国,杂有利害权利之冲突,其在华商人,专求厚利,从不顾及中国之主权。马凯与张之洞会商,认口岸洋人遵守华章,租界许收华税,竟以上海外商反对作罢。其许提高税率至百分之一二·五,亦非其愿也,故加税之不易于成功,远过于路旁筑室。条约成立二十余年之后,以始国际上之形势改变,方能加税。领事裁判权之废除,更遥遥无期。马凯要求之内地制造贸易侨居等权利,于领事裁判权尚未废除之先,毫无考虑之价值,宜张之洞等坚决拒之;乃于美约承认"洋商在通商口岸,或系华商在中国各处,纺织所应抽税项,均须一律无异"。华商纱厂遂难与外厂竞争。禁止吗啡入境,原为中国内政,自今观之,殊不必列入约中,而在当时,事事竟须商于外国,约中且言中国禁制吗啡,吗啡为药剂中需用之品,岂必来自外国乎?主权反受损失,张氏固不之知。商约给予一国权利,列强莫不争先享受,未有让步,先得权利,片面最惠国待遇之为害中国,竟至于此,他国无须改订商约矣。德国后曾提出要求,即行放弃,固其例也。

初拳民之乱,俄国出兵占据东三省,奉天将军增祺迫而派革员周冕与俄将议订章程九款,擅自画押,其交涉始末先未禀报。伦敦《泰晤士报》记者首先访知,日英公使提出警告,朝廷诏罢增祺,命驻俄公使杨儒向俄交涉废约,另订新约,历久交涉,俄国始许其请,而并干涉内政,其新提出之条件,严酷过于周冕所订之章程。列强闻而抗议,尤以日英最为关切,江鄂二督力持反对,俄国修改条款,多方恫吓李鸿章,逼诱杨儒画押。李氏主张签定,而朝旨不可,及逾限期,俄国未有异举,反而宣言交还满洲,李氏竟向俄国声称公约成立之后,即将签定俄约。会因交涉棘手,电商微德,请在北京商议,微德许之,派员入京,会同俄使与李鸿章、奕劻议定政治经济二约,将签字矣,而李鸿章病死。一九〇二年一月,英日以其利害相同,缔结同盟条约。初中国自订约通商以来,英国之商业最为发达,其政策则欲促进二国之邦交,谋得商业上之权利也。中日战后,俄法政治势力日盛于中国,英国政治家以为本国外交孤立,无所挽回,先后商于德美,议订同盟条约,一无所成,会非洲属地战起,不能多派军队来华,与德缔结维持中国领土之协定,而德毫无遵守之诚意。俄国占据满洲,强逼中国承认丧失主权之条约，英国迭次表示反对，严重警告。中国与日本地理相近，张伯伦曾向驻英日使建议同盟。先是，日本战败中国，缔结《马关条约》，三国出而干涉归还辽东，日人视为大恨，其外交家深觉孤立之危险。一八九七——一八九八年，列强对华肆其野心，争租军港，划定势力范围，要求权利。其时日本国际地位尚低，内政亟待整理，对于列强之侵略，虽以二国地理相近，商业之密切关系，外交官迄无明显之表示，不过乘机要求福建为其势力范围。民间谋与中国士大夫接近，派员来华，谭嗣同、梁启超皆深受其影响。日本在韩势力虽曾盛极一时，会大院君作乱，戕杀闵妃，日使三浦参与其事，备受各国之非议，韩王李熙乘机逃入俄国使馆，诏杀亲日大臣，俄国地位遂益巩固。及俄租借旅顺、大连，对日让步，互相承认在韩利益，而俄未有遵守之诚意。及俄据满洲，强逼中国签约，日本视为将开瓜分之端，而并妨碍其商业机会，阻挠破坏，不遗余力。其国内政治家时分两派，其一主张亲俄避免战争，其一主持联英。英日邦交日益亲善，最后联英派胜利，驻英日使林董奉命与英外相磋商条款，至是，同盟条约成立。

盟约内容，二国承认朝鲜独立，及其在华利益，英国并认日本在韩有政治经济上之利益，若其利益因他国侵略，或中韩发生扰乱而受侵害，得采取必要之措置。一国因其利益与他国交战，其同盟国应守中立，力防他国出兵援助敌国；如有一国或数国加入敌国者，其同盟国应予以援助，共同作战，协商和议，时期定为五年。其目的则为维持远东之现状，中国与朝鲜之独立及领土完整，及保证在两国中工商业之机会平等，专以对俄者也。二月，英日公布条约，俄法既宣言维持其在远东利益，二国保留会商及采行必要之手段。中国初以英日同盟为慰，张之洞电问中国发生扰乱之意，日本指谓如拳乱。俄国颇受英日同盟影响，其驻京公使雷萨尔（Paul Lessar）奉命与奕劻等议商归还东三省条件。四月，约成，其要款则东三省地方仍归中国版图，由华官治理，中国赔偿修路各费，认真保护东省铁路及所有俄人，俄国交还山海关、营口、新民厅铁路。俄兵分三期撤退,条约画押后六月内,撤退盛京西南段至辽河所驻俄军,交还其地铁路。再六月内,撤退盛京其余各段,及吉林俄军。再六月内,撤退黑龙江俄军。中国驻兵于东三省数目及日后出兵添兵,须知照俄国。综观条约之内容,不无可议之点,视前要求,俄国已大让步。顾无遵守条约之意,第一期内,尚肯撤去规定地段之驻军,及至第二期,闻知中国开放满洲商埠,不唯不撤军队,反向中国提出要求七款,其用意则欲封锁满洲,专为俄国特殊势力范围也。牛庄、营口原为商埠,俄军驻于其地,到期不肯撤退,其海关税务司本为英人,而俄强用俄人,中国迫而许之。一九〇三(光绪二十九)年四月,外务部收得俄国照会,无法应付,日使内田访知其事,外报将其刊布,美、英、日使警告中国,袁世凯、张之洞均言不可允许,外务部从之。俄国对外否认其事,不肯撤兵。日本政党倡言对俄作战。

七月,日外务卿小村寿太郎谋欲解决二国关于满洲、朝鲜之争执,训令驻俄公使进行交涉,而俄意轻日本,于其提议多所拒绝,对于中国请其撤兵之要求,坚决不可。交涉移之东京,仍无进步,一九〇四年,形势严重。二月,俄国对日尚无满意答复,日皇开御前会议,决定招回公使,六日,致最后通牒于俄,公使撤旗回国。明日,舰队开始活动,袭击俄舰于旅顺,运输陆军直达朝鲜。十日,两国宣战,国人颇表同情于日本,但时国内军力财力不足一战,而中俄边界连接长逾万里,防守尤为困难。列强均言中国应守中立,美国国务卿海约翰建议交战国,尊重中国之中立,英、法、德、意表示同意,五国电告日俄勿遣兵入直隶,两国许之。中国时已宣布局外中立,划辽河以东为交战区,其西为中立地,俄国则以辽河以西之地并入战区。清廷之如此者,辽河以东之地,俄军尚未撤退,中国徒有领土之名,事实上无如之何,迫而划为战区也。四月,日军自朝鲜渡鸭绿江进攻,陷九连城,遣军自皮子窝上岸,下金州,另派二军往援,连战皆捷,九月,攻下辽阳,俄军反攻,力不能胜。明年一月,日军攻下旅顺,四月,占据奉天,双方作战兵力约一百万人,其激战之烈,牺牲之大,固二十世纪初叶大战之一。五月,俄国波罗的海舰队驶抵黄海,将归海参崴,日本舰队俟之于朝鲜海峡，激战之后，俄舰几尽覆没，中国于交战期内，虽守局外中立，而官吏对于中立国之责任、义务，初不明了。交战国人在中国境内，享受领事裁判权，政府难于执行国际公法上之义务。二国均知中国势弱，于其执行公法之时，往往予以妨碍。其尤感觉困难者，二国战于满洲，均欲购买粮食于其地，朝廷颇难切实禁止人民出售军粮于交战国也。于此期内，人民初感不安，宫中太监且有信如联军入京潜行逃避者。

俄军战不能胜，国内纷扰迭起，及旅顺陷后，微德向日驻英公使林董建议言和，德皇威廉第二初曾鼓激俄皇积极对日，至此，以为俄国陆军势难取胜，主张早日议和，电问俄皇议和条件之大纲。同时法国感受德国之威吓，亟望战事结束，表示借款与俄以和，将不借款以战，俄国通知其议和条件于法。四月，法外交总长达嘉谢（Delcassé）告知驻法日使，俄国愿和，日使电告本国，其外务省复称可由二国直接磋商，其原因则患欧洲强国之干涉，将不利于日本也。其政府以为日美邦交亲善，谋于美国议和，海军战后，日皇正式函请美总统罗斯福调停。德皇先曾电告俄皇，称述罗斯福之力，足可影响日本，而减轻其议和条件。罗斯福因命驻俄大使谒见俄皇，得其议和之同意，六月，电请日俄议和，二国接受其请，其原意则免俄国再败，大受损失，而势力将见逐于东亚也。日皇委任小村等为和议大臣，并欲先知俄国代表，俄皇诏委微德。日本拒绝会议于欧洲，乃定会场于美国朴茨茅斯，八月十日开会。微德明了日本财政之困难，要求与先主张之矛盾，原欲以友谊之态度对日交涉，但未能得政府之同意，遂采坚决不屈之方针，明言日本要求赔款，则和议即告决裂，罗斯福更动日本代表避免赔款名称。会议场中，二国代表对于赔款及库页岛之割让，各不相让，势将停顿，罗斯福召见驻美俄国大使劝说，电令驻俄美使觐见俄皇，说其让步，俄皇面许给款日本。罗斯福又劝日皇让步，而会议仍以赔款为争论之焦点，前途至为险恶。二十九日，微德声称俄国不赔军费，愿以库页岛南半与日，言毕，会场席中默无一语，数分钟后，小村始言接受俄国条件，困难遂告解决。据罗斯福之感想，日本代表让步太甚，苟再坚持，可得库页全岛。九月五日,条约成立,是为《朴茨茅斯和约》。

二、日俄战后之形势。《朴茨茅斯和约》关系于中国者颇为重要,就其条款而言,可别为五:(一)满洲驻兵,除辽东半岛租借地外,二国同时撤退。(二)二国交还满洲之行政权于中国。(三)二国维持满洲之门户开放。(四)俄国让与旅顺、大连及其附近租借权,以及一切公共营造物财产于日本。(五)俄国让与长春、旅顺间之铁路于日本。关于让与,条约载明二国协商于中国,须得其同意。初日俄议和,外务部照会二国,声明牵涉中国事件,未经其商定者,概不承认。日本议员来游中国,竟向张之洞等声称,东三省战事耗财伤命,日本舆论拟暂代统治,并有议占福建者。此固野心政客之幻想,利用时机,谋得权利也。小村归国,明治授为全权大臣,西渡入京,会同日使内田协商满洲善后事宜,奕劻、瞿鸿禨、袁世凯奉命与之交涉,十一月开会,十二月约成,开会二十二次。奕劻因病常不出席,交涉由瞿鸿禨等办理。中国方面,对于《朴茨茅斯条约》中之让与权利概行承认,要求日兵早日撤退,交还占地之主权,并由华兵保护铁路。日方拒绝华兵护路,提出之主要条件,则为开放满洲,扩张日人利益。争执最烈者,一为建筑铁路,一为撤退护路兵队,历久交涉,始能解决,中有未入条约者,二十二日签定条约,名曰《中日会议东三省事宜正约》。中国承认日俄和约,俄国让与日本租借地及铁路权利,日本允许遵守中俄所订借地及造路原约,嗣后遇事随时与中国协商。二国订有附约凡十二条,其要款凡七:(一)中国俟日俄军队撤退后,开放奉天省内之凤凰城、辽阳、新民屯、铁岭、通江子、法库门,吉林省内之长春、吉林省城、哈尔滨、宁古塔、珲春、三姓,黑龙江省内之齐齐哈尔、海拉尔、爱珲、满洲里。(二)日本于安东、奉天省城间所造之军用铁路,中国许其改筑营管,自竣工日起,以十五年为限,届期估价售于中国。(三)二国从速议订南满铁路连运营业章程。(四)中国豁免南满铁路所需各项材料之税捐厘金。(五)营口、安东及奉天府划定日本租界,由二国官员另行妥商。(六)二国合资设木植公司,采伐鸭绿江右岸木植,其详细章程,另行议定。

（七）满韩交界陆路通商，彼此按照最优国待遇之例办理。

附约中所言另行妥商诸款，多为双方力争之问题，搁置日后再议者也。条约而外，尚有会议节录，双方声明存记凡十七款。其主要者共六：（一）奉省附属铁路之矿产，无论已开未开，均应妥议章程。（二）中国于收回南满铁路之前，允不于其附近建筑并行干路，及有损该路利益之支路。（三）二国议商奉天省陆线，及旅顺、烟台海线交接办法。（四）长春至吉林省城铁路，中国自行筹款筑造，不敷之数，向日贷借，以半数为度，二十五年还清。（五）日本声明南满护路兵队不得干预华官治管之权，亦不擅至铁路区域以外。（六）奉天省城至新民府，日本所筑军用铁路，售与中国，由其改为自造铁路。其在辽河以东所需款项，向日公司贷借半数，分十八年还清。节录记存各款，关系重要，未曾列入约中，当时亦无说明，近日论者不一，要为事后之推论，其性质迥异于条约，日人牵强称为秘密议定书，二国问题反而增多。主持侵略之政客，以为满洲于日本重大牺牲之后，俄国始肯撤兵归还中国，死伤者尽为日兵，军费出自日人，中国不能驱逐俄兵出境，坐享其利。此种推论，实不合于史迹，西园寺与盛京将军赵尔巽论之曰："论其实，日本实为自救起见。"（见《清光绪中日交涉史料》卷六九页二八）其牺牲固自谋也。战胜之结果，得有立足之地于满洲，其国内人口激增，工商发达，而可耕之地有限，食料、原料渐为严重之问题，而满洲地广人稀，矿产丰富，遂欲乘其战胜之威，经营南满，不顾一切。一九〇六（光绪三十二）年六月，日本组织南满铁路公司，资本日金二万万元，政府以俄国让与之财产充作股本之半数，余款募自民间。铁路于战争期内，桥梁多毁，损失重大。公司改筑路为日本狭轨，再改为新式宽度，同于中国铁路，后于长春、大连间改造双轨，安东、奉天铁路归其经营。公司受关东都督之监督，都督府于斯年九月成立，管辖旅顺、大连租借地及铁路区域，日人称其地为关东州故也。其经营大连，整理海港，建筑屋舍，修理道路，规模颇为远大，大连遂为北方要港。又于铁路区域，设立市镇学校医院，开采矿产。

方朴茨茅斯和议之进行也，英日再订同盟条约，其范围扩至印度，英国承认日本在韩特殊利益及保护之权，一国若因条约上之利益，受他国或数国攻击，其同盟国应即加入作战，期效十年，余则同于前约。日本国际地位于战争之后，颇为提高，英日同盟又巩固之。一九○七（光绪三十三）年六月，日法协约成立，七月，日俄协约成立，日本外交遂无顾忌，步趋俄国后尘，经营南满，不遗余力，中日邦交，遂多困难，其症结可别为三：（一）战后日人留于奉天者颇多，杂有不肖分子，以为日人铁血所得之地，专横为恶，干涉行政，贩运枪械接济马贼，强开矿产，引起官吏人民之恨恶。（二）满洲地广人稀，韩人深感生计之压迫，自图们江入境，垦种于延吉一带，人数众多。日俄战后，日本保护朝鲜，称其地为间岛，后因韩人李范允之乱，及华官强韩人入籍，遣宪兵驻于六道沟等处，保护或监督韩民，造成严重之局势。（三）满洲善后会议未曾议定之问题尚多，朝臣疆吏力谋挽回权利，明知日本逞强，非有让步不能解决，乃以延宕为得计。对日交涉，事先遂无远见一定之政策，徒为事后之补救，终则迫而让步。其先解决者：（一）大连设关。日本宣布大连为自由商港，货物偷税运入者为数颇巨，英美抗议，一九○七年，中日议订章程，中国设关征税办法，与胶州湾相同。（二）植木公司。善后条约载明二国合资创设公司，日使林权助拟订章程，包括浑江流域，与袁世凯交涉，久无进步。日人自往伐木，拦截木筏，几致事端，一九○八（光绪三十四）年，由唐绍仪让步解决，中日各出一百五十万元，合组植木公司，营业期限二十五年，得再商请展期，公司以纯利百分之五报效中国，江浙铁路携带执照，得向山家径行购买。（三）南满电线。会议节录载明奉天陆线及旅烟海线接线，中国拟收南满电线，不得，一九○八年，日本始肯让步解决，中国出日币五万元，收买铁路区域外之日本电线，议定接线办法，并许日本建筑旅烟海线。

双方争论久始解决者，一为铁路问题。中国于会议节录，承认建筑吉林长春铁路，改筑奉天新民铁路，向日借款。及日俄撤兵，外务部照会日使林权助，新奉军用铁路，估价售与中国，初则不复，后则请与吉长铁路同

第十四篇 改革与革命 附外交(续前)

议。一九〇七年四月,双方议定中国出日币一百六十六万元收回军用铁路,将其改筑,辽河以东所需款项,向南满铁路公司商借。吉长铁路亦向公司筹借半数,还清时限仍如节录所载,期内工程司任用日人。明年,勘定吉长路线。十一月,二国议定续约,京奉铁路辽河以东一段,再借日币三十二万元,吉长铁路二百一十五万元,又明年,议订借款合同。方交涉之进行也,清廷欲向英商借款,建筑新民屯、法库门铁路,借以减少日本势力,日本则据会议节录,以为中国不得筑路,与南满铁路竞争,或损其利益。外务部据理辩论,而日坚持如故,英以同盟国故,放弃前议。京奉铁路,奉天车站距城八里,交通不便,中国移站。日本谓其越过南满路线,出而抗议,要求与彼合站,或允南满铁路通至城根,相持不下。日本要求吉长铁路达于延吉厅与韩路连接,外务部拒之,又请日本拆去大石桥、营口支路。支路初为俄国便利运输东省铁路之材料而设,议定竣工即行拆去,善后会议日方要求归其续办,清廷不许,置而弗论,至是,外务部要求支路交还中国,日本拒绝,请其拆去,亦不可得。二为矿产。会议节录载明嗣后妥议章程,日商擅自开矿,华官禁之。争执最烈者,为抚顺、烟台煤矿。抚顺距奉天约五十里,产额逾一万亿吨以上,为商人王承尧私产。烟台在奉天、辽阳之间,产额亦富。日本视为战胜品,要求开采,中国主张二国合办,相持不下。三为延吉韩人保护权。其交涉之由来,及应付之困难,略见于前。二国磋商二年有余,日本必欲与铁路煤矿同时解决,相持不下,误会滋多。其在南方,则日船第二辰丸私载军火案,招引粤人之恨恶。该船舶近澳门,方将起运军火,广东炮舰捕之,卸下日旗,意欲将其充公,日使得报,要求释放道歉,海关报告颇与双方不同,葡萄牙又助日本,外务部迫而让步解决,粤商愤怒,停运日货,顾终未能持久。会两宫病死,日本谋见好于清廷,照会称禁党人在日活动,然仍不能解决悬案。一九〇九(宣统元)年,安东奉天铁路勘定路线,东三省总督锡良与日领交涉,不许另设护兵,日领推宕,中国自办警察。其他争执,尚有轨道必须与京奉路相同,日本不得任意更动路线也。交涉未有进步,日本忽谓中国延宕,自行开工,并通告外国。外交部亦将始末电告驻外公使。延吉问题,时亦严重,日兵数与华官冲突,将添兵寻衅,中国始肯让步。九月二国解决悬案,关于延吉,中韩仍以图们江为界,中国开放龙井村、局子街、头道沟、百草沟,韩民住于其地者,按照中国法律,归华官治理,但许日员观审,吉长铁路展至延吉,直达会宁。关于其他问题,双方议定五案修款:(一)中国建筑新民屯、法库门铁路,须先商于日本。(二)中国承认大石桥至营口铁路为南满铁路公司支路,将来到期,一同交还,并许其末端展至营口。(三)中国许日开采抚顺、烟台煤矿,出口之煤,按照最低税则收税。(四)安奉及南满铁路沿路之矿产,除抚顺而外,定为中日合办。(五)日本对于京奉铁路,展至奉天城根,允无异议。

日本经营南满,得有英、法、俄之谅解。英为日本同盟国,已无待言。一九〇七年,日法缔结协约,其目的称为巩固两国之友谊,免除将来之误会,协约载明尊重中国之独立与完整,门户之开放,维持缔约国在亚洲大陆之地位及权利,另有换文迄未公布。据法使施阿兰日记,日本承认广东、广西、云南为法势力范围,法国承认南满、福建之日本特殊权利。二国公布协约之后,清廷深为疑惧,外务部向二国抗议,未有效果。德皇闻之,尤为惊惶,其时英、法、意、西、葡联合,反对德国伸长势力,德国国际上之地位孤立。德皇深信黄祸,以为日法协约将驱逐德国势力出于东方。日法协约既成,日俄政治家均欲二国妥协,七月,协约成立,条款凡二:(一)互相尊重缔约国之领土完整,及中国条约上日俄条约上之一切权利。(二)承认中国之独立与领土完整,及工商业之平等机会。协约维持现状,而同时商订之密约,则划分满洲势力范围,避免竞争;日本承认俄在外蒙之特殊利益,俄国承认日韩之政治关系。于是二国开始合作,谋得权利于中国矣。其时英法已有协定,英国朝野防俄之思想改变,乃以法国之调解,共同防德,八月英俄协约成立。德国鉴于外交之孤立,远东形势之不利,转向美总统罗斯福协商,美国原与日本邦交亲善,及朴茨茅斯和议,舆论倾向亲俄,小村等深受不良印象而归,会沿太平洋岸各州排斥日人,旧金山教育会禁止日童入其公学。日本舆论视为大辱,政府提出抗议,困难遂生。美国对于中国坚持门户开放政策,日本伸张势力于南满,引启美人之疑忌。罗斯福曾以远东形势为虑,九月,召见驻美德国大使询问,大使奉其政府训命,建议美、德、中国同盟,共防日本。罗斯福表示同情,驻京德使腊格斯(Von Rex)时向外务部建议,中、德、美、俄四国缔结协约,军机大臣袁世凯主张中、美、德三国同盟。十二月,罗斯福尚谓二国合作有可能性,德皇亦信同盟条约可成。腊格斯向本国建议具体之主张:(一)中、德、美缔结同盟条约,保全中国领土,中国以商业权利酬之。(二)德美与俄合作,反对日本,若俄对日战胜,许其占据满洲,自由处置,但于土货输出,外货输入,不得征收较高之关税。

德使第二建议危险之甚,无以复加。中国前与俄订同盟密约,俄无遵守之诚意,反而乘机要求权利,引起重大之事变,无穷之纷扰。日俄已有谅解密约,德皇竟欲联俄反日,成功殊不可知,万一日俄再战于满洲,中国之损失将甚于前,固可断言,无论若何,德国将得商业利益,其计狡矣,无怪德皇欣然赞同其主张也。清廷颇多顾虑,尚未最后决定,一九〇八(光绪三十四)年四月,驻美公使伍廷芳就职,未向国务卿提及同盟,而袁世凯则向德使声称三国同盟势在必行,盖于朝中仍主此说也。会美国退还拳乱赔款一部分,作为教育用费,袁世凯奏请太后遣专使赴美道谢,而并磋商同盟条约。八月,唐绍仪奉旨渡美,说者称其磋商借款,无论若何,所奉之使命固极重要。唐绍仪尚未抵美,而两宫病死,醇亲王载沣摄政,袁世凯罢归项城,日本对于清室表示好感,三国同盟之说,载沣不愿讨论,电召唐绍仪回国,借款亦未成功。清廷不愿缔结同盟条约,日美邦交亦有进步。初日俄战后,日本向美声明其无侵略菲律宾岛之意,驻美日使高平小五郎主张亲善美国,美舰队东游日本,寓有示威之意,反受日人之欢迎,识者固信日美战争为不可能。一九〇八年五月,二国签定仲裁条约,亦为邦交进步之征。十一月,高平与国务卿鲁德(Root)互换照会,二国声明维持太平洋之现状,及中国之门户开放,其欲缔结同盟条约者独为德国,终乃归于失败。罗斯福致书德皇以自解说,中云:"华人无论对内对外,从无实行一定政策之希望。"斯言也,备极讥诮,固非同盟失败之原因。罗斯福对于中国亦无好感也。德国谋订同盟条约,对于日本既抱仇视,对于中国亦非善意,不过唯利是视,借以巩固其地位,多得权利而已。袁世凯贸然许之,盖为失策。

一九〇九年,中日解决悬案,日本于南满之势力大张,清廷恶之,外人忌之。十月,总督锡良向英工程公司及美银行团磋商借款,建筑锦州、瑷珲铁路,路线所过之区域,均在日俄所谓其势力范围。合同成立,二国提出抗议,条款迄未履行。美国以其违反门户开放之旨,十二月,国务卿罗克斯(Knox)致通牒于中、日、英、俄、法、德,建议共同借款中国,收买满洲日俄铁路,并筑新路,暂由国际委员会管理。其计划创自美铁路商人赫叶门(Harriman)。初日俄战后,赫叶门意欲经营满洲及西伯利亚铁路,而以轮船运输,促进太平洋、大西洋之交通,商于日本,收买南满铁路,总理大臣桂太郎许之。会小村自美归国,力持异议,遂作罢论。赫叶门后往俄国协商,计划未成而死。至是,六国收得通牒,中国以其减少日俄侵略之危险,表示同意。德皇认为德商可得自由竞争市场于满洲,望其早日实现。英国虽同情于建议,然视其同盟国之态度为转移。法国亦以俄国之意见为决定。日本舆论对于美国通牒之内容,莫不攻击,政府复文婉言谢绝。俄国则力反对,措辞强硬。英法不肯赞同,计划归于失败。说者讥言美国先未商于列强,遽尔提出,以致毫无结果,缺少外交上之经验,反而促进日俄之邦交,二国致美复文,同日送出,说者称其先已磋商。明年七月,日俄签定新约,其条款凡三:(一)二国协力改善满洲铁路,并促其联络,避免竞争。(二)二国互相尊重其所订之条约,及与中国所缔之条约,以维持满洲之现状。(三)满洲现状若遇危险,二国随时协商必要之办法。其性质颇同于同盟条约。正约而外,尚有密约,其内容则维持两国擅自划定之势力范围,各不相害也。

俄国败于日本,撤兵归国,其在北满势力仍不可侮,久始交还电报,中国许其于黑龙江、吉林伐木,开采铁路两旁各三十里之矿产。俄人利用其政治势力,勾结汉奸,鱼肉人民。其政府与日本妥协,划分势力范围,议订铁路联运章程,各谋巩固其地位。铁路公司管有广大区域,哈尔滨市政府擅行课税,外务部以其侵犯主权,向俄抗议,一九〇九(宣统元年)五月,二国议订大纲,铁路界内之要市,得设自治会(旧作公议会),住民不分国籍,选举权及被选权,概以纳税不动产为标准。凡地方公益事项,由其决定,呈报交涉局总办铁路总办核夺,由会公布施行。倘或总办否决议案,再由出席议员四分之三通过,即为决定,仍可执行。华人商会得举额定代表于办事处,参理事务。关于关税,边境初不收税,自松花江开放及铁路成后,贸易日形发达,中国尚不能设关收税。一九〇七年,二国议定北满及绥芬河试行关税章程,边境百里仍不收税,货物由铁路运入输出者,仍照陆路通商章程,减税三分之一。关于松花江航行,清廷拟定行船章程,俄国坚不承认,乃由道员施肇基与俄员商改,常以地名不一,发生争论,一九一〇(宣统二)年,始行议定设关收税,货税多按税则折半征收。北满次第设关收税,而蒙古、新疆尚未收税,外务部谋欲收回主权,与俄使修约,二国立场不同,久无成议。一九一一年二月,俄国以恫吓之辞,提出要求,其要款凡四:(一)边界一百华里内之贸易概不收税。(二)俄人得自由移居于蒙古及天山南北路。(三)中国许俄添设领事于科布多哈密等处。(四)华官审理关于二国人民之诉讼,不得拒绝俄官观审。三月,清廷迫而许之,俄人更诱蒙古脱离中国,其事详后。

日俄经营满洲,压迫中国,已如上述,其所以造成者,初由于清廷视为发祥之地,八旗旧居,除特别情形及放逐罪人而外,不许汉人出关垦种,吉林、黑龙江人口不足数十万人,黑龙江北岸及乌苏里河以东,尝或千里无人。十九世纪,俄国经营远东,不遗余力,《瑷珲条约》,中国丧失黑龙江北岸及其下流,《北京条约》再失乌苏里江以东之地。于是二省逼处强邻,俄人乘机杂居,经营商业,势力日盛。清廷从未于根本上着想,筹谋补救之策略。旗人居于二省者,清廷禁其远出,不得谋生,而马甲有限,所领之饷不足以供一家衣食之费用,其人惯从事于射猎,不愿耕种,生计大为困难。奉天户口较多,宜于耕种,汉人每于春季自山东渡海,冒禁而往,及冬多回家乡。其在奉天也,为人佣作,耕种田地,颇有所得,其后日俄经营朝鲜,朝廷于奉天兵练,仍未开弛禁令。一八九〇(光绪十六)年,黑龙江将军感受俄人之逼,致书李鸿章建议开垦。李氏复书论之曰:"垦荒一条,碍于旧制",其意不必改变旧章也。事实上汉人出关者,视前便利,为数大增,禁令已为具文矣。中日战争,清廷败而议和,爱惜台湾远过于辽东半岛,俄国利用干涉还辽之机会,骗诱中国许其建筑中东铁路,强租军港,要求利益。拳民之乱,满员挑衅,俄国视为口实,出兵占据东三省,强迫承认丧失主权之条约。将军无款可筹,开放官地,许民交款领耕,办法各地不同,膏腴平原领耕者众,收费较多,硗瘠者免费,每垧(约地三十至数亩不等)收银数两至一两数钱不等,加收用费。领者初限旗人,所谓旗招民垦也。旗人不交荒价,乃由汉人承领。日俄战后,三省设有垦务局,招民开垦,旗员奉旨不得干预,垦地多者,设官治之。据程中丞(德全)奏稿,黑龙江一省于二年内(一九〇四——一九〇六)应收领荒正款四百二万两,收齐三百八十七万两。顾时"江省地旷人稀,年来所放之荒,其实行垦辟者,不过十之二三",此固不独江省为然,其他二省亦不能免。其原因一则由于人稀,二则富人视为有利可图,出款多领。荒地领垦之后,徙居者日多,地为吾地,人为吾人,满洲永为中国土地之一部分,实无疑问。尤有进者,清廷对于日俄,虽多让步,然据事实平心而论,清季力谋收回主权,交涉非不得已,不愿解决困难,问题之多,常由于此。且东三省自与俄国通商以来,未曾切实征税,今能设关收税,交涉视前盖有进步,当为吾人所知者也。

日俄各以地理位置,对于中国关系密切,其余列强对华政策,类多维持现状,英国在华之商业,额数仍占第一,与日结为同盟。日本经营南满与美时有违言,一九一一(宣统三)年,英日改订条款,减少英国责任。英国对华投资,经营铁路,协助禁烟,其最引人注意者,则出兵西藏,占据片马也。西藏交涉详言于后,片马在云南西部,怒江之西,腾越之北,军事重镇也。二国疆界初未划清,英国曾欲中国让与片马,不得,一九一一年,英军据之。外务部提出抗议,交涉未有进步,会革命军起,清廷不遑之问,变为悬案。法国与俄同盟,与日妥协,赞助党人起兵,对于清廷未有好感。德国初极暴横,不肯撤兵,及三国同盟失败,鲜有单独积极之行动。美国排斥华工,引起抵货,迨罗克斯计划失败之后,对于中国别谋活动,其地位使之然也。初美并夏威夷、菲律宾群岛,大伸势力于太平洋中,对华贸易岁有增加,识者以为中国地广人众,二国国际贸易,尚有极大发展之机会,不愿其受列强在华势力之妨碍,国际铁路计划之提出,原谋各国工商业之机会平等于满洲,不幸失败。美国银行乃与英、法、德银行合作,议订章程,成立四国银行团,在华投资,建筑铁路。一九一一年,银行团代表与度支部大臣载泽磋商借款,专为改革币制及发达东三省之事业,四月,合同成立,中国借款一千万镑,四十五年还清,年息五厘,担保品以东三省之税收及各省新增之盐税充之,借款兴办之事业,如款不敷,再借外债,银行团有优先应募之权利。今观条件之内容,用意则防日俄势力之发展也。乃因日俄之反对,款未交清。五月,中国更于公使威逼之下,与银行团签定川汉、粤汉铁路借款契约。

日俄经营满洲,英德诸国则谋巩固其经济势力于本部,中国自英、美、日商约成后,给予外商特殊权利,开放内河,外商贩运货物便易远过于华商。列强以为中国尚无保护商标版权之规定,外商享有领事裁判权,乃相订约,保护本国之商标版权及专利权。朝廷自车驾返京后,筹筑铁路,各国争先承借款项。朝廷筹筑天津、镇江铁路,向德英借款,分段建筑,久未成功,一九〇七年,改为津浦铁路,仍向二国借款,前后九百八十万镑,开工后四年造成,三十年还清。英国先得承办沪宁铁路,一九〇三年,议订合同,借款三百二十万镑,五十年还清。后五年,双方议定沪杭甬铁路合同,中国借款一百五十万镑,三十年还清,路线由上海至杭州,更往宁波。其在南方,一九〇九年,广州九龙铁路合同成立,中国借款一百五十万镑,三十年还清。卢汉铁路前借比款建筑,至是,改称京汉铁路,借英款五百万镑收回,三十年还清。河南道口镇、清化镇铁路,初许英商福公司建筑,以其开矿故也,一九〇五年,议订合同,借款七十万镑建筑,计卖股票之第十年起,分二十年归还。其在北方,京奉铁路多借英款筑成。法国先得建筑龙州铁路之权,次筑滇越铁路、正定太原铁路。正太原向道胜银行借款二千五百万法郎建筑,拳乱后,改为卢汉支路,再行借款四千万法郎,计卖股票之第十年起,分二十年匀还。银行则向法商借贷,后以路权归之。河南汴洛铁路,一九〇三年,中国向比商议订合同,借款一百万镑,作为卢汉支路,后将路线延长,续借款项,亦与法商有关。川汉、粤汉铁路由四国银行团承借。南满新筑铁路,则借日款,已见于上。其时绅商视筑铁路有利可图,争言筹款兴筑。自办成功者,独一京张铁路,余或路线太短,无足轻重,或经费困难,久未兴工,或经理无人,虚縻款项。就人力财力而言,建筑大规模之铁路,非借外债盖不可能,美国铁路多借英款筑成,借债筑路,原为生产事业,利害则在合同之如何规定耳! 列强争欲投资者,或有政治作用,或谋权利,借款多有抵押,投资稳妥;尤有进者,凡向一国借款,必用其国人为总工程师,材料向其本国购买,无往不处于有利之方面也。合同或契约成立后,有以政治转移,迄今尚未竣工者,有因无利可图,或世事变更,不能建筑者,建筑铁路尚为中国今日之急切需要。更为便利读者起见,附言电报于此。边境与强邻接壤者,互相接线。水线有丹麦大北公司、英商大东公司营业。拳乱时,联军占据津沽,盛宣怀与二公司商定,安设吴淞、烟台、大沽水线,更自大沽重造陆线,直达北京,及联军退出,交还中国,清廷又许美、德、日本安置水线。

列强在华谋得政治上、经济上之权利,清廷不善应付,造成事机,往往迫而许之。及革命军起,列强对于双方表示严守中立,外商则唯利是视,贩运军火。《五十日见闻录》之作者朱通孺,自上海登轮,前往武昌,船中有洋行买办招揽军械生意,德日诸国商人均有出售。其时响应革命之地日广,英使朱尔典建议和议,驻京公使借口海关盐税之收入担保外债,若为南北军所提用,则将延长战祸,危险及于债权,议决各国有关系之银行,组织委员会，保管关税盐税，双方不得提用。明年一月，外兵奉命占据北京、大沽间铁路，其种种行动，类多不利于北京政府，外人之观察中国者，多以清廷之腐败造成无数之纷扰，对于主持革命之领袖，往往同情。外交官竟乃利用事变，别怀野心，扩张权利，谋得领土，其明显之例，则上海会审公廨组织之剧变，及赔偿乱时商人间接损失之要求也。赔偿要求不合于理，无待说明。租界为中国领土之一部分，华人为中国人民，当受华官之管理，毫无疑义，上海租界乃以特殊之环境，一八六三（同治二）年，设立会审公廨，上海县官或其属员出席审理华人民事诉讼，刑事则由英美或德领事出席陪审，陈说意见。及上海独立，县官携款逃匿，公廨停顿，领事决定时局未定之先，免致公廨牵入政治，自行派员审理诉讼，陪审员之意见，乃为最后之决定，中国数谋收回，初不可得。蒙古、西藏独立之经过，略分言之于下。

蒙古旧分内外，其民同为黄种，内蒙古于清季开放，汉人之移居者渐多，外蒙古则无汉人影响之可言。其人以游牧为生，知识简陋，信奉喇嘛教，群奉库伦活佛为主，其下尚有王公、贝勒、盟长，各治一部，俨然古代酋长式之政治。清廷向不问其内政，尊崇喇嘛，王公按时朝贡，赏赐甚厚，互通婚姻。蒙古官制，乌里雅苏台设有将军，库伦有办事大臣，科布多有参赞大臣，阿尔泰添设办事大臣。俄国自经营东方以来，二国关于外蒙古之交涉遂多。一八六九（同治八）年，中俄商约规定百里内之边界贸易，概不征税。凡持有执照之俄商，得往蒙古设官或未设官之地方贸易。一八八一（光绪七）年陆路通商章程，亦有同样规定。蒙古属于中国，华人入境者反受阻碍，俄国派员调查矿产，联络活佛王公。日俄战后，中国筹办新政，对于蒙古根本改变政策，奉天巡抚唐绍仪拟定移民计划，发展商业，建筑铁路。汉人先曾犯禁入境，开垦土地，及政府奖之，往者益多，一九〇九（宣统元）年，约十万人。其往外蒙古经商者亦多，其人资本短少，善于取巧，利用蒙人之短，重利盘剥，取其牲畜，蒙人忧惧。政府诏许汉蒙通婚，定汉文为公文。将军办事大臣向不干涉蒙古内政，办事经费专恃陋规为挹主,至是,库伦办事大臣三多,不知蒙人之需要,财政之困难,王公之倾向,推行新政,创设审判厅、兵备处、交涉局等,所在需款,乃量地课税,兴创木炭销场诸税。蒙人未得新政之利益,反而增加负担,心怀怨望。三多减削活佛权力,遇事抑之,对于王公亦少考虑其意见。一九一一年,营造兵房于库伦,筹谋练兵,喇嘛王公秘密会议,向俄乞援,七月遣员往俄。俄国已得蒙古贸易之权利,进而乘机干涉,八月,驻京俄使照会外务部,内称蒙古情状之恶劣,将影响于边境之安宁,要求免去练兵等。外务部复称蒙古之兴办新政,乃谋蒙人之利益。会武昌独立,各地响应,报于库伦,活佛与王公秘密会议,决定独立,俄国助之。三多迭次告急,而政府势难兼顾。十二月二日,活佛宣布独立,三多遁归,华兵退出。活佛传檄内外蒙古王公举兵响应,乌里雅苏台将军、科布多办事大臣,均被逐去。活佛自号皇帝,创设内阁,向俄借债,俄国政策可于外相沙农诺夫(M. Sazonov)之演说辞见之。次年四月,外相于国会声称蒙古缺乏领袖、金钱、军队,毫无独立之预备,而今脱离中国,俄国须据其地,否则华军将其战败再行入境矣。其外交策略则向中国蒙古调停,中国应付遂处于困难地位,其详见后。

蒙古独立,西藏继之,西藏在中国西南部,南接印度,唐初通于中国,太宗以女妻其国王,其人勇敢善战,为唐边患。其后信奉喇嘛教,达赖喇嘛管理前藏,班禅管理后藏,其下僧侣繁多,人民多以游牧为业,生活困苦,一妇多夫,妇女操作,男子反而懒惰。满洲初起,即与西藏发生关系,入关后,出兵援助喇嘛,驻兵为之防守,设办事参赞大臣各一。大臣于其内政,向不干涉。西藏地势险要,外人鲜人其境,喇嘛反对开关,不奉朝旨,为印军所败。中英订约,哲孟雄归英保护,喇嘛仍力反对通商,商约久始议成,开放亚东,喇嘛怀疑英人,不肯开放,其理由则谓英国兼并小国,抱有野心,将强藏人改奉耶稣教也。驻藏大臣无如之何,英人借口中国不能统治西藏,徒有空名。达赖则以中国不能予以保护,误以俄国信奉佛教,转而与之相善,俄国迭次遣员入藏,喇嘛有与之相结者。一九○一(光绪二十七)年,达赖遣员赴俄,英人宣传中俄订有西藏密约,实则毫无根据。印度总督歌伦（Curzon）以为久与中国交涉未有效果，向英政府建议，遣兵保护使者前往拉萨，直与达赖喇嘛交涉。内阁知遣兵往，直为挑衅，俄又向英声明未订密约，一九〇三年，歌伦迭请不已，英国许之。七月，使者同护兵前进，历久交涉，未有进步，明年，英军前进，藏兵御之，力战而败，死伤颇多。英军逼近拉萨，达赖出逃，寺长主持交涉，九月订成条约，是为英藏《拉萨条约》。要款凡五：（一）西藏开放江孜、噶大克、亚东为商埠，许英派员监管商埠之商务。（二）赔款五十万镑，三年还清。（三）担保条件之实行，英军得暂驻于春丕。（四）西藏削平自印度边界至江孜、拉萨之炮台山寨。（五）西藏非得英国政府同意，不能割让或租借土地与任何外国，内政不受外国干涉，不许其派员入境，外人不得建筑铁路，安设电线，开采矿产；西藏不得向外借款，以其收入抵押于外国或其人民。

综观英藏交涉之始末，英国野心侵略殊甚明显，其理由谓防俄国，不足一辨，何竟破坏中国宗权？清廷不善处理藩属，造成若此之结果，亦不可讳。达赖之愚陋，更不足责。朝廷得知报告，始谋挽救，一九〇五年，诏派唐绍仪赴印废去新约，久无所成，奉旨返京，留其参赞张荫棠交涉。会英国内阁更变，明年四月中英《条约》成于北京。其要款凡二：（一）英国允不占并藏地，及不干涉其政治，中国不许他国侵蚀藏地及干涉内政。（二）英藏《条约》规定外国不能享受之权利，中国独能享受。清廷于此变后，始乃根本更改治藏政策。西藏距离北京太远，交通不便，往来之路一由西北前往青海，然后折转而南，其一行自四川，西经西康，直达拉萨。二路以后者较便，政府遂先经营西康，西康在四川之西，青海之南，西藏之东，南接云南及英属领土。其地山势雄峻，土壤确薄，其人民宗教风俗文字均与藏同，喇嘛占有势力，大寺负有盛名，人民部落而居，清廷向不干涉，土司骄横不服命令，川督鹿传霖曾以兵力平其抗命者，改土归流，朝旨不许，将其免职，地还酋长。土司无所畏惧，一九〇五年，戕杀官吏。建昌道赵尔丰奉命督兵往征，士兵未有训练，军器恶劣，战斗则颇勇敢，死伤甚众。赵尔丰乘其战胜之威，次第征服巴塘、里塘，明年，光绪授为督办川滇边务大臣。赵尔丰改土归流，招民开垦，奏办学务，由部拨开办费一百万两，用兵经营东北诸部，西康始定。其经营也，规模远大，迄今川人尚称道之。

赵尔丰之用兵也，曾毁佛寺，纵兵残杀，大为喇嘛所恨，言其将改西康为省，藏人对之尤为疑惧。朝廷任命张荫棠为驻藏大臣，代其赔偿军费，张氏善于经营，伸张中国权力，与英代表议成印藏通商章程，朝廷后以满员联豫代之。联豫遇事干涉，达赖回藏，问题遂起。初达赖于英军逼近拉萨，逃往库伦，后还西宁，朝廷召之，一九○八年抵京，皇帝加封其为顺诚赞化西天大善自在佛，而以臣属视之。两宫死后，达赖回藏，途中发出乞援各国电文，攻击赵尔丰之残酷，及抵拉萨，以为驻藏大臣多所干涉，疑其将改西藏之宗教，益仇视之，转与英国接近。英自派员驻藏以来，指导藏人，免除误会，渐而得其信心，朝廷闻报，认为危险，命川兵一协入藏。一九一○年二月，前锋抵于拉萨，鸣枪示威，达赖大恐，偕其亲臣逃往印度。印度政府颇厚待之，迭向外国乞援，朝廷革其尊号，而藏人仍遥奉之。达赖既逃，联豫之权势大张，奉班禅喇嘛为主，班禅协筹军费，多所赞助。华官更召不丹入朝，英人颇以为患。驻藏之兵原为营兵五百，其人"皆娶有藏妇，人月给青稞一斗，年给米一石，米自食，青稞养妇，再以余资使妇牧羊豕，以故安分不为非"（见《辛壬春秋》）。及新军至，兵多哥老会徒党，不守纪律，欺侮藏人，及革命报至，会首煽兵为乱，抢劫拉萨官署、佛寺、商店，更相残杀，祸乱延及他地。达赖乘时传檄藏人起兵，藏兵围攻川军于江孜，英领出而调停，许其自印度回国。其在拉萨者，亦缴械归。川兵之去江孜也，藏妇视之为鬼，于后撤泥拍手送之。达赖回藏，传檄西康，驱逐汉官，赵尔丰新设之州县大半陷没，六年经营之力，毁于一旦，徒招藏人之仇恨。其失败者，放任既久，忽而改用政治手腕解决一切，主其事者，不能了解藏人之心理，实行亲善，予以指导，达于共存共荣之合作也。况其为时太暂，改革太迟，国内尚有纷扰乎？乃为英人造成时机。

第十四篇 改革与革命 附外交（续前）

综观清季国内之情状，政治组织，则沿唐、宋、元、明之旧，领土广大，交通不便，地方长官常有大权。清廷名为中央集权政府，乃以组织不密，官员人少，法令常难切实行于国中。官吏俸金低微，常恃陋规为衣食办公之费，京官则多穷乏，胥吏且无薪给。其入仕者，正途出身，则多不知事理之文人，捐输武功则流品益杂，胥吏则多世袭，长官赖之办理公事，军队徒有虚名。人民族居，宗法常能辅助法律之不足，维持乡镇之安宁，伦理观念则以有子为孝，而耕种之土地有限，人口大增之后，生计困难，祸乱之起，多由于此。回人、苗人，或以宗教之不同，或以政治之压迫，或以利害之冲突，亦常引起纷扰。直省而外，满洲人稀，蒙古、新疆、西藏未能切实治理，幸而蒙古、西藏尚能相安。当斯时也，士大夫之胸襟褊狭，对外知识幼稚，而古今形式不同，环境大异，非其所能了解，遇有中外交涉，本于攘斥夷狄之思想，从不访知敌国之实力，高倡战议，失败屈辱之后，仍不觉悟，虚骄如前。列强乘其战胜之威，多所要求，中国损失，一次过于一次，七十年内，损失可别为三：

一、关于土地。中国向不干涉属国政治，乃为外国所夺。本国土地，割让香港于英，黑龙江北岸、乌苏里江以东、伊犁、塔城西部、帕米尔高原于俄，台湾、澎湖列岛于日。海港则旅顺、大连转而租借于日，威海卫、深州湾于英，胶州湾于德，广州湾于法。主要通商口岸，划有租界，其管理行政，及与华官关系，多不相同。上海租界损失主权最大，汉口、天津等地次之。势力范围尤为危险，俄国有北满、蒙古、新疆，德有山东，英有长江流域及西南部，法有云南、两广，日有福建、南满。其中中国有予以承认者，列强有自行划定，得有一国或数国承认者。

二、主权之丧失。海关税则不得自主，雇用英人为总税务司，邮政局雇用法人为会办。列强军舰、商轮均得行驶内河，驻兵使馆区域、直隶指定城镇，及满洲日俄铁路区域，租借军港及沿海商埠。外人不遵中国法律，不受华官审判。关于交通，列强干预疏浚北河、黄浦江，创设邮局于商埠，安设水线，争先承办铁路，开采矿产，经营伐木，借款投资往往有政治条件。

三、商业。外商在华，条约予以特殊权利，运货入口，纳正税、子口半税，得免厘金。陆路通商或暂免厘，或减税银。中国关税乃以协定税率，最惠国条款待遇，不得自主。外商住于商埠，其性质可分为二，一条约规定开放者，二中国自行开放者。自行开放之商埠，始于中日战后，借以避免列强要求租界创设工部局者也。外商贩运土货出口，亦得免厘，设立工厂，纳税同于华人。各国互订保护商标专利版权之协约，洋行在其本国注册，不理中国法令，不肯缴交税银。教士传教，创设学校医院，赞助华人，盖非损失，故未并入。

综之，中国土地之广，人口之众，实为世界大国之一，屈辱至此，主权损失，无以复加。列强侵略之罪，至为明显。而吾人于列国中深受此祸者，亦由于国内无人，士大夫之主张，多为愚人中之愚人，误国之罪，实不可逭，及后觉悟，为时晚矣。

第十五篇　政治社会情状

君权之发达——宫廷生活之情状——大臣之无权——疆吏之恭顺——州县官之困难地位——贪墨之一斑——刑罚之严酷——官仪之盛——学塾之生活——童试——生员考试——乡会试等——闱中情状之一斑——中试者之地位——八股文之说明——文学之趋势——思想与学艺——土地之分配——田税——农民生活之情状——工人——商人——家庭生活——宗教思想——经济状况——自治组织——结论

清帝逊位，自秦以来之专制政体告一结束，其间二千余年，君权逐渐发达，至清无以复加，一旦推翻，其变化演进之迹，固吾人所当知者也。初秦始皇统一中国，改称皇帝，威临臣下，君权始大进步。刘邦（汉高祖）起自平民，诸将多其故人，统一之后，会宴群臣，酒酣失礼，曾至狂呼争功，叔孙通改取秦制，作为朝仪，帝命朝臣习之，始知皇帝之贵。三公入朝，犹得坐而议论政事，切谏争辩，直陈是非，君臣时以诙谐之辞，互相谈笑，东方朔醉入殿中，小遗殿上，被劾不敬，武帝免为庶人。东方朔口谐辞给，近于弄臣，然曾官至太中大夫，此风相沿，迄于唐代，兹举二例为证。梁武帝设御筵，萧琛醉伏，帝投以枣，萧琛取栗掷帝，中面，御史在坐，帝动色曰："此中有人，不得如此，岂有说耶？"对曰："陛下投臣以赤心，臣敢不报以战栗。"帝笑而止。唐代君臣以打油诗相戏。及赵匡胤（宋太祖）以部将之拥护，得为天子，颇自尊重，初用之宰相，原仕于后周，惮其威严，请免入奏，改用札子，太祖许而从之。三公坐而论政之制遂废，君臣之分益严，宋代理学发达，士大夫倡言忠君。其后宋为蒙古所灭，汉族深受异族之凌虐，朱元璋（明太祖）以盗魁起兵，统一中国，奴视臣下，以跪拜为朝仪，朝臣以受廷杖为荣。及清礼益隆重，三跪九叩首，成为仪注，外官奉有恩旨，则"恭设香案，望阙叩首"，凡遇赐赏均须行礼，驻外公使谢恩奏疏，莫不以之为言。军机大臣每日入值，天尚不明，皇帝坐于殿上，大臣跪于殿下，应对询问事件，其年高者，帝或施恩赐给垫毯，或自以软物裹腿，初觉甚苦，习而安之。皇帝发言，大臣例不敢问，贿赂太监，置其垫毯近于御座。君臣问答为时甚短，大臣非待询问，不敢陈说，有所建议，君权发达至此极矣。其弊则繁文缛节，变为形式，恐惧之中，殆无自由发表意见之机会，久乃视为固然。外使入觐，不肯跪拜，编修吴大澂称我国定制，从无不跪之臣，朝廷之礼，为祖宗所遗，不跪则普天臣民必愤懑不平。清亡主张复辟之遗老，称道"今上"，则群起站立，其人多为礼教所拘，见解迥异于吾人，虽不能以新标准作为评论之根据，而固少数顽固守旧分子，忠君内安之代价，亦云重矣。

皇帝为一国元首，敕封鬼神，陟黜官吏，诛罚有罪，发号施令，统治全国，臣下不敢仰视，尊严俨如天神。其敬拜者，一为天神，二为祖宗，三为太后。祭天祀神，礼颇隆重，遇有水旱星变非常之灾，往往入庙拈香。祭祖含有报恩追远之义，古人以为人死之后，魂魄尚存，故有血食之说，历代视为重典。孝为美德，帝王以孝治天下，每逢佳节寿辰，亲至太后前行礼。光绪长于宫中，太后听政，见之即须跪迎，德龄女士在宫二年，渐与光绪习近，曾相戏谑，口称太后至矣，帝立跪下。朝臣于三节万寿日等，盛服入朝，行礼庆祝；平日帝出临朝，高坐殿上。太后听政，则用帘或幔隔遮，及光绪变法失败，慈禧复出听政，其年已老，坐于殿上，拳乱后，旁置桌椅，作为皇帝座位。朝中各衙门堂官,及各旗侍卫,轮流值日。兹录《谕折汇存》中一例,以便有所证明。

光绪二十八年六月初四日
刑部都察院大理寺正蓝旗值日吏部引　见八十名　河南知府刘更寿谢　恩　道府张九章洪怿孙谢　恩　普龄假满请　安高熙喆武瀛孙崇纬谢化南预备　召见
召见军机　高熙喆　刘更寿

上文依照原文抄录,引见人员太多,不能一一详察矣;太后听政,曾命枢臣接见,盖应故事而已。而引见人员则縻款甚巨,周馥于一八七五(光绪元)年引见,其《自订年谱》记之曰:"赴吏部引见,时上冲龄践阼,引见人员,皆派大臣验放。先一年,李相国(李鸿章)给余引见费五百两,周薪如提军盛传又增五百两,而部吏驳阻,索费太巨,遂出京未办。至是,有友人为之斡旋,乃得了引见案。"其所称之先一年,同治尚犹临朝,而已成为惯例,馈银一千两外,周氏当自筹款,竟不能应部吏之需索,索费究有若干,视人而定,今不可知。谢恩请安预备召见而外,尚有请训,请训多为实缺官员,往往锡以训辞。军机大臣则每日入值,余官得见者甚少。

朝礼尊严,而大内建筑则不甚高,书斋若上书房南书房,屋殊隘小,设备不全,皇子幼时均习满语汉文。郊外建筑具有美术价值者,前有圆明园,英法联军之役,英兵奉命毁之,后有颐和园,竭两朝财力经营修筑而成。宫中侍卫多由皇族及八旗大员子弟充任,门禁森严,大臣不得游览禁地,李鸿章擅游颐和园,部议革职,则其明证。御史尚谓杂人出入宫门,奏请整肃。帝于宫中,接近妃嫔宫女太监之机会较多。清制挑选秀女,八旗妙龄女子,不得先行订婚,其被选者,命运多不相同,或为后妃,或为嫔贵人,或为侍者,宫女于壮年放出,不准再入宫中。八旗大臣家中妇女,亦尝入宫侍奉太后、皇后。太监来自直隶河间县,愚蠢无识,位地低者工作如奴。宫中礼节琐繁,上下之别尤严。妃嫔等人遇见太后、皇帝,则双膝长跪。据德龄女士记载,每饭太后、皇帝先行同吃,食毕,皇后、贵妃始食,不敢坐下。慈禧于外宾入宫,以其讥笑站立而食为陋习,则命之坐,宾去,仍照旧例,太后称为祖法,不欲改变。食分尊卑先后,原为北方习尚,站食则宫中礼也。娱乐有听戏、游船、赏花等,然此非少数高贵妇女不能享受,宫中生活,衣食住固无问题,而人为社会动物,全为礼教习惯所拘,毫无家庭之乐,精神上之痛苦,殆不堪言。宫女不堪痛苦自经死者,弃尸于野,罪及父母。所幸者,其人多未曾受教育,惯居家中,积久安于此种环境。嗟夫!我国所为幸福,岂豢养之谓乎?抑由于人民生活之困苦而然耶?皇帝居于宫中,其出也,或乘辂,或坐舆,抬者或三十六人,或二十八人,或十六人,前有仪卫卤簿,侍从众多,路上散有黄沙,断绝行人,威仪之尊,礼节之盛,尝非吾人所能了解。谒陵则畿辅州县,或出夫修道,或出费,或出马,谓之大差,贪官劣绅借以敛钱。拳民之乱,车驾西出,和议将成,预备回京。直督李鸿章以为兵燹之后,费无所出,电请各省督抚接济,得款甚巨,及驾北上,旨命从俭,不准铺张,王公大臣颇改恶习。太后欲于直南多住一日,入庙拈香,竟以地方给养困难而去。周馥时办大差,其年谱记之曰:"沿途仅备太后皇上皇后妃四处供奉,包与御厨,尚无挑剔,王公枢部大臣亦无需索,惟小官及差役人等肆扰不休。午饭备一千二百桌,实食九百桌,余私折钱去,晚餐实备一千一百桌,天寒搭棚设灶,厨役用至千人,又官内听差,沿途车马抬扛夫一千数百人。"夫役如此之多,侍从之臣可想,其弊则费用太巨,出巡困难,虚文浮礼,果何益哉?

朝臣得见帝者,多为军机大臣,俗所谓相国也。丞相始于秦代,汉承其旧,历代名称不同,要与皇帝接近者为事实上之宰相,职权颇重。明太祖疑忌臣下,乃因胡惟庸之狱,罢去丞相。中庸之主,机要政事商于内阁大学士,内阁之权渐重,大学士无异于宰相矣。清沿明制,大学士佐理朝政,雍正与其兄弟不协,不欲亲王与闻政事,另设军机处,司掌枢要,内阁始无实权。疆臣立有功绩者,亦授大学士,内阁大学士乃为虚荣,时人仍以相国称之。军机大臣每晨入值，跪对询问事件，其人多为大学士尚书，既不能自由发表意见，而又人数太多，责任不专。其重要则与皇帝接近，乘机进言，拟定诏旨耳，实际上诏旨多由军机章京拟定，大臣不过传述审定而已。六部堂官多不在部，与司员恒不相习。据曾国藩言，司员自掌印主稿数人而外，大半不能识面。其言于咸丰即位应求直言诏而发，道光末年业已如此，固非一朝一夕之故。六部约千余人，多无所事，曾国藩称其或二十年不得补缺，或终身不得主稿，其补缺主稿者，不过依据则例，核议案件，理办公事，舞弄文墨而已。各部书役多者竟至数千，司员奉之为师，或与之相结。大臣在朝，每逢佳节国庆，均往宫中行礼。枢臣入值，帝怜其老者，恩许骑马，或准坐轿，其得之者，视为殊典，御赏之物，或为寿字福字，或为荷包，或为如意，或为黄马褂，或为诗文，或为绸缎，或为食物，或赏在宫中吃肉，均须谢恩。受官晋爵，宽免处分，子弟中试，蠲免故乡钱粮，增广进学额数，亦莫不然。大臣尚有进贡之例，朝廷上之失仪违例者，御史即行弹劾，都察院之御史，可别为二，一曰六科给事中，查核六部违例事宜，二曰十五道监察御史，分察直省钱粮刑名弹劾事宜，朝会朝考会试军机处等，皆有御史监督。御史实为皇帝耳目，以敢言弹劾为能，皇帝偏重防弊，对于大臣殆无信心，大臣于监视之中，多所顾忌，苟安因循备员而已。

外官地位较优，将军总督巡抚及统兵大将得专折奏事，旗人自称奴才，盖清始祖原为部落酋长，臣下概为世仆，故有此称，提督奏疏亦称奴才。汉人之任督抚者沿用旧制，概自称臣，宣统嗣位，摄政王诏去奴才，满人始得称臣。奏疏或为报告，或为奏请，或为议论，均有一定格式，一字违例者，将致处分，类多避免违悖之事，杂有冒功粉饰之辞，引用谕旨，无论其内容若何，多加赞语。兹引常见之例数则证明，（一）"仰见圣谟广远，思患预防，至周且密，钦佩莫名"。（二）"仰见圣主仅念时艰，力图振作，周咨博访，不厌精详，曷胜钦服"。（三）"跪诵之余，敬悉我皇上轸念边陲，勤求驭远方略，圣谟广运，明照无遗，曷胜钦服"。（四）"跪聆之下，仰见圣明崇实黜浮至意,下怀钦感,莫可名言"。诸凡此类,例不胜举。其进用也,非为人民,乃所谓出于皇恩;其不称职者,上谕辄责以丧尽天良,辜负国恩。大臣谢恩疏中,尝以世受国恩为言,每年派员入京,赍送贡物,遇有万寿节日,争罗珍品异物,或报效款项,或入京祝嘏。中日战争之年,慈禧六十年寿辰,方欲大举庆祝,而军队迭败,乃诏停办,枢臣仍承意旨进献贡物,宫中演戏如常,地方官则于万寿宫行礼。贡物本为呈贡方物之例,载于《大清会典》,或为食物,或为用物,官吏或以官价买之于民,或强人民报效,固恶税之一也。据德龄女士所记,慈禧亲自检点贡物,其不称意者,心尝记之。御赐之物同于朝臣,由送贡之员带回,督抚例须"恭设香案,望阙叩首",表示祇领,并专折称谢。大员官外三年者,例须入京陛见,跪听圣训,出京先又请训,所谓训者,不过问答之辞,附带勉励之语,而縻款多矣。其下则有送部引见之例,困难已见于上。遇有国丧,官吏须素服行礼,民间例不嫁娶演戏,新年门联冠缨,一概免去,宴会奏乐爆竹均须停止,素服百日,并不薙发。顾皇帝与民多无直接关系,哀从何生?人民往往视为具文。淮军能将周盛传小心畏谗,书谕其子,并劝族人遵守丧礼,固其明证。其遵守者多为官绅,要有所惧,或别有所图,不过虚文形式而已。每遇忌辰,各衙门须将仪门暂闭,中设牌案,素服办事,鼓吹停奏,呵导禁声。裕谦官于苏州,以为日期未过,而各衙门即已撤牌,乃申禁令,顾此亦为具文。忌辰日多,官吏有不之知,而于斯日嫁娶宴会,为言官所弹致受处分者,用刑维持礼教,礼教之精神全失,其遵守者全为形式,其心动于祸福,固无悲哀之意也。

督抚为直省长官,据嘉庆十七年(一八一二)《大清会典》,全国总督八人,巡抚十五,其下属官承宣布政使十九,提刑按察使十八,道八十二,知府一百八十二,京畿四路厅同知四,直隶厅同知十八,直隶州知州六十七,厅同知四十七,通判三十一,知州一百四十七,知县一千二百九十三。清季添设行省,道府州县稍有增加,其下有佐贰佐之,人数不一。督抚管理省内各官,年有考语,朝廷据以陟黜,清制三年考绩,京官曰京察,外官曰大计,优者交部议叙,劣者罢斥致休。督抚对于州县官尚可随时将其摘顶撤差,其革职者,不必尽为贪污人员,中有谋欲改革积弊为绅士所恶而落职者。丁宝桢、郭嵩焘曾以整顿税银,公平分配,竟为言官所劾,二人官至督抚,犹有谤议,争论于朝,在其下者难安于位矣。劳乃宣官于畿辅州县,办差节省民财,劣绅无以自肥,反而控之。湘抚陈宝箴力欲整顿吏治,其属员黄鏊上书论之曰:"每莅一处,一切陋习不堪过问,即不为成法所系,亦为世俗所牵,一经整顿,即塞口碑,每闻操持过严。设有事变,先行撤委,不必问其是非曲直,徒得办理不善之名,此常例也。当事者各有身家,岂肯轻入棘途,自甘取戾。是以尔虞我诈,各蹈尸位素餐之诮,虽有披肚沥胆之血衷,无处施其用,虽有出类拔萃之贤能,莫能展其才,积重难返,理固然也。"其言深有所见,造成之原因,固如黄氏所言。其他主因,一则人无信心,且为防弊之自然结果;一则绅士之权太重,官宦权势之家,门丁犹斥县官为"芝麻豆子官",捕人扑责,俨然同于官署,曾左李诸家均得如此。此种习气,非独湘皖为然,他省亦不能免。失意之劣绅,则将奔走控告,长官存有免事见好之心,县官颇处于不利之地位。朝廷则视督抚参奏为整理吏治之要政,实际上希望或与结果相反。官场名言,"无例不兴,有例不灭",善于保持禄位之官吏,势乃迫而如此。

外官之缺优于京官,清季补缺者,纷至沓来,各省皆有人满之虞,循资按格,亦非十数年不得一缺。其出身可别为三:(一)正途,经考试出身者也。考有正科恩科,会试录取二三百人,仕途冗滞,道光时已然,乱后尤甚,六部候补人员,或十余年叙补,御史彭世昌奏言曰:"壮年通籍,则白首为郎,暮齿分曹,则半途求去",京官之情状实苦。(二)军功,内乱历久平定,保举之员繁众。(三)捐班,军费困难,户部广开捐输,减价招之。于是各省候补人员无缺安插,其捷足先登者,非善于钻营,即有所系援,余则留于省会,类多穷困不堪。向例同知、通判、州县官以及佐贰杂职,皆有月课,准其报名投考,优给花红,以资津贴。江苏时称富庶,待遇较优,后以经费困难,改变章程,不分班次,并期合考,只予二十九名花红,余不给奖,佐杂概停月考。月课原为候补人员而设,武功捐班类多不能应试,请人代作,后乃改章,正途出身颇处于有利之地位。州县遇有事故,督抚派员往查,常以候补人员充任,亦调济之一法也。咸丰嗣位,侍郎赵元奏言官吏曰:"罔识民事之艰难,但较缺分之肥瘠,幕友家丁招摇滋事,书差胥吏又复从中舞弊,联络把持,贿嘱情托,无所不至。萎靡者怠玩因循,不知振作,贪酷者恣睢暴戾,惟事诛求;钱粮则任意侵亏,词讼则株连积压。"其言固为恶劣官员之写真,其所顾虑者,一则求免长官之参劾,一则避免绅士之反对,一则畏惧乡民之聚众闹事也。其所诛求者,或为相沿既久之规礼,或为钱粮之浮收,或为经手事业之花红,或为属员绅士之馈遗,或为词讼之请托贿赂。其数各地不同,官吏非此决不能赡养一家,或敷足办公之费,州县官之正俸养廉为数无几,而办公从无之款,长官出巡之招待,一窗一壶无不取给,节礼门包按例馈送,长官安然受之,恬不为耻,兹举一二明例于下。

周馥为李鸿章亲信,久官于直隶,一八八九(光绪十五)年,奉命署布政使职,其年谱记库吏送银五百两之经过曰:"余却之,吏曰,'实任藩司向受一千两,署任则受五百两,此例规也。'余复却之,后数年,有以此被参者,账呈大府,大府认为故事,而以他事劾之去职。"其所称之大府,盖指直督李鸿章而言,此固不独直隶为然也。浮收钱粮,多寡各地不同,其最甚者殆为四川。据张之洞奏疏,每地丁一两,合之捐派,大县完多将近十两,中县完少亦须五六两,粮民先交捐款,然后许完正赋,否则不给串票。县官有再加费者,农民聚众闹粮,成为大案。官吏解款,尚得从中取利,所谓耗羡解费也。户部出纳,亦有私费,自十数至数百金不等,一八八六(光绪十二)年,山东河工需款百万,户部先拨五十万,《光绪朝东华续录》记言官奏劾书吏索款巨万,其劾之者,以其多也。馈送则视缺分之肥瘠,地位之高低,事件之大小而定。绅士之贿赂,官吏之馈送,皆不易知。据朝臣周德润奏疏,广东官场最坏,自将军迄道府县官,应送规礼七分,连寿节合计,共三十五分,每分如金玉珠宝缎绸钟表,价凡七八千金,门包数百金,以尊卑为等，如广州府属之六州，每年进款在十万内外，尚不敷出。他省馈送，固无若此之巨。凡欲钻营买缺者，则辇金入京，贿赂当局，尤以奕劻执政时为甚。长官携带家眷上任，其在省城者，所有用具零星琐物，均由首县办置，州县官则由胥吏购办，去任或携之去，或出卖之，长官以其敝旧多弃之去。首县胥吏则发官价强买，谓之办差。此外，尚有当事人之讼费，遇有命案，无谕死者自经，或由误杀，当事者财产将多用尽，故谚有之曰："家私多大，人命多大。"其弊之极，路中有尸，邻家亦蒙损失。裕谦官于苏州，留心民事，严禁此风。据《裕靖节公遗书》，地保遇有命案路尸，即同差役勒索邻家，名曰"尸场东道"，又常串通尸亲，将四邻开出，有隔二三里者，其罪列帮凶者动辄数十，其畏事者出钱给之，始除其名，名曰"拔名东道"，此种恶习固不限于一地，官出验尸，供给需索类多出自邻家。关于财产婚姻等之诉讼，所在需款，禀帖递后，候待批示，久始开庭，及期，忽又延期，所用之费已多，而判决犹不可知，民间故以息讼为言。

以上所叙情节，引用之例，多为极端之表现，不能一一例推所有之官，其中固有洁身自好之士也。其困难则胥吏无俸，多所勒索耳。官吏办案亦有赔贴之时，余家居高资，清末设有高家司，专治匪盗斗殴等案，乡间遇有失窃，报告至官，数日不获，事主即至衙门吵闹，官出好言安之，一面期限差役破获人赃，案情重者将受处分。邑中遇有抢劫命案，知县闻报，即亲往勘，事主一无供给，回衙，皂隶以帚扫地，藉去晦气。州县官对于劫案，负有重大责任，缉凶不力，致受处分者，时有所闻，维持治安乃官吏主要职守之一。张之洞巡抚山西，奏请捕盗就地正法，其理由则"光绪五年（一八七九），通省劫案凡四十九起，六年（一八八〇），劫案二十九起，七年（一八八一），劫案凡五十七起，本年（一八八二）十月以前，劫案凡二十九起"。四年平均之数，自今观之，并不为高，而张之洞竟请严刑诛之，以警其余。清代重视人命，罪犯判定死罪，报告刑部审核，部文批准，始得执行；各县死犯照例解至省城，秋后处决。复审勾名，犯人呼冤者例须再审，长官胥吏不胜其苦，多用严刑审问，狱定以木塞口，绑至法场，用令旗斩之。就地正刑免去解费,手续较简,且足警戒地方余匪。清季匪患较多,疆吏多请行之。官吏问供,不得,常用非刑,有以木棒或锤敲伤脚踝者;有提两耳令其植立逾时气脱者;有摩其腹使气上涌一扑而亡者;有用布纸粘贴人身,向日晒干,带肉揭起,片片血淋,名曰剥皮者;有以棒荆缚置人背,使芒钻刺,然后拔出,至于透骨,名曰抽筋者;尚有猫笼、天秤架、棍架、铁链、站笼等名目,皆见于官书,读后思之,心为之悸,何不仁之甚耶?凭供定谳之初意,原为免去死于非命,夫于非法淫威之下,隐受胥吏之指示,何供不可得耶?身遭非刑痛苦而死,远不如一刀杀之,较为人道也。清帝禁用非刑,迄未有效,死者诿为死于狱中。其所以然者,多由于官吏为责任之计,深恶匪盗,匪盗非自招供,则无以定谳,案非有人供认,则无以卸责。其时未有警察,防范不严,非严刑立威,则不足以示戒,冤狱自不能免;时人恨恶匪盗,亦少同情心理,谋害亲夫逆伦等案,刑亦严酷。犯人之在狱中也,带有手梏脚镣,行动毫无自由,饮食恶劣,盖所谓人间地狱也,因案作证之人,时无赡养明文,"一入班房(待问所),生死即在胥吏之手",况狱中乎?此就一方面而言,实际上劫案与今相较尚不为多,讼狱非刑多与良民无关,而大盗会党羽徒众多,官吏无如之何,往往讳饰太平。要之,人民生活问题不能解决,地方官署组织又不严密,徒以严刑立威,固非办法也。

征收钱粮,维持治安,为地方官之主要职守,其贤而自好者,则无需索,对于人民,劝其息讼,遇有水旱饥馑,募款拯济,一面呈报长官,请免田赋,或筹款开塘浚河以工代赈,平日提倡教育,捐款兴学,即为好官。其邻县免减田赋而本县照旧完纳者,则乡民恶之,甚者聚众入城闹事。平民官吏向少接近之机会,然遇冤抑,尚可拦舆申诉,拦舆多为穷苦之良民,身受强有力者之压迫,告诉无门,始乃为之。故事州县官出衙,拦舆触其忌讳,公毕,呼冤,回衙将即审理。官位高者,侍从众多,拦舆不易,乃以新奇方法诉冤,如镇江赴水冤呼之案。初镇江于大乱之后,城外房屋尽毁,地无主人,及后商业发达,建筑市房,旧主出而争地,涉讼败诉。会两江总督来镇阅兵,船抵江边,地主缮写禀帖,以油纸包好,置于发中,于官绅迎接之际,忽于其旁高呼"大老爷审冤",纵身跃入水中,总督即命侍从救之,受理其案。其在本省不得直者,尚得入京叩阍,顾此种种补救方法,究越出于常轨,且非多数人所能为也。官吏地位尊严,出入均有侍从,由来已久,韩愈送《李愿归盘谷序》曰:"其(大丈夫)在外则树旗旄,罗弓矢,武夫前呵,从者塞途,供给之人各执其物,夹道而疾驰。"此就唐代而言,清制略不相同,其精神则一也。督抚出衙鸣锣开道,执事侍官列队而前,骑马者谓之顶马,多者三人,持伞者一人,奏乐者一队,余多执牌,上书官衔,同于出会。轿前尚有戈士哈,满语侍卫之意,督抚坐于轿中,四人抬之,左右有戈士哈卫之,轿后置有一箱,中有衣服,乡人称为罪箱,不过仪式而已。后有骑马者随之,侍从凡百余人,威严无以复加,出入固多不便,幸其出衙者少耳。清季受外影响,疆吏中之识大体者,认为毫无意义,大减侍从,端方则其明例。其下各官视其品级,侍从递减,州县官出衙,亦得鸣锣开道,持肃静回避牌者在前,皂隶头戴竹编高帽,颜分红黑,俗有红黑高帽之称,手持长板,官则坐于轿中,人民闻锣让道,得于路旁观之。州县为亲民之官,有功德于民者,农民于其去时,或送万民衣,或送万民伞,或立去思牌,或脱换其靴置于城上,官得万民衣者,视为最大之荣誉,民间郑重其事,以为官有之者,将来因案参革,得免于死。

官吏鲜与人民接近,绅士出入衙门,颇有政治上之势力,其卑劣者凭借官势,欺压告诉无门之平民,其人或为世代书香大族之子弟,或为官宦之家,或为告退在籍之官吏,或为考试出身之文人,所谓士大夫之阶级也。其人社会上之地位颇高,俗称读书明理之人,实际上殊不尽然。其时读书入学之情状,与今学堂不同。儿童五六岁入学,塾中先生有进学与未进学之分,遂有经馆蒙馆之别,社会上之地位,所得之酬报,亦因之大异。缙绅殷实之家,礼请之先生,多为知名之士,待遇颇为优渥,教授之学生,约十数人,功课最为认真。城中大率先生设馆,邻近儿童欲上学者,家长托人说定学费,然后入学。乡村则有团馆之习惯,团馆于正月或六月举行。吾乡习惯,先由首东召集本村入学儿童之家长,议定学费,然后向先生说明学生若干名,束修多少,先生同意,是为团馆。东家设席宴请先生,三餐由其供给,一年所得二三十千文,其待遇优者被褥等物,多由首东供给。一年之中,夏季间或放芒,年终始有年假;先生返家,首东赠送之礼物甚多,间有一无赠送者,要由于各地之情形不一,首东之家境,及为人如何耳。明年正月,先生回馆,东家次第宴之,谓之春卮,投其所好,或偕之出游,或陪其博弈,约于灯节后开馆。浙江乡村待遇较劣,东家送米,先生自炊,类由年长之学生次第为之,馆或设于庙中,或在宗祠。儿童上学之日,家长亲送之往,携带礼物香烛,礼物则赠送先生,名曰贽敬,香烛则于孔子神主前燃烧,学生先向孔子行礼,后向先生叩头,每年新正开学,亦须行礼,学生约二三十人,年龄不齐,所读之书,亦不一律。先生终日坐于馆内,稽查功课,管理学生,颇为忙碌,桌上置有板二,长曰戒尺,短曰戒方,为打学生之用。入学儿童先认字块,后念三字经、百家姓、千字文,始读四书五经,学习写字,所读之书,必须朗诵,字句分明,一一熟记,然后于先生前背诵。学生背诵生书熟书,历时颇久,字句错误多者,或受呵斥,或罚令重读,或令跪读,或打手心,或打屁股,写字粗心者,亦受罚责,每日时间多耗于念书、背书、写字。先生坐于凳上,时以戒方拍桌,促其读书,一面教其立品敦行,学生坐于位上,必正必端,其出外也,不疾走,不跳跑,其在家也,顺从父母,恭敬长上。每晨入学,黄昏散学,均向孔子神主作揖,再向先生作揖,散学回家,又向父母长辈作揖。乡村儿童入学多为识字,粗通文义,能写书信;城市多求应考,尤以殷实之家为甚,教授方法亦稍不同。乡间先生对学生讲说经书,教其作对写信,城中固重讲解,又因得书较易,学生常或圈点史籍,试作八股,每逢二八或三六九等日,各作一课,名曰窗课,先生修改指导,迄其出学。今观学塾读书方法,课程迥异于今日之学校,缺点自不能免,先生不能明了儿童之心理,尤其明显之例,然其终日在馆,教授学生兼欲养成其良好习惯,人格教育之价值,固吾人所当知者也。

读书应考为士子出身之正途,儿童入学,其家人以此望之,考试制度正式成立于隋(七世纪初叶),盖鉴于选举及九品中正之弊,应时之改革也。唐宋因之,科目略有改变,时人详论其弊,然无较善之方法,终不得废。应试者无贫富之分,士庶之别,朝廷视为抡才大典,慎选考官,严防弊端,考生之取舍,则以文为标准,会试中选者得入仕途,寒士亦得仕至卿相,谚所谓平地一声雷也。其明显之影响,则士之进用。以才能为主,扫除贵族门阀之阶级,其用以选士者,或为诗文,或为经义,古代交通不便,各地方言繁杂。士大夫乃以考试之故,所读之书,所作之诗文,所有思想,往往相类。考生必书三代贯籍,冒籍中选者,刑至严峻,边省人士亦得仕至高官。凡此种种,皆足以促进中国文化政治之统一。清代考试沿用明制,重视八股,童生第一试为县试,应试者不问年龄,概称童生,或曰文童,前后共分五场,第一场为正场,试八股文两篇,诗一首,余为复试,初复试四书五经文及诗各一篇,二复试四书文策论诗各一篇,三复试四书文一篇诗数首,四复又称终复,再试八股作法。故事凡前场落第者,不得再入下场,中者登榜公布,造册送府,以备府试。府试科目与之相同,发榜后造册送院,中选者再应院考。县考例照学额录取两倍,府考一倍,院考由学政主持,学政亦称提督学院,皆京官之翰林出身者任之,为钦命之官,体制崇贵,职务清高,与督抚平行,寓有右文尊儒之意。

童生院试入场,搜查颇严,其怀挟带被搜获者,将其怀挟掷入巨箩,叱令入场而已,县考、府考并无搜检。院考规则颇严,入场发卷,按签归于坐号,并于卷面写明号数,然后关锁大门,堂上击云板一声,众皆肃静,吏执题目牌,教官诵题二三遍,兵快登案瞭望,遇有犯规者,鸣金一声,高呼某生犯某事,本生持卷赴堂印记,拒者重究。巳时,门击鼓三声,方许饮茶出恭,饮者走至茶桌,自击云板一声,放卷桌上,印饮茶二字,饮毕,击云板二声。出恭者击木梆,仪亦如之,例许一次,有交卷者即撤桌去。未时,大门外击鼓三声,堂官击云板三下,呼快誊真。申时,大门击鼓四下,堂官拍云板四声,呼快交卷。申末,大门五鼓,堂上云板五声,各生交卷净场。院考规则见于《学政全书》,通行全国,较之县府考严厉多矣。县府考于饮茶出恭，考生均得自由，俗谓日落净场，而场中不但燃烛，且有迟至午夜以后者。其原因可于王念祖君之言见之。其言曰："县府系守宰之官，不愿过事严厉，以招恶感，且知学宪按临，必然雷厉风行，我辈地方官，何苦做杀风景事，最初不过是照例之人情，日久成为沿习之风气，在清季时，虽有风厉之县府官，亦不能违反习惯矣。"王君先后应试六次，乡试中选，会试不第，熟悉掌故，其言颇有根据。学政照额录取，发榜有名者谓之秀才，亦称附生，大率应试者数十人录一人，限于学额，有应试终身不得一衿者。绅富欲其子弟进学，唯有出于舞弊，县府试为之甚易，院试较难，乃勾通兵快；代考则因面目易于辨识，童生聚集一场，习气嚣张，最喜攻讦生事，倘被发觉，将有性命之忧，枪手不敢为之，乃多于场外代作，由挑水夫传递，场中检对手笔，原为杜弊，实际上仍为具文，清末考官亦有认真办理者。考试之日，饮食皆考生自备，唯县府考终复，由官给以膳食。亦尚丰腆，食者诩为幸运，夸示于乡里焉，榜发之后，秀才例须入学，字政按照报考籍贯归入县学，酌定十分之二拨入府学，谓之入泮，或曰游庠，其意义则入学宫从师肄业，身份与平民有别也。每一府学有教授一，州学有学正一，县学有教谕一，各有训导佐之，所谓诸生之师表也。王念祖曰："学官教学，徒有其名，江浙文风素盛，无不自出束修，受业于邑中名宿者。"学政照例每三年按临各府二次，考试已经入学之生员，第一次谓之岁考。王念祖曰：

> 各生员逢岁试，无不栗栗畏惧，俗所谓秀才怕岁考也。每试得一等者，其前茅给与廪膳（其数甚微），谓之廪生，得二等者无功无过，得三等者谓之落海，照章发学戒饬，命门斗持戒尺责诸生手心十下，以示惩儆。但前清乾嘉以后，此事向不实行，虚应故事而已。究竟同学之嘲笑难堪，此秀才所以怕岁考也。至四等为劣，五等出学为民，久已不见于事实，学政多尚宽厚，实际上惩创之制，至戒饬为达极点，所以留寒士之颜面，俾可教书以糊口，但卧碑之上，则三、四、五等如何惩儆，赫然揭载，奉为定制焉（每一府县必有学宫，每一学宫必有卧

碑，亦至今有未被毁弃者，可资考核也）。且岁试必须应考，亦有因事不与试者谓之欠考，下届逢岁考，须先补考一次，谓之补还欠考，非若科考之可以规避不到，在乡试前可以录遗入场也。学政按临各府第二次考试，谓之科试，名曰录科，即录其名以入科场也。考试制度与岁试相同，取一等者，前茅亦得补廪，取二等者一体乡试，取三等者谓之落海，即录科无名，次年乡试时仍须考取录遗，方得入乡场应试也。

王君所言，系应作者之问题笔答者也，括弧内之说明，皆其自注。三年两考固为定规，亦有并而为一者，恩科又将改变成规。学政按临各府，先期通知知县知府，由其出示分别考试，以备院考，故学政按临，一则考试旧生，一则考取新生。秀才学额有定，而岁科两试一二等名额则无定限，故少惩儆之例。《学政全书》所列之降青降社，已为一般人士所不明了，实则不过考四五等之处分，扑责降而为民耳。生员、童生均须自谋生计，寒士或教书，或兼行医，或考书院。书院多设于省会大城，由达官绅商创设者，或有学田，或有基金生利，或有捐款；山长常为知名之士，学生通常百余人，有月给银数两者，谓之膏火。其讲习之功课，或为经学，或为八股，或为史地等，要视主持者之决定。书院又常课文，或月举二次，或月举一次，或二月一举，生童均可与试，其列一二等者，多有膏火之助，应试者尝达数千，扬州梅花书院月课，镇江生童亦往应试，则其例也。生员进身之路，一曰贡举，二曰乡试。贡举则府县州学贡秀俊于天子也。一曰岁贡，府学每年例贡一人，州学三年二人，县学三年一人，而入监读书，路途遥远，往返不便，又以年壮者为限，渐而变为名目，改由学政考验。二曰恩贡，贡生以国家庆典恩科年录取者充之。三曰优贡，三年一考，学政会同督抚选拔，一省数人而已。四曰拔贡，十二年一举，学政选拔，督抚复试。五曰副贡，乡试中副榜者，亦称半边举人，准其入监。六曰例贡，府县学生员或俊秀监生援例报捐贡生者。凡由前五贡出身者，亦称正途，贡生入京，或有入监读书，然后以知县或教谕或训导选用；亦有不必入京，由学政考后咨部选授本省训导，得缺由巡抚考验者，岁贡则其明证。

乡试例逢子午卯酉年举行，尚有恩科，应试者有秀才、贡生、监生，秀才、贡生已言于前，监生则以贡生不愿坐监，乃以纳资入监者为多。考所曰贡院，均在省城，内有士子席舍，俗称号房，考时拨军守之，名曰号军。全国初设贡院十六，清季甘肃增设一所，江苏、安徽仍共一院。考官有主考官、副考官、同考官等名目，主副考官由旨钦派，同考官俗称房师，自十八人至八人不等，以本省科甲出身之官员充任，其下有提调、收掌官、誊录、对读、号军，多者二三千人。场中事务，概归监临总理，顺天以府尹充任，各省则以巡抚或总督为之。考官入闱，即与外间隔绝，不得接收函件，各部用笔颜料不同。考生先至省垣，夏历八月八日晚间，携带衣褥等物进场，先受严密之搜查，然后入场，完毕，封门，考生接卷归号休息。初九日，天尚未明，发表试题，第一场四书制义题三，五言八韵诗一，初十日傍晚净场，士子概用墨笔，故称墨卷。号房简陋，人于劳碌烦焦之中，居于斗室之内，遇雨尤感不便，神经错乱不能为文者，尝不能免，死于场中者，时有所闻，说者指为作恶之报应。考生交卷，受卷官一手接卷，一手发笺，并查违例应贴之卷，呈明贴出，余则每十份用纸固封后，送至弥封所，所官戳印红号，对编墨朱卷号，朱卷者誊录用朱笔抄写墨卷，送官评阅，防其观看笔迹，或致舞弊也。十一日，考生进二场，点名、发卷、发题如前，试题五经制义各一，十三日交卷，日落净场。十四日，再进三场，各事如前，题为策问，共有五篇，十六日出场。各省试题，除顺天试外，均由考官拟定，顺天试首场题由皇帝选定，其应试者有奉天、直隶、承德之生员，及坐监之学生。三场完毕，弥封所检对卷号簿号，送至誊录所，由其酌派书手用朱笔誊录，然后送往对读所校对，校后收掌官将朱卷移送考房，墨卷则标笺收存。房官选荐佳卷，呈送主副考官，由其品定取舍，小省人少，九月初发榜，大省考生万人以上，迟至十五。中选者各省例有定额，自四十至百余人不等，第一名为解元，余称举人，或称孝廉。举人进身之路有二，一应大挑，旧例每阅六年举行一次，嘉庆改为每四科大挑一次，一等以知县用，二等以教职铨补。顾以容貌为取舍,无足轻重。一应会试,会试以辰戌丑未年三月在京学行,亦分三场,规模略同于乡试,中式者为进士,第一名曰会元,榜发后在保和殿复试,名曰殿试,考列一甲者三名,称状元、榜眼、探花,赐进士及第。传胪之日,礼至隆重。其谢恩题名等礼,殆无叙述之必要,状元授修撰,余授编修。二甲若干名,赐进士出身,三甲若干名,赐同进士出身。进士或入翰林院肄业或授小官,例不一律。其肄业三年者,例有考试,清自中叶而后,重尚楷诗,考列高等者,留于翰林院,为编修检讨,迁调较易,时人以预选为荣。后则人数增多,调迁不易,乃求外官。

上言之考试制度,系清代普通士子进身之阶,达官子弟处于优胜地位,尝碍寒士进身之路,乃定官卷。其子弟及同胞兄弟等之应乡试者,编入官卷,大省二十取一,中省十五取一,边省十取一,就人数比例而言,取额较宽,仍有优待朝臣疆吏之意。旗人初考翻译,乡试另行编号,录取较易,舞弊尤甚。武举于文试后举行,亦分秀才、举人、进士,武官多由行伍出身。其社会上之地位,远不能及文官。此外尚有博学鸿词科、经济特科。博学鸿词科无定额,于清初举行,应试士子由大员保荐,试以诗文;经济特科于一九〇三年举行一次,录取者未曾重用,无关得失。清季奖进新学,其自外国留学归者,许其考试,予以进士出身,更以倡办学堂,疆吏请废科举,朝旨许之,于是国家抡才大典之考试,暂作结束。考试为士子入仕正途,显亲扬名,光荣乡里,政府民间莫不视为大事,拥有资财者,谋求得之,不择手段,寒士则尝卖文自养,其情状固吾人所当知也。童生聚于一处,往往生事,府县类多徇其所欲,闹场之事,时有所闻,其原因或攻讦舞弊,或为讥嘲不自科第出身之县府官,或因题目困难,或以琐事要挟州县官。生员赴省乡试者,船上书旗,途中税卡不敢稽查,船户乘机挟私。其进场也,考官严禁代考怀挟,而弊仍不能免。一八七九年,江南乡试冒名枪替者,竟至十数人之多;场中且有临时觅得枪替者,同在一号之中,仍由本人誊写,谓之临时卖稿。据王君言,大抵先取笔资一二百金,获隽后则照笔资若干倍,又有早先议妥,临时换卷者。场中生活,可于下引之文见之。

试士之区,围之以棘。矮屋鳞次,百间一式,其名曰号。两廊翼翼,有神尸之,敢告余臆。余入此舍,凡二十四,偏袒徒跣,担囊贮糈,闻呼唱诺,受卷就位。方是之时,或喜或戚。其喜惟何?爽垲正直,坐肱可横,立颈不侧,名曰老号。人失我得,如宣善地,欣动颜色。其戚惟何?厥途孔多。一曰底号,粪溷之窝,过犹唾之,寝处则那,呕泄昏怓,是为大瘝,谁能逐臭?摇笔而哦。一曰小号,广不容席,檐齐于眉,墙迫于趾,庶为僬侥,不局不脊。一曰席号,上雨旁风,架构绵络,樊篱其中,不戒于火,延烧一空。凡此三号,魑魅所守,余在举场十遇八九。黑发为白,韶颜为丑,逝将去汝,湖山左右,抗手告别,毋制余肘!

文见于陈康祺之《郎潜纪闻》,为常熟陈祖范所作,因于场屋,自言其经过,且作告别也。所言偏于居处。关于饮食,王念祖曰:

入闱后之生活,虽有官厅供给饭食,考生仍喜自备,铜罐碗箸炭米肴馔,皆考生自携入场,命号军供炊煮之役,饮料则号前有大缸,满储清水,亦颇清洁,烹水瀹茗,亦号军之事也。饮茶向无规例,任考生自由。

此就考生而言,第三场适逢中秋,例有月饼火腿钱文,江南乡试每名给二百文,光绪八年(一八八二),皖灾以款助赈,左宗棠特捐养廉发给。四川积弊深痼,据《益闻录》载登川督丁宝桢之奏疏,场内前有酒饭烟馆,官不敢问,点名时拥塞喧哗,混领考卷。"本年(光绪八)严照条例办理,头场戒斥窜号数人,二场竟有斥生周冕蒙混入场,将其看管,又有士子拉坏号棚木签十数根,以便出入,不服官劝归号,反而胁众数百,打毁考棚,拥入公堂,毁坏什物,抛掷砖石,饬役拿获三人,余多归号,尚有数十人逼索周冕等,闹至四更,公堂分派题纸,竟将其抢去,掷入水缸。"此种不法行动,虽为四川独有之例,然可略见考场情形之一斑。孝廉入京会试者,例给川资,各省不同,自银数两至数十两不等。贵州、云南、新疆士子入京,赏给驿马骑坐。场中秩序就大体而言,较为严肃,然有吸烟者。朝廷重视科举,考费作正开支,颁布条例,严禁舞弊,而弊反生于其所防,童生应试例须廪生具保,苟非士族常多勒索。张謇改姓应试引起烦恼,则其明例。学政原为清高之官,按巡各府,尚有规礼;办差器物之需索,酒筵之供给,常苦府县官,王念祖曰:

> 学台来自京师,仆从无有不凶狠者,其主人能约束之,则此辈亦不敢作恶,倘学台自身不能廉洁,则此辈无所忌惮,而州县官苦矣。先君子宰同安时,福建学政檀玑颇不能自洁其身,仆从之凶逾于狼虎,路经厦门,照例燕烤两席,鱼翅六席,谕令一律抬还,速令粤厨精制粤席。……仓猝不能应命,赂仆满欲,仍以前席进用,始无闲言;次日,过境赴泉州,则行馆以内之红缎绣花披垫,杳无踪迹矣。物为假自绅士者,乃照价赔还之,但有清一代,贪污若檀氏者,亦不多见焉。

贪污至此,县官无法应付,唯有贿赂忍受赔偿而已。官无保障,学政固能借端需索,秀才进见例有贽敬,入学亦有规礼。乡试考官,朝臣奉旨派出,其在顺天者,迅速入闱,他省则限五日内起程,途中不得通柬拜谒,所以杜贪缘请托之弊也。闱中考官不得携带违例物品,考卷之弥封誊录,皆为防弊,墨卷尚须送京磨勘,倘或发现文理不通之句,例有处分。会试条例大率同于乡试,而关节之弊,仍不能免。清代数因考试兴起大狱,则其明显之例。尤有进者,朝廷重视科举,民间视之尤甚。余家世居乡间,宗祠并无多产,族谱中云:"有应童子试者,给盘费银二钱,如入泮者,给花红银二两;应乡试者给银二两,应会试者给银十两。"款数虽少,然可见其奖励之一斑。罗泽南七应童子试,不售,及入县学,年谱称其泫然泣下曰:"吾大父及吾母勤苦资读,期望有年,今不及见之以稍慰也。痛哉!"一衿之荣,竟至于此!入场之先,亲友送礼预祝,尤以乡试、会试为甚。其中试者传报至家,亲友视为人间至荣,造门庆贺。《益闻录》记状元黄思永于南京受贺,官绅往贺,状元头插金花,身穿蟒袍,坐轿至朝天宫行礼,前有衔牌数十对,魁星亭一座,大红旗四柄,上绣状元及第金字,观者拥挤不堪。说者称其祖上积德所致。昔为寒士,一旦跃而至此,足以惊骇时俗矣!举人进士于榜发之后,即拜考官为师,恭送贽敬,对于房考官亦极亲近,并谒见其夫人,行弟子之礼,以为非其所荐,则无由上达主考也。其亲昵过于业师,盖考官之地位优于业师,含有势利交结达官,为将来党援之计。同科中试者,无论年龄高下,行辈尊卑,地方远近,概称同年,亦相交结。科举所试科目,童试各场均有八股,乡会试各有三场,而考官则重首场八股,对策不过就题敷衍成篇而已。八股为多数士子专心习学之文,于历史上盖有说明其内容之价值,兹选一篇于下。

殷有三仁焉　　　　　　蒋龙光

(破题)以存心者存商、尚论之而乃定已、(承题)夫志欲存殷者三仁也殷实有之、而殷至今不亡矣、(起讲)今夫国运之兴废。虽曰人事。岂非天命哉。然天能亡一代之国。而必不能亡一代之人。即能亡一代之人而必不能亡一代人之心则其心在也。即其人在也。即其国亦在也。(入手)如微箕比干之行事如此,(起股)此犹可曰周得而有之乎。亳社可移,九鼎可迁。独至百折不回之意。必不可改。是盖从亿万众之离心离德而姑存其不臣不叛之身。则固新主所不得而夺也。此犹可曰纣得而有之乎。播弃如故。杀戮如故。究之自靖自献之衷,亦复如故,是盖聚数百年之祖功宗德以全收。夫尊贤养士之报。则亦非独夫所得私也。(出题)吾因而断之曰：殷有三仁焉。(中股)讫命之罚。知之素矣。岂三仁而可与天抗乎。而仁至乃可以违天。使当日者。稍有依回帝命之思。则挟其才智。而与宁王之四友。穆考之五人比肩。择主。安见其扶景运之易。为力不胜于振坠。绪之难为功乎。而三仁不愿也。唯是天欲亡之。必欲存之。斯赖兹硕果之仅存。已可抗衡乎十乱耳。孔迹之兴。计之熟矣。岂三仁而可与人异乎。而仁至。自不忍附人。使当日者。稍有观望舆情之想。则留为有余而俟。西山之义士。洛邑之顽民。扶义而起。何至若抱器陈畤之不可以复还。剖心泣血之不可以复生乎。而三仁不计也。唯是人欲亡之。必欲存之。故即此一家之同德。已足鼎峙千秋耳。(后股)今而知殷之亡。远于夏之亡也。南巢放桀之日。尝不闻有。一人一士上酬七庙之灵。而何幸。忠良焚炙之余。犹见累朝培植之厚。商先王有知。应亦无憾焉。已今而知殷之亡。不减于周之兴也。筐篚玄黄之会。孰不谓乘时景运。居然俊杰之名。而何意忽焉没矣。之后。犹足动人凭吊之怀。我文考有知应亦甚慰焉已。(束股)嗟乎自有此三人。状山河而重社稷。当无忝莘野之元臣。告后土而对皇天。实足愧孟津之百国。(落下)殷虽不欲有之。三仁忍不为殷有哉。此孔子所以废书三叹也。

八股为文体之统名,内容亦有变化,有少至两大股者,有多至十余股者,有在起讲下用三段散文者,然以八股为常格,故以为名,又称八比,以其两两相比偶也。其原起盖始于北宋之以经义取士,初唐沿隋制,以科举取士,科目繁多,而进士成为常科,偏重诗文,言者论其轻薄,谋欲废之,终不可得,宋初欧阳修利用科举,改正文体,论者仍称其空虚无用。王安石建议经义取士,注重解说经文义旨,逐层阐发,原用散文,后乃渐归整齐,至明遂成八股,清初一度废之,旋再恢复,相沿迄于光绪朝止。其题初限于四书五经,后则出自四书,论语尤为重要,历时既久,几无新题可出,童试乃断剪经文,割裁语句,据康有为《戊戌奏稿》,其小题有枯困缩脚之异,搭题有截上截下之奇,行文有钓伏渡挽之法,譬如《中庸》"及其广大,草木生之",则上去"及其广"三字,下去"木生之"三字,但以"大草"二字为题,以难诸生。康氏才气纵横,困于小题,凡六应童试而不售,乡会试例禁裁截经文;士子得题之后,聚精会神,设身想象二千余年前之环境,模拟时人之口吻,阐明题中之精义,三代以下之典林,不得用于文中。其浅陋者,"非三代之书不读,非诸经之说不览。乃以八股精通,楷法圆美,幸而成进士矣"。八股作法,有破题起讲诸名目,已见于引用文中之旁注,兹再略加说明。开首两句谓之破题,盖以作者认定题旨,而以两语喝破,立定全篇主意也。破题之下,或三句,或四句,谓之承题,乃承上破题之意,而解释之。其下为起讲,起讲为一篇之纲领,如散文中之总冒,应将全题意义,笼罩无遗。起讲之下为入手,从题之上文叙入,以为来龙。其下为起股,乃从题前虚按领起,或逼入本题;起股之下,以一二语点出题目,出题之后为中股,无论从何面发挥,总为文之重心所在,中股之下为后股,再将题义透发无遗,后股之下为束股,将余意结束。全文不用束股者,六股亦可完篇,本题有下文者,束股后还须一二语点出,谓之落下,即题无下文,亦须以一二语点醒主意。此种简单说明及上八股文之选录,颇赖陈虞孙君之助,至于此篇之主意,作者运用方法之巧妙,则无说明之必要,此不过举一例,以见大概耳。

八股文字之整齐,方法之固定,作者无自由发展思想,及运用文字技能之机会,毫无文学上之价值;其为文也,既非研究高深之学理,又非社会之实用文字,从以应试为其存在唯一之原因,士子终身习之,有不得秀才者,耗费时间精力,究有何用?说者言题出自四书,阐明微言大义,便于寒士,含有机会平等之深义,顾其不良之影响,浅陋士子,除四书五经而外,别无所知,举人有不知《公羊传》为何书者。据康有为言,翰林亦有不知司马迁、范仲淹为何代人,汉高祖、唐太宗为何朝帝者。其言不知何所根据,明知数人之名,固无实用,教育之真价值,常在发展个人之天才,环境之认识,判断之能力,而专习八股之士子,缺乏常识,脑海中想象上古之黄金时代,本于褊狭之胸襟,成为顽固不化之陋儒。清季朝臣尝有其人,此政治未有进步,外交趋于失败之一主要原因也。其中一二英哲才能之士,虽由八股出身,然非其能造成,英杰盖非八股所能束缚也。屡试不售之童生,终身练习,死而后已,其精神与毅力,足以启迪吾人,其所以然者,一则官迷太热,一则出路太少,一则考试大体尚称公平,别无怨尤也。八股考试,吾人非之者,非为考试制度,乃其科目耳。学术之进步,尝赖国家之提倡,此为中国奖进之一方法,国家需用人才,此为登用才能之一方法,其他原因已见于前,兹不复赘。

士大夫以八股应试,八股非应用文字,识者非之,由来已久。其时应用文字,一为骈文,二为古文,三为白话文,韵文则有诗词。骈文于南北朝成立,唐犹盛行,及至中叶,古文运动颇有势力,唐末骈文复盛,宋以科举之力,提倡古文,骈文终未能废,馆阁台省之文,仍多用之,说者且谓事关尊严,非四六之诏不足相称也,清末骈文作家,要不过模仿古人而已。古文原为散文,司马迁用之著成《史记》,编史者从而效之,唐宋以后势力大盛,清之作家向分两派,尤以桐城派势力为大。及其季年,曾国藩、吴汝纶、严复、林纾、章炳麟等均称能手,清季以环境变迁,一派趋于通俗如梁启超之文,一派用以译书如严复、林纾。二人译书皆有相当成绩,林纾虽不能读英文,然颇富有天才,翻译小说百有余种,胡适曾称古文应用,司马迁以来,未有如是之成绩,固信而有征也。章炳麟文理尚优,可称名家,白话文发达颇早,名家用以著成小说,为社会上流行最广之文字。清代曹雪芹之《红楼梦》尤负盛名,其价值常在描写深刻细微,而言语尖俏诙谐,充分表现作者之能力。北方官话流利,作者或以言语消遣,著成评话小说,如文康之《儿女英雄传》。民间之风气强悍,俗有剑侠之说,作者或不明了世界大势,鉴于外患之逼,著有武侠小说,如《七侠五义》之类。南方作者知识较广,或谋改革,而力不得,乃以讽刺文字,描写时事,李宝嘉之《官场现形记》，吴沃尧之《二十年目睹之怪现状》、《九命奇冤》，刘鹗之《老残游记》，皆其例也。其另以方言著成小说者，首推韩邦庆之《海上花列传》，其书为吴语第一名著。诗则多仿古人，王闿运、张之洞、陈三立、郑孝胥等均负盛名。据胡适之见解，贵州诗人郑珍、上元诗人金和，感受乱离之痛苦，歌咏时事，颇能见其个性。周馥之史诗，亦常为人称道。康梁诸人，则欲创作新诗，黄遵宪、康有为较有成绩，黄诗另辟新境，负有盛名。词则未有重要之成绩。以上所言，不过近代文学之趋势，注重文学之读者，可看胡适所著《五十年中国之文学》等书。

士大夫顽固墨守，不知所处之环境，时有重大之刺激，比较借鉴之机会，不肯利用，清末之思想学艺，盖无特殊之成绩贡献于世。清初士大夫鉴于王学之空疏，八股之无用，又以耶稣会之影响，研究数学；其时文字之狱迭兴，学者多所忌讳，乃以科学方法考证古书。其人博览群书，一字不肯放松，精神至堪称述；顾此所谓搜集材料，鉴别真伪，不过为研究学术之初步，尚须综合所得之结果，作为有系统之叙述，其困难则为止于初步，过于琐屑。乾嘉之后风气转变，学者倾向于研究圣贤之微言大义，间不免于张皇附会，未有重要之成绩。综之，二千年来中国之思想束缚太甚，其间虽受印度哲学影响，英哲深思之士另辟新境，终然不能减少传统思想之势力。文人精力多耗于熟读四书五经，例如勇于疑古之崔述，其《考信录》之标准，则以儒书为根据也。清末朝臣疆吏以道学自任者，有倭仁、曾国藩等，其人律己颇严，勤俭刻苦，以君子自期，自私人道德而言，固不失为君子，就思想学术而言，不过模仿前人，拾其唾余耳。文人若章炳麟、康有为、梁启超等，亦无学术上永久之贡献。章氏门户之见太深，虽有独见独到之处，要无重要之创作。康氏主张变法，著作牵及政论，《孔子改制考》则其明例。其主意则尊崇孔子，以耶稣受人崇拜，而孔子与平民无关，乃欲仿其组织，倡言孔子改制，实为教主。《伪经考》杂引伪书，《大同书》则未公布，要亦不过个人理想社会，所谓乌托邦耳。梁启超文字宣传，厥功甚伟，然于西方学术认识不清，纰缪杂出，其著作殆无永久之价值。以上所言，偏于价值之估计，标准人各不同，此就研究学术之方法，所得之新贡献及影响而言，学术为终身事业，绝无速成之方法，彼视学术为从政之副业，何能成功？此非轻视吾国之学术，乃欲知其弱点，改变吾人之观念，纸堆中之探求，或不如观察调查之所得也。更当附言于此者，近代机械学发达，印刷术进步，美人威灵斯（S. Wells Williams）于广州创设印刷所，教练工人，中国始有机器印书新法，印书较之镌刻木板，大有进步，书价既较低廉，文化传播更为便利矣。

清季学术虽无特殊之贡献，然堪注意者尚有二点，其一则新材料之发见，其一则译书事业之开始。材料可别为三：一曰鼎彝，初乾隆搜集鼎彝，陈列宫中，丰富过于前代，臣下化之，相沿成风，金石考古家争出重价收买，于是重器次第发见。学者研究其文字，始知古代文字演进之迹，许慎之说不足深信。其制造之花纹文字，及所用之材料，均有助于历史，遂开学者研究考证之途径。二曰甲骨文，河南安阳为殷故墟，光绪末年，洹水发见契文甲骨，人不之识，商人运京售于达官。拳乱，散失殆尽，大部分归于刘鹗。识者论为殷物，采收者渐多，或流入外国。罗振玉见而宝之，遣人掘发，获三万余片，得古器物多种，其收藏之富，推海内第一。罗氏所著之《殷商贞卜文字考》，为其研究之第一作品，其后王国维等继续研究，迭有重要之发见。三曰西北古物，国内好古之士收藏古物者，以端方等为最丰富。外人亦谋搜集古物于中国，其重视者则为新疆，其地为古代中西交通之要路，印度、波斯、希腊、中国文化接触之所，地有沙漠，气候干燥，一二千年前之遗物，尚得不坏。考古家斯坦因前往新疆，发掘遗址，获有汉人坠简及唐代美术品甚多，及抵敦煌，访知古寺藏有唐时抄本典籍绢画及吐蕃文字，诱说道士，取运一部分送归伦敦，法汉学家伯希和（Paul Pelliot）继之，取归一部分回法，清廷得报，命送余物入京，其经中外学者研究者，已有重要之结论。关于译书事业，其初也进行迟缓，其困难一由于轻视列强，不信其有高深之学术思想；一由于中外文字之迥异，全国无一精通外国语言之人，俄国于鸦片战前，赠送科学书籍，朝中无人知其内容。

及同文馆、广方言馆成立，教习聘用外人，学生不肯专心学习，糜款虽巨，迄未造成有用之人才。其翻译外国书者，多为外人，顾其偏于机械学，文字晦涩，未有若何之影响。国内识者受外刺激，研究西学，用力颇勤，惜其从未实地考察，全为书本知识，仍不免于错谬耳；渐而变为风尚，殿试对策，大臣以之为题。其始利用外国材料考证者，首为驻外公使洪钧。中日战后，风气改变，翻译应时需要，严复乃以译书盛称于时，雅信达之标准，迄今尚为一般人所称道，其所译之《天演论》、《群学肄言》、《原富》等书，均负盛名。林纾则以译小说见称，林氏精通古文，富有天才，故能遣辞创语，决非无根基者所能及也。

美术为一国文化代表之一，其范围有金石、字画、瓷器、雕刻、建筑物等。其性质可分为二：一为创作，创作非有天才之作家，殆无重要之成绩，旷世或无其人。一为保管，国内向无公共保存机关，宫中收藏向不公诸所好，私人非强有力者则不能安全，收藏家往往珍而藏之，不轻示人，每逢一乱，尝多散失。清代彝器出土者，多于前古，已言于上，碑石亦为专家所重视，魏碑尤其所好，重价收集拓本，成为专门之学。其用途自吾人观之，则文为古人传纪，历史上之重要材料也，时人观念则不相同，其重之者，一为鉴赏，一为练习字体。字为国内美术之一，士大夫有终身习之者，名家要多由于天才。清末善书者，有何绍基、张裕剑、翁同龢、康有为等，康氏论书之《广艺舟双楫》，颇有见地。画则国内作家兼重山水花卉人物，独立自能一派，山水偏重意境，与西洋画迥异，花卉人物简单而能动人，为世界著名美术之一。清季名家甚多，任伯年尤负盛名。徐悲鸿称为近代伟大作家，任氏天才极高，笔法自清初名家陈老莲化出，家境穷困，染习鸦片，侨居上海，以卖画为生，非受生活之压迫，则不愿有所绘画。余于章诚忘君书室，见其名作多种，尤以《清荫草堂图》（山水）、《唐太宗评字图》（人物）、《双鸡图》（花鸟）、《翎毛五伦图》（花鸟），为其生平杰作。章君先君敬夫公爱好名画，与之交游，多其赠送者也。任伯年死后，其女善画，仍用旧章出售；其个人作品今流行于外者，杂有赝物。瓷器雕刻衰微已甚,建筑之有历史价值者,东南多毁于兵燹,清季唯有北京,尚能代表中国建筑而已。

人民职业,士为最贵,其次曰农,中国以农立国,出产之食料,政府严禁出口,其思想则维持民食也。以农立国,时以民食不足为患,所谓农者虚名而已。其困难则人口于大乱之后,耕地有余,产生之五谷,供给过于需要,价钱低落,农民地税并未稍减,多田反而为累。太平天国灭亡之后,人民未死于兵燹饥荒流亡者,回归家乡;余家居乡间,族中有田,近于江边,一年收入不足完粮,愿写送契,无愿受者。王邦玺奏言田赋,称其家乡曰:"瘠薄之田,竟至白送与人承粮而不肯受。"所称情节,指江西而言。国内荒地无人耕种,所在不免。及后人烟稠密,需要之食料增加,始乃开垦荒地,维持需要供给之平衡。此种简单经济程序,要由于剩余之食料,无法运出也。人口增加,终至无可再加之时,可耕之地始尽开辟,食料不足,反向外国购运,此近百年来本部十八省之现状也。农民从不能改良其生活,不过于前现状之下,家有余粮耳。人民以耕种者为最多,朝廷收入初几全赖田赋,四民之中农民负担独重,以农立国者,岂此之谓乎?其时工业未脱家庭工艺之情状,商业则为小资本家之贩运,富豪无所投资,往往兼并土地,跃为地主。平民无恒产者,降为佃户。地主田地多寡不同,有自耕其田自食其力者,有耕种一部分田地,余由佃户承种者,有地归佃户耕种收租者,各地情状不同,大率北方大地主较多,其人或为仕宦之家,或为地方名族,南方亦有其例。湖南大族如曾左诸氏田地之广,步行十数里,尚或未出其疆界,不过人数较少耳。地主田少者仅及数亩。贫民承种之田,出租多寡,视田肥瘠田赋轻重及需要供给而定,地主多为绅富。常与官吏相结,佃户类多处于威吓压迫之下,其恶劣者,每年交给地租,约当耕地收入三分之二,地主家中有事,苟有呼唤,须即前往,凶年欠租,承认丰年归还,其所以然者,承耕田地,终身劳碌,尚不至于冻馁,地主一旦怒而夺之,将即无以为生,迫而处此,盖与农奴相去无几矣!其最优者,岁交地主约其田中收入三分之一,别无其他义务;更有说定田租,佃户于承种之时,即行交纳者;地主有供给种子肥料,及农家用具者;各地待遇不同。地主须完田税,所得之纯利,往往不足百分之二十,富豪之置田产者,视之较为安全,为其子孙永久计也。政治哲学及民间议论莫不反对兼并,其因正用无出售卖田地者,须得亲族同意,出售之后,生计困难,尚得找价,买主尝或予以助金,乃于写契之时,兼写叹找纸一张,内称业已找价,年月空不填写,将来发生争执,买主自由填写,诉之于官,较为有利也。叹找原为救济贫民,防免绅富之兼并,保护贫民之田产,结果不过如此,可为一叹。

政府收入以田赋为大宗,由来已久,清代田税沿用明制,各省不同,省内各县不同,其原因或由于宋之公田,或由于明初之苛政,或由于田之肥瘠,或由于县之大小用费不一,一县之内,田有山田、圩田(或称沙田)、芦田、房基、山地等名目,税额不同,税分两期交纳,盖本于唐杨炎两税制也。完纳之期例为二月开征上忙,八月开征下忙,实际上则颇迟延。康熙归并丁税于田税,亦异于旧制。上忙一称钱粮,于夏历九、十月开征,下忙江浙称为漕米,于腊月开征,逾限未完者,加息十分之二,明春尚有找征,其数无几,补交不足而已。上忙交钱,下忙完米,亦有交钱者,完米共有八省,尤以江浙为重,运漕入京谓之本色,改收钱文谓之折色。清季漕米减少,州县官不愿收米,开仓之日无几,两税相较漕米颇重,其征收之手续,粮户各有税单,载明各田每亩征收实数,一县分镇若干,下为图甲,设有册书地保里运,册书为世袭之粮吏,卖买田地后之过户转册,归其办理,旧时交通不便,农民入城完纳钱粮,一日不能回归者,歇于其家,册书在乡收歇脚麦歇脚米各半升,迨后交通便利,旧制始废。册书催征钱粮,地保佐之,所谓粮差也。里运或称现年,不知始于何时,原由一甲或一村田多之农民轮流充任,相沿既久,贫无立锥者亦须承当。其主要之职务有二,一、田禾歉收,禀报县官,将来委员入乡勘察,由其引带。二、粮吏送交税单于里运,由其分发花户。粮户得单之后,数家或十数家联合或推一人入城,赴钱柜交税,领取收条,谓之串单;或运米入仓,数十车同行,街中横行无敢撞碰之者,名曰送皇粮,亦领取收条而归。农民田少,或一时无款,或入城不便者，则托册书代完，册书从不给予临时收据，向其索取串单，往往托辞延宕，弊端遂生。田税限期到后，里运向各花户索取串票。择日携往公所，交给册书查验，验票之日，里运冠带盛服而往，其催征不力者，将受惩罚，礼极隆重，宴会而散，说者谓其存有古代乡饮酒之遗风焉。验票之后，图下花户尚有未完纳者，粮吏先向里运力催，然后提人，事实上里运负有催督之责任，验票之先，类多强催粮户完纳，其不遵行者将即罚之，甚者携其锅去，皇粮国课，非赤穷者何敢迟延！验票后提人，恫吓而已。粮吏送票催征，例有规费，甲中有公款者应付裕如，其无公产者，或由里运赔贴，或由花户分担。大乱之后，人口锐减，图中未能恢复里运者，谓之烂图，烂图于限期到后，粮吏即得入乡提人，不若前者之较有保障，免其滋扰也。里运之制现尚存于吾乡，不过徒有虚名，无关轻重耳。

中国土地广大，南北气候不同，地受山脉河流气候雨量之影响，耕种之植物亦异，淮水为其天然分界，其南植稻，长江流域，水田夏季植稻，山地播种杂粮，秋多种麦，其近南方气候温和者，一年栽秧两次，西南诸省亦然，广东有栽秧至三次者。淮水以北之地，夏或种豆，或种高粱、小米、芝麻、棉花，秋则种麦，长城以北冬季严寒，冰至三四月融化，收成年仅一次，或栽秧或种麦，或种高粱、黄豆、小米。各地情形虽不相同，而农民生活情状之苦，则多相似。江浙一带，夏季农民最为辛苦，尤以栽秧之田为甚。稻田产量较高，凡有水者莫不设法栽秧，其工作有下种、耕田、车水、栽秧、去草等，车水多立于暴日之下，天旱塘渠见底，多用水车两道灌溉，工人尝至十名以上。其工作也，天尚未明，起吃早饭，饭后入田，日食四餐，午时休息片刻，黄昏始归，时间常在十四小时以上。工人或为田主佃户，或为长工雇工，或为换工之邻人，换工者主人供给饮食，不另给钱，妇女亦常入田播种锄草，其勤苦者，无异于男子。儿童则送茶饭，秋收种麦亦颇忙碌，其副业有养蚕、养猪、养鸡、养鱼、植果、取石、织席等。凡有一技之长者，农隙出外营生，借以补助一家费用。其近山者，伐草充作燃料，多则担入市中售卖；购买日用必需品回家，宅旁余地，辟为菜园，四时种植蔬菜非有亲友远至，无须入市购菜。凡此轻便工作，类多妇女为之，妇女除烹饪女工而外，尚有捻麻纺织等，迨后商埠增多，布匹输入年有增加，其价低廉，花样繁多，于是家庭工业遂告破产。吾人平日想其生活情状，似近于自耕自给之理想社会，实则穷困不堪，终身勤劳，仅能维持一家数口之布衣粗食之生活。居住北方多为草房，甚者如吾人习见之草棚，南方瓦房较多，亦不免卑陋污秽，子弟无力读书，愚蠢无识，盖少人生之乐趣，而乃习以为常，安于命运。及遇水旱之灾，家无储粮，典当衣物之后，迫而卖其耕牛，借贷利债，月利约二三分，家人或饮麦粉稀粥，或吃山芋番瓜，或食野菜矿泥（俗称观音粉），甚者典尽当绝，无人借贷，卖其亲女，易子而食，此近百年常有之事，言之悲伤，政府之救济，究不能免其死亡也。其原因一曰天灾，一曰人祸，天灾无须赘言，人祸虽曰河渠不修，交通不便，而最大原因，则农民耕地太少，而人口有增无已也。江浙农民有田十数亩者，即为中等之家，其田稻麦二季，收成较多，北方种植旱谷杂粮，三十亩田，或不之及，一生尚可暖饱，家有二子，子有二孙，固不为多，及至二代每人所得不足三亩，乐岁终身苦，凶年乃不免于死亡矣。其困难之症结，则一地人口增加之速，远过于耕种土地之开辟，生产事业苟无极大之进步，则农民生活无从改良也。

农下为工，工人种类繁多，乡村忙时农家雇用工人，助其耕种，日给钱数十文，其田多者雇用长工，年给一二十元，谓之伙计。其人以力自食，住于乡间，无须投师学习，所谓农工也。其有一技之长，用手工作者，时称手艺，如瓦、木、铁、铜、锡工匠，补锅、剃头、裁缝、纺织工人之类，其人多生长于乡村，家无多田，父母欲其学习手艺，将来餬口也。从师学习之年龄，往往视其工作之性质，及身体之发育而定，以十三至十六为多。师父多为铺作之主人，供给饭食，待之俨如奴隶，徒称女主人曰师娘，待之尤为恶劣，大率早起迟睡，洒扫煮饭，及料理一切粗笨工作，稍不如意，师父即诃责挞楚，暇时授以工作方法，予以练习机会，及有相当成绩，随师工作于外，工资归于其师，普通学习三年为满师，满师云者，徒弟可离其师父，单独工作,社会认为工匠也,届期尚有谢师酒。匠人工作可别为二,其一工作于作厂或做包工者,为师父或店主利益之计,上工早而歇工迟,饮食非逢犒期,不得吃肉。其二受雇于人家工作者,时间短而待遇优,更有挑担于外寻觅工作者,工作时间各不相同,自六七小时至十二小时,每日工价最多不足一百文,其挑担者须自吃饭,得钱亦不能多。工匠来自乡间,家有田地,每于夏季农忙回家,协同耕种,盖为半工半农,新年之先十日,回家休息,正月落灯节后方始上工,《马关条约》之前,外商不准创设工厂,国内除机器局及船厂而外,亦无新式工厂,战后情状大异,机器马力远强于人力,竞争无不失败,失业者转多。工厂或用妇女、儿童,工价、卫生诸问题相继发生,工业革命过去之黑暗生活,复现于中国。事先无所预防补救,固政府之失职也。

工下为商,商人地位,自传统思想而言,则为末业,实际上纳直接税轻,居于城中,操纵金融,影响势力至为重要。凡经商者,幼时入塾上学,诵读四书,练习写字写信算盘,及至十四五岁,由其亲友荐入商店,名曰学生意,店中称为相公(南方尊称)。时人视商所得工价,多于农工,苟有能力,遇有机缘,可以致富,乡人莫不为其子弟求之。商店种类繁多,资本不一,要视荐者营业,经济地位,及所交游之友而定。相公荐入中等商店,学习三年,期内迟睡早起,侍奉店主管事(管事今称经理),礼敬同事,客至送茶敬烟,庶务如清洁水烟袋,搓吸烟纸卷,三餐添饭;琐事如上街奔走,洗涤管事夜壶,类多归其管理。凡此洒扫应对日常之事,近于仆役。谚嘲其生活情状曰:"二十四荤三大醉,七百二十顿萝卜干子。""二十四荤",指初二十六犒期,"三大醉"则言三节酒席,"七百二十顿"则就早晚饭而言,此则不过形容一二恶劣商店,固非多数商人生活之实况也。及后风气改变,店中雇用仆役,相公之庶务减轻,生活较为安适,中等以上之商店,暇时可得练习写字算盘。其文理通顺,字体清楚,忠实勤劳者,管事往往另眼相待,或稍予以津贴,为其零用之费,或给予薪俸,故事三年升为同事,始有薪俸。店中称同事曰某大爷,等级不一,视其在店时期,能力高下,工作勤惰，定其月薪，自钱一千至五六千不等，正薪而外，尚得酌量情形透支，店中营业发达获利多者，尚可提出一部分红利，分给伙友，其饮食寝所由店供给，待遇之优，远非农工所及。管事或为店主，或由店主雇用，总管全店事务，兼得利用店中资本，贩卖货物，谓之小货，店主负有无限责任，资本大率短少，职员多寡，视其营业事务而定，自数十人至数人不等。伙友年可请假数次回家，但以二月为限，店中除正月外，别无休业之例假，结账共分三期，一曰端午，在冬麦登场之后，二曰中秋，多数地方稻已登场，农民于此雨季，经济较为宽裕，社会上金融流通故也。年节为一年总结账之时期，尤为重要，店中进用或歇退职员，多于此时决定。各业中推钱业为首，本地银价钱价之涨落，视市场中之需要供给，由各钱店代表在公所决定，汇兑则北方多操于山西商人，商店进出款项，以账簿折子为凭，言诺向少失约，信用至堪称述。及商埠增加，国际贸易发达，轻商之心理逐渐改变，进而奖励商业，商人知识优于农工，财力宽裕，朝廷例许买官，其殷实者，纳款求官，子弟亦得捐监，其政治上社会上之势力颇盛。

　　以上所言之四民，原为古代之分类，就职业而言者也，以之强分近代之社会，则颇不适于用，盖社会组织视前发达，人民职业决非四民所能包括，正当职业，尚有船户渔夫；卑贱不齿于平民者，尚有倡优隶卒，子孙不得与考，堕民亦操贱业，朝廷虽诏为齐民，而社会仍轻视之，不相往来，边僻之地，尚为游牧生活。凡此人民例不胜举，颇难分入四民之列，尤有进者，国内人口众多，生产事业落后，父兄为其子弟谋一职业，往往不易，中等之家有失业者，有从无业者，人数今不可考。据吾人访问之所及，数亦不少，其人亦难以四民称之。更就四民而言，其分类实就现时之职业而言，书香世族之子弟有业商者，商人子弟亦得为士，农工子弟亦得为商，民间职业之选择，多由于亲友之力，由穷而富，则多由于个人之能力，及其所遇之机会。唯有农工限于知识环境，改良生活，殆非易事耳。吾人今欲明了当时之社会，时人职业之分配，而清末未有精确人口调查，私家记载之材料又少，无已，据作者个人所得之印象而估计之，士人不足人口总数百分之一,商人约百分之十,工人约百分之五六,农民约百分之八十,船户渔民约百分之二三。从事于其他职业者,盖有百分之二三。此就职业分配而言,其无业或失业者,尚未计入;此种估计,稍与世俗所称之数不同,其根据之理由,殆无于此说明之必要,然亦不过一种推测而已。就其居处而言,士商集中于城市,工匠亦以城市为多,农民耕种于乡村,船户往来于江河,大城商埠,比户为邻,人众事繁,邻家少有往来,或不相识,日常需用物品买自商店,乡村农民忙时互助,邻里之人莫不相识,家用物品多出于土。此种现象,迄今犹然,其不同之点,则城市益趋于发达,性质益为明显,农人购买物品视前为多。

人民职业不同,其生活情状,以贫富贵贱之悬殊,安乐困苦,远不相同,家庭生活亦各迥异。家庭为社会之基本组织,孝友为主要之伦常观念,父母爱其所生之子女,普通理论,孝子当以父母之心为心,而善事之,倾向于大家庭生活,自理论而言,优点甚多,其困难则依赖心太强,一二人之担负太重,仆婢之挑拨,妯娌之疑忌,实际上难于持久,朝廷旌表五世同堂,为其少也。历代户丁之统计,每户人丁不足五口,其中虽有讳饰,而固分居之明例。清末富贵殷实或读书之家,父母在日,尚能同居,迨其死后,则多分产,各立门户。贫苦之家,父母年老,子女婚嫁完毕,而人丁众多者,诸子分炊,或分养父母,或另提养老田产,在其亲爱儿媳家中过活,其境遇远不如其希望。生子一为传种接代,一为防老,语曰:"积谷防饥,养儿防老",又曰:"有子不久穷",皆其明证。生子之目的如此,为父母者,莫不欲其早日抱子,顾其非人所能为力,进而求神问卜,生女则多非其所愿,穷苦之家,儿女担负重者,往往将其溺死。儿女年长,儿多上学,女则在家裹脚,习学女工,其思想则女子无才便是德也。女子识字读书者,为数无几,要为富贵或读书之家。家政除农民而外,多由女子主持,其夫多出外谋生也。儿女成人,父母为之婚嫁,时人视为终身大事,各地婚嫁年龄仅注习惯,多不相同,中等之家,大率男子不足二十,女子较早,穷苦之男子,尝至三十,男女定婚,无需当事人之同意,全由家长做主,甚者指腹为婚,其择配之标准,所谓门当户对,合二姓之好,承先继后也。成婚之先,有问名、纳采等礼,女家则索财礼,男家重视嫁妆,财礼仍归男家,女家则多耗费,故女有赔钱货之称。其所以然者,成婚年龄,男子多未经济独立,三五年内将无余资,供给其妻购置用物衣服也。成婚之日,亲友送礼道贺,主人设宴宴之,礼颇隆重,婚后夫妇亲睦者多,亦有终身抱恨者,男或嫌女,女或怨男,烦恼痛苦无异于地狱。理想中之家庭,则夫妇相敬如宾,湖北臬台某氏与妻分房,入其房中,先送片往,妻则盛服出迎,正襟危坐,如待大宾,闻者贤之,家庭有何乐趣,男则纳妾,女则不准离异。乡村婆媳小姑相处,猜忌挑拨,往往造成悲惨之境遇。士大夫家中男女之界限至严,公媳叔嫂相处,多所顾忌,尤以北方为甚,吃饭公或公婆先吃,或儿陪吃,媳妇后吃,南方则家人往往同在一桌,固不得自由笑语也。婆死则公之环境颇苦,老人纳妾者,含有侍奉为伴之意,礼教之代价大矣!其他纳妾之原因,或为求子,或为色欲,其为人妾者,或为小家女,或为大家婢,或为从良之妓女,初皆出价购买者也,男子常能自由选定,妾之地位颇低。贫穷之家,多为童养媳,待遇无异于奴隶,成年后成亲,夫死妇以不嫁为贵,拥有资产好名之家,未婚夫死,未婚妻先未之见,但以传统思想之鼓励,父母之指示,或抱灵成婚,过门守节,或自杀求名,固非人道也。寡妇类多为人怜悯,乡间生活困难,再嫁者多,子女同往者谓之拖油瓶,其人要非得已,俗有嫁饭不嫁汉之说,其娶之者,类多中年未有家室之男子。民间男女之比例,以溺婴之故,常不平衡,男子无妻者众,尤以贫穷者为甚,江浙有押妻之恶习,康藏且有一妇多夫之制度。家中兄弟妯娌多者,子女繁多,哭闹之声,令人难安,精神上实少安慰。父母老者,预备棺材寿衣,一旦病死,亲友吊丧,各给白布。媳妇病死,则娘家谓其受屈所致,争论厚葬,吵闹不已。乡间恶风,丧主供给饮食,迄于出葬之日,其原意本为互助,今则偏重吃喝,家境穷苦者,卖产筹款,或借利债。吊丧入门,例须妇人哭泣,无则视为不祥,不善哭者,亦须勉强为之,城中乃有以哭为业者,丧家常雇用之。综之,古代礼教,历时既久,精神丧失,徒存皮毛,反而增加贫民之终身担负,阻碍社会上之进步。

以上所述之家庭,偏重红白大事,其日常生活,亦吾人所当知者也。女子料理家务、烹饪、女工,乡间佐夫耘草,男子在外奔走工作,城中界限尤严。妇女往庵烧香,入市吃茶,悬为禁令,光绪迭次申禁,官吏见而捕之,其心理以为伤风败俗也。教堂礼拜男女同在一室,士大夫故深恶之,及外国思想逐渐有力,男女之防始日破坏,此禁令迭颁之一主因。男女固无所谓社交,俚语曰:"稀奇事儿见了千千万,没有看过男女做朋友",则其明证。关于饮食,大率三餐,北方拥有资财者吃面,贫民则吃小米高粱,南方吃米,菜则多为蔬菜,贫民能有豆腐百页,即为幸事。父母教其子女,日以爱惜食物为言,抛弃即为作孽,盖人口众多,一遇凶年,即有死亡流离之苦,而水旱之灾,几于无年无之,爱惜食物,无过于吾国人矣。亲友远至,祭日忙时,良辰佳节,始有荤菜。服饰,官吏视其品级不得僭越,帽有顶戴,顶有金属、水晶、蓝、红之分。翎有蓝、花、单眼、双眼及三眼之别,官位高者,始有红顶花翎,三眼花翎为亲王顶戴,赏得双眼花翎者,视为异典。服有朝服、礼服、便服之不同,朝服内为花衣,外加套子、礼服内袍外套,套前有补,中绣花纹,样式视品而定。头戴顶戴大帽,颈挂朝珠,脚穿厚底靴,吉凶礼服,则颜色之不同耳。便服则为小帽、长袍、马褂、薄底靴。士服明代衣如道士,头戴方巾,同于香火戏(亦称庙戏)中之装饰。清则士大夫唯着长袍马褂而已,商人多与之同。农工则衣短褐,新年加一蓝布大褂,江浙富庶之区,几莫不然。衣料除官吏绅富而外,多为棉织品。男子无论上下尊卑,均须剃头结辫。妇女服装则上着短衣,四旁及袖绣花,下穿裙子,小脚穿高底花鞋,乡村妇女家居穿裙子花鞋者较少。旗人重视服装,妇女多着长袍。每逢朔望节期喜庆等日,妇女头均戴花,耳于幼时穿眼,悬挂金银珠玉饰品,犹未能脱去古代之遗风。儿童帽鞋亦多有花,余多同于今日,无待赘言。更就居处而言,仕官绅富之家房间极多,其建筑样式,多为吾人习见之屋,后附花园。平民则屋少人多,饮食工作会客于一室之中,父母儿女三四人共睡一床,贫者家人共卧一室,狭隘污秽,殆非言语所能形容。简单言之,民众生活情形颇为穷苦,时人心目中之家庭幸福,则以丰衣足食为标准。谚曰:"吃的一荤一素,穿的一绸一布,住的一厅一住,老婆一正一副",此所谓人间神仙也。晚间睡觉较早,尤以农家为甚,士子读书,妇女女工,白日时间不足,则于灯下为之,其灯状如釜形,中置灯草菜油或豆油,或可悬挂,或以灯盘托之,点火则以火石燃纸卷为之。工作时点灯草三四根,无事一二根,火光淡弱,颇伤眼力。富者家点蜡烛,清季火柴、洋烛、煤油相继输入,人民用为燃料,通商大埠装设电灯,较之于前,便利多矣。

家族为社会基本组织,中国为礼教之国,家中之礼节,固吾人所当知者也。礼教历时已久,民众视为习惯,遵守之程度,各地不同,士大夫则重视之,父母在者,早晚问安,外出必告之类,尽人所知,无待赘言。每逢佳节,子弟例须叩首贺节,并往亲戚家中道贺,年节尤为重要。官吏于腊月下旬封印,明年正月中旬开印,民间索欠还账,预备过年,亲友互增礼物。除夕之日,门贴对字,上贴天钱,晚间拜神,睡觉之前,须向尊长辞年;尊长对于青年之子孙,给以压岁钱,及橘枣等物,明日元旦,再向尊长叩首,谓之拜年。亲友见面互相恭贺,后辈须至前辈家中拜年,乡间主人留宾,出肴酒宴之,农家终年劳苦,年终始买鱼肉酒菜,一以自劳,一以宴客,意至善也,往来贺年,约有十日。综之,城中之礼节烦琐,乡中较为简单,贺年多不叩首,则其明例,而留饭情殷,远非城市徒尚具文之所能及。其他行礼之日,尚有尊者寿辰,自己生日。余生长乡间,乡人除大寿而外,生日多无举动,城中则不相同。关于嗜好娱乐,民间吸烟者众,烟有旱烟、水烟、鸦片,清末卷烟开始传入,吸者日多,酒为应酬物品,嗜者亦众。娱乐则人民终年劳碌,正月为其休息之期,妇女于火旁吃剥瓜子花生,或料理饭菜,或从事赌博,赌博固以男子为多。儿童或放爆竹,或打钱果,或出外游戏,商店有锣鼓者,伙友击之,震耳喧天,市镇尚有麒麟花鼓。十三上灯,十五元宵,十八落灯。玩灯者结队外出,敲打锣鼓,灯类不一,有灯笼、龙灯、花篮等,路旁观者拥挤塞途。节令则端午最为热闹,以有龙船竞渡也。相传龙船起于渔夫拯救屈原,南方多水,于此日举行。船上扎有彩布,旁有水手划桨竞渡,船后泗水者,常能于水中求得锦标,岸上游人争集,南京以看龙船,桥上人众,力不能支,造成大祸,秦淮河遂永禁龙船。余于幼时自乡入城一看龙船,印象之深,今犹未忘。中秋节供月,冬至祭祖,清明扫墓,均无叙述之必要。佳节而外,娱乐尚有戏剧、书场、茶坊、妓寮,或为消遣之地,或为应酬之场。戏剧种类不一,演者方言不同,其主要者,可别为庙戏、昆曲、京戏等,昆曲盛行于清初,辞句美丽,音调抑扬,非群众所能了解。十九世纪,秦腔渐盛,二黄、西陂继之兴起,二黄盖指黄冈、黄陂之音,西陂则谓黄陂西偏之调。皖人习之,是为徽班,演于北京,名伶入宫唱演,久而演进成为京戏。其开山祖师之程长庚,则主持四大徽班中之三庆班也。剧中角色尽人所知,情节取自故事传说,辞句俚陋,以唱、做、白、武功为要。同治而后,通商大埠亦有京戏,租界且有女伶,乡间则有徽班唱演,其与京班不同,一则行头旧劣,一则唱功欠佳,而所演之戏,情节则有始终。乡村无戏台者,搭台唱演,先期邀请亲友看戏,演戏及半,村人入场查看,遇有亲友,强之至家吃饭,其同来者亦将前往,情谊之殷,犹有古风。及后生活困难,渐而改变矣。庙戏较为简单,演者说白,全为俚语,他如,绍兴戏、粤戏、川戏、汉剧等,多限于一区。书场则卖茶说书,茶坊卖茶兼售点心,拥有资产闲居无事者,起身即入茶坊,茗茶闲谈,饿吃点心,幽闲之情,无以复加,尤以苏州、扬州为甚。妓女成立已久,禁例难于实行,徒供无赖之敲诈,官吏之勒索而已。其存在之主因,一为生活问题,一为家庭制度,孤客远行,且有不甘寂寞者。妓女类多善于交际,寓所常为商人应酬之地。

以上所言,关于人民衣食住之实况,吾人深切之印象,则多数人民限于财力,生活困难,自无余力顾及卫生。其明显之原因,已见于上,更有受支配于环境者,如乡民远去河泊,吃水或汲之于浅井,或取之于池塘,洗菜、淘米、洗衣、涤秽均在塘中,天旱水涸,塘水色绿,中杂细泥,尚有取作饮料者。城市之民居近河者,一面洗涤秽器,一面取为饮料。此则不过贪图便利，积久变为习惯，视为固然，又如沐浴，夏季炎热，男女可于家中为之；气候转冷，则不可能，男子尚有浴堂，女子则为礼教所缚，家中又无设备，沐浴之机会遂少；又如农民以尿粪肥田，卧室旁置粪桶，屋前或后设有粪缸，夏间恶气逼人，城镇男子常于庭前阴沟溲溺，婴儿可于堂中出恭，又如农家养鸡，鸡矢遗于地上。一则知识浅陋，父母喂子，常先于嘴中嚼之，茶馆浴堂共用手巾等物，仕宦之家，三十年前，尚有斥其子弟刷牙，谓其效仿妓女，免其嘴臭，便于接吻者。乡间夏季蚊虫繁多，屋中苍蝇集于灶上桌凳，千百成群，有落下锅中者，妇女从不设法除杀，他例不胜枚举。于斯恶劣情状之下，所幸者食料煮熟，饮料煮沸，微生菌已多杀死；乡民又以交通不便，老死于家乡，易于传染之恶疾，或不易于传入。其生存者，或因抵抗力强，多能安然处之。大乱之时，情状不同，人民死于疾疫者颇多，此殆出于常例之外。平日死亡率今不可考，据吾人之观察，儿童死者最多，每至炎夏，头生结子，身满痱子，视为常事。父母爱子心切，遇其疾病，求神问卜，或就医诊治，其自身疾病则多忍耐，非至严重殆不就医。医师或从名医学习，或自读医书，其药本于古代试验之良方，视病状态增减药之分量，多无所谓秘密，内症服药常有奇效，外症则难收功。北方村镇无挂牌医生，药铺伙友代人配药，或有郎中携药出售。其无经验者，危险殊甚。乡间缺少良医，农民多信巫觋，其幸而病愈者，谢神酬鬼，所费不赀。当其卧病之时，家人捧进茶水汤药，照料周到，此则家庭之优点也。综之，人民缺乏医学常识，不知卫生，常为疾病所困，又以饮食恶劣，工作勤劳，男子五六十岁，类多衰弱不堪，此固社会上之重大损失也。

家庭伦理观念基于孝道，孝之意义，生则奉养，死则祭祀。古人以为人死之后，魂魄存在，行止无异于常人，殉葬器物至为丰富，祭祀亦极隆重，殷人用牲之多，殆其明证，周人亦极重视祭祀，《论语》有慎终追远之说，历代相沿，每逢节期，例须备菜祭祖，忌日冥寿亦然，清明乡民扫墓，冬至男子入祠祭祖，分尊卑长幼之序，族长得罚不肖子弟。祠有田产、坟山，以其租息，借贷或抚恤族中之穷苦，坟山供其安葬。余族世居乡间，清明旧例,宗祠送饭入山,供给族人扫墓之用,冬至办酒,男子均得入食。其祭祖先也,焚烧纸钱,其制盖本于古之瘗钱,钱少不敷流通,南北朝始用纸钱,渐而变为习惯。人死雇用和尚、道士念经拜忏,拥有资产者每逢七日念经,至七七而止。凡此种种,足以增加鬼之势力。儿童习闻关于鬼之故事,及长信以为真,尤以妇女为甚。其信奉之神,有观音、大士等。大率每年二月、六月吃素各二十日,谓之观音斋,十数家组织观音会,轮流办斋。其他相似之会甚多,要无叙述之必要。其此较重要者,则为出会,各地名目不一,都天会、东狱会盛行于江南一带,出会之日,雇人持旗,或牌,或金瓜,或月斧,或香炉,或花伞,儿童装饰民间传说之英雄,更有抬香亭菩萨者,中杂音乐,锣鼓喧天,晚间提灯,看者远道而来,人山人海,城市由各业分别筹办,乡镇由村庄联合举行。其性质初则谢神求福免灾,后则兼有振兴市面,及民众娱乐之意。此外,尚有朝山进香之香会,乡村入会者,每于春秋二季,收麦及稻各一斗,三年进香一次,其数无几,路程自不能远,其路远费多者,收款较多。进香之动机,或由于信神拜佛,或久仰名山大寺之神灵,或于病中许愿,而今还愿者,目的不同,要多求福。本城尚有寺庙,村庄亦有土地祠,家中供奉最殷者,则为灶神。除夕俗传诸神下界,敬拜之神颇多,元旦乡民吃素一日,初五为财神日,供奉亦勤。朝廷亦视祭天谢神为大典,皇帝亲自拈香行礼,如遇水旱星变则减膳修政,以应天变。地方所祭之鬼神亦多,文官祭孔子,武官祭关岳,礼尤隆重,天旱求雨,禁止屠宰。凡此思想,一则追功报德,一则近于迷信,其伦理上之价值,则为鬼神监临,不能自欺,得福与否,将视个人之功过,乃于不知不觉之中,约束人心,此固偏于消极,佛教道教于时微矣。回民不拜别神,除遵守礼节而外,对于教义,亦不明了,耶稣教新至中国,与社会思想相左,造成严重之局势,前途犹不可知。国人深受生计之压迫,切身问题无过于衣食住,宗教盖犹其次。吾国民族,岂所谓非宗教民族耶!

　　人民生计困难,由于生产之事业太少,初则过剩之食料无法运出,后则耕地之增加,远不能及人口激进之速,已如上述。其他主因尚有交通不便,钱币不敷流通,其影响之所及,实有说明之必要。清代领土大于汉唐,谕旨奏疏之传递,旧赖驿站,一八七六(光绪二)年,创设文报局,递送总署及驻外公使往来之文件,后渐扩大范围。通商大埠,商民则赖信局递送函件。旅客往来,货物运输,多赖舟车,南方多水,舟行较便,北方多车,骡车较便于行旅。骑马坐轿小车亦有助于交通,其困难则为多耗时日金钱,陆路运输货物,尤为不易。高资距镇江三十里,在镇经商之商人,每年回家不过一二次,山西汇兑庄商人出省营业,常数年或数十年不归。山西大旱,食料自直隶运往者,价值超过谷价数倍以上,尚无法运往,时传家有黄金坐而待毙,江南诸省非无余谷,竟乃限于交通之阻碍,而无奈何。于此情状之下,商人不能以有易无,调济社会上之需要供给,互相立于有利之地位,促进经济之发展。关于货币之缺乏,国内旧用纹银、制钱两种,纹银以两为单位,而两各地不同,制钱以铜制造,而滇铜出产减少,不敷鼓铸。二者兑换时有变迁,清初纹银一两换钱七八百文,咸丰中叶将至二千,清季减至八九百文,士大夫初以鸦片漏卮,纹银输出为银贵唯一之原因,实则小钱充斥,铜质太轻,不无影响也。其后世界产银日多,价格大跌,外商收买铜钱,运之出国,换钱因而减少。钱银价格发生剧烈之变动,增加商人意外之危险与损失,识者倡言整顿币制,迄无根本办法,乃枝叶进行,一面鼓铸银元,成色则各省不同;一面救济钱荒,鼓铸铜币,地方长官视为收入,自由鼓铸铜币,币制因益紊乱,中国又非产银及铜之国,仍不足供流通。货币集中于城市,乡民受其影响。出米之区限于交通阻力,每石售价二三千文,内乱方亟,无人耕种之际,涨至七千,三四十年前,江南一带,斤盐二三十文,豆油六十文一斤,肉价每斤五十余文,鸡蛋两个值钱三文,百页一斤值钱二十八文,豆腐一块二文,青菜三四文一斤,生活代价可谓低廉,而农民苦矣。其困苦之症结,农家生产之食料,无处出售,即使出售,而亦所得无几,其买进之用品,则以厘金杂税之故,价值常昂。农作用具则多于会期剧场购买。农民终年勤劳,只能免于冻馁,遇有事故,或以衣物或借亲友衣物入城押当,月利二分,或一分八厘,十八月满期,吾乡急典月利二分五厘。其亲友较有资产者,则请会助之,款额会期各会不同,要由请会者决定,其情状与今殆无不同。其无衣物出典,力又不能请会者,唯有迫而借债,利息低微之借款,常不易得,乡间从无放款之适当机关,乃听强暴不仁者之剥削。普通借款名目,一曰阴鹭钱(俗写引子钱),月利四五分,时人以为太高,有损阴德也。二曰飘儿钱,赌场中之利债也,月利尝至十分。三曰麦青稻青,当青黄不接之时,农民借债,债主指麦或稻作抵,作时价计算,待其成熟归还麦稻,再照时价计算,清债本息,物价前后不同,农民处于不利地位。清季轮船、火车、马车、东洋车、电车、电报相继传入,通商要城之交通,视前大便。物价稍增,而内地交通情状,仍如往日。

交通不便,农民居于乡里,足迹所到不出数十里外,其日常生活,对于政治从无密切之关系,终身或未一见州县官,其视之也,如狼似虎,长官虽或廉洁,而胥吏无不借端勒索,诉讼无论原告被告,于审问应答之时,多须跪下,口中常呼大老爷青天,一言不合,皂隶即诃斥之,其胆小者,先已心悸身抖矣,陈说其辞,殆非易事。费用则胥吏量其家之有无,以为出入,当事者常至破家,事非万不得已,殆不诉之于官。民间道德观念,反对诉讼,其健讼者,目为讼师恶棍。乡村农民间之争执,或由董事调处,或双方邀请公正人员至茶坊评理,曲者付账,让步解决,族中恶劣子弟,族长得严罚之,甚者处以死刑,养其子女。此盖由宗法演进而成,一则免其犯罪牵连族人,一则维持族中之荣誉也。其威权无异于官吏,私刑杀人,不足为训,然其决定多本于事实,聚族而居,朝夕相处,人之臧否,固其熟知,地方治安往往赖以维持,就时代而言,殆不可非。清末政治上、社会上、经济上、思想上发生重要之变迁,宗法势力日就衰微,顾其影响之所及,造成强有力之地方思想,客居外省者,多有会馆,照料其同乡。大臣疆吏乃常迫于环境,进用或安插其亲友,增加政治改革之碍力。城市以商业为中心,商人以其职业之不同,组织公所,如钱业公所、糖业公所之类,其会员以店铺为单位,专谋同行之利益,业中争执问题,由董事调解,关于公共利益如加价之类,亦在公所议定,同行均须遵行,违者罚之。工人亦有会所行章。凡此组织,皆可谓之自治团体,颇有助于官吏。其堪注意之点,则家族裁制之力,远过于政治权力,幼年时期,无论何事决于父母,中年分家自立门户,负有家室子女之累,扶助族人亲友之谊,人生一世,不受家族影响,自由决定取舍者,为事无几。自由人之在中国,盖不甚多。其在政治上不良之影响,则家族之观念太重,国家之观念太轻,得意之时,不问是非,专为一家一族一地设想也。

近代政治腐败,民生痛苦,盖非偶尔遽然之事,多本于历史上之遗传,社会之势力,由来久矣,人民于不知不觉之中,视为固然,自怨命运而已。其主因则无刺激与比较,倾向于极端保守,而不明了社会上之病态,其所以造成者,则中国地理上之位置不与文化发达之国相近,或往来,其邻近之部落,未脱野蛮人之状态,邻国如日本、安南之类,莫不深受我国思想学术之影响,野蛮人之侵入者,多同化于汉人,轻视夷狄之心益强。古代哲人托古改制,思想倾向于保守,孝道进而巩固之,士大夫诵读诗书,不知古今之变,胸襟褊狭,不能容物。人民多以耕种为业,居于乡村,知识浅陋,商人足迹较广,原足以介绍知识,促进思想,无如轻商之观念太深,法令阻挠其出国,遂无轻重于时。于此现象之下,朝野上下傲慢如故,而世界则受科学发达之影响,交通大便,形势随之转移,朝廷本于固有之思想方法,应付新时代之问题。败辱屈服之后,识时务者以其所强,不过枪炮轮船之坚利而已,仿之足以强国,国内仍为自给之社会。中日战后,识者倡言变法,康梁变法虽归失败,而改革潜伏之势力日盛,拳民之乱,日俄之战,莫不予以重大之刺激与鼓舞。朝廷迫而改变观念,政治上整顿官制,预备立宪、财政上整理税收、军政则改练新兵、法律则修订新律、交通则建筑铁路、教育则废去考试,奖办学堂、实业则奖进工商,力谋挽回权利,各省则添设官署。凡此新政无不深受外国之影响,士大夫尚以其未积极进行,奔走运动,其中一部分人士,前固阻挠变法者也,投机善变,无过于无耻之文人。社会上受外之影响,如家庭工业之破坏,船户之失业,妇女地位之提高,工价之激进,皆其明显之例。清亡历史上遗传之积弊,不能一旦廓清,外来之势力,引起严重之问题,今日尚在试验程中,结果究竟若何,无人知之,痛苦之代价,更何言哉!

第十六篇　民国以来之内政外交

善后问题——首都之争执——临时约法——政党之纷扰——责任内阁之失败——政治实状——国会之召集——地方政府之情状——武人之跋扈——第二次革命——革命后之政治问题——官制之迭更——帝制运动之始末——割据之形势——政治失败之主因——外交问题——外蒙西藏之交涉——中日交涉——府院之争——复辟之失败

　　清季外交失败，改革稽延，朝廷不能应付环境，酿成革命，而革命进行之速，响应区域之广，历时百有余日，清帝迫而逊位，其成功之速，实破中国有史以来之先例。其主要之原因，一则久受外国之政治学说影响，青年之希望甚奢，活动甚力；革命起后，国内工商停顿，税收减少，海关独立，双方财政均极困难，南方借款支付政费，清廷则以外国停付借款，无法筹饷。就战斗力而言，北军强于民军，袁世凯利用时机，别有所图，南方领袖多欲避免战争，让步解决。一则列强以为战事延长，妨碍其国人商业，南北和议之际，上海领事奉命提出劝告，意存干涉。于此情状之下，南北和议成立，孙文辞职，让推袁世凯为临时总统，军权归于其党，南方谋用政治方法，削减其权。名称上中国统一，实际上困难繁多，其症结则清廷政治腐

第十六篇　民国以来之内政外交

败,地方长官权重,交通不便,财政困难等之根本问题,依然存在,甚者且或过于往日,如独立各省都督,募兵扩张实力,用人行政,往往自主,蒙古、西藏各得外援,脱离中国。北方诸将既无为国思想,又无确定政见,而唯拥护袁世凯个人,初则电称"若以少数意见,采用共和,必誓死反对",及和议将成,忽而发电恫吓亲贵大臣,强逼清帝逊位。南方临时政府内部意见亦不一致,同盟会员增达三十万人,杂有跨党投机分子,组织不严,意见不一。参议院原非民选机关,不能辨别轻重利弊,本于一时防弊之思想,从未根据事实环境,决定大计。采用之制度,先未行于中国;人民初无运用之机会与经验,乃为土豪劣绅政客所利用,成一"游民政治",平民反为"奴隶","呻吟憔悴困苦颠连于莫敢谁何之下,而供租税服劳役者也"(引号内皆黄远庸语)。凡此问题,非各派各党之领袖觉悟,本于为国服务之思想与精神,开诚布公,妥商善后办法,议定根本大计,则祸患将即复起,不幸各不相容,游民趋附势利,入主出奴,丧绝廉耻,卑劣放纵,置民生国计于不顾,而中国纷扰至今,未始不由于官迷不知实际,或无耻钻营之士大夫也。

民国元年(一九一二)二月十二日,清帝逊位,明日,袁世凯电达南京,称其赞成共和,一方则以清帝诏旨,组织临时共和政府。孙文咨达参议院,称其当践誓言辞职,推荐袁世凯继任,末附条件凡三:(一)政府设于南京,(二)新总统亲到南京就职,临时总统及国务员始行解职,(三)新总统必须遵守临时约法及颁布之一切法律章程。就三条款而言,多为严防袁世凯之活动,北京为势力所在之地,难于革新。一月和议进行之际,南京政府即谓清帝退位,北方政权消灭,不得改设临时政府。而袁置之不理,竟认受命于清,组织政府,孙文去电陈说不可,此固足以削减袁氏势力。关于政府组织,《临时政府组织大纲》采用美国制度,一面授总统以大权,一面参议院事事均得干涉,实际上颇难运用,后虽略有修改,而根本弱点依然存在。《大纲》由议会通过,不肯削减自身权力,非常期内,对于总统提出之国务员,尚有加以否决者。总统为行政长官,新为参议院所选举，而竟干涉其用人，一则证明其对行政长官太无信心；一则见其前后矛盾，思想幼稚，总统实难应付非常事变。和议将成之际，参议院另议约法，改采法国责任内阁制，其所持之理由，颇为幼稚，实则对人立法，以为议会通过之法，即有无上之权力，实则不宜于国情环境之法律，不唯不能实行，反而早日破坏政治制度耳。十四日，参议院开会，出席者凡十七省代表，事实上独立者共十四省，每省得投一票，袁世凯共得十七票，当选。黎元洪辞职，仍被选为副总统。关于政府地点，议员不理临时总统之建议，议决改设北京，总统再咨参议院复议，十五日，议决政府仍设南京。其改变意见之迅速，言者议论不一，议员草草议成，先后反复，近于儿戏，授人口实，固有相当责任。袁氏于表示政见之通电，以北方形势为言，不能南下，及参议院决定都城，通电陈说南下之窒碍，而以退居为要挟。报纸议论多受党派之支配，互相辩论，而中国政治问题，非决于舆论，或多数人民之意见，乃尝定于长官之诡计阴谋。孙文不为所慑，派蔡元培、汪兆铭等为专使，北上迎袁南下就职。专使先后入京，袁氏初无拒绝之表示，待之优渥，各团体虽向专使表示反对，而专使不为所动。二十九日夜，北京驻兵第三镇变乱，纵火劫掠，商民受祸者数千家，专使几及于难，天津、保定驻兵相继叛乱，人心大惊，外人议论激昂，公使调兵入京保护，将或造成严重局势。三月二日，专使电请南京政府迁就，以定大局。临时政府电请黎元洪入京，谋移政府于武昌，不得。六日，参议院通过议案，允许袁世凯于北京就职，都城问题，始以兵变作一结束。说者谓袁授意造成。

袁氏被选，为解决内战之一办法，反对之者，独海外之华侨，三月十日，在北京宣誓就职，誓文电达参议院。明日，孙总统公布临时约法。约法凡五十六条，共分七章，规定人民享受之权利义务，参议院之组织职权，临时大总统之职权，国务员之责任，法院独立等。约法施行后十月内，召集国会。约法采用内阁制，国务总理及各部总长均称国务员，凡总统提出法律案，公布之法律命令，均须由其副署。国务员之人选，须得参议院之同意，其受弹劾者，总统应免其职；但得交参议院复议一次。据此，总统将无实权,内阁总理亦不能指挥阁员,参议院跃为太上政府。其议员各省五人,选派方法,由各地方自定,其前自动出席有未改派者,湖北曾通电指摘,而参议院则以遁辞辩答。按照先进国之责任内阁,多由国会中之大党领袖组织而成,共同对于国会负责,而中国内阁人选,多非议员,各个副署命令,并对参议院负责,委任之先,又须得其同意。其种种防弊之规定,将徒增加行政之困难,而政治易陷于停顿。袁氏既就新职,提出唐绍仪为内阁总理,参议院通过。唐氏至宁,疏通议员,请改九部为十二部,借以安插南北政府人员。参议院不可,改为十部。二十九日,唐绍仪出席,宣布政见,提出阁员十人,中杂袁派、同盟会及超然派等,一人未得通过,原无异于不信任案,而在当时已有成案,无足轻重。三十日,新总统下令委任,袁派掌握陆军海军内务实权。四月一日,孙文解职,明日,参议院决定临时政府迁往北京,六日,黎元洪解大元帅职,南北始称统一。南京尚有留守府,陈其美等反对裁撤,南方各省都督,各自为政,中央则各部司员半经伟人荐拔,滥竽者多。财政则都督多扣中央税收,其收入只恃奉、直、齐、晋等省之盐税,及部辖之常税杂款,至为窘急。

北京既为首都,国会定期召集,各党谋夺政权,活动甚力。政党原为民主政治下之产物,其功用则草订党纲,提出选举人员,奔走演说,教育公民,促进其留心政治,奖助其投票。苟无政党活动,广土民众之国家,民治殆不可能。党人各为利益之计,尝或出于舞弊,要视政府之管理监督,方始入于正轨。先进国家之政党,往往由无数公民组织而成,议订党纲,谋得多数投票人之赞同,冀于选举之后,掌握政权,施行党纲,其价值常在公开之竞争。中国政党初无异于政治学会,党纲空泛笼统,而以人为中心,党员多无一定之主见,而以利害权利为转移,或脱离甲党,或加入乙党,或另组党,极变化之神技。人民先无参政之机会,未有政治经验,宪政之初,弊端原不易免,赖有远见之领袖,本于光明正大之心地,为国为民,出而奋斗,逐渐入于政治常轨。所可惜者,政客唯利是视,不顾利害,不知轻重,不择手段,破坏叫嚣,大为识者良民所恶。其争权之影响,造成畸形恶劣之政局，无怪黄远庸之大声疾呼，斥为游民政治也。其言曰："国体既定，则争功攘利者盈途，窃位素餐者载道，而议论风起，作党会者亦得游手而饱食，独吾伤痍满目困苦无告之国民，惨为天僇之奴才。临时政府成立以来，政府之教令，议会之法律，报馆之呼号而不平，或为大总统之私，或为政府之私，或为官僚之私，或为党会之私，或为豪强雄杰奸商著猾之私，固有丝毫分厘为民生社会请命者乎？"其言见于《少年中国周刊》，沉痛之至，奈官僚之不觉悟何！其时政党，一为同盟会，由秘密会演进而成。二共和党，联合数小会党而成。两党对峙，但于参议院均不能及半数。第三大党则为统一共和党，其他小党名目尚多，论者以为小党林立，不宜为责任内阁。同盟会理事宋教仁初欲改组同盟会，不得，及小党争夺权利，为时人诟病，乃于八月与统一共和党等合并，改称国民党。同盟会之改组，初非孙文、汪兆铭等之意，宋教仁原与统一共和党人士融洽，跃为领袖。统一党亦曾吸收小党，顾其所得无几，势力单弱。其他小党多合并为民主党，会梁启超归国，加入其党。明年四月，国会召集，各党别有分化合化（其详见后）。

　　三月末，唐绍仪组阁，其思想倾向于责任内阁，加入同盟会，其与袁世凯之关系，曾为其属员，至是，各争职权，渐生疑忌。参议院之移京开会也，袁氏拟成演说辞，出席诵读，唐氏将其修改，其尤难于应付者，则为财政。政府方议裁兵，而善后款项以及政费军费，无法筹出，各省请款不已，北京军警借债发饷。唐氏南下之前，借得比款，其先商于四国银行团，大借外债，银行团请其勿向他国借贷，至是日俄加入银行团，银行团闻借比款，出而抗议，对于借款之条件益严，双方决裂。说者谓唐绍仪不为银行团信任所致，财政总长熊希龄主张迁就，与总理不协，内阁会议席上，国务员竟致口角，内务总长赵秉钧从不出席会议，乃于五月率同国务员辞职，总统指令慰留，而固一筹莫展。同时袁唐之间意见日深，六月，唐氏以不副署王芝祥委任状案出京。初王芝祥附于革命党，党人运动直隶省议会，举为都督，借以监视袁氏。唐请于袁，任为都督，而五路军通电反对，袁命王赴南京,遣散军队,唐则拒绝副署委任状,总统不待副署,径以命令交之,唐于次日不告出京。自临时约法而言,总统命令必须国务员副署,方为有效,袁氏行径目无法纪,固当以去就力争。顾时已有恶例,而唐何竟不问也。先是,借款决裂,黄兴主张发起国民捐,电请政府发行不兑现纸币,总统交与参议院审议,唐氏拒绝副署,而咨文竟送达参议院,至是,出京,议员不之重视,责任内阁根本破坏矣。总理走后,阁员多数辞职,同盟会倡言政党内阁,共和党则主超然内阁。总统提出久办外交之陆征祥为总理,征求同意,参议院通过。阁员六人前去职者,久始提出名单,征求同意,陆氏到院宣布政见,议员以其不善辞令,将其提出之国务员概行否决。时值中俄交涉趋于严重,而中央陷于无政府之情状,论者深责议员,斥参议院为"奸府"。章炳麟等电达黎元洪,建议"请大总统暂以便宜行事,勿容拘牵约法,以待危亡"。北京军警特别联合会,通电指骂议员,鄂将邓玉麟等言之尤激,称其"视国事如儿戏,觍然糜月薪二百元,真全无心肝,不知人世何者为耻辱"。其他恶骂议员者尚多,有函请总统解散参议院者。据黄远庸言,议员亦有洒涕陈辞者,报章议论多不满于参议院。于是议员迫而让步,第二次投票通过五人,心中不服,弹劾陆征祥失职。陆氏称病请假,改由赵秉钧代理。会孙文、黄兴相继入京,袁氏颇厚待之,黄兴调停议员,九月,赵氏实授总理。党争之结果,参议院之尊严丧失,总统之地位反而巩固,议员之滥用职权,幼稚嚣张,盖有以促成之也。至政治实况,可于黄远庸之国税厅报告见之,其结论曰:

自临时政府成立以来,日日言统一,其实皆纸片口头上的说话。各部只有形式之公事,无一命令能行者,即以纸片论,如财政部之盐务处,除芦盐外,无一盐务公事到部者。交通部则一年以来,并电报报销月册,亦不可得而见。财政部之为财政部,以其为讨账衙门耳,不然,则已倒矣。大抵旧人物之所谓统一,与世间之所谓统一者大异,彼等以为中央与地方有文报之往返,能派遣种种官吏到地方去,令中央有面子者,即有统一。至国家权力之能否达到,则非所顾问。大抵中央求有面子不难,而国权之能实行则大难。国权之能实行也,必先中央条理一贯,政令清肃,又能坚固不挠而后可。

黄氏久在北京,访求新闻,对于政府各部情状至与熟悉,其言发于民国二年(一九一三),实有所本。各部事务清淡,冗员繁多,政府借以官位安插闲员。其时财政窘迫,恃小借款渡去难关,借款由政府出面,将来则归人民担负摊还,乃于困苦平民,榨取血汗所得之酬报,养此无用之废员,事理之不平,无以逾此。其安然受之,奔走求之者,不唯无耻,且实罪恶也。其人虽或由于谋生之困难,而多数则为官迷之游民。黄远庸于时论之曰:"农工商困苦无辜,供租税以养国家者,所谓真平民也,则奴隶而已矣。盖恣睢无道,惨酷不仁,至于中国今日之平民政治为已极矣。大总统革命元勋,官僚政客,新闻记者,奸商著猾,豪强雄杰,此其品类不同,阶级亦异。然其享全国最高之俸,极其饮食男女之乐,则一也。此等极乐世界中人,统计全国最多,不过百万,而三万万九千九百万之国民,则皆呻吟憔悴,困苦颠连于莫敢谁何之下,而供租税服劳役者也。"其言感慨时事,不无一二愤激之语,自大体而言,则为实情。士大夫阶级原多游民,谚所谓成事不足,败事有余也。竭国中脂膏,养此自私自利之游民,能不谓之罪恶,可乎?据黄氏发表之调查,荐书多由副总统及各都督而至,更有以手枪炸弹之胁迫,或以参与革命"自媒"求官者。总长大裁旧员,调用新员,致起纷扰。运动攻评腐败奢华之风,实无异于往日。总统后下令曰:

夫用人为行政之本,而国务院为大政所从出。本大总统为国择才,尤深就业,遵据约法,必须求同意于议院,乃提出否认,至再至三。夫贤才之士,孰不爱惜羽毛,未受任而已见摈,则延揽益难,降格以来,实势所逼,踌躇满志,事安可期,且施政成功,在明黜陟。一度政府成立,疏通动需数月,求才则几知党穴,共事则若抚骄儿,稍相责难,动言引退,别提以图补缺,通过艰于登天。挽留且难,遑论罢黜。至各部司员,半经伟人荐拔,弹冠相踵,滥竽日多。

令于第二次革命时颁发,所述情节,多为事实。袁氏借官安插闲员,亦有相当之责任焉!综之,政治纷扰,多由于自私自利之心理,从无光明正大之态度,大刀阔斧之手段,解决一切困难,树立远大巩固之基础也。其补救方法,自理论希望而言,将恃国会之召集矣。国会限于约法公布后十月内召集,民国二年(一九一三)一月,值当召集之期,而参议院方从事于党争,元年(一九一二)八月十日,国会组织法、议员选举法,始行公布,选举施行细则十二月公布,国会竟不能如期召集。按据国会组织法,中国采用二院制,二院本为英制,偶尔产生者也。政治学者认为利益较多,美法诸国从而效之,近时英上院之地位降低,无异于一院制矣。中国两院名称,一曰参议院,一曰众议院。参议院议员,每省由省议会选出十人,蒙古二十七人,西藏十人,青海三人,中央学会八人,华侨六人,议员任期六年,每二年改选三分之一。被选之资格,定为凡有众议院议员被选之资格,年满三十岁以上者;华侨、蒙人、藏人限以通晓汉语。众议院名额,定为"每人口满八十万选出议员一名,但人口不满八百万之省,亦得选出议员十名"。蒙古选出二十七名,西藏十名,青海三名,总数五百余人,选举人之资格,限于年满二十一岁以上之男子,居住选举区内二年以上,有下列资格之一者,始得投票:(一)年纳直接税二元以上者。(二)有价五百元以上不动产者。(三)在小学校以上毕业,或有相当学力者。议员被选尚有年满二十五岁以上之规定,蒙藏、青海又有通晓汉语之资格。凡有下列情事之一者,不得有选举及被选权:(一)被夺公权者。(二)受破产之宣告者。(三)有精神病者。(四)吸食鸦片烟者。(五)不识文字者。军人、官吏、僧道、教士不得投票,小学教员及各学校学生不得被选。其选举方法,采用复选制。就选举资格而言,大体无足深论,如何实行?则吾人所当知者也。妇女及未成年之男子,不得投票,其人超过国内人口总数之半,男子之识文字者,数殆无几,尚有其他限制,选民究占人口百分之几,无人知之。国中人口尚无正确之调查与统计,人民之有选举资格者,限于时间,更无从考察。各县长官类多凭空报告选举人数,各区由绅士或乡董包办,雇用人员填写选票,当事人反不之知,甚者捏造选举人名,此固不限于一地。据吾人访问之乡村,几莫不然,农民固占绝对多数也。城市弃选者多,劣绅亦能包办。初选于十二月举行,其被选者于明年一月至选举区复选,一票售价自百元至千余元不等,所谓代表民意者,直梦呓耳!其造成之原因,选举争求胜利,原易舞弊,参议院定议员岁费五千元,另给旅费,政客视为名利双收,莫不争求得之。国人先无政治经验,土豪劣绅之势力强大,易于利用农民之弱点,操纵选举也。适当之办法,不如暂时提高选举人之教育,或其他资格,切实执行法令,凡有选举权者,庶能自由决定其所愿选之人,然后适应社会要求,减低资格,达于普选也。选举之结果,国民党于众议院占绝对多数,民主党、共和党、统一党谋与之抗,合并改称进步党,参议院改选,国民党之议员,亦多于他党。四月八日,国会正式开会。

中央政府情状恶劣,地方政府亦呈纷扰不安之状态。革命之初,群雄举兵,各管一隅,各自为政,省内民军政权,均不统一,甚者如山西军官,拘禁筹饷局长,不理都督电令,派兵图犯省垣,总统据报,派兵惩办,方始解决。及后军权统一,省议会与行政官立于反对地位,唯事抵瑕蹈隙,发为议论,行政官则在忧谗畏讥之中。元年七月,总统令曰:"数月以来,各省行政长官,与该省议会,或因权限而启纷争,或因意气而生冲突,始由误会,继走极端,既无曲谅之诚,复鲜交让之美。……若彼此抨击,暗斗弗休,何异言居而毁其室家,言行而弃其轨轼。特此布告,各省行政长官及省议会,务宜共体时艰,勿胶成见,勿挟私图,庶几开诚布公,以渐臻于大同之治。"令文剀切之至,无如各争权利,嫌疑已成,如河南省议会开会,匪徒阑入,枪伤数人之例,暗斗之甚,乃竟施用阴谋耶!省政府组织法参议院初未议订,或言都督民选,或主中央委任,或言军民分治。清制官级繁多,责任不专,省制将采几级,论者不一。政府提交参议院之法令,时而撤回,后始采用军民分治,都督管理军政,民政长管理政务,如财政、教育、实业、警察等,其后省下设道,官称道尹(先称观察使),其下为县,办理自治,改废府直隶州及州厅名目,视前大为简单。省议会议员选举法几全同于众议院议员,投票之实际状况,亦与之同。各省与中央之关系,可于孙文、黄远庸之谈话见之。孙文入京,黄氏见之,询问省治,孙谓五六年内,军民分治不能办到。黄以期内中国必无统一之望为问,答称"五六年不统一,有甚么要紧?何必如此心急,美国到如今,还没有统一"(见《远生遗著》卷二,页一二八)。其言不过证明中国尚未统一,上海都督府之裁撤,戴传贤等表示反对,南京留守府以军饷无着,始乃裁撤,其争执之症结,则不信任中央政府也。第二次革命将起,总统下令曰:"都督总领军民,率以光复元勋,遂乃真除,受事等汉牧之就拜,跋扈类唐藩之留后,威令本自不行,功绩安能责课?厥后急筹分治,民政则置长官,而乃简命朝颁,拒电夕至,一方擅命,诸方效尤,谁生厉阶?至今为梗。"其言虽为求获舆论之同情,而固多为事实。

响应革命区域之广大,多由于兵变。清季新军纪律殊不甚严,南方军官多同情于革命,及武昌举兵,各地新军先后驱迫或杀害长官,宣布独立,因而自称或被推为都督。武官升级之易,无过于此,逐渐变为风气,军纪益弛,故自元年以来,兵变时起,临时政府所在之南京,北洋军阀所在之北京均不能免,通商大邑则更时有所闻。其造成之原因,则南北和议未成之先,都督倡言北伐,或自扩张军力,招募土匪流民,编入队伍。人民则以战祸避难,商业停顿,税收大减,军饷无出,兵士常以欠饷哗变。客军过境者,尤易生事,更有受人利用,反对革命者,如宗社党之活动,前陕甘总督升允之传檄举兵,又如北军守旧有反对剪辫叛变者,袁世凯更利用兵变以达其政治目的。凡此种种,一则证明政府尚未巩固,一则人民多受祸害,财政损失,工商停顿耳。变兵散而为匪,携有枪械,大为害于乡里,酿成白狼之祸。白狼以河南嵩山一带为巢穴,避实攻虚,东西奔走,西至关陇,南至湖北,东至安徽,北则限于黄河,劫掠数千里,民国三年(一九一四)七月始平,人民所受之痛苦深矣。其尤恶劣而遗祸无穷者,无过武人目无法纪,干涉政治也。北京军警长官不满于记者之诋毁,怒而捕之,王芝祥以驻军反对,不得官于直隶,参议院否决陆征祥提出之阁员,军警出而恫吓,章太炎等电请黎元洪建议总统总揽政务,并与各都督协商,军人果有发电痛骂参议院者。军人以服从为天职,乃有所谓国民之一分子,轻举发言。此风盛于南方宣告独立之时,清帝逊位之速,未始不由于北方将领之通电,原为非常期内不得已之举动,竟于统一之后,不稍改变,政治入于常轨,殆不可能。尤堪称异者,湖北军官张振武入京活动,黎元洪以其煽惑兵心,再谋革命,密电总统捕之,袁氏即令军警往捕,不待审判,而以军令杀之,其处置之速,所谓迅雷不及掩耳,盖防鄂人及同盟会救之也。事后,总统以大将礼葬之,并以三千元赙丧,而违法之责任问题,迄未辨明,当事者亦未稍受惩罚。孙文、黄兴入京,对于黎氏深表不满,然无如何,掌握军权之都督,高于一切,他何可言,误国之罪大矣!

国会选举进行之际,总统明令召集国会,二年(一九一三)四月八日,国会成立。国民党占有优势,其领袖宋教仁为人刺死。宋氏倡言选袁世凯为总统,采用政党内阁,其主张果能实行,总统将无实权,三月,自沪乘车北上,突为人开枪所击,伤重旋死。捕房捕获凶犯,搜得电文,发现内务部职员洪述祖之密电,时人以为赵秉钧所为,案归审判厅审理,赵氏迄未到案。北方亦有暗杀,指为黄兴所为以相抗。暗杀时成风气,当局借以除去政党,固野蛮卑劣之手段也。领袖人才如宋教仁不得其死,实国家之重大损失,悲哉!孙文即欲起兵讨袁。而国民党之都督持重不发,报章发表传说,时局渐形紧张。两派立于反对监视地位,国民党谋以国会制袁,而袁则恃兵力,其感觉困难者则军饷无出也。四月二十六日,善后大借款契约成立,镇定内乱,遂有余力。初六国银行团借款,欲以盐税为担保,坚持监督用途,聘用洋员稽察盐税,政府以其干涉内政,不肯让步,乃向英商借款,而银行团出而阻挠,大借款之议复活,议商条件,复归停顿。美国以其妨害中国政治独立,退出银行团,声明嗣后借款限于经济投资。五国银行团态度稍变,中国则以时局紧张,需款孔亟,签定契约。其要款凡五:(一)中国借款二千五百万金镑,(二)用途指定清还到期借款,赔偿革命期内外人损失,及裁兵行政经费,(三)四十七年还清,(四)以盐税关余为担保品,(五)中国整顿盐税,设立稽核所,雇用外人襄助,非其会同签字,不得将盐放行,或提用款项。借款进行之际,政府未曾报告国会,孙文等致电列强反对,都督亦有慷慨陈词者,顾未有效。政府交国会备案,称得临时参议院之同意,进步党拥护政府,国民党斥为违法,争执不下,辍议者累日。而国民党势盛,参众两院先后议决契约无效,然无补救。会议员发现奥国借款,再三质问,国务员始行承认,众议院提出弹劾。赵秉钧及财政总长周学熙因而去官,袁世凯之目的已达,固其胜利也。

国民党于宋案之后,倾向举兵,法律系不敢异议,二次革命之风声喧传于时,江西都督李烈钧尤为激烈。及大借款成立,南方都督通电反对,其非国民党员,则仍拥护总统,或为之辩护,袁氏则以款已筹得,跋扈之都督在所必除,岑春煊遣员入京调停,袁氏答称:"问题……乃系地方不服从中央,中央宜如何统一问题。宋案自有法院,借款自有议会,我与岑君等皆不能说话。……至李烈钧等为地方长官,于行政之系统上,中央不能不求统一之法。"此据黄远庸之通信,黄氏在京,颇能探得正确消息,又谓袁氏语其属员,明斥"孙黄等无非意在捣乱,我决不能以受四万万人财产生命付托之重,而听人捣乱者。……彼等若有能力另组政府者,我即有能力毁除之"。其言坚决至此,用兵之意已定。就形势而言,黎元洪与国民党不协,党人先后来鄂运动军队者,或为其捕杀,或事败潜逃,党人于上海活动,劝说商家捐助军饷,总商会竟发公电,称未参加全国公民大会,且曰:"上海市商界人民各团体实未敢随声附和,自取危亡,特此声明。"国会中之国民党议员,谋与袁氏妥协,避免战争,独李烈钧改编师团,调兵遣将,管理九江炮台,镇守使戈克安迫而离职。六月九日,总统令称李烈钧措置乖方,免去江西都督,以黎元洪兼领。国民党颇处于不利地位。黄远庸报告曰:"江西则通电退兵;广东则以文电自明无二意,宋案借款之争,谓仅一种建言作用,并不敢出法律范围;湖南则以军官多明大义,谭延闿渐渐恢复其自由;安徽之柏文蔚则情见势绌,其辞呈将不日到京。"黄氏不满意于国民党,不无附会之辞。而广东诸省之实状,则内部不能一致,将启纷争也。袁氏不稍让步。先后下令免去广东都督胡汉民、安徽部督柏文蔚职。遣李纯统军入鄂,东向九江进兵,镇守其地。七月八日,李烈钧回赣,运动军队占据炮台,十二日,宣布独立。省议会推为江西讨袁军总司令,传檄远近,攻击北军。黄兴闻知江西举兵,即至南京,召集军官会议,强都督程德全独立,派兵北守徐州。安徽、广东、湖南、福建及重庆先后应之,其都督有为军官所胁,有受人包围者,内部意见不一,军心涣散,大势一去,即行取消独立,无异于昙花一现。其较持久,两军相战者,唯有江西、南京,故称赣宁之役。二次革命原在袁氏意料之中,进步党议员提出征讨案,非难国民党,中立议员有组织弭祸公会,主张袁氏辞职者,汪兆铭、蔡元培发表宣言,从而助之。国人方于兵燹之后,厌恶战争,上海商会闻知革命军将攻制造局,致公函于二军,称其全体议决,"无论何方面先启衅端,是与人民为敌,人民即视为乱党"。报章社论亦有反对武力讨袁者。顾此种种多非双方之所顾虑,成败决于兵力。九江方面,赣军进攻,不胜,袁世凯调兵往援,北军会同舰队克复湖口,八月,进据南昌,李烈钧复逃。江苏则张勋统兵进据徐州,上海制造局时在北军之手,革命军迭次进攻,均归失败,迫而退于宝山、吴淞。北军又沿津浦路南下,七月末,黄兴去宁,柏文蔚亦于安徽为军队所逐,而北军尚未入宁,何海鸣复宣布独立,终为张勋所败,九月一日,北军入城。福建、湖南见势不利,先后撤销独立,据有重庆之熊克武亦兵溃出逃,广东方面情状复杂。自起内讧,广西副军使龙济光乘机东下,岑春煊谋据两广,亦归失败。

二次革命失败之迅速,一则国民党人数骤增,分子复杂,不从领袖之指挥,投机政客本于自私自利之心理,争夺权利,渐为温和派所恶。汪兆铭曾曰:"一年以来,国民有一致普通之口头禅曰,非袁不可",未始不造成于政客也。袁氏误国殃民之劣迹未彰,非去袁不可,尚非人民之心理;袁有强有力之军队,供其调遣,剪除异己。国民党领袖于兵败后,逃亡外国,袁用其亲信为长江一带长官,西南诸省不能抗衡,中央权力遂得达于各省。内阁则总理赵秉钧以宋案借款托病告假,总统命段祺瑞暂代,七月提出熊希龄为国务总理,征求国会同意。熊氏为进步党所拥戴,更受友人之敦促,组织"第一流人才内阁",国会议员,国民党原占优势,二次革命将起,多数不肯南下,有欲炸毁国会者,政府保护国会,迫令国民党开除李烈钧等党籍。国会自召集以来,除党争而外,未有成绩,宪法之制定,初未积极进行,战事胜利之后,袁氏之威望地位视前为优,乃有先选总统,后议宪法之说,其理由则正式政府成立,内政外交均较便利也。十月四日,公布大总统选举法,总统由国会选出,任期五年,得再被选连任一次,六日,选举总统,有自称公民团者约数千人,包围示威,声言今日非选出公民属望之总统,则议员不得出场,议员三次投票,袁世凯始以票过半数当选为总统。明日,黎元洪当选为副总统。十日,袁世凯宣誓就职,于是正式政府成立,日奥诸国次第正式承认民国,其先已有四国于国会成立后承认政府矣。袁氏当选就职,对于国会又一胜利,咨宪法会议,争宪法公布权,国会则持异议。会天坛宪法草成,宪法共一百十三条,采用内阁制,国务员对众议院负责,大权实操于国会。议员之心理,殆以宪法万能,削减总统之权,袁世凯即可听命,天下之事固无若此之简单,反而证明议员偏于理想,认识不足,且时政治情状迥异于前,双方各不相让,袁世凯反得为所欲为矣。袁以宪法不利于己,派委员八人出席,陈述意见,为宪法起草委员会所拒。总统通电各省军民长官,反对宪法草案,略称起草委员会,国民党居多,草拟宪法妨害国家,比较临时约法弊害尤甚。且曰:"层层束缚,以掣政府之肘,综其流弊,将使行政一部仅为国会附属品,直是消灭行政独立之权。……值此建设时代,内乱外患险象环生,各行政官力负责任,急起直追,犹虞不及,若反消灭行政一部独立之权,势非亡国灭种不止。"其言杂有张皇附会之辞,议员于国势民情既不之知,而于自身所处地位,亦不明了也。都督、民政长、镇守使等果应袁电,攘臂瞋目,诋议宪法,建议解散国民党,解散国会。十一月四日,总统下令解散国民党,撤销国民党议员,军警追缴证书徽章。被追缴者凡四百三十八人,即江西独立前脱党者,亦无幸免,国会议员共八百二十名。明日,两院开会不足法定人数,提出质问,内阁复称,"事关国家治乱,何能执常例以相绳?"省议会亦缴国民党议员证章。

国会不能开会,政府组织政治会议,原名行政会议,由各省行政长官所派之委员组织而成。十一月,总统令称各省所派人员,不日齐集,应由内阁总理等举派人员,总统特派八人,合组政治会议,十二月开会。熊氏提出改革省制,扩张中央权力,未得通过。其时政治问题,一为遣散残余议员,一为修改约法。黎元洪等首以为言,总统交政治会议复议,明年(一九一四)一月,复称原电所请为正当办法,总统下令遣散议员,二月,停办地方自治。其理由则自治会议员把持财政,抵抗税捐,干预诉讼,妨碍行政也。三月,更据政治会议议决案,解散各省省议会。凡此种种,莫不动摇民国之根本基础。劣绅把持,议员贿选固为事实;其造成之主因,绅士乡董原于社会上强有势力,民众先无参政之机会,运用投票之经验,设法导之,终将入于常轨。今以一时之弊端,废除自治团体,土豪劣绅,仍得为害于民间,且无改良之希望。公共事业之成功,常赖妥协与合作,独裁之行政官员,未曾养成谅解同情信任合作之精神,乃又顾忌议员之监视,断然停办地方自治,自永久大计而言,实百思不得其解者也。关于修改约法,政治会议议决组织约法会议。其组织条例,规定选举及被选人之资格,既高且严;选举区域限于都城省会,被选者复选审查后,方始合格。二月十八日约法会议开会,议员凡五十七人,开始议修约法,四月完成,五月一日公布,名曰《中华民国约法》,凡十章六十八条。依据约法,总统对国民全体负责,有无限制之威权,制定官制,任免文武职官,统帅陆海军,宣战媾和,接待大使公使,召集立法院,提出法律及预算案。行政置国务卿一人,赞襄总统,事务分设九部掌管,国务卿及各部总长如有违法行为,则受肃政厅之纠弹、平政院之审理。立法院未成立以前,以参政院代行职权,其组织法尚未议成。综观新约法之内容,总统之职权,远过于美总统,视前天坛宪法修正案亦远过之,环境迥异于前,事实业已如此,固无奈何。约法会议议定参政院参政,由总统简任,修改总统选举法,改为任期十年,连任或无须改选,并得推举继任人。六月,参政院成立,中多知名之士,袁氏用以号召者也。

熊希龄以其政策不行,财政困难,辞职而去。及新约法公布,总统下令废去国务院,改设政事堂于总统府,向呈国务总理事件,改呈总统,命徐世昌为国务卿,加任各部总长,政事堂分设六局,仿清都察院设立肃政厅,采欧洲大陆法创设平政院。各省官制亦有变更,改民政长为巡按使,已设之观察使为道尹,裁撤内务教育实业各司长,组织政务厅,改国税厅筹备处及财政司为财政厅,都督改称将军。其时中央权力,直达各省,财政军政可称统一。而袁机巧成性,惯用诈谋,对于异己之都督,设法去之。黎元洪统军驻于武汉,声望素著,袁氏迭次遣使持书请其入京,共商大政,黎初婉言辞谢,而袁疑忌日深,驻大军于湖北,黎始应召,二年(一九一三)十二月入京。袁氏遣员欢迎,礼遇优渥,选定前光绪被囚之瀛台为其公馆,不愿其与公使往来。蔡锷于云南宣布独立,赞助革命颇有功绩,袁氏忌之,不肯授为湖南都督,召之入京,废居于将军府,府之设立,盖所谓安置闲员及失意军人也。北军将领冯国璋、张勋原为袁氏作战,立有勋劳,袁氏忌之,密令二人互相监视。徐世昌、段祺瑞久为袁氏属下,而亦与之不协。其心以为天下之人,无有不可以官或钱收买者,对之毫无信心,遣人秘密侦探其行止,监视其活动。政治安定,尝赖拔用真才,推诚相待,袁氏未曾树立永久巩固之基础,一旦祸乱爆发,将至不可收拾。夫有改革之机会,不知利用,有所建设,外而屈服于日本,不知奋发,造成种种祸根。盖袁狡诈成性,自营务出身,叛君卖友,跃为高官,以为人多类之,而又久官于直隶、北京,洞悉官吏之排挤,运用之阴谋,习而安之,神乎其技,徒以兵力,一旦为共和国之领袖,固难明了新时代之环境与需要,心中未脱帝王之思想,自误误国,负罪深矣!其剿平匪乱,维持国内之治安,严惩贪污官员,功亦不可抹杀。

二次革命失败之年,总统下令恢复春秋祭孔,冬至祭天,祭孔祭天原为中国大典,一旦效仿欧美制度,断然废之,识者非之,至是恢复,外人颇疑袁世凯称帝。三年(一九一四),欧战爆发,日本出兵山东,明年,提出二十一条,中国迫而承认其多数条款,屈辱无以复加,而袁不肯振作,反而进行帝制。总统久为清臣,民国以来,仍与遗老往来,据劳乃宣言,袁氏自认为宗社党领袖。劳氏主张复辟,迭作《共和解》献之,有欲呈请复辟者,为肃政使所劾,解送回籍。袁氏之意,则削灭旗兵势力,称帝自为耳。其子克定尤为活动,时人疑之,冯国璋表示拥戴,探问意志,袁则坚决否认,不受拥戴,一面征求顾问古德诺(Frank J. Goodnow)对于中国政体之意见。古德诺原为美国政治学之权威学者,曾为新约法辩护,至是,不知袁之用意,考察中国之历史政治民情,依据南美共和国之经验,以为中国宜于君主。原文用英文写成,译成中文,原稿后不可得,译文不无修改之处,八月于《亚细亚日报》发表。其文虽有慎重考虑之价值,要为个人意见,并无若何之重要;袁党视为帝制运动之根据,愚陋可耻。据驻华美使芮恩思(Paul S. Reinsch)所记,斯年七月,美国已得帝制运动之报告,顾维钧奉命至美,其使命则于欧美为袁氏宣传,古德诺之论文,又为对外宣传之好资料矣。杨度等六人据其论说,成立筹安会,发表君主立宪论,通电各省长官,请求赞助。袁氏表示"该会为积学之士所以研究国体者,苟不扰乱治安,政府未便干涉"。肃政使呈请取消,不得,各省长官纷纷赞同,派遣代表赴京。其积极进行之原因,据美使记载,初起于二党争权,皖系以段祺瑞为首,掌握军权。交通系以梁士诒为首,操纵政务。夏间,皖系与交通系不协,交通系以舞弊案受劾,牵及多人,皖系原助总统帝制,梁士诒患其失势,转而献计于袁,积极筹备帝制,计划多其拟定。京中长官知明袁氏意旨所在,各为利禄之计,多数赞同,黎元洪初持异议,后亦让步,段祺瑞、梁启超托故辞职,徐世昌则以前为清臣,不愿拥戴袁氏为帝。

少数达官反对帝制运动，而袁氏兵力控制北方有余，原欲勇猛进行，乃以列强承认问题，采用假造民意之策略。筹安会自成立以来，未曾公开开会。九月一日，参政院开会，而各省代表未即到京，乃利用旅京人士，组织公民请愿团纷扰奔走，总统派员出席，请参政审慎，征求民意。参政院议决年内召集国民会议决定政体，而梁士诒等以为不便，再向参政院请愿，结果议决国民代表大会组织法，各县一人，属地、商会、华侨、官吏、通儒各有代表，选举法亦各不同。实际上或由军民长官指定，或受监督操纵，费用出自政府，往来多为密电。其拟定之步骤办法，切实确定，由袁亲信朱启钤主持，费用若干，今不可知，榨取于民之金钱，用之假造民意，固罪恶也。各区投票推袁世凯为皇帝，委托参政院为总代表。十二月十一日，参政院开会，审查代表一千九百九十三人，而竟全数赞成帝制，立即恭上推戴书，并呈上各省推戴电文。袁氏故作逊让，令其另行推戴，参政院呈递第二次推戴书，盛称袁氏功德，并谓誓词随国体变迁，民意已改，当然无效。明日，袁氏申令接受皇帝推戴书。凡此种种，不过粉饰遮掩，识者深以为耻，士大夫何竟忍心为之。十三日，袁氏册封黎元洪为武义亲王，派兵监视其行动，大封劝进功臣为五等爵，各省将军与焉，设立大典筹备处，朱启钤奉令购办龙衣朝服，修理宫殿，织置新毯，改明年为洪宪元年，将于一月一日登极。袁党假造民意，国人多所顾忌，反对之者颇赖租界中之报纸，梁启超发表《异哉所谓国体问题》，一文传诵于时。顾此议论绝不能改变袁氏意旨，其所顾虑者，仅为外交。袁氏初信日本将不反对，日本竟以袁氏不听指挥，于帝制进行之际，力谋阻挠，商请英、美、俄、法共同劝告，其理由则将引起扰乱，影响外人利益也。美国认为属于内政，拒绝干涉，余则许而从之。四国公使先后劝告停止帝制，未有效果；及袁被推为皇帝，据美使芮恩思记录，俄法公使私人谈话，赞成承认新政府，德奥公使向袁表示承认皇帝，多数倾向于明年新政府成立，予以承认。外人已有电贺大皇帝者，总统顾问拟进颂辞，各事筹备就绪，而云南起兵讨袁矣。

帝制运动，袁氏恃其兵力不顾一切，其先孙文在日改组国民党为中华革命党，重视服从，黄兴等不肯加入，募款无几，且前根据地丧失已尽，成功不易。党人刺杀郑汝成，袭取肇和军舰，迄未减削袁氏势力。其重要者，首推蔡锷之举兵。蔡锷为梁启超弟子，先于云南独立，出兵援贵，二省军官多其旧部，袁氏忌之，召之入京。蔡氏纵于声色，与世浮沉，及筹安会成立，梁氏出京。初光绪变法失败，袁世凯负有重大责任，民国成立，康梁回国，袁氏谋以官爵收为己用，康则鄙其为人，不相往来，梁氏历居要职，乃于帝制运动之始，托病辞职，至津后，发表反对之言论，密与蔡锷等筹定起兵计划。十二月，蔡锷入滇，云南将军唐继尧先亦拥戴袁氏，其部将有慷慨欲举兵者，李烈钧亦派人入滇。唐继尧之意尚未决定，及蔡锷抵滇，始乃决定讨袁，二十三日，电京请袁取消帝制，惩办祸首，限于二十五日答复，及期，宣布独立，恢复都督府制，称其兵曰护国军。云南地处边陲，兵仅万余，分三路出兵，一至四川，一往贵州，一出滇南。明年一月，袁氏下令讨伐，调兵分道入滇，护国军之设备实力不敌北军，其成功非其战绩，乃其首先举兵，响应之区域广大，袁氏迫而取消帝制也。袁以云南举兵，延期登极。据芮恩思所记，外人初认云南为边省，蔡锷举兵无足轻重，袁氏果正式称帝，列强亦有承认新政府者。一月，滇军入黔，贵州独立，入川之兵，则遇劲敌，战不能胜。三月中，广西独立，袁氏益处于不利地位。初岑春煊久官于两广，与袁氏结仇，广西将军陆荣廷、广东将军龙济光均曾为其属下，龙氏忠于袁氏，奉命遣兵会同桂军入滇，陆氏受人游说，爱子暴死于外，不肯助袁，迭请饷械，隐与梁启超信使往来。袁氏疑之，派为贵州宣抚使，利用其部将制之，不得，至是宣布独立，缴粤兵械。于是范围扩大，他省尚有酝酿响应者。政府遣使赴日，先亦为日所拒，迫而让步，二十二日，下令撤销帝制，起用徐世昌、段祺瑞，发电西南要求停战，议商善后办法，而护国军领袖坚持袁氏退位。其时川黔方面护国军不能战败北军，北军旅长冯玉祥原不慊于袁氏，不愿再战，入于停战状态。四川将军陈宧听信游客之言，预备独立。广东则旧国民党员纷纷举兵，外而见迫于滇军、桂军，龙济光宣布独立以自保。陆氏为其亲戚，不愿逐之，梁启超出而调停,而龙部计杀代表于海珠,始肯让步解决。公推岑春煊为两广护国军都司令,五月组织军务院,为西南统筹军务机关。同时,浙江宣布独立。

袁于广东、浙江独立之后,力谋团结北洋军力,巩固总统地位,任命段祺瑞为国务卿,总理国务,改组政府,树立责任内阁。其时冯国璋为袁所忌,郁郁不平,张勋统兵驻于徐州,亦为袁氏所疑,令其互相监视,二人知而恶之,各拥重兵,不为之用。袁欲冯氏通电拥护,初不可得,五月中,冯氏召集南京会议,讨论善后办法,出席代表来自未独立诸省。总统去留问题,为会中讨论之焦点。张勋、倪嗣冲反对总统退位,未有结果。冯国璋电称"能力只可维持江苏秩序。其他未能兼顾"。袁自三月而后,深为烦恼,失去常态,向时见机立断,忽而变为再三考虑,犹豫不决,其亲信人员颇以为异。美使见之,言欲辞职游美,部将尚欲继续用兵。其困难一则无法筹款,袁氏浪费金钱办理帝制,国库已无余款,用兵出征,饷糈大增,而收入反少,前向美商借款,美使以为战争扩大,主张慎重,商人不肯付款。交通中国银行深受时局之影响,奉命停止兑现,纸币之价值大跌,物价提高,而人民进款并未增加,生计困难,人心大为不安。一则军队能否作战,尚不可知。袁氏惯用阴谋手段,渐失将领之信心,雄据一方之将军,不为之用,下级军官有倾向于共和者;且自形势剧变之后,响应之区域日广,军心亦不固也。其在西南,滇黔军之入川湘者,未有补充,势难再战,广东内部复杂,互相猜忌,李烈钧统率之滇军,竟与龙部相战于韶州。南北实已入于停战状态,而陕西、四川、湖南则次第独立,山东诸省亦有起兵者。袁氏于失望悲哀之中,六月六日,病死,辞职问题始告解决,遗令副总统代行职权。袁氏既死,北洋军阀分裂割据之形势渐成。张作霖于奉天领得饷械,逼走段芝贵,政府迫而授为将军,兼署巡按使。许兰州亦以兵力取得黑龙江将军。陈树藩于三原独立,占据西安,后亦奉命督陕。四川于独立后,镇守使周骏攻据成都,唐继尧先不接济蔡锷,于袁氏死后,出兵入川,扩据地盘,在贵滇军亦不肯撤回。广东龙济光不为粤人所容,陆荣廷奉命督粤,桂系势力达于广东。

帝制之役,中央统一根本破坏。起兵者之原意,出于爱国,蔡锷致唐继尧电曰:"我辈应始终抱定为国家不为权利之初心,贯彻一致,不为外界所摇惑,不为左右私匿所劫持,实为公私两济。"不幸希望竟与事实相反,政治革命乃为武人造成事机。其主因则政治问题之解决,决定于军力之强弱,战争之胜败,民意舆论,从不能充分表现,作为有效力之裁制。其症结固由于民众未受教育,知识浅陋,历史上未有参政之经验,新得之权利徒为土豪劣绅所利用,而士大夫之官迷无耻,不肯直说实话,从无坚决主张,亦有相当之责任焉。黄远庸观察民国初年之政局,于《论衡》杂志发表其真相曰:

> 吾国之所谓舆论,唯是各据一方,代表其黑幕之势力乎?抑真有发挥其所主张之义公理,以求国民最后之判断者乎?今以大借款为例,甲党之报,今赞成而前反对;乙党之报,则今反对而前实赞成。甚至同在一时,赞成唐绍仪之借款者,而不赞成熊希龄之借款,赞成熊希龄之借款者,而不赞成唐绍仪之借款。又试以对于政府之态度而论,于其未入国民党之先,则甲党赞成,而乙党思推倒之;于其既入国民党之后,则乙党赞成,而甲党思推倒之。同此一人,而前后有尧桀之别,同此一事,而出入有霄壤之分;大略览尽古今,横尽万国,所谓政治家者,未有如吾国今日之政客之无节操之无主张,唯是一以便宜及感情用事,推其原因所由来,不外所争在两派势力之消长,绝无与于国事之张弛而已。……真正平民则木然受其荼毒踩躏,而无所控诉,则所谓政党与议会者,亦仅两派之角距冲突,并无舆论之后援。故其结果必仍以两派势力中之最强者胜,此最强者其力盖能于政治上无所不可为,特彼或将有所不为耳。此因两派势力之角逐,而断绝民意之生存者也。

黄氏痛恨政客,言之不胜感慨,而言固有所本,观察至为深刻。其所谓强有力者无所不可为,袁氏后果帝制矣。政客唯利是视,袁氏知其弱点,或以金钱官爵縻之,或以兵力逐之,其安心受之而甘为之用者,乃后恭戴其为大皇帝之人也。上下相蒙莫不假造民意,自欺欺人。黎元洪电请解散国会,中云:"元洪等承乏地方,深知人民心理,痛恶暴乱之议员,各国论调亦极公允。我大总统何所顾忌,而不为之所?"政府追缴国民党议员证书,议员提出质问,国务院复称其不能执常例以相绳,且曰:"令下之日,据东南各省都督民政长来电,均谓市民欢呼,额手相庆。议员张其密等所称举国惶骇,人心骚动,系属危言耸听,殊乖情实。"双方无不托之民意,所言皆为推度之辞。帝制进行之始,蔡锷曾领衔拥戴,国民代表之投票决定国体,地方长官原可力防选举之舞弊,而均置之不问,虽曰迫于环境,而言行相违,虚伪欺人,固非光明有勇气之大丈夫也。袁世凯于宣布帝制始末时曰:"今之反对帝制者,当日亦多在赞成之列。"袁氏死后,西南要求惩办祸首,北京政府下令通缉朱启钤等八人,八人先已出逃,不过具文而已。据美使记载,段祺瑞于内阁会议,对于惩办祸首,笑而言称,果真惩办,公务人员将无几人,得免于罪。士大夫误国之罪深矣!袁氏武人更何足责,梁启超后述蔡锷之言,谓其举兵,"非敢云必能救亡,庶几为我国民争回一人格而已"。此言颇有忏悔之意。共和政体之下,政客毒害人民,反而假托民意,行之毫无顾忌,所谓民治共和,虚名而已。试验归于失败,政治家当于根本着手,另辟途径;乃以恢复原状为言,循复故辙,置经验于不顾,戕害国本,哀哉!

政治改革归于失败,外交尤令人失望。革命兵起,蒙古、西藏,一得俄援,一得英助,意欲独立。南北相持,列强以其商业损失,出而调停,德国较与清廷接近,余多同情于革命。英国建议停付借款,颇与北方不利,南方借得日款,日本人士久与同盟会往来,其政府先与清廷发生争执,后欲干涉革命,固唯利是视也。南北统一,各国尚未正式承认新政府,而外商迭次借款于中国,银行团磋商借款,公使亦曾出而干涉,事实上固已承认政府。中国自拳乱后,不敢开罪外人,思想上、心理上屈服无异于奴隶,深以列强不肯承认为顾虑,对于外国声称遵守条约;革命期内外商间接所受之损失,如数赔偿,而中国请照条约上之规定修改税则,则不为其所理,收回上海租界内之会审公廨,亦不可得。二年(一九一三)四月,国会召集,巴西、美国等首先承认民国,十月,国会选出总统,外国次第承认政府。说者谓俄、英、日尚有附带条件,俄为外蒙自治,英为西藏自治;日为满蒙五铁路之建筑权:(一)开原至海龙城,(二)四平街至洮南府,(三)长春至洮南府,(四)洮南府至承德,(五)海龙城至吉林。袁氏对日让步之其他原因,则谋得日本谅解,不助革命党人,且为解决张勋军队入宁杀害日人之案也。承认中国之代价,可谓大矣。民国成立以来,中美邦交最为亲善,政府向美借款导淮,工程师着手调查,筹筑商船,建设福建船坞,并许美孚洋行调查北方油矿,专利提炼,大启日本之疑。日报故肆夸张,言过其实,其公使出而干涉福建船坞。会欧战爆发,欧洲强国无暇外顾,日与英国同盟,与俄订有密约,美国孤立,莫之奈何,乃向中国提出二十一条,中国屈服承认其最后通牒。日本势力独盛,而二国人士之感情日劣矣。兹分言交涉上之大事如下。

外蒙于清季办理新政,添设官署,创办新税,俄以活佛王公求援,出而干涉,外务部复称改革为发展工商业之计,并将考虑蒙人之意见。俄人时在蒙古者数约五千,华商商业则较发达,俄人渐而夺其额数三分之一。武昌革命之次月,活佛独立,驱逐库伦大臣三多及所部卫军,俄人尽夺华商市场,活佛煽惑各部,响应之者,有乌里雅苏台、呼伦贝尔等。绥远将军张绍曾召集西盟会议,各部拥护中央,其他各旗亦未助逆;内蒙于清季开放,汉人移居者多,尤以直隶、山西、陕西边界为甚。政府鉴于事变,设置热河、察哈尔、绥远特别区域,任命都统治之,西套一带划归宁夏护军使管辖,蒙兵进犯内蒙、满洲者,先后败退。总统电劝活佛取消独立,不得,又以俄国干涉,难于用兵,向俄交涉,而俄则请勿于外蒙设官驻兵移民,并与外蒙议成协定,承认其自主,扶助其练兵,不准华兵入境,华人移殖蒙地,俄人独得享受特殊权利。二年(一九一三)一月,蒙藏议定同盟条约。政府颇处于困难地位,外交部向俄声明,凡蒙古与俄所订条款,中国概不承认,双方辩论,俄国不肯让步,其先与日缔结密约,划分外蒙、北满为其势力范围。陆征祥乃与俄使协商,五月,议定协定草案,参议院不慊于政府,将其否决,俄使取消前议,交涉停顿,九月再行开议,十一月,双方互换声明文件,中国得有宗主权之虚名,而许外蒙古自治,不驻兵,不设官,不移民。俄于外蒙之地位益固,三年(一九一四),议定蒙古敷设电线,兴筑铁路,与之协议。其时中俄蒙代表方会议于恰克图,历久会商,始于明年六月成立《恰克图条约》。中国承认外蒙自治,外蒙承认中国宗主权。约成,俄无遵守之诚意,隐而操纵其政治,西伯利亚商业银行,设分行于库伦,改称蒙古国民银行,活佛雇用俄员为财政顾问,固其证也。十一月,中国再应俄国要求,缔结条约,承认呼伦贝尔为特别区域。

西藏于清初为中国领土之一部分,设官驻兵,顾其政治组织、宗教风俗,迥与中国内部不同,驻藏大臣向不问其内政外交。英人经营印度,与藏属国接壤,近而谋与藏人通商,喇嘛百方反对,又以边境争执,不服中国指导,造成衅端,兵败之后,仍不觉悟,拒绝遵守条约,反与俄国往来,大启英人之疑。印度总督借端出兵,进逼拉萨,达赖出逃,藏人迫为城下之盟。中国始知失策,一面向英交涉收回权利,一九〇六(光绪三十二)年,缔结条约,英俄旋亦成立谅解,一面用兵剿平西康拒命之土司,改设县邑,遣兵入藏。达赖惧而逃印,向英求援,清廷将其名号革去。康藏经营,规模粗具,而革命军起。驻藏新军闻报,起而劫掠,藏人恨之,阻塞归川之路,断其接济,以兵围之,终乃缴械自印归国,其由西康归者,为数无几。藏兵东下,攻取巴塘、里塘,四川都督尹昌衡奉命率兵进剿,云南出兵助之,藏兵始退。英使朱尔典忽而干涉进兵,政府迫而让步,恢复达赖封号。达赖于二年(一九一三)宣布自主,遣员赴蒙,缔结条约,总统乃应英请,委派陈贻范为代表入印,英藏各有代表,会议于西摩拉(Simla),十月开会。西藏要求自主,陈贻范将其驳斥,力言维持一九〇六年中英藏约,双方意见相去太远。英使调停,建议划分内藏、外藏区域,盖仿自内外蒙古也。外藏自治,承认中国宗主权之虚名,内藏归中国管治,达赖仍为藏民宗教领袖。中国接受原则,划界遂为争论之焦点,历久交涉,陈贻范迫而让步,三年(一九一四)四月,签定草约。政府得报,视划界让步太甚,不肯承认,并向英使声称草约虽可同意,而界线万难承认,遂无结果。七月,英藏缔结商约,英国承认西藏自治,中国向英建议解决方法,未有所成。

日俄战前,中日邦交颇称亲善,战后,日本经营南满,浪人活动,引起华官之恶感,其时风气已开,青年视留学为进身捷径,东渡留学者日多,倡言革命,清廷要求日本取缔,而日本民党往往助之,二国之困难益多。中日地理相近,经济文化之关系密切,实有树立大计,促进邦交,维持东亚和平之需要,不幸日本政客眼孔如豆,一面利用中国之弱点,步趋欧洲强国之后尘,争夺权利之专横,压迫威胁无所不用其极。中国于败辱之后,大臣疆吏图谋有所补救,收回主权,固爱国心之表现也。而日本竟视仇为友,与俄妥协,一九〇七(光绪三十三)年,二国缔结条约凡二,一为公布之条约维持现状,一为密约,划分满洲势力范围。美国提出国际共管铁路之建议,反而促进日俄之邦交,缔结新约密约,维持其所得之利益,并商防卫利益之办法。民国元年(一九一二),二国缔结密约,划分蒙古势力范围,五年(一九一六)又订密约,各不相害,共同阻止第三国于中国占有优势,并力助其同盟国。日本外交家之心理,至不可解,一则不顾国际信义,违反《英日同盟条约》,门户开放之精神;一则无故鱼肉邻国,岂将树立中日不并存之势耶?革命军起,南京政府颇得日人经济之援助,同盟会员较于日本接近也。第二次革命军起,日人有助之者,张勋率兵攻陷南京,兵士大掠,杀害日商三人。日本闻报,要求道歉,赔偿损失、恤金,外交部许之。日方谓其迁延不办,遣舰队驶入长江示威,张勋亲往领事馆道歉,外交部并许其建筑满蒙五铁路权,其事始已。中国又应日本要求,许其依照陆路通商之例,朝鲜、南满运货减税三分之一,以鸭绿江铁桥工竣也。明年八月,欧战爆发,中国宣告中立,日以英日同盟,致哀的美敦书于德,要求其舰队退出中国海面,否则解除武装,交给胶州湾于日,由其归还中国,德国不复,对之宣战,出兵二万余人,来攻胶州湾,英军助之。日兵自龙口登岸,中国划定交战区域,声明区域以外严守中立,日军借口军事需要及德人财产,占据胶济铁路。中国患日肆其野心,袁世凯请美总统商于英国专攻青岛,勿使日本牵及其他问题,顾未有效,中国迭次向日抗议,亦无结果。英日联军进攻,守军屈服,中国以为战事结束,英兵撤退,请日撤退青岛以外之军队,日本弗应。四年(一九一五)一月七日,外交部照会英日公使,声明取消战区,请其撤兵。日报认为侮辱,十日,日使日置益复称先未征得同意,日本军队之行动施设,不受通告何等影响,亦不受此拘束,外交部将其驳斥,日军固不撤退。其政府反而提出严酷要求矣。

当斯时也,欧战正烈,列强以其全力应付战事,无暇顾及远东,美国虽守中立,而陆军海军未必胜日,日本得此千载一时之机会,政客军阀原欲鱼肉邻国,固不愿将其失去也。中国自革命后,内争未息,贫弱如故,总统袁世凯初在朝鲜,后在清廷,主持外交大计,均不利于日本,久为日人所忌。斯年一月十八日午后,日置益以回任觐见为由,不顾外交常例,径向总统提出二十一条要求。说者言其隐寓挟制袁氏个人之意,实则以其关系重大,非其决定,无所成功,而并恫吓总统严守秘密也;日方以为总统反日,亲善远国,许其要求,则将视之为友,而愿予以援助也。原文共分五号,第一号四条,全为山东权利。第二号七条,要求南满及东蒙古之优越地位。第三号二条,要求合办汉冶萍公司。第四号一条,中国承认不让与或租借沿海港湾岛屿于他国。第五号七条,关于聘用日人为顾问,病院等购置土地权,合办警察军械厂,建筑华南铁路,福建借用日款,及传教权。中国许其要求,将为朝鲜之续,可谓严酷之至。袁氏接阅条文,答称容细考虑,再由外交部答复,晚间召集会议,并将条款逐条批注,预定交涉策略;专员顾问亦上说帖。二十日,日置益向外交部询问,次长曹汝霖诿为不知,始送条文于外交部,总长孙宝琦率尔发言,总统将其免职,任命陆征祥为总长。政府方面故将信息泄漏于外,引起国际上之注意,遣员赴日,并派顾问有贺长雄东渡,游说元老;交涉方针,初则多方辩论,不轻让步,第五号条款拒绝议商。日方则欲早日解决,不惜压迫恫吓。美使芮恩思以得阁员之密告,一月二十二日,已知内容,英美记者访知条件,电报报馆,而编辑部认为谣言,不肯发表,日本驻美大使,且力否认。二月二日,中日会议于外交部,中国代表为陆征祥、曹汝霖,日本则为公使日置益、参赞小幡酉吉等。于是言者益多,无可讳饰,日本答复英美诸国之询问,未曾列入第五号之条款,美国务卿以为日本将其放弃,其外相加藤高明亦与公使陆宗舆密谈,言下有不坚持第五号之意,乃后日置益恫吓承认,固所谓得寸进尺也。会议先商第一、二号,外交部对于条款,提出修正案,日方不肯接受,乃许酌议第三号。双方以山东权利及满蒙优越地位之争论,未有明显之进步。三月初,日使出言恫吓;日舰奉命来华,南满、山东以换防为名,添派军队,中国以力不敌,颇有让步,然于东蒙则不肯与南满并论,二地杂居问题,尤难于解决,四月中,会议停顿。其时有贺长雄在日活动,较有利于中国,陆宗舆亦有赞助。

　　四月二十六日,日使再请会议,提出条款,谓为最后修正案,凡二十四款,内容视前稍为让步,而实质并无变更,第五号各款仍多列入。袁世凯再用朱笔批注意见,令外交部遵办,凡属第五号者,令其毋庸议商。五月一日,中国代表提出修正案,文分三号:第一号为山东问题,大体上承认日本要求,但请将来参加日德会议,无条件交还胶州湾,赔偿战事损失。第二号关于南满、东蒙利益,二地虽未并论,然已多许日本要求。第三号则为换文,一许汉冶萍公司中日合办,一声明在福建沿海地方,中国不许外国或借外资,建造船厂及其他一切军务施设。会议之时,中国代表面述理由,并谓此为最后修正案。日本外务省接收报告,决定根据四月修正案,提出最后通牒,内阁会议采取其建议,乃以英使之劝告,及元老之意见,将第五号中之条款再行让步,六日,御前会议,决定最后通牒。中国政府迭接陆宗舆之报告,知其危险。据美使记载,总统府迭开会议,言者意见分歧,莫衷一是;袁世凯拟请美国联合英法出而干涉,而欧战方殷,其何可能？六日,决定让步。曹汝霖往谒日使,对于第五号亦有让步之意,会得日本撤回第五号之报告,诿为个人私见。七日下午三点钟,日置益面送最后通牒及解释七条于外交部,其要求则第五条除福建业经代表协定外,其他五项(日使先曾撤回合办警察条款,故余五项),可日后协商。第一、二、三、四号各条及关于福建之换文,则照四月二十六日之修正案,不得更改,劝告应诺,以五月九日下午六时为满足答复之期,否则采取必要手段。其时日本驻有重军于南满、山东,军舰泊于要港,中国兵力固非其敌,又无列强之援助,万一战祸启后,前途不堪设想;唯有忍辱承认,徐图补救而已。中国之大患,在其不能振作有为,发愤自强耳!八日,总统召集会议,英使朱尔典谒见陆征祥,劝说承认日本要求,阐论利害,声泪俱下。陆氏为其所动,出席报告会晤情形,讨论应付方略,最后总统致辞,承认哀的美敦书中之条款,并言自强雪耻。外交部初拟长文答复,会得日方劝告,改易简单之辞。日员请观稿文,必欲将第五号日后协商添入,不得已而从之,复文送致日使,已十一时矣。会议再开,二十五日,缔结条约。

关于山东,中国承认日后德国让与日本山东权利利益,自行建筑自烟台或龙口直达胶济路线之铁路,向日商借款,开放山东合宜地方为商埠。换文承认不租让山东省内或沿海一带岛屿于他国。关于南满、东蒙权利,其主要条约凡四:(一)旅顺、大连及南满、安奉铁路期限展至九十九年。(二)日本臣民得于南满商租需用地亩,自由居住往来,并得经营工商业等。华人日人得于东部内蒙古合办农业工业,但向地方官注册,服从中国法令。(三)中国开放东部内蒙古合宜地方为商埠。(四)中国允许改订吉长铁路借款合同。余则尽为换文,其较重要者:(一)中国允许日人于南满、本溪等地开采矿产。(二)中国自行筹款,建筑满蒙铁路,如需外资,先向日商商借,嗣后以地方税作抵向外借款,日商亦有优先权。(三)南满洲聘用政治、财政、军事、警察外国顾问教官,优先聘用日人。(四)日本交还胶州湾。(五)中日合办汉冶萍公司,中国允许不将公司收为国有,不使公司借用日本国外之外资。(六)中国声明福建沿海地方,不许外国设造船所、军用贮煤所、海军根据地,并无借外资实现前项计划之意。综观主要条款,日本提出之一、二、三、四号原文,多已承认,其未列入约中者,尚有二端:一、总统下令沿海港湾岛屿概不租让于他国。二、会议记录保留第五号条件日后协商。损失之重大,无以复加,中国民智已开,风气大变,对于若此丧权辱国之条款,莫不愤慨,组织团体,劝用国货。外交部公布交涉始末,说明迫于武力,接受最后通牒之经过。总统密谕官员忍辱负重,发愤图强,后更下令全国,宣布不得已之情状曰:

> ……中国自甲午(一八九四年)、庚子(一九〇〇年)两启兵端,皆因不量己力,不审外情,上下嚣张,轻于发难,卒至赔偿巨款,各数万万,丧失国权,尤难枚举。……欧战发生,波及东亚,而中日交涉随之以起。外交部与日本驻京公使磋商累月,昨经签约,和平解决,所有经过困难情形,已由外交部详细宣布。双方和好,东亚之福,两祸取轻,当能共喻。虽胶州湾可望规复,主权亦得保全,然南满权利损失已多。创巨病深,引为惭憾,己则不竞,何尤于人。我之积弱召侮,事非旦夕,亦由予德薄能鲜有以致之。顾谋国之道,当出万全,而不当掷孤注,贵蓄实力,而不贵骛虚声。……自强之道,求其在我,祸福无门,唯人自召,群策群力,庶有成功,仍望京外各官,痛定思痛,力除积习,奋发进行。我国民务扩新知,各尽义务,对于内则父诏兄勉,对于外则讲信修睦。但能惩前毖后,上下交儆,勿再因循,自可转弱为强,权利日臻巩固,切不可徒逞血气,任意浮嚣。甲午庚子覆辙不远,凡我国民,其共戒之!

今观交涉之始末,主持外交人员之活动,会商之步骤,无可非议。信如王芸生言,"袁世凯之果决,陆征祥之磋磨,曹汝霖、陆宗舆之机变,蔡廷幹、顾维钧等之活动,皆前此历次对外交涉所少见者"。盖就国际形势而言,中日强弱悬殊,和战均不利于中国,衡其轻重利害,决定大计,终乃迫而忍辱签定条约,何可厚非? 说者谓袁世凯让步,谋求日本赞助帝制,据吾人所知,证以美使所言,盖无根据。事后,政府召集会议,筹谋补救方案,日本对袁仍不满意,固为事实。自日方而言,中国为日重要市场之一,供给其一部分需用之原料,固所谓共存共荣之邻国也。邦交之促进,合作之精神,全赖信义亲善,及民间之友谊谅解耳! 日本政客军阀将其摧残净尽,一时虽谓成功,而华人恨恶之心理日深,将来之危险堪虞。政友会总理原敬于国会反对,曾得议员一百三十余人之赞助,其扼要之语曰:"现内阁之对华交涉,始终认为不合机宜,既伤两国亲善,复招各国疑虑,有失帝国威信,不但不能确立东亚和平之基础,且反贻祸于将来。"其言警切之至。就国际关系而言,美国已先声明中日条约,如危害美国在华条约上之权利,中国政治领土之保全,及门户开放等,概不承认。英法诸国亦深疑虑。日本于欧战后,立于孤立地位,亦多造成于此。华盛顿会议,日代表币原声明三事:(一)南满东蒙铁路借款,以及该地方税款之担保借款,可为国际财团之共同事业。(二)中国聘用南满洲之顾问教官,日本并无主张日人有优先权之意。(三)日本撤回第五号保留再议之之条件。关于山东,其条款以问题解决作废。一九二三年,政府根据国会议决案,照会日本废止该约换文,日本复称不可。自实际状况而言,日本除租借地铁路展期及开采矿产而外,余无所得,徒伤二国人士之情感,为邦交亲善之碍力,固不如妥商善后办法,根本取消也。

讨袁之役,武人利用事机,造成割据形势。六月六日,袁氏病死,明日,黎元洪就总统之职。南方主张恢复元年约法,召集解散之国会,北方则主维持民三之新约法,互相辩论。二十五日,上海海军宣言加入护国军。明日,美使芮恩思往谒总统,黎氏颇为乐观,声称筹得各方合作之方法,宣布临时约法有效,召集国会,议员减至半数,专议宪法。美使疑其能否实现,而总统则称国会听其指导。就约法而言,其何可能? 段祺瑞时任内阁总理,反对国会约法,岂姑为此说而欲妥协各方耶? 就南北形势而言,陕西、四川、广东业已取消独立,蔡锷、梁启超与前国民党意见不合,梁氏主张从速撤销军务院,北方武人初亦不能合作,段氏迫而让步。二十九日,总统下令恢复约法,召集国会,并裁撤参政院、肃政厅等,旋令各省将军改称督军,巡按使改称省长,缉办祸首杨度等八人;军务院于是通电取消,统一之形式完成。八月一日,国会再于北京开会,追认段祺瑞为总理,总长杂有南北新旧人物,原欲调和各方者也,无如意见不一。国会议员自祸变之后,毫无觉悟,就时间而言,议员距其被选之时将约五年,参议院每二年改选三分之一,众议院三年一选,将其召集,谓之代表民意,不亦诬乎?所谓合法非法,多为咬文嚼字之解说,对于国家大计,民生痛苦,固无与焉。凡前党派现皆分化,或改易名称,其组织以人或情感为依据,以争夺权利为目的,无所谓确定之政纲,坚决不挠之志愿,其在各省且无分会接近民众,直可谓为个人活动,其无耻劣迹之多,宜后孙文斥为猪仔议员也。所不可解者,主持大计之达官名人,从不根据事实,讨论利害,为人民幸福之计,而作适当根本之解决,言论思想,尝相矛盾,谋之不臧,贻祸无穷,误国殃民之罪,其何能辞?内阁则两派争权,总统亦与总理不协,终乃酝酿政潮。总统为人庸厚,总理久握兵权,为人安闲,政事交给属下办理。据美使记载,当其弈兴正浓之际,属员询问某事若何决定,段氏嘱其自行办理,迨后发生困难事变,追忆前言,遂自负责,左右亲信往往利用其弱点为非,造贻祸患。黎氏恶其专横。内务总长孙洪伊为国会党魁之一,门庭如市,美使见之,声称国会不能限于制宪,必须监管行政,亦与总理不合,数以事端与徐树铮牴牾,奉命免职。议员大哗,否决政府提出继任人选,且以宪法问题发生斗殴,互相诋毁。西南诸省各自为政。北方督军迭遣代表会议于徐州,长江巡阅使张勋所在地也,谋巩固其地位,警告国会,拥护总理。中央情状恶劣,财政亦不统一,军饷浩繁,财政总长唯以借款为事。

暗潮误会潜伏已久,乃以对德参战,造成严重之事变。六年(一九一七)一月,德国宣布无限制使用潜水艇,二月,美国对德绝交,参加欧战。

其驻京公使芮恩思奉命通知中国,往见总统总理,劝说向德抗议,英美人士活动颇力。内阁会议以协约国经济援助中国,而中国仍保自主之权为交换条件,并欲美国担保,外交总长伍廷芳适病,其子朝枢通知美使,美使复文许之,并向要人劝说,政府始倾向于对德抗议。二月九日,中国向德抗议,明日,阁员出席国会秘密会议,会中未有反对之表示。督军则冯国璋初持异议,英美人士前往游说,入京又受美使之影响,亦不反对。其时黎段之意见益深,美使谒见总统,总统不唯赞成对德绝交,且将与段决裂,其言曰:"余不之信,彼谋夺去余权。"三月初,二人冲突,段氏怒而出京,冯国璋出而调停,总统让步始已。十日,国会通过对德绝交案,而德仍不取消封锁政策,十三日,中国正式公布断绝中德外交关系,训令公使回国,送德公使出境。方中德绝交进行之际,在野名人孙文、唐绍仪等通电反对,独梁启超赞成参战。自时人议论而言,颇表同情于德国,又以欧战无关于中国,不必冒犯危险卷入漩涡也。国会议员受其影响,态度稍变,督军亦有反对者。总统之意,参战必待国会通过,段氏则向美使声称,国会反对,则将其解散。其坚决若此之原因,殆不可知,而财政之困难,参战后将得协约国经济之援助,固其原因之一。段氏乃借督军之力,压迫总统国会,召集督军会议,四月末,在京开会,决定参战。五月初,内阁向国会提出,众议院开会,忽有三千余人,自称公民请愿团、军政商界请愿团,将其包围,殴辱议员,言者称为陆军部所指使,国务员相继辞职。段氏咨催国会议决宣战,国会复称内阁仅余总理一人,俟改组后再议。督军团则请总统解散国会,时局颇形紧张。美使往见总统,总统表示乐观,其言曰:"危险已过,余将免段祺瑞职,国会决定参战,无须武力强之。"美使进而问其方法,总统则称各事商定,且曰:"张勋助我。"美使面现惊疑之色。黎曰:"君可勿疑,余信任张勋。"张勋握有重兵,时与段氏不协,总统恃之为援,先盖议定办法矣。二十三日,段祺瑞奉命免职,发出通电,谓总统命令,未经总理副署,将来发生何等影响,概不负责,无异于指使督军反对。皖督倪嗣冲独立,总统遣使持信说之,不听,奉、鲁、闽、豫、浙、陕、直继之,设立各省军务总参谋处于天津,遣兵进逼北京,禁阻运输粮食,并得日本援助。总统电召张勋入京调处,美使应伍廷芳之请,提出劝告,日本向美抗议。六月,张勋所部抵京,请黎解散国会,伍廷芳不肯副署命令,总统准其辞职,下令解散国会。国会自再召集以来,争夺权利,徒事党争,开会十月,宪法草案二读尚未完成,久为时论指摘,复遭解散,悲哉!

张勋入京之后,预备复辟。初张勋自兵卒出身,爱惜兵士,得其死力,尚称能战,曾守南京力战民军,南北和成,仍忠于清室,袁世凯死后,迭于徐州召集会议,为北洋军阀盟主。督军先多表示赞同复辟,康有为亦与之合谋。康氏忠于清室始终不变,曾于护国军之役,劝说西南主将拥护清帝,不得,及国会内阁不协,游说冯国璋,至是,秘密北上。六月三十日夜,张勋等入宫,奏请复辟。明晨,清帝谕称张勋、冯国璋、陆荣廷等合词奏请复辟,瞿鸿禨等奏请御极听政,黎元洪奏请奉还大政,允如所奏,宣示革新大政九条,任命张勋等七人为内阁议政大臣,徐世昌、王士珍等均授要职,段祺瑞独未授官,恢复各省总督巡抚名称。都人于临朝之后,方始知之,莫不惊奇,商店悬挂龙旗,余亦无异于前。黎元洪逃往日本使馆,通电否认归还政权,任命段祺瑞为内阁总理,电请冯国璋代理总统。段氏原与张勋不协,对于复辟初无反对之表示。直督曹锟不慊于张勋之专横,夺去直隶总督之职。梁启超与段往来甚密,与师意见不合,据美使记载,称其借得日款一百万元,作为起兵军饷。七月初,段氏亲赴马厂调遣旧部,发电致讨,曹锟等应之,分兵两路进攻。张勋所部,多驻于徐州,兵力有限,毁坏铁路,退守北京。八日,张勋遣员往见法使,建议商请徐世昌入京调停,法使许之,而美使不可,遂无所成,形势危急,康有为避入使馆,载泽谒见美使,筹商善后方法,亦无结果,徐世昌在津,向段协商,电告清臣世续:"幼君安住宫中,则优待一事,必可继续有效。"又电张勋,即将军队交于王士珍解除武装,移驻城外,且曰:"执事既不操兵柄,自可不负责任,至于家室财产,已与段总理商明,亦不为已甚,昌当力为保证。"十日,步军统领江朝宗遣人往见美使,谓将强送张勋避居使馆,使团讨论谓可接待。明日,段氏通告公使,谓将于夜间进兵攻城,十二日黎明战起,以十一时最为激烈,飞机至禁城掷弹,人心惊惶。清帝初欲移居使馆,外人谋入宫中救其出险。会张勋为其部将送往荷兰使馆,尚信调停可得无事,荷使言其不能,乃欲出馆再战,但终为人所阻。下午四时,战事停止。美使外出参观战迹,天坛辫兵尚未缴械,吃饮谈笑如常,声称死者只有五人,据其访查所得,枪炮多向天空施放,死者二十六名,伤者七十六名,大半反为平民。后始议定天坛之兵,每名给洋六十元缴械遣散,十四日,尚有武装辫兵在京,明日,商妥每名八十元,始全缴械。

复辟运动酝酿已久,北方武人早先赞同,尽人所知。张勋于段声罪致讨时通电驳之,中云:"勋知国情只宜君主,即公等卓见,亦早诋共和。兹方拥戴冲人,辄即反对复辟,或实行攻战,或电文诮骂。……若谓拥护共和,何以摧残国会?……如以王公之位未获宠封,……故不甘于为丛驱爵,而为逐鹿中原,则并不为大局绸缪,纯为利权起见,徒说伸张大义,岂为好汉英雄?……若必激浪扬沙,翻云覆雨,深恐九州鼎沸,无以奠宁。"后于失败时电称"已获巨罪,人庆大勋,恨当世无直道,怨民国鲜公刑"。其言愤慨感伤之至,后电盖指段氏而言。张氏先有电云:"芝老(段祺瑞)虽面未表示,亦未拒绝。勋到京后,复派代表来商,芝老仍谓解散国会,推倒总统后,复辟一事,自可商量。"其奏请复辟曰:"臣等反复密商,公共盟誓,谨代表二十二省军民真意,恭请我皇上收回政权。"其言是否尽确,吾人无从知之,张勋于事败之后,原欲公布复辟文电,竟以督军反对疏通而罢。文电亦有不足信者,如清帝谕称黎元洪归还大政,而黎氏逃往使馆,通电否认之例,岂先在总统府受逼而然耶? 责任问题,张勋固为祸首,而北方武人要有相当责任。前后言行判若两人,督军之人格久已破产,诡计阴谋相尚,争夺政权,从无公开光明正大之举动,而唯贻祸于国。所可怪者,段氏起兵平乱,黎元洪则未复位,国会亦未恢复,不过假借张勋之手,实行前定之计划。所谓再造民国,事实上则为恢复皖系权力,用共和国之名,实现土皇帝之政府。帝制运动两次失败之后,政治问题益多,南北意见益杂,国内遂成割据之形势。武人政客利用政治名辞,扩充权力,争夺权利,荼毒人民而已。于是土皇帝益多,而人民之担负愈重,所受之痛苦日深,共和国乃为虚名。

第十七篇　民国以来之内政外交(续前)

南北战争——北方情形——南方党争——和议之失败——国内之扰乱——省宪运动——直奉战争——广东政变——法统下之纷扰——国会之劣迹——反直战争——欧战之影响——中俄问题——中俄条约成立之经过——华盛顿会议——北方之混战——中国之新觉悟——国民党之改组——广东之统一——北伐军之胜利——宁汉分裂——北方情状——北伐完成——统一代价之一斑——五院之创设——战争之迭起——最近政治状况——外交之新趋势——最近外交问题

复辟之役，副总统冯国璋于南京代行大总统职权，乱定，黎元洪知其无权无兵，不为段祺瑞所容，不肯再出。段氏入京复任国务总理，阁员有梁启超、曹汝霖等。梁为研究系首领，赞助段氏，复辟之役，为之活动，草文声讨张勋，出任财政总长，顾其为人偏于理论，未有建设，曾在日本，颇与日人相亲。曹曾东渡留学，为新交通系要人，喜与日人往来。妻为日妇。据美使芮恩思言，曹氏精明练达，讥嘲本国制度，北京政府倾向亲日。冯国璋应段氏之请，于八月一日进京，先遣亲兵一师北上，湖北、江西、江苏督军仍为其亲信，盖患段氏之逼，惧为黎氏之续，树立外援也。政府不肯召集国会,谓照革命先例,召集临时参议院。南方通电反对,上海海军独立,孙文及一部分议员至粤组织军政府。段氏主张用兵,对外则对德奥宣战,顾未遣兵参战,练兵仍为内争。初,五年(一九一六),北方灾荒,无以为生之贫民应募赴法,至是,需用之华工增加,实际上废去年龄限制,中国有助于协约国者,仅此而已。美使往见段祺瑞,述其扼要之语,略曰:"吾人必先巩固中央权力,其方法则用兵平乱,余之目的在使军队统一,直隶中央,地方军官不得起而为乱,夫然,军队脱离党争,专为国防等用,而今徒供党派之争,将来达到改革,政治人员可以自由决定宪法,及政治诸问题矣。"其决定参战者,一谋增加中央权力,政府假参战之名,希冀统一军队财政。一则将得外国之经济援助,协约国有以之为言者,中国取消德奥庚款,协约国除俄而外,允许停付庚款五年,修正海关税则,切实值百抽五。政府迭向美使商请借款,不得,转借日款,以供政费饷糈。一则参战将来可于和会得有相当权利,并提高中国国际上之地位也。其他动机,殆不可知。

八月十四日,中国对德奥宣战,九月南北战起,南方倡言护法,组织军政府,其区域限于两广、云贵。四川、湖南则态度不甚明显,独立诸省不相统一,唐继尧、陆荣廷各霸一方,孙文徒拥大元帅之名,不能行使职权。就南北军队而言,北方兵数较多,设备较优,其区域之广大,列强之承认,均处于优越地位。顾元首、总理暗斗甚烈,督军自主省内之军政,干涉民政,不听调遣指挥,所谓土皇帝也,乃相牵制,造成南北相峙之局势。军人各谋扩张实力,榨取于民,全国收入尽耗于军费政费,不足,举借外债,云南等地且种鸦片,转运他省,以供军费,并扣中央税收,巧立名目,增加厘金、杂税、田亩附税。纳税之贫民一无权利可得。当其出兵之际,抓拿夫役,扣留车马,阻碍交通,妨害人民正当职业,战事区域骚扰尤甚,人民逃亡,田地荒芜,败兵溃卒,掠劫淫杀,状尤悲惨。就兵士而言,入伍之先,多为苦力,感受生计逼迫,乃以一月数元之饷,易其生命,固无目的之牺牲也。南北纷争,政府用兵,然非总统冯国璋之意,调北军两师入湘,命傅良佐为湖南督军，派吴光新统兵入川，调冯玉祥入闽。湘将不服，宣告独立，北军进攻败之，会桂兵来援，北军主将不睦，通电停战，退至岳州。四川则滇、黔、川兵混战不已，吴光新逗留鄂西，久始入川，熊克武诈为恭顺，出其不意，将驻重庆北军缴械，吴氏东逃。福建粤兵侵入，冯玉祥所部止于浦口，奉命移驻武穴，长江三督请作调人。十一月，段氏愤而辞职，梁启超亦去，皖系督军尚持战议。冯国璋特任段祺瑞督办参战事务，作为调停，仍主和议，命谭延闿为湘督，下令弭战。南方则谋利用事机，攻据湖北，值黎天才等于荆襄一带，宣布独立，明年（一九一八）一月，桂湘军攻据岳州。皖系再倡战议，总统进退失据，拟至南京，中途折回，命曹锟、张怀芝督兵分路南下，逼而复任段祺瑞为国务总理，入鄂之北军，次第攻取岳州、长沙、衡州，以师长吴佩孚之力为最。政府任命张敬尧为湘督，直系不平，曹锟回直，北军止于衡州，张怀芝未有功绩。

国会第二次解散之后，冯总统下令各省依据约法，选派参议员，组织参议院，护法诸省固无代表，其职务限于改议国会组织法、议员选举法，七年二月完成，国会仍用两院制，减少议员额数，众议员各由各地人民选举，参议员由各地方选举会选举，投票人之资格颇高。顾其困难，先无精确之户口调查，仓猝选举，多由绅士把持，凡前所有之弊端，无不存在，段氏党羽组织安福俱乐部，活动尤力。八月，新国会开会，安福系议员占绝对多数，西南亦无代表，国会召集之日，总统冯国璋通电声明任期将届，冀望议员公举德望兼备之总统。其时冯段不协，暗斗日甚，军事计划无法进行，北方督军多为皖系，冯氏感受压迫，深为不安，不愿再任总统，事实上安福系亦不愿选之也。九月，国会组织选举会，徐世昌当选为总统，徐氏久为清臣，与袁世凯相善，亦为段氏之友，声望较高故也。皖系一方操纵国会，把持政权，一面利用参战名义，向日借款，扩充军队。初财政困难，政府迭向美使商请借款，不得，转向日本借款，美使往见总理，段氏态度迥异于前，业已变而亲日矣。其时欧战正亟，英法诸国竭其全力从事战争，日货因而销畅，工商业发达迅速，国内资本过剩，乃谋投资于外，自四年（一九一五)起,迄八年(一九一九)止,中国共借日款三万八千四百余万元,中央借得一万七千四百万元,省政府六千万元,私人营业一万五千万元,借款多在寺内、正毅任内。寺内久为陆军大臣,朝鲜总督,负有能名,时任总理大臣,所借之款,多无担保品,徒供中国内乱,所谓西原借款也。段氏向日购买军械,组织参战军。会俄国革命爆发,苏维埃夺取政权,协约国恶之,七年(一九一八),出兵西伯利亚。日本力说中国缔结共同防俄协约,中国初多顾虑,后应日请,五月,先后议订陆军海军共同防敌协约,予日方军事便利,顾后西伯利亚未有战事,协约亦无重要影响,政府将其取消。皖系则赖日本财力,维持现状,扩充军力,剪除异己,故应日方请求也。十月,冯国璋任满,徐世昌就职,段祺瑞亦辞职去,而政府政策迄未改变,乃以欧战告终,改参战军为边防军。

北方情状恶劣,西南党争亦烈,初段祺瑞不肯召集国会,孙文于上海通电斥之,七月,南至广州,第一舰队独立南下,宣言护法。国会议员来粤者一百五十余人,不足法定人数,八月,开非常会议,讨论组织政府,通过军政府组织大纲,设大元帅一人,元帅二人,分设六部,举孙文为大元帅,陆荣廷、唐继尧为元帅。九月十日,孙文就职,任命六部长官,而元帅则未就职,反欲承认冯国璋为继任总统,转圜解决。议员亦分派别,政学系人数虽少,其领袖李根源活动甚力,与陆荣廷相亲。大元帅则无实权,桂系遣陈炯明率粤军援闽,枪毙大元帅卫兵,听其指挥者只有海军,部长且为人暗杀,地位益孤。议员遂与政学系联合,有改组军政府之意,其计划则取消大元帅,改为总裁合议制。七年(一九一八)五月,孙文辞职,并发通电,中称护法诸省曰:"其时滇桂之师皆由地方问题而起,而所以宣告自主者,其态度犹属暧昧,似尚置根本大法于不问。……虽号称护法之省,亦莫肯俯首于法律及民意之下,故军政府虽成立,而被举之人多不就职,即对于非常会议,亦莫肯明示其尊重之意。"武人争权自私自利心强,南北如一丘之貉!非常会议选举孙文等七人为总裁,陆荣廷、唐继尧通告军政府成立,推岑春煊为主席总裁,孙文赴沪,南北倾向和议。徐世昌就职之后,促进和平,美使见之,自称谋与南方磋商和议,但无一人足以代表南方政府;拟裁冗兵,但以筹款为苦。总统以为南方军队欠饷,金钱当能移动其心。国人久恶战祸,名流通电请和,报章夸张美英劝告之说:总统府顾问莫礼逊(Morrison)新自南方回京,上书陈说,中国宜和平统一,恢复民治,西南领袖均愿美国调停,协约国进而提出劝告。十一月,北南政府下令停战,事实上双方已无大规模之战事,各遣代表于上海会议,徐世昌仍谓和平成立,无款解散军队,商请美国借款,或与列强共同借款,美使则称中国统一之后,始可借款。停战令下,南北内部意见纷歧,迟至八年(一九一九)二月开会,北方以朱启钤为总代表,南方则为唐绍仪。唐氏为军政府总裁之一,但以意见不合,留于上海,所谓代表者,不过代表一部分人士,或个人之意见耳。会议中之争执,初以陕西尚未停战,停止和议,江苏督军李纯等调停,始乃停战。四月,会议续开,南方提出取消军事协定,裁撤国防军队,国会行使职权,分用善后借款等提案。北方提出裁减军队、军民分治等议案。双方提案或偏于理论,或削减对方实力,笼统不切于实际,多未顾及人民利益,盖无和议之诚意。会巴黎和会不利于中国,学生起而攻击政府,唐绍仪乃于和议席上,提出北方绝难接受之条件八款,先未商于南方各代表,于是和会决裂。徐世昌迫而对于皖系让步,命徐树铮为西北筹边使,兼西北边防总司令,改前参战军为边防军,任命段祺瑞为边防督办,改派众议院议长王揖唐为和议总代表,和议遂无所成。

和议决裂之主因,一为南北之意见相去太远,一则南方各党不和,北方亦有党争也。唐继尧、陆荣廷各据一方,军政府总裁或在上海,或在云南,至是,孙文、唐绍仪辞职,岑春煊等较与北方接近,议定提拨广东海关盈余百分之十三归于军政府,总裁伍廷芳后携款南下,章行严谓款为西南大学经费,控之于上海法院,可见其意见之深。北方直皖两系争权已久,段以部下不听指挥,自练新兵,购置日械,一部分为张作霖所夺,又为直系所恶,武人合纵连横,唯利是视而已。九年(一九二○),直系鉴于徐树铮之专横与活动,联合奉张,冀谋巩固其地位,五月,吴佩孚自衡州撤防,湘军战败张敬尧所部,收复湖南,直皖之嫌疑益深,奉张助直,徐树铮奉命免职,边防军改归陆军部直辖,段祺瑞怒而入京,改边防军为定国军,自为总司令,胁迫总统处分曹锟、吴佩孚,总统许而从之。七月,两军作战,一为西路,一为东路,西路激战于涿州、高碑店一带,定国军完全败溃,东路亦不能胜。段氏呈请夺职,总统许之,撤销曹吴处分,通缉徐树铮等,解散安福俱乐部,吴光新在鄂被捕,北京政府遂处于直奉势力之下。直系免去皖系之逼,尚未得有地盘,浙闽督军原与皖系接近,段密遣人与孙文释隙相结,直奉相处各谋扩张势力,北方问题尚多。西南情状亦极恶劣,军政府总裁不满于桂系之横暴,有辞职去者,在粤滇军以统率问题,发生内战,总裁伍廷芳亦同议员去粤。孙文等宣言在粤总裁不足法定人数,军政府之政令行动无效。在闽粤军,新得闽督接济,陈炯明率之回粤,战败桂兵,占领要城,桂将退出广州通电取消自立,时已迟矣。川、滇、黔方面,唐继尧之兵力较强,川黔为其外府,至是,川军、滇军冲突,滇军由顾品珍统率回滇,唐继尧为其所逐,贵州亦有叛乱,长官出逃。国内之纷扰益多,始则起于所谓护法也,实则议员并非民众代表,从未顾及人民利益,奔走活动,各谋利益,自第二次解散以来,开非常会议于广东,一无所成,其后不为桂系所容,入滇、入川仰武人之鼻息以生存,亦不可得,自时效而言,久当改选,其存在与否,固非民众所愿过问,护法诸省亦无重视之意,不过利用其名,以供党争,扩张势力而已。其人言行不一,反复无常,政治道德之低,行为之劣,无以复加,人而无信,其何能有建设,纷扰三年,人民痛苦不堪言状,国内盖少明了实状之政治家也。

军阀割据,统一不可骤期,论者指谓中国土地广大,交通不便,并由于历史上之遗传,倡言联省自治。其说始于民国初年,士大夫多谓中国向为统一国家,视为不祥之言,实则中央威权,尝难直达边省,地方长官操有大权。顾此主张发于政治论者,其人外受美国制度影响,内防袁世凯专横,欲以矫正时弊,至是,国内纷扰益甚,言者日多。湖南首先制定省宪,浙江诸省从而效之,制宪各省均由武人主持,含有政治作用,不过利用民意自治之名，避免中央干涉，巩固其地位而已。湖南地当南北之冲，迭受兵祸，及北军败退，湘人主张超出南北政争之外，总司令谭延闿宣布自治宗旨，旅外湘人应之，谭因部将不附而去，赵恒惕继之制宪，聘请具有专门学识及经验者十三人起草省宪，交审查委员会审查修正，委员为各县人民所选之代表，凡一百五十余人，草案修正后由公民投票复决，然后公布施行。十年（一九二一）三月，起草委员于岳麓书院开会，四月草案完成，而审查委员多为政客，意见分歧，久始修正通过，再经公民表决，明年一月公布施行。省宪凡十三章，一百四十一条，省议会采用一院制，省长由公民投票选任，并可将其罢免，省务院分设七司，司长对省议会负责，采用强迫教育义务兵制。省宪注重全民政治，凡选举创制复决罢免诸权，仿自外国者，莫不应有尽有。顾其限于地小人稀人民知识较高及有组织之社会，湖南民众未受教育，从未参政，不知政治问题，将何以表示意见？徒供贪官劣绅舞弊而已。制宪者不知中国情状，不切实际，所贵乎政治学者，非抄袭之谓，乃视国内之实况，酌量制度之利弊，权其轻重缓急之程序，然后始能采行，切实运用，非公布之后，束之高阁，以待子孙施行者也。省宪不合于用，迄未实行，后曾修正，省长之权，视前扩大，所谓全民政治一仍旧观，实际上则以武力维持政权。浙江继起制宪，其督军卢永祥原为皖系，借之自保者也，十年（一九二一）六月，通电各省制宪，召集会议，起草省宪，通过后公布，内容多同于湘宪，组织近于五权，省政府于国宪未成立以前，不受中央命令，无异于独立国矣，顾未实行。明年，省议会议决将其交省民复决，兼及省政府组织法，俄改省宪为自治法，均未施行。他省受其影响者，江苏省议会提出省宪规程，陕西、江西、四川、广东、福建先后倡言制宪，皆无所成。综之，联省自治，乃省依据省宪，组织政府，统治本省地方政务，然后选派代表，组织联省会议，制定宪法，完成统一，中央不得干涉宪法所予地方政权。其在外国多有历史上之背景，固非武人割据之谓，而在我国原无所谓民意，立基础于沙土之上，为人利用，宜其失败也。

武人专横，国内纷扰，北方于直皖战后，直奉分赃，靳云鹏组织内阁维持其间。其困难一为筹款，外国银行团非南北统一，不肯借款，乃向国内银行出重利息，借小借款。一则阁员不和，奉直各欲扩张权力。十年（一九二一）四月，北洋军阀领袖于天津会议，结果反对广州另设政府。靳云鹏改组内阁，直系统治陕西，张作霖授蒙疆经略使，节制热、察、绥特区都统，其分配仍为维持双方利益之平衡。湖北督军王占元参加会议，自津归鄂，宜昌、沙市等地先后兵变，大肆劫掠，鄂人恨之，乞援于湘。湖南多兵，收入不足供给，将士原欲向外发展，皖系予以经济援助，七月，出兵进攻，鄂兵拒战不胜，武昌危急，王占元辞职而逃。吴佩孚奉命代为两湖巡阅使，部将萧耀南为湖北督军，调军入鄂，军舰助战，湘军拒战不胜，北军攻占岳州，九月，和议成立，乘机入鄂之川兵俄亦败退。战事结果，直系之势力大张，张作霖益忌吴佩孚，政客乘机挑拨，乃欲梁士诒组阁，梁氏久官于京，精明强悍，有财神之名，十二月，新阁成立，时传与安福系连结，谋于军饷上抑制吴氏，十一年（一九二二）一月，下令特赦皖系祸首，不肯交足吴氏兵饷。会华盛顿会议召集，梁阁倾向直接交涉山东。吴氏利用卖国之名，迭次通电诋之，直系督军发电响应，张作霖为之辩护，吴氏一并斥之，含有挑战之意，进而限期梁氏去职，并电总统将其罢免，所谓外交联合会等宣布其罪状。梁氏托病请假，奉张态度强硬，仍力拥护梁氏，其应付之策略，则遣代表赴粤与孙文合作，隐结豫督赵倜及张勋旧部，遣兵入关共制直系。吴佩孚调遣所部预备战争，曹锟先与张作霖结为亲家，初守中立，遣弟出关商洽和平，尽许奉张之请，直系军官不服，主张拒抗，曹锟电召吴佩孚北上，指挥军队，冯玉祥奉命统兵自陕入豫，战机日迫，徐世昌遣人调停，不得。四月末，战起，东路直军败退，西路战尤激烈，奉军大败，撤退出关，梁士诒奉命查办，张作霖免职。张氏出关，自为东三省保安总司令，宣言自治。方两军之激战于京畿也，赵倜部将进攻冯玉祥兵，会援军至，败之，冯氏遂为豫督，战争结果，直系之势大张，支配政府，其将领多不相能，各自为派，北京政府统治区域有三特区，黄河流域，长江一部分土地，实际上山西、山东诸省不过貌合神离，长江则苏督齐燮元颇有势力，浙江则属皖系,后命孙传芳援闽,兵力方始达于福建,乃谋恢复法统,完成统一,亦无所成。

南方亦有战事,初九年(一九二○)年秋,陈炯明所部占领广州,孙文南下,重行组织军政府,前七总裁实际任职者只有两人,非常国会议员一部分散去,留者以新补议员为多,其统治区域限于广东。其时刘湘主持四川宣布自治,滇贵长官先后为部将所逐,均与军政府无关,广西业已取消自主。孙文则欲另行组织政府,陈炯明倾向联省自治,双方意见不协,明年四月,非常国会通过政府组织大纲,选举孙文为大总统,五月就职,任命部长。六月,粤桂战起,桂将有通款者,粤军乘胜直达南宁,陆荣廷出逃。孙文谋欲北伐,乃于桂林组织大本营,任命司令,将取道入湘,湘人拒之,陈炯明不肯予以接济,筹饷委员遇刺而死,明年,潜师回粤,陈炯明奉命免去粤军总司令、广东省长兼职。陈以所部分散,退至惠州。北方直奉将战,孙文原许助奉,以为陈炯明不致异举,改道江西北伐,设大本营于韶州,及北伐军深入江西,驻桂粤军乘机回粤,要求陈炯明复职,孙文命其办理两广军务,节制军队,而粤军留驻不去,孙文回归广州。六月十六日,粤将叶举围攻总统府,通电请其实践与徐世昌同退之宣言,初孙文就职,曾有徐世昌放弃非法总统,亦愿同时下野,及徐为直系逼而辞职,北方在野名流多人请孙去位,至是,粤军视为口实。总统蒙难避居军舰,欲待北伐军回援,而北伐军战不能胜,始于八月北至上海。陈炯明出任粤军总司令,诿称事为部将所为,孙文深为失望,自谓奋斗三十年失败之惨,未有甚于此役。其斥陈炯明曰:"阴毒凶狠,凡敌人所不忍为者,皆为之而不惜,此不但民国之不幸,抑亦人心世道之忧也。"以下犯上,原为不忠不信,国中祸乱之多,常由于此,岂为陈氏一人而发?政治道德卑劣,实无法进行改革与建设也。

内乱迭起,人民之担负有增无已,政府收入全耗于政费兵饷,不足,则高出代价,百方募债,其恶劣之影响,则政府收入愈少,财政更为困难,而当事者存有五日京兆之心,从不于根本着想,只为目前一时之计,人民愈苦,国事益乱。督军出身行伍,或愚陋无识,或营私殖党,或拥兵自雄,合纵连横,唯利是视,翻云覆雨,不可究诘,假托民意爱国之名,无往而不病民害国,政治之基础薄弱至此,其维持地位权力之方法,则恃兵力。其兵多为生计困难之苦力,无法谋生,迫而当兵者也,战争御侮则力不足,为害于民则力有余,一战败溃,流而为匪,枪械遗留民间,大为良民之害,国人厌恶军阀,亟望统一。十一年(一九二二)直系战败奉兵,谋欲利用法统,统一中国,其理由如孙传芳之通电曰:"……南北统一之破裂,既以法律问题为厉阶,统一之归束,即当以恢复法统为捷径,应请黎黄陂(元洪)复位,召集六年旧国会,速制宪法,共选副座。非常政府原由护法而兴,法统既复,异帜可销。"其说自理论而言,原不可非,自复杂之事实而论,则不切于实际,直系军阀通电应之,议员于天津开会,宣称另组合法政府,六月,徐世昌去职。黎元洪受武人名流之敦请,以废督裁军为条件,入京就职,凡恶直系者反对复职,浙江宣布独立,孙文亦不放弃非常总统,宣言兵工计划,主张直系应将军队半数改为工兵,作为停战条件,会为陈炯明所逼去粤。国会筹备开会,其先议员在粤开会,不足法定人数。乃于八年(一九一九),采用非常方法,补足一部分议员,至是,民六、民八议员,争先出席,闹至不能开会,政府设法安插民八议员,始已。综之,总统任期五年,袁世凯未完之任期,黎元洪、冯国璋次第接任,业已满期,国会于二年(一九一三)开会,参议院议员,每二年改选三分之一,众议院三年一选,岂有历时十年,尚未改选,仍为国民代表之理? 法统之说,徒供内争,自私自利之心理,拥兵割据之观念,不稍改变,统一殆不可能,识者故劝黎氏自认为事实上之总统,国会努力制宪,不幸非其所愿,无济于事。

南方则孙文于十一年(一九二二)八月去粤,北伐军回粤被阻,许崇智所部粤军退至闽边,闽督李厚基忽而附于直系,部将不服,与许部联合,进攻福州,徐树铮出而活动,李厚基出逃。孙文命编入闽各军为东路讨贼军,预备回粤,陈炯明遣兵防之。广西则情状复杂,滇军有自江西败归者,有新入桂境者,桂军有前降服者,有转徙湘赣再入本省者,尚有粤军驻防,收入不足,乃谋向外发展。国民党乃遣人商于岑春煊,与桂将合作,于是各军联合,十二月出发,进据梧州,沿江而下。粤军不胜,退往惠州,陈炯明通电下野,滇桂军入据广州,许部亦自闽归。斯役也,以滇桂军之力为最,其将领杨希闵、刘震寰、沈鸿英各欲分据防地,多得款项。沈鸿英初为岑春煊部将,隐受北京政府命令,别有怀抱,诸将互相监视,不敢先发。明年,许部粤兵抵粤,二月,孙文再入广州,发表裁兵宣言,诸将固未裁兵,组织大本营,自任大元帅,指定各军防区,不得擅自移动。直系谋用力兵削平西南,孙传芳奉命督闽,沈鸿英督粤,孙氏逐渐统一福建,沈氏举兵失败。其时广东东江一带为陈炯明旧部所据,滇桂各军争夺利益,独许部粤军忠于大元帅耳。政权亦不统一,孙文曾发宣言,中云:"军事既殷,军需自繁,罗掘多方,犹不能给,于是病民之诸捐杂税繁然并起,其结果人民生活受其牵制,物价日腾,生事日艰。……间有骄兵悍将,不修军纪,为暴于民,贪官污吏托名筹饷,因缘为利,驯致人民之生命自由财产,无所保障,交通为之断绝,尘市为之凋败,此尤足令人民叹息痛恨,而革命政府所由彷徨夙夜莫知所措者。"粤人身受痛苦,对于革命政府,渐形失望,尤以商民为甚。宣言发于反直战争之际,沉痛剀切之至,其解决方法,则遣军北伐也,无如滇桂杂军不受调遣,北伐未能进行,而广东事变迭起(其详见后)。

直系拥护黎元洪复职,召集国会,统一希望仍归泡影。曹锟于战胜后,地位益高,政客奔走其门,直系分为天津、保定、洛阳三派。津保政客眼光短小,洛派以吴佩孚为首,拥护总统,暗斗甚烈。王宠惠时为国务总理,阁员多知名之士,国会议长初以疏通组阁,为吴佩孚所斥,电云:"内幕私图者,均非有心肝之人。""好人内阁",上不容于曹锟,下见嫉于议员。众议院议长借口财政总长罗文干纳贿,亲往总统府告密,总统下谕捕罗,明日府院会议,阁谓总统违法,罗案拟送法院办理,而议长出而阻挠。吴佩孚初欲维持"好人内阁",电称捕罗之非,曹锟意欲见好于国会,竟为议员张目,吴氏让步不再过问,王阁辞职。政治全为私人利用,固无是非曲直,立法院自身首先破坏约法,法统之说根本扫地矣。内阁改组,张绍曾后得有津保派及国会同意,出而组阁,张之为人,好鹜虚名,贪恋权势,敷衍各方,以和平统一为号召,实则一筹莫展,反与议员勾结。曹锟谋为总统,赠送议员津贴,谓系仿前送冰敬炭之意,联络感情者也;洛系督军主张慎重,然无效果,选举总统变为暗斗之问题。黎于复职之初,电称任期听候国会解决,言者多有背景,议论纷歧,国会暂置不问,主张制宪选举同时并进,而宪法会议不足法定人数,乃定出席费及缺席扣费章程,商请总统筹款,总统谕令海关总税务司拨款,曹锟以为总统见好于议员,阴谋连任,授意阁员辞职,其理由则制宪经费,未交国务院主办,违反责任内阁制,张阁辞职,此十二年(一九二三)六月六日事也。明日,军警代表直向总统索饷,公民团(?)执驱黎旗帜,至其私宅喧闹,军警不肯弹压,且以饷项无着,全体罢岗。黎宅电话自来水均停供给,而黎尚不肯去,维持治安之王怀庆、冯玉祥呈请辞职,黎氏退回辞呈,二人不收,另谋组阁,又不可能,商于曹吴,亦无效果,始乃出京。心中愤恨,收藏印信于使馆区域,任命新国务总理,裁撤巡阅使、督军等官,十三日,乘车赴津。直系官员检查印信,不得,竟在车站勒索,并出电稿强其签名,黎氏从之,始得自由。武人政客前后行径,直为儿戏,往日敦请而来,今则逼之使去,反复无常,唯求权力而已。

黎氏在津,发表不利于直系之命令通电,国会认为无效,阁员宣告复职,摄行总统职务,冯玉祥等亦自复职,奉曹锟电令维持秩序,议员不慊于逼宫者南下,亦有为利所动再回北京者。曹锟欲为总统,贿赂议员,每人给予五千元,亦有公布证据向法院控告者,议员益为国人所恶,向之主张护法者,亦深痛心。十月十日,曹锟就总统之职,国会公布宪法。宪法共十三章,一百四十一条,大部分同于天坛宪法草案,其不同之要点,一则列举中央各省权限,一则地方分省县二级,各省得制省宪,此盖由于联省之政论宣传已久,士大夫渐而改变观念也。关于省之组织,旧分三级,就古今形势交通及行政便利而言,无此需要,改革不可谓非进步。国会组织仍分二院，议员任期如前，国务员对众议院负责，总统命令除任免国务总理外，非经国务员之副署，不生效力，仍为内阁制也。自理论大体而言，宪法条款多不可非，其困难则在实行。第三十二条，规定军费不得逾岁出四分之一，就条文而言，原近于理想之政策，就环境事实而论，决不能行，载入宪法，不过证明条文不适于用，而尊重宪法之心理，反而降低，草议宪法，必须顾及国情时事，非为子孙后世也。条文之冗繁，前后偶尔之矛盾，犹其余事。明年，直系失败，宪法随之推翻。曹锟当选，贿声彰闻，孙文通电声罪致讨，并请张作霖等举兵，卢永祥宣布独立，未与贿选之议员，谋欲另组政府，上海等地市民亦愤慨者。对于战事双方均无充分准备，商民更不欲其实现，暂时相安。明年，江浙战起，奉张出兵，大规模之战争复起。

淞沪属于江苏，卢永祥自淞沪护军使升任浙督，部将继任，苏督命令不行于境内，曾欲收回政权，不得，会淞沪警察厅长遇刺而死，双方委人接任，各不相让，几致战祸。江浙绅民奔走运动，两省签定和平公约，皖赣相继加入，独孙传芳不可，孙氏用兵平定异己之诸将，统一福建。十三年（一九二四）夏，闽将有率部属入浙者，卢永祥收之，以厚兵力，苏督齐燮元认为违反公约，而卢态度强硬，不受调停，双方备战。九月初，两军激战于泸宁路安亭一带，战线延长，区域扩大，江苏方面军队较多，而战斗力弱，相持不决，孙传芳统兵入浙，占领要城，逼近杭州。卢氏放弃浙江，十月初，沪战亦败，逃往日本。人民逃亡失所，田舍为墟，苏人所受之痛苦，固多于浙人也。战祸既起，孙文宣言北伐，亲往韶关，预备攻赣，而滇桂诸军不受调遣，商团之变将起，未能进行。奉张自前败后，选用将校，积极练兵，购置新式军械，战斗力颇强，至是分路出兵，自任总司令。吴佩孚自豫入京，曹锟任为讨逆军总司令，分三军应战，下令讨伐张作霖。吴氏军令森严，奉调各军，即日出发，饷糈缺乏亦不敢争，就军队而言，人数多于奉军，战斗力亦不甚弱，江浙战事已告结果，尚可调遣大军北上。顾直系自战胜以来，派别渐多，吴氏刚愎自信，对于同起之诸将，颐指气使，从不予以发表意见之机会，其尤不满于吴氏者，无过于冯玉祥矣。冯氏与吴佩孚等同为曹锟部下之将校,从曹锟攻四川护国军,后驻常德,誉望日隆,旋移军西入陕,为陕督。迨直奉战争,出兵讨奉,平定豫乱,升为豫督,扩充军队,为吴佩孚所不容,奉命入京,仅得陆军检阅使之虚名,所部名为一师,实数在三万人以上,饷糈困难,心怀怨望,至是奉命担任热河方面军事,不肯作战,遣密使往奉议定协妥。十月中,长城一带两军于激战之后,各无进展,而冯玉祥率兵秘密开拔,兼程回京,二十三日夜间,未遇抵抗,占领北京要区,包围总统府,通电停战。事变之起,迅速异常,出人意料之外,曹锟不得自由,下令前敌停战,免去吴佩孚本兼各职。吴氏分兵防御奉军,一面命兵防守天津一带,调兵北上,而山西、山东督军忽而阻断交通,吴氏前后受敌,军心丧沮,乃率残部自大沽浮海南下,直军多为奉军改编,战事暂告结束。

　　国人久恶皖系之专横误国,直皖战起,多同情于吴佩孚,直奉战争亦同情于直系。直系自战胜以来,倡言恢复法统,统一中国,士大夫为国事设想者,深以为然,北方名流电请孙文下野,固其明证。黎氏就职以来,一无所成,统一希望归诸泡影,反为直系所逐,狐埋而狐撺之,反复无常,大为国人所恶,所谓国人者,指士大夫或有闲阶级而言,大多数平民知识浅陋,生计困难,纳税奇重,一遇水旱之灾,救死未暇,遑问他事。士大夫处于优利之地位,享受最高之奉养,除文字表示意见而外,多无建设之事业,其不肖者,奔走权贵之门,供人利用,口称爱国,而实病民。军阀之反复无耻,更何足责!曹锟驱黎而后,糜款千万,办理贿选,就职以来一无建设,覆亡原不足惜,所可悲者,政治道德之低落,国内之纷扰益多,而人民所受之痛苦愈深。北方初用总统名义,任命黄郛为国务总理,俄而曹锟宣布退职,仍未恢复自由。冯氏既得处分总统,又逼清帝溥仪出宫,废除帝号,修正优待条件。关于政府组织,张冯协商之结果,力请段祺瑞入京,推为中华民国临时执政。十一月二十四日,段氏就职,组织政府,其公布之条例,执政为国内最高长官,总揽军民政务,统率海陆军,下置国务员,分长各部,盖合总统国务总理之职权为一,成立非有法律之根据,乃应南北将领之拥护电请，且知国人厌恶国会，无须监督机关，其徒固以革命政府自称。政府制度剧变至是，可见人民之心理，唯望政府力能维持治安，人民安居乐业，法统违法之争，非其所过问也，于斯重大代价之下，法统始作结束，能不悲乎？段氏跃为执政者，一则身为北洋军阀先辈，资望颇高，一则时无适当人选，长江各督谋求一时之安，通电推戴，孙文亦与段氏合作。顾自皖系败后，根据地尽失，并无强有力之军队可供调遣，终不免为人所逐。其时奉系强盛，次第取得直隶、山东、安徽、江苏政权，冯氏据有北京一带，新得察哈尔、绥远，陕军则向河南发展，长江一带直系仍有相当势力，西南则纷扰如故，国民党虽已改组，而广东政权尚未统一。

政府自袁世凯死后，威权减削，造成割据之形势，纷扰不已，言之痛心。外交原为内政之表现，亦难有所成功。顾自欧战以来，国际间之形势迥异于前，深谋远虑之政治家，感受战争之摧灭文化，谋欲废除战争，树立永久和平之基础。一则士大夫深受外国之政治影响，鉴于不平等条约之缚束，力谋恢复主权，爱国思想造成强有力之表示。一则俄国革命成功，共产党掌握政权，对于中国放弃权利，一面利用事机，谋欲驱逐资本主义强国之在华势力，国人久受列强之凌虐，知识界人主张联俄，列强对华不得不稍改变政策矣。此种动力，非一人一党所能造成，盖所谓大势所趋，莫之能御也。于此期内，中日交涉最为重要，日本利用战争之机会，一面借款卖械于北京政府，巩固亲日派之势力，一面要挟协约国承认其在山东权利。战后乃处于孤立地位，其在华盛顿会议之让步，自然之结果也。兹略叙外交上之大事如下：

欧战起后，日本出兵山东，威胁中国，缔结丧失权利之条约，协约国大使奉命往见其外务卿，建议日本劝说中国加入战团，外务卿反对，日报诋毁英国不遗余力，及其在华地位巩固，与俄再订密约，始渐改变态度。战争延长，协约国颇处于危险地位。德国宣布无限制使用潜水艇，尤使之不安。英国商请日本海军出援地中海，日本则以山东权利之让与，及得赤道北德岛为交换条件。山东已言于前，赤道北德属岛屿于宣战后，即为日本舰队占据,英国允许于和会援助日本,二国互相换文。法意对日亦有同样之允许,中国政府初向德国抗议,未有满意之答复,断绝二国之关系,日本以为中国外交政策之决定,先未受其影响,劝说中国参战甚力,而国内纷扰迭起,久始下令对德奥宣战,南方政府亦作同样之表示。中国所得利益,一为取消德奥庚子赔款,收回租界;一为停付协约国庚款五年,俄国另有规定,自六年(一九一七)年十二月起始,年逾二千万元;一为修改税则,按照时价实收值百抽五。总之,中国参战,盖为经济政治原因,协约国对于中国实无诚挚友谊之表现,日本利用美国加入战团之时机,遣大员石井赴美,协商海军事宜,及在华权利。美国务卿蓝辛(Lansing)与之交涉,二国换文,一面维持在华门户开放政策,一面美以中日地理关系密切,承认日本在华特殊利益。特殊利益,作何解释,言者不同,日美意见亦不一致,日本视为胜利,先期告知英法等国大使,驻京日使通知外交部,美使后亦奉命通知中国。外交部复称换文关于中国,未得其同意者,一概无效。其时共产党于俄夺取政权,其领袖深知人民心理——反对战争,主张和议,资本主义国家恶之之甚,无异于洪水猛兽,日本进与中国议定陆海军协定,出兵西伯利亚援助白俄,凡此事变,皆受欧战之影响而生。

一九一八(民七)年冬,德国乞和,欧战终止,明年一月,巴黎和会开会,南北政府各派代表,其共同策略,则挽回权利,废除不平等条约也。初美国参战,总统威尔逊(Wilson)宣言和平原则,中国人士抱有极大之希望,出席代表之具体要求,则德国归还山东一切权利,列强取消势力范围,废除领事裁判权,及其他侵犯主权之条约。日本代表则欲维持其已得之权利,和会最高会议,初由美、英、法、意、日五国组织而成,各有代表二人,继由前四国行政长官出席,后意退出,变为三巨头会议。中日代表迭以山东问题,发生严重之争执,日本提出人种平等待遇案,未为各国所接受,不欲再违其意,英法又受密约之束缚,援助日本,意国业已出会,威尔逊鉴于日方代表态度之强硬,患其出会,转而让步。四月末,三巨头会议决定日本享受德国前在山东之权利。和约关于中国者,德国放弃庚款,归还天津、汉口租界,送还前自中国运德之天文仪器,及不请求因战事处分而生之一切损失赔款。山东交涉归于失败,我国代表称其原因,一为日本与英法诸国订有密约,一为七年(一九一八)中日济顺高徐铁路借款之照会,关于山东有欣然同意之语。主持铁路借款者,交通总长曹汝霖、驻日公使章宗祥、币制局总裁陆宗舆也,三人有亲日派之称,言者斥为"卖国"。五月初,北京学生开会,议决请愿,四日,三千余人赴总统府请愿,不得,往见美使,适其他去,拥至曹汝霖宅,夺门而入,毁坏玻璃什物,曹汝霖、章宗祥值在宅中,曹自窗出逃,章被殴几死,纵火焚屋,而大批警察赶至,扑火,捕去学生七名。政府力欲维持威信,学生乃为意气所动,其思想虽全出于爱国,而究偏于简单,此固何能独责血气方刚之学子?执政者不为国家设想,贪图一时之利,卖国或非本心,误国之罪,其何能辞!

风潮既起,通商大城之学生,闻风起应,或集队游行,或四出演讲,或检查日货,而皆废学。政府或捕囚首要,兵警或与之冲突,北京、南京各有其例,商人迫于大义,表同情于学生,起而罢市,抵制日货,工人罢工。日货之价值大落,奸商不免偷运,不肖学生亦有助之者。顾此为极少数,或因意志薄弱,或为金钱所诱,或借以糊口,就整个运动而言,固无重要。就运动本身而言,知识界人对于国家之观念根本改变,认识国内之积弊,社会上之问题,介绍西方之学术制度,文体趋于简易,盖有相当之成绩与影响。学生运动遍于各省,一致要求罢斥曹陆,政府许其辞职,始已。关于山东,各地团体争电代表拒绝签字,代表提出保留条件,不为列强所接受,势将决裂,总统徐世昌以为无法应付,忽向国会辞职,议长谓为内阁负责,退还咨文,政府地位颇陷于困难。六月,对德和约签字,我国代表未赴会场,九月,签字奥约,得为国际联盟会员之一。国际联盟于明年成立,其职志则消弭战争,保障和平,兼谋发展国际间物质及文化事业之合作也。其组织可别为三:(一)理事会,初设九席,永久会员占五,余由大会选出,美国不肯批准和约,未入联盟,永久会员只有英、法、意、日,后许德国加入,仍为五国,日德现已退出。其非永久会员被选为理事者,初只四国,后增至九国,三年一选。(二)大会,凡加入联盟者,均有代表,一国只投一票。(三)秘书厅,其职员由理事会委任,为执行议决案之机关。成立之年,加入者四十五国,逐渐增至五十六国,而美俄尚未加入,不无减少联盟之权力,增加其应付时局之困难(俄国现将加入)。其组织及用人行政,虽常不免受人批评,而固人类自有史以来谋求和平之有价值之机关也。奥约签字后五日,总统布告中国对德战争终止。十年(一九二一),中德订成条约,恢复邦交,德国放弃旧日享受之权利。日本依据和约,承受山东权利,对美声明交还山东主权,保留经济利益,并于青岛设立租界,迭向外交部建议协商,而政府鉴于国人反对直接交涉,托辞推诿,迨华盛顿会议,仍由二国协商解决。

中日地理相近,关系密切,而中俄接壤者长逾万里,帝俄侵略中国同于日本。及十月革命后,列强援助白俄,牵及中东铁路及外蒙古。日本深患共产主义之传播,首言出兵西伯利亚,美国患其别有所图,坚持反对,法英则主干涉,会德俄和议成立,盛传德奥俘虏活动,捷克军受俄攻击,协约国主张出兵往援。日本借口商人被杀,日兵英兵自海参崴登岸,法美亦遣兵往,列强议定兵数,而日美均不遵守。捷克军退至西伯利亚者,占据要城,夺取海参崴政权,援助海军大将霍尔瓦特(Kolchak)创设政府,协约国亦力予以援助。其后日美忌嫉日甚,捷克军急于撤回,霍尔瓦特乃为协约国所卖,美英法兵归国,独日借口庙案不肯撤兵,库页北半亦为日兵占据。其先俄国于西伯利亚活动甚力,并谋扰乱中东铁路,华兵奉命干涉,日本诱说北京当局缔结陆军海军共同防敌协约,冀谋伸长势力于北满,欲代华兵保护中东铁路,铁路乃由国际委员会管理,以美人为长,日本反对。其时帝俄业已覆亡,而前公使领事尚在中国办理交涉,经费自庚款提拨,九年(一九二〇),政府撤销承认,而中东铁路仍在白俄之手,提用路款,作为政治活动,奉张接收铁路区域行政,总统下令管理俄人,接收租界。十月,道胜银行与中国代表议订共同管理铁路章程,苏俄称其无效。外蒙古亦受革命影响,白俄日人均有活动,都护使陈毅颇与王公相亲,说其取消自治,双方议定优待条件。会欧战结束,参战军改称边防军,徐树铮奉命为筹边使,遣兵进驻库伦,八年(一九一九)十月,亲赴库伦阅兵,威胁活佛王公取消自主,捕囚陈毅,凶横鸱张,不知蒙人心理,徒贻无穷之祸。总统加封活佛,取消中俄蒙协约,命徐树铮督办外蒙,善后事宜,呼伦贝尔特区亦奉令取消。明年,直皖战起,边防军遣散,经营计划全归失败。白党恩琴(Ungern)统率败兵,逃至外蒙进攻库伦,蒙人助之,守兵力单,求援不得,外蒙遂失,恩琴建国,大事屠杀,政府置而不问。红军入蒙战败白党,驻兵其地,改组政府,双方订结条约。

苏俄自成立以来,深信工业发达之国,将起革命,第三国际活动甚力,益专力于亚洲,援助弱小民族,反对资本主义国家。中国久受不平等条约之束缚,感受内乱之迭起,生计之困难,视其宣传之主义,为解决社会问题之要径,深表同情于苏俄。八年(一九一九)七月,苏俄代理外交总长发表宣言,明年三月,外交部方始收到,原文先后歧异。外交部收到之电文,有"苏维埃政府愿将中国东部铁路,及租让之一切矿产森林金产,及他种产业,……一概无条件归还中国,毫不索偿",而俄公报发表之文,关于此点,独无只字。说者谓宣言为宣传文字,其主要意旨,则各国内部完全自主,苏俄废去前俄所订密约,及侵犯中国主权之条约,现愿放弃前在满洲夺取之侵略品,拳乱之赔款,及各种特别权利,二国从速恢复邦交。北京政府多所顾忌,帝俄公使尚在北京,乃派军事外交代表团赴俄。九年(一九二〇)年九月,苏俄再发宣言,声称归还租界,恢复商务,放弃庚款,取消领事裁判权,二国各不容留背叛政府之个人及团体于境内,中国驱逐前俄外交人员出境,双方速订专约恢复邦交,中国仍无举动。其时红军进至西伯利亚,其地独日兵尚未撤退,俄人组织远东共和国,并得苏俄承认,遣代表优林(Yourin)来京。政府不顾日法之干涉,予以非正式之款待,进而撤销帝俄外交人员之承认,封闭俄邮,交涉未有进步。明年,苏俄派员来华亦无所成,十一年(一九二二),始遣要员越飞(M. Joffe)来华,八月抵京,活动甚力,应北京大学之请,作公开讲演,教育界人之同情于俄者日多,交涉则以外蒙问题,毫无进展,明年一月,南至上海,谒见孙文。孙文前在广东,外不见助于列强,内见逼于陈炯明,深为失望。二人迭次会商,发表共同宣言,说明解决中俄问题之原则。越飞俄往东京会议,未有所成,病重回国。外交委员加拉罕(M. Karakhan)奉命来华,苏俄两次宣言,皆其草成也,颇受中国人士之欢迎。

十二年(一九二三)九月,加拉罕入京,列强方以临城劫车案多所要求,俄使抨击资本主义国家,王正廷奉命与之交涉,俄使要求正式承认苏俄政府,不得,交涉以中东铁路、外蒙驻兵为焦点,未有进展。明年春,英意先后承认俄国,北大教授函请外交当局速议条约,交涉始有转机,三月中,议定大纲,解决悬案。俄国放弃租界、庚款、领事裁判权,及其他特殊利益。草约签字之先,王正廷未向外交部报告请训,总长顾维钧乃于内阁会议提出修改外蒙撤兵等款,令其照办。俄使照会外交部限期正式签字,王亦不愿再议,政府将其免职,交涉停顿。论者谓俄放弃特殊权利,大纲为中外平等条约之一,而顾维钧挟私争功,将其推翻。会日俄交涉已有端倪,顾维钧知其失策,设法再与加拉罕磋商,五月,成立中俄解决悬案大纲协定,暂行管理中东铁路协定,末附声明书七。其要款共五:(一)二国恢复邦交,中国移交使馆、领事馆及教产于俄。(二)俄交还租界,取消领事裁判权,放弃庚款作为教育基金,二国共同管理。(三)苏俄申明凡前帝俄所订条约有碍中国主权利益者,一概无效,两国嗣后不得订立损害缔约国主权利益之条约协定。(四)协定签字后一个月内,两国举行会议,商订解决悬案办法,约中列举五端:一、外蒙撤兵,二、议订边界及航行章程,三、中东铁路问题,四、讨论赔偿损失,五、教堂交还俄国。(五)中东铁路纯为商业性质,凡关于主权之各项事务,概归华官办理,苏俄许赎铁路,于未解决以前,两国共同管理,用人各占半数。综观条约内容,苏俄放弃之权利,业已不能享受,而两国间之主要问题,并无具体解决之方案,苏俄声称本据宣言之精神解决悬案,而竟一无解决。会议迟至年余方始举行,未有结果,其困难之症结,则北京政府之权力,不能达于国内,奉张于兵败后,亟欲报复,自行办理东北外交,教育界人或同情于苏俄。苏俄遣员至奉,九月议成协定,改铁路无条件归还之期八十年为六十年,并修改前铁路条约。外蒙方面,俄人操纵贸易,并占一部分土地,活佛病死,废而不置,青年党人掌握政权,苏俄信其地位巩固,方肯撤兵。新疆方面,于九年(一九二〇)即与俄订商约,双方相处尚安。要而言之,俄国对华之外交,倾向于利用时机,对于北方议定协定,对于南方予以援助。对于列强,则本于打倒帝国主义之思理,力谋驱逐其势力出于中国。法日不欲中俄恢复邦交,协定成后,出而干涉。

日俄而外,美国对于中国亦深关切,其教士创办之学校医院,颇有影响于时,商业自巴拿马运河成后,亦有进步,疑忌日本扩张势力于中国西伯利亚,不顾英日续订《同盟条约》,复得英国同意,十年(一九二一),其总统哈定(Harding)召集华盛顿会议,限制海军,而并解决日美间之问题,十一月开会,与会者有美、英、中、日、法、意、葡、荷、比九国代表。日本处于孤立地位,让步最大,说者比之受审判焉。其关系中国者,一为九国公约尊重中国之主权独立及领土行政之完整,各国在华工商业之机会平等,不为本国人民谋得特殊利益,于是门户开放变为国际条约之一。二为交还山东。初日本迭请中国协商交还条件,政府鉴于舆论反对直接交涉,拒绝其请,至是仍由二国于会外交涉,英美各有代表出席旁听,交还胶州湾,双方未有争论。其详细办法,由二国委员会商定,六个月内实行。其较困难解决者,一为胶济铁路,历久交涉,日本始许中国出款四千万日元,于五至十五年内赎回,期内任用日人为铁路总管。二处分公产,日本放弃大部分公共建筑物,其商人仍得维持商业上之势力,中日合办矿产。俄而日派代表会议于北京议商细则,日军撤退,十二年(一九二三)十二月交还青岛。三满洲问题。日本不肯放弃旅顺、大连及其他权利。中国要求废去四年(一九一五)《中日条约》,日方反对,最后声称南满、东蒙铁路可由新银行团借款承办,得以其地税收为担保,日本放弃南满,雇用日人为顾问之优先权,及第五号将来再议之权利。说者谓日于南满之地位业已巩固,而此于其大计固无所碍。明年,国会议决四年(一九一五)《中日条约》无效,外交部照会日本,亦为其所拒绝。四收回主权,中国提出之要求甚多,列强让步者,亦有数端。(一)列强承认海关税率于厘金取消之前,寻常货品增收百分之二·五,奢侈物品百分之五,合前税计之,前者征收百分之七·五,后者百分之十。厘金废除之后,税率可增至百分之十二·五,水陆贸易一律相同。(二)领事裁判权,中国代表要求定期废除,不为列强所接受,会议决定列强设立委员会,调查中国司法状况。(三)英国表示愿还威海卫,但于九龙及势力范围不肯放弃,日法亦然。(四)列强允许撤废客邮,及停止无线电营业。凡此种种,多有利于中国,会议之先,国人希望太奢,自不免于失望。多所诋毁,要非平心之议。所可惜者,俄为世界大国之一,未被邀请出席,会议结束之后,法以解决金法郎案为要挟,迟至十四年(一九二五)始肯批准。其当附言于此者,西藏问题迄未解决,藏兵深入西康,班禅喇嘛不为达赖所容,逃至内地。

综观以上史迹而论,内政外交均不免于失望,国内党派分歧,外交常供党争之用,其一二成功者,要由于时事之转移,环境之变迁,国际上之新形势,而非一二人之力也。中国苟为统一国家,维持境内之治安,人民安居乐业,外交上之胜利,殆不止此。北方自直系败后,段祺瑞应武人之请,出任执政,顾其部属之地盘丧失已尽,奉系、国民军(冯部改名)峙立。奉张乘其战胜之威,遣兵南下,夺取直隶、山东、安徽军权,江苏督军齐燮元奉命免职,部下不愿再战,有起而叛乱者,迫而去宁,张宗昌仍率奉军南下,齐氏煽诱上海驻兵,联合孙传芳所部,解决杂军。奉军南至南京。十四年(一九二五)一月,苏军奉军战于镇江重镇高资,张宗昌所部杂有白俄,利用铁轨行驶铁甲车,中装大炮,战斗力强,苏军败溃。齐燮元扼守无锡,亦为奉军所败,淞沪不战而下。陆军总长吴光新来沪,二月,江浙和约成立,双方撤兵,上海兵工厂由总商会保管。孙传芳遂处于优势,其兵虽较苏军能战,而人数无几,浙将先有勾结旧部叛去者,孙氏以兵平之,双方决无合作之可能性,奉军力能取浙,反而撤兵,宜奉张不慊于吴光新,而言者论其别有怀抱也。奉军兵力直达长江下流，而江皖先未裁兵，于是军饷大增，筹款困难，主客相处，积嫌日深。北方则国民军见逼于奉张，冯玉祥宣称辞职出洋，部将向西北发展，胡景翼统兵入豫，河南尚有吴佩孚旧部，吴氏且回洛阳，执政令陕军东下会同作战，吴氏迫而南下，辗转走至岳州。陕豫两军各争地盘，发生激烈之战斗，胡景翼战胜，统治河南。长江中部直系尚有一部分势力。军阀各谋发展，暗中活动，及上海五卅惨案起，奉军以维持秩序为名，进驻上海，奉系健将杨宇霆、姜登选新授苏皖督办，反奉各系预备再战矣。

段氏出任临时执政，原无法律之根据，其政府所谓事实政府也。军阀怀抱不同，齐燮元等亦请其早日出山，初反直战争酝酿之际，孙文与段氏、奉张合作，遣兵北伐，然无效果。十三年（一九二四）冬，直系失败，冯玉祥等电请孙氏北上。孙氏发表宣言，申述国民革命之目的，主张召集国民会议，十一月北上，自沪取道日本，由日赴津。其时段氏业已入京，组织临时政府，通过善后会议条例，征求孙氏同意，孙氏主张公民组织之团体派出代表，而政治机关居于次要，对于条例表示不可，而执政径自公布条例，通电于十四年（一九二五）二月以前开会。国民党反对，及孙氏扶病入京，建议解决方法，而执政采用敷衍手段，国民党拒绝参加善后会议。会议如期召集，议定数种条例，别无结果，政府创设临时参政院，筹办国民代表会议，设立国宪起草委员会。顾此多不切合当时之需要，议定之宪法草案，无法实现，时人亦不之重。于此各派暗斗情状之下，奉系最强，变为众矢之的。俄大使加拉罕活动甚力，国民党顾问鲍罗廷（Borodin）谒见冯玉祥说其讨奉，冯氏感受地位之危险，军械之缺乏，愿与苏俄合作，请其接济。第三国际领袖乃信国民党反英，国民军反日，将驱逐帝国主义之势力出于中国，后知其不可能，改而专反英国矣。奉张部将郭松龄为后起之杰，与同事者不和，奉命渡日观操，与冯所派人员相识，共谋倒张，其妻亦与冯妻相善，谋成而事未举。十四年（一九二五）十月，孙传芳感受奉兵之逼，调军分路攻苏，驻沪奉军奉命撤退，孙传芳占据上海，通电讨奉，苏将谋欲应之。杨宇霆仓猝北上,奉军未及渡江者尽行缴械,损失颇重。江北驻军起而响应,奉军退出蚌埠、徐州,止于山东。方奉军自江苏撤退也,吴佩孚回鄂,称受十四省之推戴,就讨贼联军总司令职。奉军之北退者,非其兵力弱于孙传芳所部,乃视冯玉祥为心腹之病,必欲其表示态度也。冯则托辞推诿,奉军调动,采取包围北京之计,国民军则欲夺取保定,段祺瑞调停其间,划分二军防区,以为华北战争可得幸免,而郭松龄忽于十一月二十二日倒戈。郭氏统率精兵驻于滦州一带,原与冯氏勾结,至是诱捕奉将之异己者,通电请张作霖下野,统兵向关外出动,进展颇速,而奉天兵力单薄,热河复为冯兵所据,黑龙江援军则以中东铁路不肯运输,军行稽延。会日本干涉郭军前进,郭军迂道而行,黑龙江之援军已至,时机遂失,郭松龄一战而败,夫妇被杀。方郭松龄之出关也,直隶督办李景林宣布保境安民,与奉脱离关系,而冯必欲夺取天津,出军激战,牺牲重大,及得天津而郭松龄之兵已败,乃处于不利之地位。直军退入山东,河南国民军进攻济南者,时亦败退。靳云鹗奉命入鲁,收编旧部豫军,奉直复相联合。十五年(一九二六)一月,奉张遣兵入关,直鲁联军北攻直隶,吴佩孚自鄂遣兵北上,久顿于信阳城下,靳云鹗则自山东回攻河南。冯玉祥先已知其无法应付,电称辞职出洋游历,所部交部将统率,取消国民军名义,而奉直军之进攻者不为终止。河南国民军全归失败,北上阻于晋军,西逃亦不可得。直隶方面,奉军占据山海关,直鲁联军进逼天津,直军则自河南遣兵入直,进至石家庄。国民军自天津撤退,其将领鹿钟麟等尚欲固守北京,四月,包围执政府,宣布段祺瑞罪状,而段闻风逃匿,恢复曹锟自由,电请吴佩孚入京主持。吴氏知其伎俩,不为所动,国民军迫而北退,固守南口,俄为奉直军所攻,败而西逃,大部分为晋军收编。冯军败后,段氏不为奉直所容,退居天津,其领袖相见不肯坦白议商大计,北京政府维持形式而已。战后,南方孙传芳统治五省,自称五省联军总司令。奉张失去苏皖及直隶一部分土地,新得察哈尔,兵力尚强。吴氏据有湖北、河南及京汉路一带城邑,而饷糈困难,分子复杂,势力涣散。阎锡山颇能维持境内治安,乘此变化多端，编收冯军，扩充实力。于是群酋峙立，隐忧堪虑，其造成此种恶劣现象者，多由于军阀武人之无耻，其人多无主张，翻云覆雨，极变化之神技，唯利是视耳。人无信心，任何计划均可恶意推测，建设事业往往无法进行。中国缺乏之领袖，无过于了解环境，认清事实，并能以诚挚之态度，光明之手段，解决政治问题之人才也；无论何党何派皆以至诚至公之精神遇之，期其相信相谅，方可合作建设也。阴谋相尚，狡诈之小人，虽或一时成功，而贻祸之深，戕害国本之甚，无以复加，此政治未入常轨之一要因。战争之纷扰，兵士之死亡，人民之流离，财产之损失，土匪之势炽，皆其结果也。此岂所谓为国为民乎？

内乱不已，人民之痛苦增加，对外心理则以知识界人之觉悟，根本改变，民气之激昂，无过于十四年（一九二五）之五卅惨案。工人起而罢工，反对帝国主义之思想，深入人心。会上海工部局征收新税，各团体反对，日厂主击毙工人，而工部局阻碍工会活动，学生于公共租界讲演示威，巡捕将其逮捕，学生民众尾随而行，聚集于巡捕房前，义气激昂，形势严重，捕头下令开枪，当场死者四人，伤而死者八人，伤者十七人。租界戒严，调兵防范，学生仍有示威死伤者，于是组织团体。其领袖多为激烈分子，学生罢学，工人罢工，商人抵制英货，镇江、汉口、广州等地闻风起应，而沙面之死亡尤多。六月二十三日，广州各界集会示威，英法诸国水手闻而于沙面租界警备，游行之际，外兵忽向群众开枪，其所持之理由，则中国首先开枪，事无佐证，言者不一，结果中国方面死者五十，伤者数逾百人，外人死者一名，伤者二名。粤人闻报，莫不愤恨，工人罢工，自香港回归广州者约十万人，组织督察队，严禁贩运英货，干涉运输，香港商业一落千丈，沙面交涉断绝，食料须向香港运往，明年十月，方始恢复原状，英商之损失颇为重大。万县英舰以船只之争，开炮轰城，并及平民，徒供反英之资料而已，英国始乃改变政策。方反英运动势炽之际，英、美、日派员来沪调查惨案，政府拒绝参加，其报告书除认捕头下令开枪无罪外，别无共同之点，亦有言其处置失当者，捕头辞职，工部局出款七万余元作恤金，对于主要条件，如收回会审公廨,及越界筑路,则置而不理,最后款项增至十五万元,始已。外人以反英为仇外运动,与苏俄及第三国际欲驱逐英国势力出于中国有关,此乃就一方面而言;中国久受列强之凌铄,中外待遇之不同,屈辱已久,爱国思想油然而生,亦其根本原因也。

于斯情状之下,列强谋与北京政府妥协,实现华盛顿会议有利中国之议决案,法国以金法郎案,先未批准也。初中国商得列强同意,停付庚款五年,后中法实业银行倒闭,法国拟以庚款充作复业经费,剩余作为辅助文化事业,乃自欧战而后,法郎之价格大跌,汇兑较有利于中国,而法忽欲按照战前之兑换率计算,偿还金法郎,意、比以其利害相关,从而助之。政府鉴于国人之反对,损失之重大,拒绝其请,而法不肯批准九国公约,作为要挟,迟至十四年(一九二五)四月方始解决。其主要条件,则改法郎为美金,付款延期二年,款之用途仍如前议,美金价值昂贵,中国之损失颇巨,论者非之。会五卅案起,爱国运动盛行一时,列强鉴于环境之变迁,改变政策,八月,九国公约方始有效。政府照会签约国及丹麦等十二国,派员参与关税特别会议,各国复文允许。初中国自参战后,两次修正税率,均不足百分之五。十月,关税会议在京开会,中国请求自十八年(一九二九)一月一日,关税自主,期内废除厘金,拟定暂行税则,普通货物增收百分之五,奢侈品百分之二十,烟酒百分之三十。各国代表于原则上承认中国关税自主,华盛顿会议决定之二·五附加税,立即实行,其具体方案,交委员会审查。方会议之将召集也,苏俄以为列强对华让步,缓和反外心理,隐与冯玉祥连结,欲其举兵,华北成为战区,会议不能举行,而孙传芳首先发难,郭松龄继而倒戈,直军、冯军激战于天津一带。会国民军处于不利地位,放弃京津,中国代表先后逃散,会议停顿。反奉直军入京,政府要求续开会议,而广东国民政府宣言反对,十五年(一九二六)七月,各国代表宣称停止会议。其议决之二·五附加税,先在广东实行,北京俄亦下令征收。法权调查同为华会议决案,政府初以准备未周,请求委员会展期来华,再以金法郎案延期,十五年一月,十三国委员在京开会,分组出发,视察通商大城之法庭监狱等之实状。广东宣称领事裁判权应即取消，拒绝委员前往，十一月报告书草成，对于中国司法颇有建议，而领事裁判权迄未取消。日本、暹罗、土耳其均已废去，外人唯在中国享受此种权利耳。其借口则政治未入于常轨，法律及司法行政尚有待于改革也。吾人于此，他无所言，唯有愧恨自责而已。上海自五卅案后，中国要求收回会审公廨，十五年，孙传芳派员与外领协商，省政府收回法院用人主权，其协定虽为时人指摘，视前固收回一部分主权矣。

外交形势转变，国民党固有唤起国人之努力，其党自改组以来，成为中国之新势力。初兴中会起兵失败，不能容于国内，结合留日学生，成立同盟会，民国成立，党员增至三十万人，分子复杂，不听指挥。第二次革命失败，孙文力谋改组，未有重要之成绩，袁世凯死后，始能回国，奔走护法，竟不见容于桂系，逼于党中叛徒，欺于猪仔议员，外不见助于列强，两次离粤。广东自护国军之役，桂军、滇军、湘军、豫军先后入境，粤军自闽南回归，主客各军，划分防地，军权财政均不统一，常为一时利害之计，互相勾结，暂相利用，内战迭起。党员多为中级社会，杂有富商政客，常为自身活动之计，对于民生痛苦，国家大计，往往漠视，党人常以意气为重，组织不备，纪律不严。及俄共产党掌握政权，其思想制度原得一部分知识界人之同情，其对华宣言又足以引起好感，孙文先与苏俄电信来往，并接待其专使，十二年（一九二三），与越飞相见，会商之结果，发表共同宣言，并遣廖仲恺随同越飞往日，八月，遣蒋中正往俄考察军事。中国共产党于十一年正式成立，其领袖陈独秀、李大钊得有第三国际之援助，至是国民党联俄，俄派鲍罗廷来华。十月，抵粤。广东时有军队二十万人，而陈炯明所部粤兵负固不服，每月收入仅得三十万元。鲍罗廷以为革命成功，须得农工之拥护，建议平分土地，改良工人生活，协商之结果，改为减轻田租四分之一，农民得设协会。孙文为推行便易之计，召集国民党第一次代表大会，十三年（一九二四）一月二十日开会，出席代表一百六十五人，指派者较多，会列宁病逝，发电哀悼，并停会三日。关于李大钊声明共产党加入国民党，乃其个人行动，服从主义，遵守党章，非将国民党化为共产党也，会中未有异议，共产党遂得保持其党籍。大会对于政纲党章均有重要之决定，政纲树立对外对内根本大计，党章规定党之组织。总理为全国代表大会及中央执行委员会之主席，对于大会有交议复议之权，对于委员会有最后决定之权。党之最高机关为全国代表大会，每年举行一次，其下全省代表大会，每六月举行一次。其下级代表大会，每三月举行一次，又其下区党员大会，每月举行一次，基本组织为区分部，五人以上可得设立，其党员大会至少每两星期开会一次。闭会期内，各级党部设有执行委员会，中央省县各选常务委员，并有监察委员，其组织职权详载于第一次全国代表大会宣言。

鲍罗廷在粤，以为革命基础尚未巩固，主张设立强有力之政府，然后进行北伐。国民党为组织党军之计，六月，创立黄埔军官学校，蒋中正奉命为校长。成立教导团二团，以毕业生为军官。军中设置党代表，监督军政。国民党改组之初，各军割据形势依然如故，商人谋与政府相抗，办设商团，购运大批军械。政府将其扣留，商人称先得护照，宣布如不发还，将即罢市，历久调停，议定商人出款，政府发还一部分枪械，问题仍未解决，形势趋于严重。英舰出而干涉，援助商人，亦无效果。政府采用严厉方略，先得滇桂将领中立之同意，十月中，教导团奉命缴商团军械，广州战起，工人援助政府，商团死者估计自四千八百至六千人，被焚者二十三街，毁坏之商店一千六百至二千家，损失二千五百万元。孙文俄应段祺瑞等之请北上，陈炯明乘机回粤，欲取广州，十四年（一九二五）一月，滇桂各军协同东征，陈部败退。其时孙文病逝于北京，唐继尧忽就副元帅职，出兵广西。据汤良礼所著之《中国革命秘史》（*The Inner History of the Chinese Revolution*）及《汪精卫传》，广东内部情状不安，胡汉民于孙文北上，奉命代为大元帅，蒋中正新立战功，原为许崇智属下，而威望日高，为其所忌，杨希闵、刘震寰所部之滇桂军凡五六万人，占据广州，为心腹之疾。政府决计讨之，蒋中正自东江回师，协同湘军作战，六月战起，滇桂军败溃，唐继尧侵桂之兵,亦失败回滇。

国民党于广东之地位巩固,召集中央执行委员会,废去总理制,而以执行委员会代之,通过戴传贤恭读总理遗嘱之建议,取消大元帅制,设立政治会议、军事委员会、政治委员会,七月一日,国民政府成立,八月,廖仲恺被刺,政治会议、军事政治委员会联席会议,推汪兆铭、蒋中正、许崇智组织特别委员会,全权办理,调查廖案之结果,认胡汉民犯有嫌疑,许崇智与之不协主张捕之。广州戒严,下令缉捕其兄弟,搜查胡宅,鲍罗廷建议遣之赴俄。汪以许部粤军难于合作,商得湘滇各军之同意,九月将其缴械改编。许崇智去粤,北至上海,居正、邹鲁、张继等亦去,十一月,于北京西山开会,议决开除共产党员党籍,反汪联蒋。国民政府斥其联段,否认其议决案有效,定期召集全国代表大会,蒋中正督师东江,肃清陈炯明残部,其在南路之敌亦败,克复琼州,于是广东统一。十五年(一九二六)一月,全国代表大会开会于广州,出席代表,据《汪精卫传》,只有八省,盖国内尚未统一,组织党部困难也。大会改选中央执行委员三十六人,监察委员十二人,接受总理遗嘱,续聘鲍罗廷为顾问,开除居正等党籍,警告其附和之党员,仍主容共联俄之政策。改选之结果,西山会议派落选,而左派之政治上势力视前益强。广东自统一以后,政府整理财政,每月收入自二百万元增至六百万元,全省军队不足十万人,收入几尽用于军费政资,军事期内,固无奈何。第三国际鲍罗廷乃力主张北伐,北上谒见冯玉祥说其合作。而三月二十日蒋中正忽信报告,以为共产党将有异举,不待主席汪兆铭之同意,下令戒严,拘捕政治人员,事后,向汪解释,而汪认为违反党纪,以病辞职出国,蒋氏患其孤立,请鲍罗廷回粤,而西山派则欲因此另召第二次代表大会于上海,蒋氏声明反对,四月末,忽而处分右派领袖。鲍罗廷偕同胡汉民抵粤,蒋称前事起于共产党对己不利之行为,二人以见解不同,深相恨恶,但以应付时局之需要,暂时合作耳。五月,中央执行委员大会通过整理党务案,共产党处于不利之地位,及至北伐,形势全变矣。

国民政府筹备北伐,俄人颇多赞助,其困难则为经费,外交部长陈友仁与英员协商,欲得赔款,解决沙基惨案,不得,征收二·五税,言者谓俄协助一部分军费,北伐军约十万人,蒋中正之亲信军队约二万人,俄将加伦(Galen)及军官十五人佐之。各军设有政治部,发贴标语,联合工农,铲除土豪劣绅,由邓演达主持,其工作人员多为共产党员。就国内情状而言,内乱时起,军阀争夺权利,久为国人所恶,国民党自改组以来,党员大活动于学校,普通学生对于自治会多不过问,其参加者多血气方刚,知识经验虽或缺乏,而固勇气有余,常能扰乱敌人军心,工人及贫苦之平民又为之助。其时张作霖、吴佩孚、孙传芳各据一方,不能合作,国民军依然存在,山西长官虚与委蛇。就战斗力而言,奉军设备较优,指挥统一,尚能一战。吴佩孚所部分子复杂,孙传芳所部固能作战,而所统之联军亦颇复杂,迎降倒戈遂不能免,其影响则摇动军心,破坏防线,作战致果盖不可能。革命军乃处于优胜地位,其北伐之路则出湖南。湖南自赵恒惕主政以来,借自治之名,并无改革,军权尚不统一,遑言其他;军队以唐生智所部为最强,其防地为湘西,西南烟土必经之地也,收入颇旺,故兵多于他师,唐氏富有雄心,隐与广东连结,修筑道路,以便军输,十五年(一九二六)春,逼走省长赵恒惕。赵氏乞援于吴佩孚,直军奉命援湘,进据长沙,唐部退守衡州,向广东乞援。六月五日,国民政府任蒋中正为国民革命军总司令,统师北伐,共分七军,改湘军为第八军,唐生智奉命为前敌总指挥,总参谋长李济琛留守广州,第一军军长何应钦镇守潮梅。北伐军出发,第四、第七军首先入湘,会同第八军反攻,七月中,攻下长沙,八月初,各军均达集中地点,决定战策,分途前进,迭陷要城。吴佩孚南至汉口,调集大军,亲自督战,亦不能胜,九月,退至武昌,刘玉春等奉命守城,北伐军进攻汉阳,鄂将响应。直军北退信阳,鄂西援军战亦不胜,吴佩孚之威望丧失,部将不服指挥,直隶防地为奉军所夺,独刘玉春督兵困守武昌,革命军攻城损失重大,乃采围困之策,城中粮尽援绝,十月始下。

方北伐军之进攻湖北也,分兵警戒湘赣边界,江西时归孙传芳统治,孙先拒绝中立之请,又不先期备战,及直军退溃,始遣军队往赣,战事开始进行,而武胜关值为北伐军所据,吴佩孚无力反攻。蒋中正自鄂调军入赣,其计划则于联军集中之先,将其各个击破也,联军应战不利,孙传芳调遣大军西上,命皖军入鄂,会同军舰作战,闽军进攻潮梅,亲往九江指挥,大军沿南浔铁路集中,运输便利,双方攻守,互有胜负,十月末,北伐军奉命自鄂增援,十一月二日,开始总攻击,占领要塞,五日,进陷九江,孙传芳东下,所部军心摇动,归路断绝,多被缴械。北伐军入驻南昌,收复江西全境,皖军退归。闽军由周荫人统率,分三路窥粤,何应钦知其兵力雄厚,乃先发制人,猛攻周荫人之大本营于永定,据之,回师攻击入粤之北兵,并得参加革命者回戈攻击,闽军败溃,占据闽南。十二月,北伐军进至福州,浙江为蒋中正家乡,原多同情于革命军者,一度独立,为孙部所败,及江西、福建失守,浙将起而应之。孙传芳于兵败后,微服北上,求援于张作霖,联名通电拥为安国军总司令。十二月,张氏就职,通电"灭绝赤化",援军则以意见分歧,不能即日南上。十六年(一九二七)二月,蒋中正决定攻取东南,何应钦等自闽赣入浙,第六军长程潜、第七军长李宗仁东下入皖。初浙江形势混沌,两军迭有进退,及北伐军援至,联军战不能胜,撤至长江北岸,一部分固守宜兴,三月初,陈调元等响应革命军,安庆、芜湖不战而下。直鲁军南下之接防上海、南京者,欠饷太久,兵无纪律,人无斗志,战于南京、芜湖之间,不胜。何应钦亲往浙边督战,进攻宜兴,联军北退,革命军占领常州,分途前进,收复无锡、苏州、镇江。上海守将隐怀二志,周荫人残部弃险而走,海军独立,沪宁路上之联络业已截断,军心惶恐,工人起而暴动,向直鲁军进攻。革命军于混乱之中,进至上海。南京方面,直鲁军奉命北退,二十四日,革命军入城。

革命军胜利,党务则益纷扰,北伐之先,蒋中正为国民政府主席,兼中央常务委员会主席,及统军北伐,前职谭延闿代理,后职张人杰代理。谭为长者,对于政治问题,多无主见;张与蒋颇接近,《中国革命秘史》称广州三月二十日之变,由其促成,其经过非吾人所知,左派固不肯与之合作。十五年(一九二六)冬,政治会议决定迁都武昌,政治人员分批北上,而国民政府业已组织完成。张人杰不见容于左派，不敢前往武汉，执行职权，蒋中正派员疏通，未有效果。据密溪记载，明年一月，蒋请中央委员于南昌开会，不得，亲往汉口，知其地位危险，即返南昌；实则仍为调停，其建议不为政府接受耳，其时鲍罗廷之威权日隆，左派以为武汉为工商业发达之区域，组织工会，改良商店雇工及工厂工人之待遇，更从事于农民运动。十六年（一九二七）三月，三中全会隐受鲍罗廷之指挥，提高党权，削减总司令职权，改主席为主席团，左派人士申言军事、政治、党务集中个人之弊害，影射蒋之专政独裁。顾自克复东南，形势转变，武汉政府统有两湖、江西，而福建、浙江及安徽、江苏大部分则归总司令管辖，两广亦与之接近。事变酝酿之际，武汉方面遣何香凝说蒋，未有所成。至是，汪兆铭自海外抵申。《中国革命秘史》称蒋中正、吴敬恒等见之，蒋主鲍罗廷解职，改变容共政策。吴氏建议推行之步骤，中央监察委员会提出检举，由军事领袖执行，汪氏坚持异议，转而询问陈独秀，共产党是否有消灭国民党之意？陈氏否认，二人共同发表两党之合作宣言，问题固未解决，最后决定召集四中全会于南京，四月初，汪乘轮船西上，十二日，蒋氏电汪，称上海形势严重，请汪及执行委员即日东下，一面令兵解除总工会纠察队武装，实行清党，十五日，偕同胡汉民等至宁，谋组政府。十七日，武汉中央执行委员会议决开除蒋等党籍，免去各职。明日，南京国民政府成立，改组各军政治部，扩大清党，宁汉逐成相峙之局势。

北方自张作霖就安国军总司令职后，宣言讨赤，任命副司令官，改组内阁，顾维钧奉命为外交部长，兼署国务总理。张宗昌遣直鲁军南下援苏，战不能胜，河南则军队庞杂，饷糈困难，奉张遣员入豫，向吴佩孚疏通奉军援鄂，而部将反对奉军南下，形势混沌，冯玉祥新自俄归，得其接济，自绥远督军入陇，东至陕西，未遇强力之抗拒，进至豫西。十六年（一九二七）二月，张作霖鉴于形势之不利，通电进兵河南，另电吴佩孚等望其合作，而吴部将仍持异议，调兵防守黄河南岸，奉军进抵北岸。三月，两军隔河而战，豫军败退，奉军乘胜，次第攻取许昌、郾城，进至驻马店。河南自驻大军以来,人民不堪负担,而败兵溃卒所在为乱,愚民得有枪械者,聚而为匪,迎降之将士时而复叛,奉军之地位颇为困难。其在东南方面,南京政府初患武汉军队东下,扼守江岸,北军据有江北。武汉政府原欲遣兵东下,而奉军进至豫南,鲍罗廷以为宁方兵力薄弱,战败奉军之后,回师攻取南京,易如反掌,希望乃与事实相反。武汉政府任命唐生智为总司令,调精兵七万人北上,张发奎所部铁军与焉,其计划则联合阎锡山、冯玉祥共同作战也,阎氏未有举动,冯氏出兵稽延。两军激战于驻马店一带,奉军炮火猛烈,北伐军战斗勇敢,牺牲重大,死伤一万四千人,奉军力不能胜,而冯玉祥进取洛阳,乘机东下,奉军撤至黄河北岸。方豫南之激战也,杨森自川出兵,夏斗寅应之,逼近武汉,政府自豫调兵回援,败之。其境内情状日形恶劣,绅商逃往上海,现款日少,不敷流通,而乃集中现洋,滥发不兑现之纸币,强迫行使,物价昂贵,饷粮困难,军火缺乏,工人失业者增多,农民亦感不安。第三国际委员印人饶益(Roy)出其所奉之密电示汪,以为汪派须与共产党合作,方能维持政权也。顾时形势全非,南京方面已将直鲁军战败,进据徐州,宁汉兵力殆相平衡,双方欲得冯玉祥之协助,而郑州、徐州会议,冯氏仅欲作调人耳,共产党于湘收没土地,湘中军官多为中级社会,反对其行动,长沙驻军起而暴动。独张发奎部下共产党员较多,势力强大,驻于江西。七月十五日,武汉政治会议通过分共议案,准鲍罗廷辞职,鲍罗廷先受第三国际之非议,迭请辞职,至是许之。其回国也,备受武汉政府之优待,三十日,张发奎部将贺龙、叶挺率兵一万五千人宣布独立,起义于南昌,南至广东。于是武汉东下计划一时停顿,宁汉进而合作矣。

　　南方反共,北方张作霖以讨赤为号召,初郭松龄倒戈,中东铁路拒绝无款运输军队,奉张下命拘捕俄人总办,苏俄严重抗议,限期释放,迫而许之,双方之疑忌日深。十六年(一九二七)春,直鲁军南下,检查输船,捕获鲍罗廷夫人等,送往北京,苏俄再提抗议,后由法庭释放。张作霖自就安国军总司令,严禁共产党活动,其领袖李大钊避居于俄大使馆,军警访知,四月，商得使团之同意，往查俄馆，捕获李大钊等。俄员放火图灭文件，其救而存者，证明苏俄援助国民党及国民军，驻京俄代办及其政府均有抗议，外交部则以利用使馆宣传赤化，不理代办。苏俄将其召回，并提出要求，外交部将其驳斥。所捕人员由特别法庭审判，李大钊等二十人被判死刑。六月，张作霖受部将之拥戴，就海陆军大元帅之职，组织军政府。其时武汉军向下游移动，冯玉祥防范河南杂军，蒋中正分调军队南下，张宗昌下令反攻，进据徐州，孙传芳亦统所部南下，锐气正盛，蒋中正亲赴蚌埠督战，力不能胜，放弃江北，桂系忽有不奉命令之表示。宁汉由冯玉祥之调停，开始通电，武汉主张召集四中全会，取消南京中央党部及国民政府。蒋中正去宁通电辞职，胡汉民等亦至上海，李宗仁深患唐生智东下，其兵已达安庆矣，亲往九江，商请汪兆铭等往宁组织政府，停止军事行动。武汉乃派谭延闿、孙科赴宁调查实状，宁汉合作方有端倪，而八月二十五日，孙传芳部下忽自龙潭、栖霞山一带渡江，截断铁路，破坏电线，分路前进，谋攻南京、镇江，战斗之勇，形势之急，将即决定全局之胜负，白崇禧、何应钦各将精兵东西夹击，海军助战，孙部军火粮食均有困难，激战至三十一日，退至江岸，北渡为海军所阻，败兵多为俘虏，革命军死伤一万余人，终能挽回全局。方两军之激战也，李宗仁乞援于武汉，唐生智所部开抵芜湖，战后形势又转移矣。据《中国革命秘史》，谭延闿不协于唐生智，而与桂系合作，孙科与许崇智往来甚密，二人电请武汉执行委员东下，汪抵南京，李宗仁顿改前言，胡汉民等仍在上海。宁方欲其出席，汪等赴沪见之，有不肯见者。九月会议，宁方委员不肯出席四中全会，孙科提出沪、宁、汉合作办法，组织特别委员会，沪宁委员表示同意，汪以其无根据，怒而退席，潜回九江。十五日，南京会议决定设立特别委员会，行使中央党部职权，党务纷纠固未已也。

　　特别委员会成立，武汉、广东等地发电反对，宁汉又有安徽之争，唐生智于武汉掌握军权，湘人之任军职者恶之者众，隐谋报复，南京遣孙科等往九江请汪入京，汪说其至武汉会商，从之，协商之办法，召集四全会议，恢复中央执行委员会等，南京复电赞同。湘将程潜则同桂系将领遣军西上，十八日，突攻芜湖唐生智部，后二日，南京政府下令讨伐。唐生智发电诋毁特委会，汪氏以其见欺，痛诋军阀，东至上海，迭电蒋中正回国，蒋辞职渡日，至是，表示赞同召集四中全会也。两广为桂系势力之地，原欲出兵湖南，李济琛鉴于张发奎之反对，张自江西追逐共产党入粤，所部驻于广州，未能调遣大军出境。汪应粤请南下，倡言召集四中全会于广州，蒋自日归，而唐生智已败逃矣，议定于上海开预备会。汪兆铭、李济琛赴沪，而张发奎忽自香港回粤，收缴桂系兵械，桂系出兵，全会委员亦相辩论，十二月二日，预备会开会，监察委员援助桂系，汪兆铭处于不利地位，十日，会议通过蒋中正复任总司令，由其筹备四中全会，汪则宣言出国。明日，广州起义发生，事变之后，汪不容于上海，乘船赴法。张发奎所部交部将统率，辗转应战，退至江西，奉命北伐。十七年（一九二八）二月，四中全会开会于南京，议决改组中央党部，整理各地党务，通过国民政府组织法，广州、武汉、开封、太原政府分会仍可存在，推定委员。闭会后，军队北上，期于最短时间，完成北伐。

方党务之纷纠也，战事依然进行，孙传芳自龙潭败后，整顿残部，固守蚌埠一带，何应钦督师攻陷蚌埠，孙部退守徐州。河南自奉军退至黄河北岸，靳云鹗所部尚在豫南，冯玉祥视为心腹之疾，分兵布置，将其消灭。而豫东之恶战又起，张宗昌聚兵十数万于徐州一带，沿陇海路而西，两军于兰封一带，迭有进退，牺牲重大，直鲁军败退。十二月，国民军进攻徐州不胜，何应钦会师陷城。其在北方，阎锡山乘奉军激战于河南之际，出兵石家庄，奉军全师后退，九月两军开始战斗，十月，奉军反攻，其沿京汉路南下者，进至石家庄，独涿州固守不下。京绥路奉军复据察哈尔，进至包头，晋军败守长城，涿州守兵亦缴械改编，遂成相峙之势。于是张作霖之敌益多，战区日广，应付困难。十七年（一九二八）春，蒋中正复任总司令，亲将第一集团军北伐，冯玉祥为第二集团军总司令，阎锡山为第三集团军总司令，各当一面，四月开始作战。第一集团军进攻鲁南，鲁西由孙传芳部防守,战事激烈,第二集团军往援败之,迭陷要邑,五月一日,克复济南,而惨案起矣。初十六年,日本出兵山东,会孙传芳反攻胜利,撤兵回国,及北伐军大举北上,第二次出兵。三日,日兵借口日商被抢,攻击华兵,勒令缴械,惨杀交涉员,断绝交通,并由青岛调兵增援,七日,日将提出苛酷条件,不待答复,轰击济南城,破坏兵工厂,占据营房,十日,城陷,阻挠北伐军沿铁路北上,军队迫而绕道渡河。第二集团军主力与奉军作战于彰德、大名一带,颇有伤亡,奉军以东路不利,向北撤退,第三集团军进至石家庄。奉张知力不敌,利用济案,通电息争,一致对外。南方则不之理,白崇禧更率第四集团军北上。张作霖又受日本警告,六月二日,通电出关,六日,专车遇炸,重伤而死,日人负有相当责任焉。阎锡山接受京津,并收编败兵,张宗昌部退守滦东,后向奉军攻击,战败遣散。张学良继父统治东北,原欲于七月易帜,服从国民政府,而日本两次干涉,迫而缓期举办。十月,张学良奉命为国府委员,放还所扣车辆,十二月易帜,于是统一完成。政府改直隶为河北,北京为北平,奉天为辽宁。

  北伐历时二年,方革命军之出发也,不足十万,及下两湖赣闽,扩至四十余军,据三中会对于党员之训令,军事已呈纷争复杂之象,不能收整齐统一之效矣。其困难之症结,则北伐之成败,决定于军事之胜负,政府顾虑强敌之势力,内部之分裂,屡次迁就事实,其不良之倾向与影响,则武人掌握政权也。中国政治实状,知私而不知公,用人全无一定标准,多其亲友同乡,其受委任者,非由于政府之选择,乃受私人之引荐,忠于私人,远过于政府,此为造成私党、养成军阀之一要因。杂牌军队之倒戈反正,多由于朋党及利害而定,固无所谓效忠于政府也。军队作战之先,子弹之运输,长官行李之转送,战壕之掘挖,多以民夫为之,农民耕种土地,游民贪生怕死,工作多无酬报,随同军队出发,或无回归之望,不愿为之,或由县官抓拿,或由商会招募,或由兵士拉捉,被拉之夫役,兵士防其逃走,以绳系之,形状如囚。军事紧急之时,凡衣短褐之人,不敢行于市中,商店迫而罢市,商会常为商人利益之计,招待军官,给养兵士,亦有相当之效果焉。

军队数多,设备不周,不愿住于庙祠,而多住于民家,床铺之夺取,什物之携去,妇女之诱奸,皆所不免。战区人民逃亡,损失尤重,战后败兵逃卒,几至无物不取,散而为匪,大为害于乡村,枪械散于民间。游民习见战争,法纪荡然,无所畏惧,土匪之势益盛,乡民之痛苦深矣。战争期内,税收减少,政府滥发不兑换之纸币。如军用票等,或发行库券,强民购买。劣绅依仗官势,欺弄愚民,从中取利,废除苛捐杂税之口号,迄未实行,矿产公司附有逆股者,亦受摧残。凡此多为革命过程中不易避免之牺牲与痛苦。破坏之后,当入于建设之途径,不幸军队反而增加,中央政府实际之统治区域限于数省,冯玉祥、阎锡山、李宗仁等雄据一隅,各自为政,祸机潜伏,事变之作,方兴未艾也。北伐之役,革命军死者五万余名,伤残者约逾万人,合拒战方面死伤计之,盖逾十数万人。所得之结果如此,能不痛哭耶?

北伐完成,八月,五中全会开会,议商善后及政治问题,其主要议决案,政治则军政结束,训政期内应设五院,削减政治分会职权,限于年底取消;军事则统一军政军令,裁减军队,限制军费;党务则定期召集第三次全国代表大会,统一理论。会胡汉民等回国,力主依据建国大纲,设立五院,推定委员拟成草案,政治会议通过后公布,是为《国民政府组织法》。其要款则国民政府总揽治权,以行政院、立法院、司法院、考试院、监察院组织之,其院长、副院长由政府委任,国民政府设立主席委员一人,委员十二至十六人,主席接见外使,统辖陆海空军。国务会议由上述之委员组织而成,处理国务,解决院与院间之争执,公布法律,发布命令。行政院为最高行政机关,分设各部及委员会,其数及组织法未有规定,盖便于酌量需要,随时增减也,共分十部,曰内政、外交、军政、财政、农矿、工商、教育、交通、铁道、卫生,每部部长一人,政务次长、常务次长各一人,委员会则办理特定之行政事宜,如建设、侨务等。行政会议由上述各官组织而成,其议决事项,有提交立法院者。立法院为最高立法机关,其职权如议决法律预算、大赦、宣战、媾和等,近于国会,委员全由政府委任,自四十九至九十九人,任期二年。司法院为最高司法机关,掌理司法审判、行政官吏惩戒,及行政审判。考试院为最高考试机关,掌理考选铨叙事宜。监察院为最高监察机关,行使弹劾审计,委员十九至二十九人,由院长提请政府任命。综观国民政府之组织,足称机关繁多,五权宪法,虽为国民党总理之主张,而于何时实现,则未说明。当此兵灾之后,人民生计困难,设此庞大之机关,安插人员,为得为失?殊一问题也。五院以行政立法为重要,其他三院亦先后成立,院长人选,多为声望较高之党员,国民政府主席则蒋中正也。行政院直属之十部,亦有因人而设者,人选杂有派别,盖为充实中央,而并迁就事实也。政府改热河、察哈尔、绥远、宁夏、青海为省,各省省政府组织,采用委员制,行政指挥,常不免于困难,机关多而人员众,其工作多为例行公事,舞弄文墨而已。县之组织,初无重要之改变,不过削减职权,添设专局,如建设局之类。县下初设行政局,办理一区事务,后改为区公所,要多无所事事,不肖者反为害于人民,经费之增加,犹其余事!

军事结束,全国教育会议、内政会议、交通会议先后召集,会中提议繁多,要多不切实际,无法进行。其较重要而难于解决者,无过于裁减军队,据财政部长宋子文之报告,全国军队凡二百万人,需款六万四千二百万元,而中央收入共四万五千万元,除还债外剩余三万万元,政府支出三万六千万元,更无兴办建设之经费,非大裁兵,决无相安之局势。军事领导人商定组织编遣委员会,改组军事机关。十八年(一九二九)一月一日,国军编遣委员会成立,议决裁减军队为七十一万五千,军费定为一万九千二百万元,其困难则军事领导人各谋扩展势力,尚以军饷待遇不平为言,编遣计划未能充分讨论,且无裁兵决心也。二月,武汉政治分会忽而违反法令,免湖南主席鲁涤平职,遣兵入湘,鲁率所部一部分退入江西,其兵仍遭袭击。国府派大员查办,遣兵西上,湖南拥护中央,白崇禧部兵驻于河北,部将不服,唐生智奉命代之。冯玉祥亦不援助桂系。李济琛入京调停,而中央认为违反命令,无法调停。视之无异于间谍,解除其卫兵武装,送往汤山,三月末,下令讨伐桂系,分路前进,占领湖北沿江要城,冯玉祥出兵鄂北。四月,桂系败兵退往鄂西,张发奎等奉命追击,余兵先后改编缴械。

会李宗仁回桂,图谋广东,其地将领初有以李济琛被扣,谋与广西共同出兵者,粤将陈济棠不可,奉令主持军政,至是,桂系图粤,国府遣兵赴援,暂得无事。桂系方始解决,而冯玉祥所部忽有异动,初三月,中日议订济案协定,四月,日本撤兵,山东省政府主席孙良诚原欲派兵接防,而国府另派军队,划定区域,指定孙部接防,孙良诚通电辞职,率部赴豫。五月,国府改组山东省政府,接防胶济铁路,冯玉祥方托病休养,所部增至三十万人,而关陇迭遭荒年,供养不易也,先尚表示合作,屡次辟谣,及是,南京、北平之冯系长官多辞职去,军队破坏交通,将领电诋中央,冯玉祥亦电蒋中正责难。中央决定讨伐,任命各路总司令,冯知战不能胜,命兵西退,而西北大灾,无法供给饷糈,部将韩复榘、石友三通电主和,阎锡山劝冯出洋,蒋亦以之为言,冯应阎请,移居山西,阎则声称偕之出洋,终未出国,祸乱固在酝酿中也。

冯玉祥下野,中央谋用和平方法,统一军队,八月,国军编遣实施会在京开会,议定条例,方欲切实进行,而乱作矣。斯年三月,第三次代表大会召集,代表多由中央指派圈定,党部有反对者,汪兆铭等宣言誓不承认,议场稍有扰乱,而多数赞助政府,固无困难。对于党务大会修正总章,分党员、预备党员两种,改大会会期及中央执委任期为二年,区党部执监委员任期一年。汪于党中有悠久之历史,从者中以反对腐化及投机分子为号召,故有改组派之称,汪方预备回国。其徒奔走活动,谣言孔多。九月,张发奎命自鄂西移防,忽电蒋中正取消大会议决案,请汪回国,击败接防之军队,率兵二万余人,取道湘西回粤,广西起而应之。中央出兵援粤,收复广西,方始撤回援兵,而张发奎已抵粤边,李宗仁回桂,粤军迫而后退,二军会合进攻,广东形势危急,中央再调大军自海道往援,激战于花县,败之,始乃转危为安。方张部之进攻粤边也,孙良诚等举兵,分道出发,阎锡山则守中立,政府调军入豫,两军主力激战于巩县、登封一带,冯军不能取胜,其出豫南、湖北者,亦无功绩,乃再西退,唐生智督军追击。十一月,石友三于浦口作乱,回据蚌埠,常州兵变,上海驻兵受人煽惑,唐生智亦于郑州独立。于是人心惶惶,形势危急,幸而常沪变兵不久即平,西征军多未附和唐生智,阎冯又不之助,其亲信队伍不过两师。明年一月,阎至郑州,唐氏迫而下野,所部为中央军缴械,石友三自皖退豫,阎之出此,殆为扩张势力之计,固无拥护中央之决心,互相疑忌。招兵购械,不遗余力。二月,阎忽电蒋称以礼让为国,约其一同下野,由是双方电战,以三代表大会为中心。李宗仁等推阎为全国陆海空军总司令,冯玉祥、张学良副之,张氏主和,电劝息争,韩复榘初原通电反蒋,突与石友三倡言和平,阎言出国,时局仍在酝酿之中。三月冯忽回陕,阎部接收平津中央机关,双方备战。四月,阎冯就职,凡前中央执行委员不慊于蒋中正者,多与之合作。五月,战起,山东、河南、安徽均有战事,中央军设备较全,有大炮飞机轰击,以陇海路为中心,先取攻势,进据归德,冯调精锐联军赴援,战事之激烈,死伤之众多,过于北伐之役。蒋中正督战不退,两军相持,韩复榘为中央力守山东,后为晋军所逼,退出济南,豫南则两军相持。李宗仁等又自广西入湘,进陷长沙,直抵岳州,忽以战略关系,将其放弃。党务则汪兆铭北至北平,成立扩大会议,及晋军于山东战败,为便利号召之计,九月,组织国民政府,设立约法起草会,草拟约法。双方迭为攻守,死伤重多,造成相持之局。十八日,张学良通电主和,派兵入关,张氏拥有大军,举足轻重,双方遣使各欲得之为援,至是,表示拥护中央,石友三等应之。晋军迫而让防,扩大会议移至太原,乃予冯军重大打击,中央军攻下兰封,沿陇海路前进,平汉路亦有进展。联军退至河北,无能为力,阎冯通电下野,汪氏于约法成后离晋,善后问题亟待办理。

  方联军之败退也,蒋中正深受刺激,先未商于南京长官,通电请于明年一月一日,大赦政治犯,召集国民会议。其时行政院长谭延闿病死,谭为忠厚长者,超然于党争之外,蒋氏为国府主席,掌握实权,与宋子文合作。胡汉民为立法院长,倔犟自信,为主持党统最坚之人物,在党有悠久之历史,时传其谋为行政院长,未能成功,意见渐深,而国内之问题益多。张学良入关,接收河北、察哈尔等地政权,而山西败兵供养困难,裁兵善后，无从着手。共产党于豫战之际，利用防兵空虚之机会，宣传主义，发动农工，分配田地，改革婚姻制度，其领袖多为知识界人，富有组织能力，至是，蒋赴上流调兵剿共。二十年（一九三一），公布危害民国紧急治罪法，与蒋通电相连，胡汉民公然反对约法，益立于对敌之地位，二月迫而辞职，送往汤山，其经过言者不一，固久暗斗之结果也，乃予反对者之口实，酝酿事变矣。国府公布国民会议组织法，各省奉命选举，其原则所谓职业选举也，而国内户口未有确实调查，农民不知选举日期，乡间亦未举办，各省类多指定代表，不过善其名为选举耳。五月，国民会议开会，其重要议决案，首为通过国府提交之训政时期约法，约法八十九条，凡于人民权利义务莫不应有尽有，国民生计教育尚有规定。顾其范围太广，国民贫苦，决非一时所能实现，况政治尚未入于常轨耶？关于中央制度，国民政府总揽治权，主席对外代表政府，其职权视组织法之规定为高。地方制度仍分省县两级，县依建国大纲筹办自治，余未实行，殆无说明之必要。

方筹开国民会议也，监察委员古应芬等忽而弹劾蒋中正，孙科等去京，陈济棠接收广东政权。另设政府，改组派亦与之合作，双方发电诋毁。石友三首先于河北省举兵，不久败溃，晋军虽未之助，而阎锡山忽自大连潜归。中央军剿共已久，迄未将其肃清，长江大水，江淮一带田多成为泽国，农民流离失所者五千万人以上。而广东政府仍主用兵，遣陈友仁渡日，谋与日本妥协，其具体办法，言者不同，现尚无从证实，其时中日满洲问题次第发生，大小悬案积至三百，万宝山水田争执，日军官失踪，均其案之大者，日本军人方谋造成强有力之舆论，而以武力解决，无怪时人怀疑陈氏之东渡也。九月，广东出兵北伐，取道入湘，中央出兵赴援，衡州战事将起，而十八日，日军占领沈阳之报已至，战事始乃停顿。中央政府无法应付，遣派大员赴粤协商，一致对外，粤方请蒋下野，京方则主中枢不更，会东北失地益广，天津有便衣队为乱。双方让步，各派代表于上海会议，十一月开会，议决南京、广州各开第四次全国代表大会，选举中央执监委员，而以一、二、三届中委为当然委员。京方大会如期召集，而粤方大会忽将沪会议决案推翻,且演武剧,大为时人诟病。学生罢课,入京请愿,交通为之阻碍。十二月,蒋中正辞职。蔡元培等被殴,政府始采坚决维持治安之政策,强送学生回归。外交为人利用,徒供内争,应付益为困难。政府召集第四届中央执行委员会,改组国府。蒋氏去宁,宋子文等亦辞职去,二十一年(一九三二)一月一日,孙科任行政院长。院长改对中执会所产生之政治会议负责,其常委为蒋中正、汪兆铭、胡汉民,三人均不在京,孙亦一筹莫展,自请辞职。会蒋汪相见于杭州,一同入京,否决对日绝交之请,孙氏出京,乃由汪任行政院长,而上海闸北之事变突起,日舰炮击南京,国府迁至洛阳,召集中央执行委员会国难会议。满洲国反由日人包办成立,进攻黑龙江军队,上海战亦不胜,签定协定,国人仍不觉悟。广东自起内战,汪兆铭、张学良发生争论,山东、四川、贵州皆有军事行动,十一月国府各部迁回南京,对日交涉依赖国联。二十二年(一九三三)春,日军借端攻取榆关,国联调停失败,日本退出,其军阀声明攻取热河,不足十日,而竟据之。两军激战于长城一带,要口后亦失守,日军进逼平津,政府逼而签定《塘沽协定》。中日战斗力相较,中国实难战胜,此非一朝一夕所能成功,决非一人一事之咎,所可惜者,当局明知力不足以收复失地,迟延推诿,坐失早日解决之时机,满洲国成后,事倍困难矣。知识界人实有当之责任,于此非常期内,国税锐减,政府维持公债煞费苦心,核减军政各费,未募公债,尚能出入相抵。最近军费浩繁,财政唯视发行公债弥补不足,实一严重问题。

内政以受战争、天灾之影响,未有建设,人民之痛苦,毫未减少,外交则以环境转移,人民觉悟,初则颇有进步。国民党自改组以来,迭次宣告废除不平等条约,口号标语常有打倒帝国主义之句,北京政府亦向使团申请改约,列强渐知民气之激昂,不平等条约终将废除。外人至中国者,以商人为重要,公使领事之设立,多为保护其利益,促进友好商业之机会。中国兵力虽不之敌,而人口众多,工业尚未发达,为外货贩卖之良好市场,将来且有极大发展之希望,我国抵抗之利器,则工人罢工,商人抵货,国人拒用外货也。沙基惨案之后,罢工抵货竟予香港商业上重大之损失,粤海关征收二·五附税,北京政府仿行而将留难之总税司免职,依然征收,对外根本改变矣。方革命军之北伐也,政治部宣传人员受俄影响,反对教会,兵士曾或不能辨别帝国主义与个人之分别,又以设备不全,暂住于教堂学校,外人视为仇外之证,实则民房亦有为兵暂住者,固不尽然。十六年一月,汉口、九江租界,形势险恶,当局不能维持治安,中国兵警代为管理。其时英已改变对华政策,外相曾有宣言,至是,送备忘录于南北政府,列有七条,称英承认中国之自主权,准备交涉,英使蓝溥生(Lampson)遣员南下,议商协定,中国收回二地租界统治权。上海租界驻有重兵防守,三月,革命军进至东南,镇江租界交归华官维持治安。南京则有少数兵士抢劫外人,领事馆亦不能免,外人有死伤者。美英兵舰开炮轰城,幸城北荒凉,未成大祸,外人送上兵舰,载往上海,其影响之所及,长江一带,外人均奉命避居于上海,英、美、日、法、意提出抗议,双方辩论,一时未能解决。日本更以护侨为名,两次出兵山东,后竟造成济案。政府乃于平津一带,主张慎重,外人无所借口,亦无损失,此固计之得也,盖徒逞于一时意气,煽成事变,百姓散去,政府终须负责,赔偿相当损失,表现政治上之弱点,且为国际间易起误会之事件。宁案、济案之解决,中国固多损失,延宕不决,而损失尤多也。

国民政府自成立以来,力谋废除不平等条约,十七年(一九二八),中国统一,进行益力,兹分言之于下:(一)关税自主。关税自主,为一国统治权之表现,关税会议承认中国自主,战事期内,需款孔亟,二·五附税,南北先后实行,十六年,南京国民政府拟欲加税自主,不得,明年,北伐完成,宋子文奉命与美使马克谟(MacMurray)议订关税协定,中国于明年海关自主,美商纳税不得多于他国商人,德、比、英、法诸国次第承认中国海关自主。日本独持异议,列强享有最惠国之待遇,加税不能实现,十八年(一九二九)初,中国让步,日本始肯承认中国加税,其内容迄未公布,斯年中国海关加税。明年五月,中日另订协定,二国互惠,规定若干货物于一、

二、三年内不得加税，废去陆路减税之例；并提关税五百万元偿还担保不足之赔款，顾未实行。二十二年（一九三三）协约失效，中国自由公布税则，海关直隶于财政部，外人之权削减，不过行政系统，常受内乱之影响而破坏耳。其当附言于此者，盐务稽核及邮政客卿均处于行政官之地位，非若向者之大权独揽，发号施令矣。（二）领事裁判权。其损害一国之主权，前已说明。自欧战而后，暹罗、土耳其均已将其取消，独中国尚存，法权调查会则以中国司法尚待改良，主张逐渐取消，上海公共租界会审公廨于十六年（一九二七）收回，三年后改组，收回主权，外交部迭与外使磋商，废除领事裁判权，而日、英、美、法迄不愿放弃，国府下令自十九年（一九三〇）起，侨民遵守中国法律，明年，公布管理外人实施条例十二条，自二十一年（一九三二）起始行，会九一八变起，不果施行。其已放弃领事裁判权者，有德、奥、俄、墨西哥诸国，新缔约国如捷克、波斯等国亦将其取消。就实际状况而言，凡前国人与缔约国人争执，居于被告地位者，原告报告领事，由其向交涉员交涉，行政官申理，即得解决。交涉署于十九年（一九三〇）裁撤，领事函请行政官受理华洋争执者，官则婉称可于法院控告，于是居于原告之外人，不得不于法院起诉矣。（三）收回租界军港。德奥租界于战时收回，俄亦放弃租界，英国归还汉口、九江、镇江租界，已言于前，十九年（一九三〇），交还厦门租界及威海卫军港。期内中国亦收回天津比租界，日法则无交还之意，英于九龙、上海亦然，盖非旦夕所能成功也。（四）退还庚款。庚款额数远超过于各国损失及军费等，美国首先退还一部分作为教育经费，及庚款延期付偿，又将余款退还，德俄则受战事或革命影响，放弃赔款，日、英、法等亦以赔款作为文化或其他事业之经费。

上就成功而言，最大之失败，无过于满洲交涉。东北为中国富源之一，地广人稀，日俄经营各有条约上之根据。中东铁路久为中俄争执之焦点，苏俄承认其为商业企图，二国共同经营，乃自郭松龄倒戈而后，奉张对于苏俄态度剧变，争执时起。易帜而后，东北问题仍由地方长官自行解决，十八年（一九二九）夏，兵警奉命检查哈尔滨等地俄领事馆，拘捕俄人，兼及官员,其理由则宣传共产,隐谋革命也。苏俄严重抗议,未有满意之解决,进而断绝邦交。俄称中国雇用白俄扰边,中国则称红军犯境,真相究不易知,各不让步解决。十月,俄军三千由加伦统率作战,战败守兵,进据要城,直至海拉尔,张学良屈服议和。方事变之起也,列强多同情于苏俄,战后美法诸国以非战公约之故,出而调停,为俄所拒,日本则守中立。守兵既败,中央未有军队往援,张学良派员赴俄乞和,其主要条件,一则恢复铁路原状,一则涉及其他问题,议定明年一月会议,延期者再,一无所成,二十一年(一九三二),始以中日问题,恢复邦交。日本国小人稠,需要原料,其野心政治家视南满为其生命线焉,干涉东北长官易帜、中国统一,其理由则为不欲国民党于东北宣传爱国资料,引起人民热烈之情绪,反对日人也。夫地为吾地,人为我人,何竟干涉内政?奈一强一弱无可奈何!悬案积多,疑忌日甚,日本武人终乃不顾一切,占据四省,成立所谓满洲国。若何收复失地?实一困难问题。关外三千万人,将久置之不问乎!

综观民国二十余年以来之政治史,吾人莫不深为失望,内政则天灾人祸,纷至沓来,人民于压迫之下,日度马牛生活,外交则得不偿失,中国已至最严重时期。其造成之原因,至为复杂,下篇将详论之。著者曾读梁济遗书,深有所感,其言当为原因之一,兹录一节,以作此篇结束。其言曰:

诸君试思今日世局因何故而败坏至于此极?正由朝三暮四,反复无常,既卖旧君,复卖良友,又卖主帅,背弃平时之要约,假托爱国之美名,受金钱买收,受私人嗾使,买刺客以坏长城,因个人而破大局,转移无定,面目靦然,由此推行,势将全国人不知信义为何物,无一毫拥护公理之心,则人既不成为人,国焉能成为国?

梁济忠于清室,悲世疾俗,自投水死,书乃其子梁漱溟等所辑影印者也。吾人对于其言,固不可狭义解释也。

第十八篇　结论(国内问题之分析及建设之途径)

政治情状——中央财政状况——各省税收——军队——乡村匪患——国际贸易——列强投资——人口问题——节制生育——农工商业——交通——教育——公共卫生——结论

综观近百年来之史迹,中国之贫弱,人民之痛苦,为近代先进国所无之现象。夫以文化悠久之国,领土广大,人口众多,当为世界强国之一,乃竟无不失败,屈辱过于小国。今立国于大地者,强国不过六七,而数十独立小国,内政外交均能自主,人民并得安居乐业。论者虽曰列强各欲维持势力之平衡,国际主义久为识者所提倡,公断条约又能维持国际间之和平,而小国政治入于轨道,内则维持境内之治安,外则遵守国际间之条约,实一主因也。中国对外,本于固有之思想,应付新环境之问题,徒供外人侵略之口实,造成现时国际间之局势;内则政治上积弊深痼,改革多为名词形式之更改,政府反为虐民榨取之机关。民间生产事业向不发达,人民多度马牛生活,而士大夫往往利用其弱点,瘠人以自奉。要而言之,国内问题,一由于生产事业之不发达,人浮于事,钻营奔走,无所不用其极。一则知识浅陋,无由认识新时代之问题,而有彻底之改革。吾人非知困难之症结,将无改革之途径,虽曰事有政治人员主持,而吾人固不可不知国内之实状。兹略言之于下。

清代冗官太多,官署组织不密,官官监视,而少治事之员,其思想盖本于无为而治,不扰人民也。今受外国影响,政府除维持境内治安、防御外寇而外,尚有发展生产事业,力谋人民幸福,不幸事实竟与理论相反。其原因则处于领袖地位之士大夫,初囿于思想环境,不知列国之政治,借镜比较,后则盲然尊主外国,而于列强之政教民情多不知悉,以为改易名词,创办新政即可富国强兵。天下固无若是之易事。其人原不明了积弊之所在,不过视势所趋,时人之好尚,环境之转移,人事之变迁,发为议论,并无实质之主张,一定之政见,且居于养尊处优之地位,不识民众之疾苦,社会上之需要,主张共和者,忽而赞成帝制,忽而拥护军阀,面目改易,有如伶人登场,奔赴居官之后,各谋巩固其地位,引用亲故,自成一系。士大夫多无职业,争欲攀龙附凤,及无位置安插,裁汰旧员,作为调济;达官要人更荐引其亲友。于是官为人设,用非其人,政治人员多无所事。其经费则出自困苦流离之贫民,夫于贫民之身,榨取血汗所得之资财,养此大批冗官,既为不平之事理,又为政治上之罪恶。其人并不知耻,虽曰职业困难,而政治人员待遇之优,亦其原因也。多数人民于现状之下,一年一家所得之酬报,不出百数十元,教员除大学教授外,月薪多在百元之下,即就教授而论,亦多不及政治人员。奢侈生活之欲望,强于其他观念,经济势力,固能支配人生。做官除正俸外,尚有办公费等,卑劣者且受贿赂馈遗,营私舞弊。其人多无一技之长,将随政治势力转移为进退,存有五日京兆之心,得意之时,则欲多得金钱,为其退居安乐及妻妾子女奉养之费。先进国家多办一事,人民多出一钱,乃于我国事未兴办,利弊尚不可知,而人民业已增加负担。其原因则先立官署,委派官员,事务之繁简,则所不计。谚曰:"先有官署,后找事做",颇恰合于事实。镇江筹办自治,分若干区,初名行政局,一无所事,以旧自治捐为经费,不敷之款尚巨,听局长自筹,则其明例。后改局为区公所,月领二百余元,清闲一如昔日,而款出自贫苦无告之农民,不能谋其利益,反而剥削贫民。又如南京筹办自治,市政府分区设官,月给津贴,官实无事可办,调查户口则转抄之于公安局,投票选举则亦有名无实。市政府后以经费困难,停止津贴,工作人员以为自行筹款,将起市民之反感,仍请津贴,糜款已巨,而自治迄未办成。此固不限于一乡一市。又如各县建设局经费,几全用于俸给办公费,而建设事业,反无款项,宁非怪事!

政治上之积弊,尽人所知,而竟一无改革,主要原因,则无主持之领袖也。领袖出身行伍,姑置不论。其受高等教育者,亦多不明国内实状,缺乏改革之诚意,指挥之才能,而徒粉饰,博猎虚名,拟定之章程计划,大而无当。其人盖无政治天才与经验,而所受之教育,在外之见闻,迥异于国内环境,希望太奢,终无所成。青年深受刺激,痛恶顽固落伍之思想,往往不辨轻重,不问得失,凡所谓新思想、新主义、新计划者,类受欢迎,乃于不知不觉之中,存有成见,而更增加政治上之困难。其尤难于解决者,当为武人专政。清代重文轻武,成为风尚,民国以来,境况全非,其领袖多卒业于天津武备学堂,袁世凯于直隶练兵,用为将士。袁恃其力,并以阴谋得为总统,及帝制失败而死,北洋军阀失其统驭指挥之领袖,据地称雄,互相勾结,朋党相争,内战频起,以致中央命令不出都门。其人类多幼稚,徒以兵力,榨取民财,供其个人党羽之奢侈生活费用,法律禁令仅为小民而设,又不善驭部下,维持治安,故终次第失败,盖其受命于人,尚能奉行,处于领袖地位,则处置乖谬也。失败要非民众之力,代而起者仍为武人,辗转循环,而民苦矣。时至今日,政治问题不解决于政治会议、社会舆论、民众要求,而解决于兵力。政治未上轨道,地方武人干涉民政。所有计划,直为空谈。

于此现状之下,吾人所当注意者二:(一)中央之无权。中国自秦以来,名为中央集权,而领土广大,交通不便,地方长官常握大权。清季女主听政,疆吏平定内乱,位尊望重,于其管辖境内,大事例虽奏报朝廷,实际上多能自主,其后交通较便,改革未著成效,而清已亡。革命期内,举兵领袖跃为长官，袁世凯统一政权，为时甚短，此后中央权力，迄未达于各省。北伐成功，而割据形势如故，中央迭次讨伐，尚未统一政权，外患更增加其困难。就中央组织而言，机关太多，牵制太甚，遇有非常事变，发言者多，负责者少，甚至无人肯负责任。政府拟定计划，仿自外国制度，不合国情，实行困难。论者谓操切偏重不良之计划，不能执行，反便于民。吾人固望政府慎重考虑，详加审察，尤不愿其无力执行。地方政府组织亦极复杂，省无论矣；县亦添设官署冗员，上有党部，下有绅士，多所顾忌，任期无定，望其有为，殆不可能。（二）政府与民众无关。专制独裁政府之下，人民除纳税及遵守法律而外，别无参政之机会。中国民众未有政治组织，参加政治运动，宗法虽能协助政府维持治安，固异于自治团体。民主政治行于外国，有悠久之历史，中国先无基础，又无准备，一旦贸然采行，徒供政客操纵，劣绅把持，而良民未受教育，不知环境之变迁，行使参政之权利，专制变为共和，乃为名词之改易，人物之推移，实质上并无改变。民国而民无权，共和徒供贿选。论者不知困难之症结，而唯诋毁共和不适宜于中国。国民党效仿苏俄制度，亦未成功，党内纠纷时起，问题解决非本于协妥精神、公开会议之表决，而多定于武力；形式上虽似少数人之独裁专制，而实际上应付各方，敷衍各派，多所顾忌，去独裁犹远。

今日政治上之急务，首在中央权力达于各省，统一方法无论武力统一，或独裁专制，苟势力达于各省，任何代价之下，固远胜于武人割据，互相猜忌，拥兵自固，榨取于民也。次则开放政权，许民参政，盖民众与政治无关，虽由于历史上之遗传，而武人政客劣绅假造民意，阻挠民治之发展，政府且无善意扶持拥护之决心，实其失败之最大原因。吾人希望倾向于逐渐改革，凡有选举权者，皆善使用，不为他人利用，庶使民众知其与政治关系，而政府力量，即为民众力量。此固不易一旦实现。民间急切需要，无过于维持治安，减轻负担。维持治安本为政府存在之根本理由，减轻负担，则收入减少，政府现方患穷，何能实现？实则官吏俸给，军队饷糈，为政府最大之支出。军饷姑置不论，政费之可减省者尚多。政府庞大组织，人员不惟无事可办,而且多所牵制掣肘,中国已至民穷财尽之时,决不能养冗官,与其一路哭,何如一家哭耶？用人当如商人营业,非事业发达,人不敷用,决不可添置一员。忆读美国史,荒地许民耕种,凡上申请书于总统得其签字,即为私产。一八一六年,总统梅迪生(Madison)公务繁冗,领地书积至二千,咨请国会添一书记,议员尚有论其不可者。美国政治较之他国,浪费已多,此虽偶尔之事,固可见其因事用人,决不因人设官,虚糜公款也。中美财力不能相比,靡费公款反多于美。夫于穷苦之民榨取,供养冗员,受之者视为职业,恬不知耻,彼援引党援者,非罪恶耶？

政府节省,非为财政着想,乃政治家对于国民应办之事,财政困难更可促其早日实行。中央收入较之清季增达数倍,省政府税收犹不与焉。清代地方官俸给,兵勇饷糈,均由解部之款扣下。厘金虽作地方经费,亦须报部,用途或按成案办理,或候旨核准。今则中央地方收入划然为二,不可谓非进步,省如广东一年收入一万万元,超过光绪中叶全国税收矣。清以关税、田赋、厘金、盐课为大宗,今则关税、盐课益处于重要地位。关税自主以来,税率提高,二十年收入最旺,增至二万四千万两,合三万七千万元,视光绪季年增达将近十倍。盐课自抵押外债,雇用外人,稽核严密,岁收大旺,政府近更加税,二十年增达一万七千六百万元。夫盐为人生必需食品,无论贫富,纳税相同,富人于通商口岸,尚可购食精盐,贫民则出重大代价,购食中杂泥灰之污盐。公平税则当视纳税人之经济能力定其高下,今于穷民征收重税,固天下不平之事理。厘金种类有落地税、统税、附加税等名目,外人运入洋货,或贩运土货出口,反得免厘,而厘卡之多,税率之重,稽查之骚扰,途中之稽延,莫不病商害民,乃竟细大不捐,兼及邮包,国货价值因之提高,所谓自杀政策也。二十年一月政府实行裁厘,交通便利之省奉命办理,而边省或财政困难之半独立区,仍有征收者。政府更举办统税,国税因而增加。田赋原为历代主要收入,民国成立作为地方经费。中央除上税收而外,尚有印花烟酒等税,国税近以内乱外患之影响,收入减少,财政困难,乃以发行公债为一时救急之方法,债额增加,困难益甚,固非办法。

支出据二十年度预算,共八万六千八百万元。预算之在我国,近于估计,尚有临时增加经费,如政治会议指令财政部拨出之款,亦有以收入奇减而节省者。其重要则在略见各机关之要求,及分配之情状。预算所列各机关经费如下。

科　目	经常费(元)	临时费(元)
党　务	六二四〇〇〇〇	
国　务	一〇八三〇九七二	一四〇四〇九〇
军　务	二七九九四七六六六	一六六二一七七三
内　务	六九七八二九六	六八九八一
外　交	九六三四七三〇	四二八二二〇
财　务	七七四二二四三二	一三二三一九一
教育文化	一六七九四二七九	一八六四二五七
司法行政	一三一六一五八	一九四九七二
实　业	五三三六三八〇	二〇九七九八二
交　通	三九九一二一一	七〇三二
建　设	一七九二五三一	四〇五〇八三
债　务	三四三四〇四六四四	
补助费	七八八七五六一五	
总预备费	二六三五四五七八	
合　计	八六八九一九四九二	二四四一五五八一
总　计		八九三三三五〇七三

据上预算总表,支出以债务为最多,中分外债、内债及条约上之赔款。赔款以拳乱为最巨,时期又长,近受欧战之影响及国际形势之改变,列强或放弃要求,或作为教育文化之用,或移作建设经费,其作赔款交付者,无

足轻重。雷莫(Remer)于其所著之《外人在华投资论》(Foreign Investments in China)不作赔款计算,预算则以债务视之,用途固与债异。外债成立颇早,多因军费或赔款无出,出重利息,并有确实担保,方始借得,用于生产事业者,仅拳乱后之铁路借款。民国成立,借款多作政费、军费,外国亦有利用政治借款,扩展其势力,无庸担保品者。外债遂有有担保品及无担保品之别,据雷莫调查,二十年(一九三一),中国所欠外债,共四万二千七百七十万美金,占外人在华投资总额百分之十三·二,无担保品之外债本利久未归还,额数将益增加,尤以日本为多。铁路借外款建筑,或外国投资筑路者,尚未计入,雷莫谓迄二十年,共美金八万四千六百三十万元,占总额百分之二六·一。内债初以国内从未举行,人民不甚信任官吏,且无购买能力,发行无多,销路困难。自革命军北伐以来,恃发行公债为维持现状及军费之策略,额数增加,约达十万万元,初由官署向民劝募,后由银行承销。忆十六年,吾乡劝募库券,县政府饬乡董向绅富劝募,乡间本无绅富,乡董以恫吓之辞,向有产业者摊派,违者拘捕送县,乡人不敢诘问,迫而商请减少,或承认少数款项,不敢索取收条。及库券发出,乡人一无所得。及冬,政府续发库券,由行政局劝募,仍用旧法,有田十亩者亦被指为富户。局长上受县长令催,下有委员坐索,知其虐民为害,迭次请求减少,而不可得,势无可如何也。纷扰数月,行政局变为筹款机关,其困难则镇江列为大城,繁华发达之区,原在城市,而县长见好于潜有势力之绅商,乃向四乡摊派,农民贫苦无援,行政局为下级官署,唯有服从而已。嗣后公债改由银行承销,实一重大改革。额数有增无已,还债竟达三万四千万元,占总额百分之三八·四。政府发行巨额之公债,超过普通人民之购买力,银行用为准备金,乃与政府处于关系密切利害共同之地位,遇有非常事变,将即影响全国经济,九一八事变税收锐减,上海闸北事变影响全国金融,政府无法支付到期公债之本息,最后改为减息延期还本,始得免除人民之恐慌,经济组织之崩溃,瞻望前途,仍难逆料。

军费次于债务,占百分之三三·二,事实上公债以减息延期之故,支付款已减少,军费跃占第一。一年军费究有若干,无人知之,其困难则半独立之省,军费由省库支出,军队无饷者,且于所据之城邑摊派勒索,内战一起,则拉夫派粮,征用牛马车辆,事起仓猝,更无从估计。直属中央队伍,人数若干,亦不可知。据吾人所闻,兵士仅能领得伙食费,购买军火约占预算若干,亦非吾人所知,鸦片开放之省区,特税为军饷收入之一,其数亦未计入。故今全国军费占据第一位置,毫无可疑,其数盖逾收入二分之一。预算中所列其他名目,除教育文化一项而外,全为行政费用,表中所称之实业建设等名目,亦多属于主持其事官署之行政费,而教育文化事业合经常临时费计算,共一千八百六十五万余元,不足总计百分之三。此指中央而言,地方教育文化经费,数亦无几。中国迄今政治未入常轨,地方未脱军政时代,建设事业更无经费筹办。所可异者,军费若此之巨,兵士犹不得饷,外不足以御侮,内不足以平乱,盗贼遍地,乡村无可安居。国内急务无过于维持治安,非全国政权统一,将无裁兵之望。综合政费计算,约占百分之二五,超出二万万元,设立庞大机关,豢养冗员,于民究有何项直接利益,实一重大问题也。

中央患穷,各省财政亦多处于绝境,论者谓由于裁厘加税。厘金原为地方收入,裁后举办营业税,工商业发达之省,补足厘金原应有余,无奈创办之始,规模不备,稽查不易,事无成例可援,负责者又无经验与办法,抵补款项乃感不足。实则此非主要原因,裁厘之先,各省业已闹穷,此不过增加其困难耳。半独立之省,税收大部分养兵,收入增加,则兵益多,绝无财政宽裕之时;直隶中央诸省,除保安队而外,无须养兵,而经费耗于复杂之机关,无数之职员,经费多而人员亦多,财政自不免于困难,此症结之所在也。省库收入,以田赋为大宗,正税而外,附加税名目不胜枚举,正税一本旧例,大部分解至省库,附加税初指创办新事业之经费而言,有增无已,吾乡农民输纳附加税远超过于正税之上,二十一年之名目如下:

自治八厘	筑路五分	公安六分	普教八分
积谷一分	农业改良税二分	党部民众团体五分	教育四分三厘
抵补金一分	水利一分	保卫经费一角	

综计附加税共三钱四分一厘又银一角，其先一年政府着手整理田亩，每亩征收清丈费二角，合银元计算总共去一元无几。正税以田土肥瘠之不同，尚分等级，数在三四角下。吾乡多山，土壤硗薄，人民无所冀图，亦无改进计划，附加税犹少，其在他县有超出二元以上者。自治、积谷、农业改良、水利、筑路，犹曰专谋农民利益，不得不筹款兴办。公安则公安局之在乡镇者，业已裁撤，农民竟为城市分担经济责任。教育亩捐共一钱二分三厘，学校多在城市，乡村仅有一二简陋不堪之小学，农民出重代价，反送子女于学塾读书，中级高级社会享受实利。党部民众团体活动于城市，而经费则由农民担负。保卫经费指教练军官为乡村保卫团之用，公安捐与之无关。抵补金则弥补费用之不足。凡此种种，多与农民无直接利益之关系，强取其血汗所得之金钱（指有土地农民而言），其人日度马牛生活，何忍强其担任重任也。就谋农民利益而言，自治捐输纳已久，而自治毫无成绩，所设官署，徒为鱼肉乡民之机关。筑路则吾乡数年尚未完成一路，田已筑成路基尚须纳税。征收水利捐多年，从未于吾乡开浚一河，兴筑一闸。尤可异者，天旱或水涝或虫害之年，田地或无收成，或收成减半，正税可得减成征收，而附加税则以用途指定，减成征收或全豁免，则别无经费，视为收入之机关，势将无法维持，乃多征收如故。总之，中国田税之重，世无其匹，而病害农民者，无过于附加税也。凡政府筹办一事，即新创一税，征收之正税，若非出自农民，或与之无关者然，岂农民占人民多数，行政人员之俸给办公费等，须其担负耶！夫办一事立一新税，含有商业性质，不幸税已缴纳，而所办之事毫无成效，农夫亦无何如，税之征收，从未征求民意，不过决定于长官，农民唯当纳税而已，吁！可慨也夫！

鸦片公卖之省，尚有特税，农民种植者，每亩征税十数元，谓之罚款。

近时种烟之区域广大,生产过剩,烟价大跌,农民所得不足纳税,改种嘉谷,官长称其懒惰,征收懒税,每亩亦十余元,农民尽其所有,力亦不能担负,唯有再种罂粟。安徽北部农夫曾奉命种烟,种子播后,烟苗已出,忽又奉命铲除,而种麦之期已过,田乃荒芜,政令不一,农民诚无死所。四川田赋一年征收四次,已达民国六十余年之税,亦骇人听闻之事实也。田税下首以营业税为多,据二十二年《申报年鉴》,七省有营业税收入报告,浙江凡六百九十万元,江苏未有只字,办理得宜,固巨额税收也,其他税收,尚有契税、牙税、屠宰税、杂税等名目。契税视田买卖多寡而定,江苏年逾一百万元,牙税由来已久,政府所得至微,而苛扰贫民之甚,过于厘金。吾乡买柴买鱼,柴夫渔人不得自主,须由行家作价代秤出售,每百取十。江苏最旺,年凡五十三万元,贫民所出,倍蓰于此。屠宰税亦为苛捐之一,广东收入年共二百万元,江苏五十万元。杂税种类繁多,名目不一,不愧苛捐恶税之名,无足深论。其在经常税外尚有房捐,江苏省政府举办,吾乡高资为乡镇之一,住民数百家,房屋多为祖传产业,犹不能免,交解之款一千余元,他可想见。

就上事实而言,政府患穷,而民已无担负直接税之能力,各省税收极苛扰琐屑之能事,吾人之希望,一为政权统一,领袖人物互相谅解,政治问题不以兵力为解决之途径,而能大事裁兵,减轻人民担负。一为政治采取商业之原理,裁去骈枝,汰减冗员,组织趋于简单,人员各有所事,政费大可减省。一为发展生产事业,以军政费之一部分,移作实业之建设经费,增加人民富力。以上希望,虽为含混之辞,实为国内急切之需要,能否进行,固不可知,即能实行亦未必一旦成功。于此过渡时期,吾人希望中央地方各有收入支出平衡之预算,财政部及财政厅不但为出纳之机关,且得斟酌需要,核减或商定各机关之经费,预算成立之后,决不轻加修改,或有额外支出也。盖各机关为其事业之发展,主持者或顾情面安插人员,多欲增加经费,其提出之要求,就整个政策或经费分配而言,不免偏重,主持财政者,必当根据财政状况,政府政策,视其需要之缓急,而能有所减少决定。先进国之财政部,往往如此,英为明显之例,无待赘言,日本亦与之相类。否则财政部专筹经费,支付军政各费,而上级机关随时令其筹款拨款,终将无法应付。财政部当有核减经费之权,中央直属机关之收入,亦当解部。今司法院、交通部、铁道部各有收入,而多会计独立,闸北事变之后,行政人员减成发薪,而官署之有收入者,多未遵守,同一政府之下,待遇何能有异?不过证明财政之不统一,而制度亟应考虑改革者也。

征收税银,方法亦有改革之需要。进出口税由海关征收,通商口岸多设海关,裁厘之后,长江内之海关多已失其重要,不如酌视情形,于长江口征税,而将其裁并也。盐税久当废去引地,就生产区征税一次,而许商人自由贩卖,盐法成立已久,引商为其利益之计,百方反对,竟未实行。吾人可断言者,政治入于常轨,政府顾及人民利益,终将实行。统税就产地征收,不若厘金之病害商人,而固近于裁厘前之落地税。吾人深望财政部辨别物品种类,民间需要,豁免麦粉火柴统税,对于卷烟等奢侈品税率尚可提高。印花税据二十年岁入预算,列为一千五百万元,而于内地则为扰民病民之恶税,前闻安徽太和县每隔二三十家即有代售印花处。代售者兼为稽查,恃之为生,印花一分售钱一千,后以县官干涉,减为五百。民间无论购买何物,有无发票,超出规定价值,概贴印花,买猪贴于猪身。乡民不知法禁,犯者备受稽查勒索,不遂其意,则称送官,乡民畏官如虎,唯有视力缴交罚款而已。此种暗无天日之事实,虽曰极端之例,而内地征税之黑暗,据吾人之见闻,类于此者,不知凡几。田税为地方大宗收入,而底账多在胥吏之手,久应整顿。吾乡农民已出丈量费,而整顿则为空言。胥吏未有薪金,舞弊之案时有所闻,钱粮久已开征,而通知单尚未送至乡村,甚者已至罚款之期,方始送下,吾乡曾有其事。罚款例为百分之二十,亦出于贫苦之农民,据《申报年鉴》,江苏一年凡十六万元。他如营业税等采用包税制,经手者视有利可图,方肯认担,商人所纳者多,政府收入者少,税收之不旺,则其明证。

政府税收一耗于兵费,一用于政费。政费之当节省,已如上言,而养兵之多,军饷之难,亦吾人所当知者也。国内军队确数,无人知之,数年前之估计,约二三百万。中央军设备较全,军官多受军事训练,兵数则不可知。半独立之省,长官多所疑忌,恃兵自固。其据一区者,就地筹饷,更广收新兵。四川一省,言者称有五十万人,其隐讳之原因,则裁兵久为国内需要,招兵违反民意,且就编制而言,军师各有定额,故不肯公然承认添兵。事实上一师有至数万人者,枪械不足,则二三人共用一枪,战斗力殊为薄弱,而武人拥兵自雄,竟不觉悟,祸国殃民而已。兵士多为市井之游民,衣食困难之苦力,入伍原为谋得衣食之计,乃自兵数增加以来,饷糈困难,每月所得,扣除伙食,不过数元,剪发洗澡尚需费用,决无分文养家。向时兵士尚得升为官长,今则机会甚少,故非无路可走者,决不入伍。军中纪律森严,逃者轻则重打,皮破血流,昏不省事而后已,重则枪毙。刘珍年曾于浙江掘窖,活埋逃兵,受此刑者惨呼不已,闻者心悸。盖兵于此待遇之下,存心欲逃,遇有时机,莫不争开小差,长官知其然也,严刑以警其余。招兵已成强弩之末,江浙除僻远穷瘠之地无应募者,商业较为发达之区,亦莫不然。官长乃有征兵之说,冯玉祥管理河南,各县摊派兵丁,县长更于各乡摊派,殷实之家迫而出款,招募他人充任,兼给以养家费。安徽亦曾有之,乡民苦矣。

国内养兵二三百万,专供内战之用,每一战起,就地拉夫,荷负军火,运送行李。夫役多为农民,吾乡曾有所谓招募夫役者,于田中捉去耕种之农民,家中无人养其父母妻子。城市拉夫,商民尚可罢市,表示抗议,非军事紧急之时,长官殆不肯为,亦有故拉衣服整齐之男子,出款给之,即可释放者。夫役多于乡村捉去,农民未有知识,亦无组织,有冤有苦无从诉告,唯有忍受听命于天。革命军北伐,夫役多由各城商会招募,幸其为时甚短,未成严重之问题。夫役外尚有车马骡等,征用后将无归还之期,军队驻扎之地,往往占居民屋,借用床铺零星用物,亦难归还原主,无饷则向民间征收面粮,无论贫富各有摊派,逐日送往,虽家人饥饿,亦须设法借贷,唯命是从也。战争开始之际,战区人民逃避一空,遗下财物,变为军士所有，此就人民受害而言，自军士方面而论，其情状亦甚悲惨，战场上同胞残杀，究为何事？战而胜利，徒供少数人之升官发财，死者家无信息，人生本有一死，原无足异，而老弱流离，固亦可悲。伤者幸而医治不死，身已残废，官长仁慈赏给数十元之恩饷，遣送回籍，已如父母之恩，嗣后生活更无人念及。战败之军队，死者固无论矣，伤者亦无人过问。江浙之战，卢永祥败逃，俄而奉命入苏宣抚，统率旧部进据南京，部兵纵火焚烧前督齐燮元伤兵医院，以泄愤。兵士奉命作战，不能自主，何竟相残至此？其未伤死者，缴械收为俘虏，俘虏先受兵士之检查，衣服财物均不能有，忆孙传芳于浙举兵，长驱入苏，奉军未及退出南京者，为苏军缴械，兵士袜中藏有一元，亦被搜去。不愿入伍者，身无路费，变为流离失所之人，与乞丐为伍。败兵溃散沿途抢劫，分散后，捕获讯明者，即处死刑。其在北方乡村有枪自卫者，遇有少数败兵，则强其缴械，待遇亦同于俘虏。故自兵士个人而言，吾人殊怜其境遇之苦，罪恶乃造成于好兵之军阀也。

　　养兵为供内战之用，战争起后，一部分枪械流于民间，兵士久在行伍，回归不愿再为苦力，亦无其他职业，迫于衣食，沦而为匪。江苏南部原无匪患，自齐卢战后，零星土匪开始出没于近山之乡村，初则掳人勒赎，继则向各村摊款，名曰送条子，嘱令限期出款，派人接洽，过期来杀，鸡犬不留。乡村先无自卫组织，报告至官，手续困难，出兵稽延，幸而派兵驻防，而匪已得报告，知其力弱，潜逃无踪。兵去则匪又来，采用方法，视前严厉，于是乡民不敢报官，而匪势成矣。其领袖或为秘密会党之头目，或为鱼肉乡里之恶棍，或为移居之客民，或为乡董之姻亲，今日绑去一人，明日又至一村，或索三千元，或得五百元，日有进款，而加入者益多，塾师且自为之。乡村殷实之户不敢回归，其无力出村者加入其党，或拜头目为师，乡村变为匪窟，旅客不敢往返，误入境内者，将有杀身之祸。匪众所绑架之人，初为殷实之家，后则往于草棚者亦不能免，佃户耕种山地不足十亩，家有耕牛一头，子亦为匪架去。筹款数十元始得赎出。余居乡镇，常闻人言，匪视儿童如猪，猪尚值钱十元，架一儿童至少可得十数元，此其所以细大不捐也。户口较多之村,创办保卫团以自卫,团丁多非本村农人,临时招募,雇用退伍下级军官一人,名曰排长,并出款购买枪械,款按田亩摊派,经常费每亩常为一元,少者将及数角,倘或延期,排长率领团丁至家,携带枪械,其势汹汹,非即付给不可。排长更为增加收入之计,扩张势力范围,保护他村,倘或拒绝,即有匪患;事实上排长兼为匪首,或与小股土匪勾结,出入均有卫兵携带匣子炮,声威赫然,无敢仰视之者。土匪架去之成年男女,或藏于庙中,或住于草棚,或缚之于床后,而眼以布蔽之,耳以棉花塞之,其于夜中逃出者,亦不敢言,乃成纷扰不安之社会。

此种现状之造成,一由于人民恐惧之心太甚,组织能力薄弱,地方劣绅无赖且与土匪勾结也。一则官吏重视法定手续,犯罪证据,民间疾苦无由上达,知之故作痴聋,及民不堪命,派兵往剿,而匪已逃,兵去则匪再来,兵无侦探,官不奖民告密,匪首家居,固无异于常人,乃不能损其毫末。土匪势成,地方团练或相似组织,力不能抗,反而供给其枪械子弹。北方民气较强,组织大刀会等,及其势成,聚众抗粮,为害近于土匪。南北几无安乐之土。近数年来,江浙成立省公安大队,官长偏重于密访捕拿,凡与土匪接洽送款之乡绅,犯有重大嫌疑之排长,众人所指之会党头目,捕获讯明之后,即行枪毙,匪众始有所惧,且自领袖死后,组织动摇,其悔过者不敢再出。乡民渐能安居,故事成功之难易,全在人为。曾国藩于湘,严刑拷打土匪,死于杖下者,时有所闻,奏报朝廷,自谓不顾残酷之名,门生且有进言。受刑死者数不满百,而所至之地遂无匪祸,就其功效而言,实不可非。乱世用刑,盖非虚语。所当知者,曾氏成功在其访求民瘼,奸徒无赖之行动为其深知,且许人民告密,故能不动声色,将其逮捕,刑罚为除暴之具,用以警戒其余而已。其人中有迫于衣食铤而走险者,政府不于根本着想,社会无法救济,徒用严刑,固为悲惨史迹。彼赖于工作,视为有利可图之营业,破坏社会治安,杀人纵火,实为罪大恶极之凶徒,则死有余辜。政府当双方顾虑,救济刑罚兼用也。

乡村不得安居,由于兵匪之横行,而经济状况之恶劣,亦其根本原因之一也。一国财力之增加，视其生产事业之发达，一般人民收入，超过其费用，生活方有改进。换言之，生产事业之进步，过于人口之增加，人民生计宽裕，并有储蓄，财力始有增加也。中国自订约通商以来，国际贸易输入，往往超过输出，其偶尔出超之年，数亦无几。中日战后，入超增加益甚，欧战时稍有减少，战后则又激增。近数年来增加之额数，尤令人惊异。据海关报告，列表于下。输入输出，均以关平百万两为单位。

年	输入	输出	总数	入超
一八	一二六六	一〇一五	二二八一	二五一
一九	一三一〇	八九五	二二〇五	四一五
二〇	一四三四	九〇九	二三四三	五二五
二一	一〇四九	四九三	一五四二	五五六

东北三省地旷人稀，自清季开放以来，山东、河北移居者日多，人口增达三千万，而土地之待开辟者犹多。农产品之输出大有增加，民国二十年（一九三一），占出口数值百分之三五·四。明年，所谓满洲国成立，夺取海关，自六月以后，东北海关即无报告，而上半年之输出，占全国总数百分之四二·六，表中所列数目，合东三省而言。将其除外，入超尤可惊骇，可于下表见之。

年	输入	输出	总数	入超
一八	一〇四〇	六八七	一七二七	三五三
一九	一一〇六	六〇六	一七一二	五〇〇
二〇	一二八五	五八七	一八七二	六九八
二一	九七八	三六五	一三四三	六一三

上表亦据海关报告，仍以关平百万两为单位。十九年后，入超之货价超过于输出之总值，二十一年竟达倍半有余，综合华侨汇款入国，外国借款及外人投资，出口货估价之低廉，及外人在华之费用等，均不足以维持平衡。据雷莫调查，一九〇二——九一三（光绪二十八至民国二）年，华侨汇款平均年有一万五千万元，三至十九（一九一四——九三〇）年，凡二万万元。其个别调查，十七年，华侨汇款二万五千六十万元，十八年，二万八千七十万元，十九年，三万一千六百三十万元，其根据则银行之汇兑等，洵属信而有征。外人投资共三十三万万美金，其中商业投资凡二十五万万美金。据雷莫报告，一九〇二——九一三年，平均每年汇出之利息，共银一万四千八百五十万元，而收入年凡净得一万五千万美金。三至十九年，年凡汇出息银二万九千七十万元，而收入则美金二万万元。顾此仍为外人资产，一次汇入，将来年有本息汇出，性质迥异于华侨汇入之款，而难作为收入也。外人在华用费，雷莫别之为三：（一）列强海陆军用费，据其估计，十七年，共银一万三千九百七十万元，十八年，一万二千四百万元，十九年，一万万元。（二）传教慈善事业。十七年，凡银二千五百万元，十八年，三千万元，十九年，四千万元。（三）外人来华游历，十七年，用银三千万元，十八年，三千二百万元，十九年，三千八百万元。出口货估价低于实价若干，无从知之。综计此类收入，不足抵补入超，投资利息，及驻外使馆留学生等之费用；而十九年前年有生银流入，其原因则妇女变卖首饰，黄金年有流出，而外商且有投资也。近者生银反有流出，盖其自然之结果。都市人民仍未觉悟，购用外国奢侈物品。且自土匪滋扰以来，稍有资财者，不敢居于乡村。其人多有田产，往往吸收乡村之现银，消耗于通商大邑，乡村之货币不敷流通，一元之得视如宏宝，困难之状不可言喻。此种现状决不易于维持，吾人苟分析输入物品之种类，将益感觉前途之危险。中国向称以农立国，而食料反从外国运入，额数之巨可于下表见之。

主要农产输入表（以百万石为单位）

年代	米	麦	面粉	糖	棉花	棉纱
元年	2.700		3.203	4.555	0.279	2.298
二年	5.414		2.597	7.112	0.135	2.685
三年	6.814		2.197	6.753	0.127	2.712
四年	8.476		0.158	5.191	0.358	2.686
五年	11.284		+0.233	5.451	0.408	2.439
六年	9.837		+0.679	6.382	0.300	2.035
七年	6.984		+0.004	8.817	0.190	1.115
八年	1.810		+0.271	5.523	0.239	1.385
九年	1.152		+0.511	4.280	0.678	1.301
一〇年	10.629	0.081	+0.753	8.086	1.683	1.250
一一年	19.156	0.873	+3.601	7.877	1.181	1.192
一二年	22.435	2.595	+5.734	6.267	1.606	0.752
一三年	13.198	5.145	+6.577	9.518	1.219	0.554
一四年	12.635	0.700	2.812	12.053	1.808	0.613
一五年	18.701	4.156	4.285	11.921	2.745	0.421
一六年	21.092	1.690	3.825	10.271	2.416	0.273
一七年	12.656	0.903	5.985	14.082	1.916	0.255
一八年	10.823	5.664	11.935	14.356	2.514	0.207
一九年	19.891	2.762	5.188	12.156	3.457	0.147
二〇年	10.741	22.773	4.899	10.586	4.652	0.040
二一年	22.487	15.085	6.637	5.840	3.713	0.072

自民国元年以来，食料量数输入之巨，可胜浩叹，所谓以农立国者，农民耕种褊狭之地，日度马牛生活也。此非偶尔之事，亦非全由于天灾人祸，二十年内，固有暂时苟安之局，亦有无水旱大灾之年，而年年均有巨额

之输入。近时世界农产过剩外货倾销,亦不足以解释。其最大或根本原因,则人口增加之速,远过于土地之开辟,农民工作虽极勤劳辛苦,而收入有限,所得之微不足以供一家生活费用,生产食料不足以供市场之需要,反而贩运于外,维持民食也。二十年洋米杂粮进口,共值关银一万八千九百万两,二十一年增至二万一千一百一十万两,占出口贸易总值百分之四三。表未列入货值者,以物价先后不同,涨落不一,不如量数之确实也。尤有进者,民国十年以前,米麦棉花虽有输入,亦有自中国运往外国者,如八年出口米凡一百二十二万石,九年减至三十万石,嗣后更大减少,至五六万石,无足轻重矣。小麦入口,海关于一九一一（宣统三）年,始有记载,最初十年,多则五万九千石,少则十余石,而出口者,民国九年有八百余万石,乃自十年以来,输入始大激增,出口锐减,十二年尚有六十万石,十五年则余四千石,而输入方面,二十年竟达二千二百余万石,二十一年一千五百万石,两年合计,共值关银一万三千九百万两,同时面粉亦有增加,表中列有符号"十"者,以海关初未辨别粉之种类,中有杂粮粉也。糖则广东原有出产,可供国内之需要,乃因厘金之摧残,制造法之无进步,不能与外货竞争,日就衰微。外糖之入口颇有增加,其自十八年后年有减少者,以关税自主,税率提高,销路减少也,如二十一年,政府更用新法征收糖税,税率益高,四月一日实行,期前糖大涌进,实行后九月内输入不过二百万石,盖今人民生活,视糖尚非必需食品,非不得已不必购买,一则糖税提高,而偷运增加也。棉花于民国九年前,入口量数从未超过四十万担,斯年激增达六十七万担,嗣后更大增加,近数年来常在三四百万担之间。出口方面增减不一,十七年出口一百二十九万担,次年减至一百万担,又明年竟达三十七万担,后稍增加,十八年共一百四十余万担,运往之国,则为日本。棉纱自欧战后,入口年有减少,其原因则国人利用时机创办纱厂,外商亦于通商要埠设厂竞争,制造之纱锭增加,本国商人乃处于不利之地位,盖外商资本雄厚,技术经验管理均视华商为优也,遂为国内严重问题之一。

入口除食料或农产物外,种类尚多,棉货久占输入品第一,二十一年,为米所夺,尚有关平八千九百万两,其余货物亦均减少。其原因则农村经济破产,收获之五谷价既低廉,而又无法售出,民间无购买力也。煤油、柴油、滑物油共银七千五百万两,金属矿物六千万两,纸三千八百万两,化学品三千四百万两,机器三千万两,烟草二千八百万两,染料颜色二千五百万两,呢绒二千二百万两,木料二千万两。就上物品而言,油类、矿物、化学品、机械或木料为现时国内缺乏货物,或为日常用品,或为制造货物之工具,他如棉货、呢绒、染料颜色、烟草,多为奢侈物品,棉货已言于上,呢绒视前一年减少一千万两,染料颜色则少一千三百余万两,烟草则减二千六百九十万两。凡此都市奢侈品,漏卮尚在一万五千万两以上,政府亟宜辨别种类,课以重税,或奖励本国商人制造。根本方法,则人民应有爱国之心,非本国所无之物,不宜多用外货。所可怪者,今所谓受高等教育者,衣非洋服不足以眩众,食非至外人开设之食堂不甘,船非外船不乘,物非外货不买。此虽国民中极少分子,而媚外心理,亟应改正者也。出口货几尽农产物品,据海关近三年来报告,列表于下。

　　出口贸易,深受世界不景气之影响,大为减少,二十一年总值关平四万九千三百万两。据下表而言,豆占第一,二十年全国输出六千六百八十万担,东三省出口六千四百九十万担,占总数百分之九七,值关银二万余万两。二十一年夏,东北征税权丧失,海关后无报告,而上半年输出之豆,尚值关银八千万两,超出输出生丝价值两倍以上。生丝现占第二,近数年来,销路日滞,十九年出口尚值关平一万一千九百万两,二十年减至九千五百万两,二十一年竟达三千六百万两,日人现操世界生丝市场,吾人尚难与之竞争。蛋于一九〇二年(光绪二十八),值银一百四十万两,二十年后增至三千万两,民国十八年共值五千一百余万两,二十一年落至二千八百万两。茶则世界产量超过市场需要,竞争激烈,销路除俄而外,殆不易于发展。花生向以山东输出为多,近者东北种植,货品视山东为优,山东出口大受打击。棉花运往日本数已减少,棉纱则多运往印度、香港、关东州,日纱厂之出产品也。杂粮指荞麦、高粱、玉黍、小米而言。桐油原占重要地位,近者外国广收种子,从事于大规模之种植,政府更力予以保护,中国将来能否维持现时出口之地位,尚不可知。皮革矿砂等则未列入表中,幸其所值无多。总之,二十一年,出口货共值四万九千三百万两,视二十年减少百分之四六,除东三省外,减少百分之三六,斯年,世界各国出口贸易减少则为百分之二四·六,两数相较,何吾国减少之比例反甚于他国?近数年来,银价大跌,吾国仍用银币,自金银货币汇兑而言,外货输入价值昂贵,土货出口价大低落,原为奖进出口货增加之良好时机,事实竟与希望相反,无怪农民益为穷困也。

主要农产物输出表(以千石为单位)

种 类	民国十九年(1930)	民国二十年(1931)	民国二十一年(1932)
豆类及其制品	五三八九二	六六八三八	三〇四四二
生丝及蚕茧品	二三一	二二七	一二四
蛋(以千个为单位)	六一六三一九	六一一三二六	三五五八八七
蛋制品	一一五〇	九九五	八九五
茶	六九四	七〇三	六五四
花生及其制品	四〇六三	四九五五	三四一一
棉花	八二六	七九〇	六六三
棉纱	三三〇	六一四	三四七
杂粮	六〇五〇	六四八六	五〇二五
桐油	一一六七	八六五	八〇三

国际贸易不能维持平衡,农民久无购买力,而货币尚足以供都市流通者,外人投资借款殆其主要原因之一。外商投资,据雷莫调查,民国二十年,共美金三十二万四千二百万元。其数虽难认为尽确,而大数盖在三十万万至三十五万万美金之间。英人于印度投资,总额不出四万万至六万万镑,外资之在日本,则为十二万七千五百万美金,吾国外资多于印度日本。欧战前外人投资于俄者,约美金三十八万万元,多于中国。英商投资

于美国铁路者,约同于在华外资。比较四国外资数目,吾国为多为少,要视论者立场而异,吾人不必深论,所当明知者,印度为英属国,英人投资当作别论,其在他国投资则为商人之企业与借款,出于当事人之志愿,条件决与政治无关,而在我国外人利用领事裁判权之保护,及条约上之特殊权利,仅于通商口岸或政治势力区域投资。外资故未开发吾国富源,不过利用优厚之资本,机械之技能,工价低廉之女工童工,而摧残或阻挠我国工商业之发达,吸收我国之金钱,作其利息而已。此种现象,虽造成于已往外交之失策,而国内纷扰不已,亦其原因之一。时至今日,决不能安于现状,当有挽回或补救之计划也。为明了各国在华投资之额数,列表于下。

各国投资表

国别	光绪二十八年(1902) 美金百万元为单位	百分比例	民国三年(1914) 美金百万元为单位	百分比例	民国二十年(1931) 美金百万元为单位	百分比例
英	二六〇·三	三三·〇	六〇七·五	三七·七	一一八九·二	三六·七
日	一·〇	〇·一	二一九·六	一三·六	一一三六·九	三五·一
俄	二四六·五	三一·三	二六九·三	一六·七	二七三·二	八·四
美	一九·七	二·五	四九·三	三·一	一九六·八	六·一
法	九一·一	一一·六	一七一·四	一〇·七	一九二·四	五·九
德	一六四·三	二〇·九	二六三·六	一六·四	八七·〇	二·七
比	四·四	〇·六	二二·九	一·四	八九·〇	二·七
荷					二八·七	〇·九
意					四六·四	一·四
其他	〇·六	〇·〇	六·七	〇·四	二·九	〇·一
总数	七八七·九	一〇〇	一六一〇·三	一〇〇	三二四二·五	一〇〇

上表根据雷莫最近所著《外人在华投资论》(*Foreign Investments in China*)。雷莫得有学会、银行、学者、专家、官吏之赞助,历四年始成,所得之数目必经详细审查,多属可信。拳乱赔款则以其用途改变,未曾列入表中。就投资而言,英国始终维持第一,中国所欠英债,约美金二万二千五百万元,英商直接商业(direct business)投资,凡九万六千三百万美金。日本位占第二,发展之速,远过于他国,三十年来,增加一千倍以上,九一八事变之后,投资于东北者益多。初日俄战争,日本得有南满铁路,政府视为资产,组织公司,招商合办,借债经营,公司兼办矿产及其他事业,势力大盛。民国二十年,日本直接商业投资共十七万四千八百万日元,百分之六十则在东北。中国所欠日债凡四万四千八百万日元,中有无担保品借款约二万万日金,所谓西原借款也。前财相井上准之助曾谓不如"掷入海中",而日本政府竟对银行承认责任,中国于关税协约亦许整顿无担保品之外债,若何解决,尚不可知。此外,日商尚借款于公司,汉冶萍公司欠日款约四千万元,南浔路一千万元,合纱厂等欠款共七千七百万元。三项投资,共计二十二万七千三百余万日元,换作美金,雷莫作二一比例,共十一万三千六百余万元。俄国兴筑中东铁路,用费甚巨,商业则无重要发展。革命成功后,其政府否认铁路为投资,而亦不肯放弃所有权,故当作为外资,商业投资不足百分之五,他国款已增多,俄资比例因而减少。美商借款或承办之铁路较少,近于上海购得电力公司,美资比例始乃增加,其商业投资共一万五千五百万美金,中国欠债四千一百万美金,教会及慈善机关产业值四千三百万美金,共二万三千九百万美金。传教事业固无利息,生息资本则为一万九千六百万美金。法人未有新事业之创办,商业亦无重要进展,投资共九千五百万美金,教会生息之产业,亦并入计算;中国所欠法债凡九千七百万美金,共计一万九千二百余万元。德国初于山东经营,投资颇巨,欧战期内,丧失殆尽。战后,德商地位迥异于前,商业已有进步,二十年投资共七千五百万美金,中国欠款约一千二百万元,共美金八千七百万元。比国商业投资四千一百万美金,中国欠债四千八百万美金,共八千九百万元。荷意诸国比例较少,殆无说明之必要。总之,各国投资,除日本借款,公司而外,可别为二:一为政府借款,一为直接商业。借款用途毋足深论,日商借款华商,原为投资事业之一,他国商人竟不肯承借,故有直接商业投资之名。其分配情状,可于下表见之。

外资用途分配表

种　类	民国三年(1914) 美金百万元为单位	百分比例	民国二十年(1931) 美金百万元为单位	百分比例
政府普通借款	三三〇・三	二〇・五	四二七・七	一三・二
运输	五三一・一	三三・〇	八四六・三	二六・一
交通及公用事业	二六・六	一・七	一二八・七	四・〇
矿	五九・一	三・七	一二八・九	四・〇
工业	一一〇・六	六・九	三七六・三	一一・六
银行及财政	六・三	〇・四	二一四・七	六・六
地产	一〇五・五	六・五	三三九・二	一〇・五
进出口贸易	一四二・六	八・八	四八三・七	一四・九
其他	二九八・二	一八・五	二九七・〇	九・一
总数	一六一〇・三	一〇〇	三二四二・五	一〇〇

上表仍据雷莫调查,中缺一九〇二年估计者,材料不足也。外人投资经营之事业,以运输为最多,运输指铁路轮船而言。铁路建筑始于清季,现时国内之干路,多完成于民国三年,款项则多借自外国,或由外人承办。轮船则外商经营之公司基础巩固,于民国三年,竟占百分之三三。嗣后外人经营之其他事业,便较发达,资本增加,运输所占之比例因而降低。开矿以日人经营最为发达,投资亦其最多。其他事业除政治借款不计外,多在通商口岸,尤以上海为多。兹为明了主要投资国经营之事业,列表于下。

各国在华商业投资,共美金二十五万三千一百九十万元,而英、日、俄、美合计凡二十二万六千九十万元，约占百分之九十。运输事业，轮船以英为最发达，日本次之，近数年来，日商营业不振。铁路则俄投资最巨，日英次之，中国铁路长约一万里，外国承办者三千余里，投资三万九千二百八十万美金，中国自行建筑者，共欠外债二万四千八百五十万美金，合计凡六万四千一百三十万元，此二十年情状也。关于外债额数，言者不一，普通估计，谓在美金七万万至七万五千万之间。雷莫将其仔细分析，谓十九年末所欠外债，约美金六万九千四百四十万元，无担保债额约一万八千九百二十万美金，中以日本为最多，约一万万美金。至商业投资种类，已见于表，殆无分别说明之必要。

所当注意者，直接商业投资，几占总数百分之八十，比例之高，未见于世界任何国家。条约上之特殊权利，为造成恶劣现状主因之一，乃听外商夺取人民生计，不亦悲乎！外资集中之地，则在上海满洲，二地约占全数百分之六十。

民国二十年主要国投资经营事业表（美金百万元为单位）

国别 / 种类	英	日	俄	美	总　　数	百分比例
运输	一三四·九	二〇四·三	二一〇·五	一〇·八	五六〇·五	二四·八
交通及公用事业	四八·二	一五·六		三五·二	九九·〇	四·四
矿	一九·三	八七·五	二·一	〇·一	一〇九·〇	四·八
工业	一七三·四	一六五·六	一二·八	二〇·五	三七二·三	一六·五
银行及财政	一一五·六	七三·八		二五·三	二一四·七	九·五
地产	二〇二·三	七三·〇	三二·五	八·五	三一六·三	一四·〇

(续表)

国别\种类	英	日	俄	美	总数	百分比例
进出口贸易	二四○·八	一八三·○	一二·二	四七·七	四八三·七	二一·四
其他	二八·九	七一·三	三·一	二·一	一○五·四	四·六
合计	九六三·四	八七四·一	二七三·二	一五○·二	二二六○·九	一○○

综合国际贸易及外人投资而言，中国终将难于维持货币出入之平衡。据雷莫调查，中国付偿债务及投资利息，民国十七年，凡银二万四千二百万元，十八年，二万七千七百六十万元，十九年，三万九百四十万元。贸易入超及现银流出，十七年，四万一百三十万元，十八年，四万一千六百六十万元，十九年，五万四千一百二十万元。关于流入方面，华侨汇款十七年二万五千六十万元，十八年二万八千五百七十万元，十九年三万一千六百三十万元。他如外人在华用费等，十七年一万九千八百八十万元，十八年一万九千十万元，十九年一万七千六百万元。流入与流出相抵，十七年流出一万九千三百九十万元，十八年二万二千三百四十万元，十九年三万五千八百三十万元。三年中外人借款投资数目，亦不能与之相抵，十七年共一万万元，十八年一万七千万元，十九年二万二百万元。据此计算，十七年流出净数，应为九千三百九十万元，十八年五千三百四十万元，十九年一万五千六百三十万元。雷莫疑有其他不可估计之流入维持平衡，吾人见解则与之异。今日内地货币不敷流通，已成明显之事实，原因虽极繁杂，而货币自内地流出，或集中于通商要埠，或流入外国，固一要因也。据海关报告，二十年出口之金值银三千二百万两，二十一年值银七千万两，斯年现银出超凡七百万两。近时银价稍高，政府严禁银炉熔化元宝，将其装出。华侨深受不景气之影响，二十一年汇款仅及往年十分之一，金银出口

必大增加。尤有进者,外人投资增加,所获之利益多,而硬货流出亦将增加,思念前途,危险恐多,吾人将安于穷困及经济压迫情状之下以偷生乎?

入超国际贸易及外人直接商业投资,为我国人民经济上所受之压迫。其他贫穷原因,虽可总括之曰生产事业之不发达,而困难之症结,吾人所当认识者也。国内农民约占人口百分之七十,耕地虽有增加,而人口繁密之区域,迄未减少其生计之压迫。满蒙荒地多在政客官吏之手,其人利用其地位金钱,不劳而获,佃户从无改良或提高其生活之机会。外人游历其地者,常谓住民之生活,尚远不及江浙农民。近者人口已大增加,据较信之估计,一八九〇年(光绪十六),满洲人口六百万,一九〇〇年(光绪二十六),增至一千二百万,民国九年(一九二〇),约二千万,十九年(一九三〇),凡三千万人,其主因则为移民。十二至十五年,出关者年凡五十四万,十六至十八年,年逾一百万,其中虽有冬季复还家乡,而留居其地者数亦不少。论者谓为世界史中大规模移民之一,而移居其地者,不过求免死亡而已。内蒙古如热河、察哈尔、绥远等,或以雨量不足,或以土地硗瘠,地理家估计其将来容收移民,不足一千万人,其言或失之太甚,无论如何,长城以北气候严寒,非春三四月,则冰雪不化,一年收成只有一次,生产远不如长城以内之土地,固有限制。开发西北亦有困难,近者虽力宣传,而仍限于天时人事。其地雨量较少,河渠淤废,凶年饥馑,乃为常见之事,农民又受贪官虐政之害,遂多流离死亡。实业调查团中之农业专家自渭水流域及陕南回归,著者问其是否有荒地可垦?据称于其调查区域,并未发现,农民于陕南高山耕种,尚宜设法禁止,种植树木,另谋其生计。陕北盖有荒地,而土壤气候恶劣,非有大规模之建设,殆难耕种。甘肃邻近新疆,一部分土地近于沙漠,新疆地多沙漠,可耕之地,均不甚多,希望殆远过于事实。

边省可耕之荒地有限,徙民实不足以解决农民之生活,即使荒地甚多,而亦不能改善其生活也。其明显之事实,则出关之农民多为山东、河北之人,二省人口固无若何重要之减少;欧洲诸国开拓新殖民地,亦未减少本国之人口。其原因则移居他地者,多由于生活之不安,生计之困难,迁徙之后,一部分人民生计或较宽裕,对于所生之子女将有财力教养,死亡率当可降低,补足迁移户口,实无困难。内地有无荒地可耕,论者不一。盖各省情状不同,标准亦不一致,所可断言者,肥沃之地,除个别区域而外,绝无弃而不耕者。荒地或为沙土,或为山地,沿江一带芦田,及不甚高大之童山,均可并入。顾此亦不甚多,耕种非有资本,及大规模之经营,则劳力多而获利微。此类建设事业,宜归政府经营。其在生计压迫及人民耐苦之省,山东农民且于高山种植,名曰梯田。浙江南部农民有于高山种植山芋,自山下日担粪一担上山,借以维持生活。此种情状为世界任何国家所无,日本土地狭小,可耕之地约百分之十五,农民尚不至此。吾国面积四百二十八万方英里,姑置蒙古、新疆、西藏不计外,只有一百八十九万方英里,直当美国面积之半。美有广大平原,中国唯辽河流域,可与相较,而区域之小,远非其比。美国耕地约当地积三分之一,中国多山,耕地殆约五分之一。田亩估计,言者不同,吾人比较清季报告,及专家估计,殆不出十六万万亩。每方英里除属地外,平均约二百五十人,法则一百九十二人,德则三百五十二人,英国三岛则四百八十三人,比国六百八十八;顾其可耕之地,约面积三分之一,工业又极发达。中国人口繁密之区,山东每方英里六百十四人,浙江六百五十七人,江苏八百九十六人。外人赈灾委员会曾谓每方英里人口有达六千者,成都一带则逾二千人。凡此估计虽不必尽确,而人口过剩则为事实。就吾人见闻而言,吾乡一家有田十亩,即为殷实之户,佃户耕地亦多不出十亩。北方多种旱谷,一家耕地或较南方为多,收获反不如水稻量数之多。南方收获,就丰年而言,每亩稻则三四担,麦则六七斗。镇江、南京一带尚无如许之多,就吾乡农家而言,一年收入不过百数十元。

外国农民迥异于此,英美以工商业见称于世,而农民耕地之多,远非中国所及。就美国而言,据人口专家汤姆生报告,农民有田七十至一百英亩类多欠债,有田四百英亩则可维持其生活。生活费指除衣食住外,尚有教养子女购买书籍及娱乐之款,其起居饮食,不视都市之人为劣。每一英亩约田六亩,七十英亩有四百余亩,四百英亩则有二千余亩。每亩所得以四元计算,有田四百亩者,则一年收入,将近一千元,二千亩者,则约八千元。此种计算固不精确,目的则在说明中国农民穷困之根本原因,美国农制为粗放农业(Extensive Farming),中国为精细农业(Intensive Farming),其不同之要点,则美国所用之工少,中国之工多,生产量数中国每亩多于美国。收入方面美农所得多于中国十倍或数十倍焉。美制地未尽力,而农民生计,则颇宽裕,就农民幸福而言,宁取美制。中国人口众多,耕地太少,采用美制,决不可能,且就实况而论,中国除水田产稻多于美国而外,每亩产量视之为低。其原因则长城以内多种两季,而美多为一季,地无休息,滋养料易尽,农民又无财力购用适当肥料也。设使施用肥料,生产固有增加,终亦有限,要不能出酬报递减律(law of diminishing of return)之限制。于此现状之下,选择种子及改良农业之种种设计,固稍能增产量,决无改良或提高其生活程度之机会。其根本困难,则耕地少也。吾乡自太平军乱后,地旷人稀,一家有田数十亩,父死三子析居,各得十数亩,子各有子,亦以三人计算,则分产所得,不过数亩。亲友中之终年勤劳而仍不能维持粗衣蔬食之生活,欠债不堪者,职由此故。据吾人见闻,此实普遍现象,不限于一乡一地。其娶妻生子者,成年分居,又将若何维持生活?盖人口年有增加,而一乡耕地,终无若何增加也。

　　人口增加,而生产事业未有进步,为社会不安之根本原因,人口因无统计,专家估计谓在四万万五千万以上。外人估计则数较少,其人大多不明中国实况,而又不能利用史料,比较分析,结论出于猜想,殆无考虑讨论之价值。据吾人平日观察,乡村都市人口往往增多。都市户口增加,或由于工商业之发达,或避免匪患之结果,乡村则指无匪患者而言。其因零星土匪滋扰而他徙者,要为殷实之家,人数无几,人口故有增加,中国人口已逾四万万矣。据乔启明之统计报告,农民生产,平均每千人中四二·二,死亡则每千人中二七·九,两数相减,自然增加率每千人为一四·三,按百分计算,为一·四三。其所得数字,乃据金大农业经济系之调查,其工作限于财力区域,原不足为整个社会之代表。顾其他调查所得数且与之相差无几,故可作为讨论之根据。按百分计算,全国人口姑作四万万五千万,则每年增加之数将为六百四十万人,南京人口约七十万人,全国每年所生之子女,九倍于南京人口。其增加主因则为早婚。据英产科专家滕更(Duncan)经验之言,妇女大约十五至十九岁,平均产儿数为九·一二,二十至二十四岁,则为七·九三,二十五至二十九岁,则为六·三〇,三十至三十四岁则为四·六〇。其言与汤姆生之言大致相同。吾人之结论,则女子结婚年龄愈早,则生产率愈大。内地女子成婚年龄,多在十六七岁,其计岁方法,不同于法律之规定,倘按新法计算,则为十五六岁,无怪生产率之高也。更就男女比例而言,世界各国相差无几,而中国调查所得比例,男则一一四,女则一〇〇,甚者男则一二八,女则一〇〇。人口专家初至中国,以为调查多不足信,实则溺婴之风,清季尚盛,死者多为女子,父母哺养婴儿亦多忽视女子,社会上乃有畸形之状态,倘男女平衡,则生产率将高于任何国家矣。

人口已成中国现时严重之大问题,瞻望前途,更为危险。死亡率每千人为二七·九,现时世界各国以药学之进步,公共卫生之讲求,死亡率莫不降低。先进国每千人常在一四、一二之间,中国民间缺乏卫生知识,婴儿死亡尤多,卫生知识近以政府之重视,国际联盟之合作及教育之宣传,将来必有进步。死亡率减少一半,固在可能范围之内。夫然生产率维持原状,则人口增加将多一倍,后事虽不可知,推论或不切于将来,而于伦理观念改变之先实堪忧虑。尤当知者,近十年来,据吾人见闻与访问,溺婴之风视前大杀,穷苦之家,女子免于死亡者数必不少,虽曰民间重男轻女之观念依然存在,女子疾病教养不如男子之重视,较之先前固有进步,将来男女比例当能平衡,每千人中所生子女亦将增加,此意想中事也。现时社会不安,造成人浮于事,人力车夫、挑水夫等,虽为自食其力之贫民,然决不能认为适当之职业,或从事于生产之事业,将来城市或商业发达区域,将有电车、公共汽车及自来水等。南京人力车夫约二万人,合其家属计之,约十万人,赖之为生,将来创设电车,虽不必一一淘汰,大多数终必失业,如汽车减价竞争之际,车夫无以为生,出而请愿,市政府规定车资始已。此固不能持久,一部分终将淘汰。重庆市民饮料取自长江,挑水夫数千人恃以为生,建设自来水后有失业者。其他相类之事,不知凡几,究将何以解决其生活?实一严重问题。吾人所处之地位,一面接受西方之实用科学,力求改善生活状况,一面则当顾虑失业者之生活,此问题所以难于解决也。农业大规模采用机械,限于耕地,殆不可能。较小机器如抽水机,已见用于吾乡,无锡且用电力,将来增多,水车失其功用,农民当可减少。今日工业发达之国,农民占人口总数不足三分之一,我国农民终将不能维持百分之七十。工业发达亦有限制(其详见后),商业则商人资本短少,钱铺兑换铜元,米店大小同行,大同行批发,由小同行零卖,水果一业尤为复杂,要难视为商人,将来消费合作社发达,小贩商人将受淘汰,失业何以为生?综合各方面发展而言,中国人口问题将益严重,内则发展生产事业,殆无解决困难之希望,外则各国殖民地禁止或限制华工入境,二十一年海关报告,出国者少,返国者多,海外移民现无途径。

综合上论而言,中国人口为祸患贫穷痛苦之根本原因,解决方法,古有溺婴堕胎。溺死婴儿多为女子,男子仍未减少。堕胎多为私生子,于礼教发达之社会,数不甚多,均不足以解决困难。英主若秦始皇、汉武帝,或移民实边,或徙饥民垦荒,要亦常受限制。人口增加之后,遇有水旱饥馑之灾,弱者流亡失所,死于沟壑,强者流为匪盗,杀人抗官,死者无人掩埋,传染疫疾,乃于大杀疾疫之下,人口减少,问题暂告解决。及后人口增多,祸乱复起,此一治一乱之根本原因也。近者溺婴堕胎均不甚多,政治战争亦不同于古代之屠杀,皆不足解决人口问题。移民及农工业虽有限制,而今尚可努力,如荒山植树开设工场之类。主要而根本办法,唯有实行节制生育而已。汤姆生谓人类自有史以来四大发明,一曰火,二曰车轮,三曰水蒸汽机,四曰节制生育。前三者促进人类进化,人所共认。节制生育减少人类生活困难，社会上之不安与罪恶，政治上之祸患与战争，称为四大发明之一，实属信而有征。其占重要地位，将益为人所认识。吾人于讨论方法之先，尚有说明社会上对于人口问题错解之必要。普通见解，以人口增加为幸事，其理由可别为四：（一）根据历史上之事实，以为近代各国人口均有增加，我独维持原状，将有种族自杀之祸。实际上人类自有史以来，人口迄未增加若近代之速，此实非常时代，乃受新殖民地发现、实用科学进步、工业革命及农业改良之影响。而科学之进步，反而减少雇用之工人，此世界不景气造成之一要因。欧美先进国生产率多已大减，人口专家认为现由非常时代入于常轨矣。（二）基于父母心理，父母爱其子女，本于天性，社会上且以生子为防老。（三）本于政治立场，以为户口增加，则兵卒较多，战斗力强，人民且有纳税之义务，如梁惠王以人口加多为问，南北朝女子成年未婚，及寡妇尚未再嫁者，由官择配，近时日意诸国奖励生育，亦其明例。（四）本于宗教伦理观念，古谓不孝有三，无后为大。无子则无人祭祀，祖宗不得血食，宗教常以多一人丁，多一敬拜上帝之人，此天主教徒反对节制生育也。

上述之理由，一本于误解历史上之史迹。二则出于希望，顾据吾人平日观察之印象，生子往往不能防老，反而气死父母，其子生活困难，自顾不暇，赡养父母，乃生恨心，伦理观念固不敌经济势力也。三则政府视人民为战斗纳税之工具，纳税今以担负能力为标准，人口多寡无关重要，战斗则孤注一掷，危险殊甚，要非国民之福。四则偏重神鬼，现时生活无法解决，何能增加痛苦，求媚于虚渺之鬼神也？吾人现时讨论人口态度，必须本于一国经济社会状况，考察其财富及工商业发展之机会与希望，顾及多数人民之幸福，及现时职业问题也。盖一国财富之增加，视其生产之进步，一般人士所得工资超过于消费，人民始有储蓄，生计方能宽裕也。吾人讨论人口必以此为立场。吾国农民业已过剩，而工商业又不发达，一般人民生活之困苦，已如上述，其无职业者不知凡几。欧美诸国之不安，多由于失业问题，而吾国人民自成年以来，有从无职业者，问题之严重实远过之,不过吾国人民,多未得受教育,安于命运,自怨自恨早死而已。江苏为富庶之区域,本于吾人见闻,一遇荒年,一家五口无米为炊,以粥充饥,或吃番瓜,或吃矿泥(俗称观音粉),一月生活费,全家不过数元,甚者全家饿死。著者久在南京,每于冬季,见十数岁儿童及成人妇女拾取路旁未烧尽之煤渣,或作燃料,或售于小饭店,多则得有百数十文,借以糊口。小贩卖售葵花瓜子,日得一二百文,买玉蜀黍粉作粥,日食两次,雨雪则终日卧于床上。又见随园废址附近小桥,桥上为路,桥下无水,贫民有居住桥下者。本年春,武汉气候寒冷,据报记载,一日间冻死七人。四川一元,作铜元二十五千,雇一雇工月给五千,值洋二角。铁路部顾问贝克(Baker)曾于金大农业经济系讲演,谓于青岛,见一儿童视之若八九岁,问其年龄,答称十四岁,进而问其饮食,知其每至新年,始得一食豆腐。饮食滋养料不足,故身体发育迟钝也。此类故事,举不胜举,决非社会上偶尔之例,民众生活,言者谓为马牛生活,洵非过语,甚者不如马牛。水旱大灾之际,情状尤苦,就近事而论,陕西旱灾,言者谓迄民国二十年死亡三百万人,此数不无疑问。死亡之多,青年妇女贩卖之众,固为事实。斯年夏,长江大水,沿岸田禾淹没,屋舍尽在水中,灾民住于埝堤之上,一无所有,风雨无地躲避,乃恃少数赈款,得免饿死,罹此灾者约五千万人。淮水一带,灾民食尽树果,死亡甚众,黄河为害,灾情亦重。

于此现状之下,政府先未预防,有失职守,固为事实,而人口过剩,马尔萨斯《人口论》所述之悲惨解决方法,已实现于吾国,人民死于内乱、匪患、贫穷、饥馑、疾疫等,均其明证。马尔萨斯观察敏锐,理论含有至理。美国人士初以本国有无限制之发展,人民不患激增,不信其说,甚者不读其书,或误解其理论,而即妄肆批评。近者美人知其错误,改变态度,认识人口论之价值矣。吾国人士读马尔萨斯原著者更少,受美影响,对于书中理论,亦未清楚,人口增加计算方法,为自然增加率之自乘,固无错误,仍为学者采用也。其为马尔萨斯所不知者,则节制生育方法之发明也。欧洲荷兰诸国用之最早,美国法律禁止研究,山额夫人感受未有适当办法,亲往荷兰调查,得知方法。近者节制生育之知识,业已普遍,法律徒为具文,商人视为有利可图,制造器具,并于报纸上宣传,不过避用节制生育之名而已。英、法、德人亦皆实行,生产率视前大减,人口将无若何重要之增加。其于我国实行之困难,一则愚民深受传统礼教之影响,一则贫穷无力购买橡皮套或其他药品,伦理观念易于更改,贫穷则无办法。欧美人士曾谋得一办法,为东方人民节制生育之用,吾人尚不知其结果,希望其能成功,更望政府知其重要,而力予以赞助,或设工厂制造橡皮套,或其他药品。彼反对者,将谓贫民需要最急,而实行最迟,中级社会家庭宜多儿童,而将首先实行。按之实际,贫民之愚蠢,由于未受教育,其人非不堪造就,特无机会耳。教育遗传之说,科学家多不之信,彼英美政治家出自贫苦之家者甚多,我国历史上例不胜举,吾人苟认节制生育为国内之重大事业,则当宣传实行,决无自尊自贵,待他人先行之理。对于民众,唯当晓谕利害,授以方法,进行缓急,将视宣传力量,彼反对者必须明了吾人之立场。中国一切社会问题,多由于人口之增加,超过于生产事业之发达,民众日度马牛生活,穷苦不堪。吾人苟安于今日现象,固可不论,苟欲改革,非知困难之症结,则一切计划皆不切于实际。改革之目的,以改善人民生活为最要,倘人口继续增加,则所有计划,将归诸影泡,或功效微末。著者认此关系重要,不惜反复言之,多占篇幅,尚望读者谅之。

  人口问题,虽国人现即实行节制生育,亦无一旦解决之理,吾人不能坐而待至数十年后,今日生活困难,除人口压迫而外,其他造成之原因,有无解决之途径? 亦吾人所当讨论者也。农民占人口多数,当先论之。其耕地狭小,赋税奇重,已如上言。其人除宗祠而外,别无类似自治组织或商业团体之结合,出售农产物品,乃处于不利之地位。据汤尼(Tawney)所著之《中国之土地与劳工》(Land and Labor in China)称安徽茶叶每石一元五角,运到上海价达十四元。米于秋收每石十元,明年春涨,至二十五元。河南货物运至上海,辗转经手至三十次之多。书中所举各例,皆就极端而言,书成于二三年前,所言事实有异于今日者,米价昂贵,则其明例,而商人囤户剥削生产者之利益,仍为事实。其困难则农民欠债,迫而出此也。据吾人见闻,农家欠债者,十占八九,月利常在四五分,富而不仁者放麦青稻青博取厚利。贩运商人资本不多,商人向钱店或银行借款,利息常为百分之二〇,政府公布法令,最高利息不得超过百分之二〇,而民间利息远过于规定数目。近数年来,商人信用不如先前,其人多不诚实,利用破产法而私藏其一部分财产,人无奈何,向法院控告,则出现告欠,稽延时日,终无若何效果。吾乡有欠房租三年者,控之法院,亦不过房主出款,津贴房客迁让。外商言及法院,多称不能保护其利益,此虽极端之例,而影响则金钱借出者,无法收回,乃再不愿出借。商人流转不灵,农民更无法借贷,田中出产之余谷又无法出售,乡村几无货币,说者谓之钱荒,已成中国乡镇恶劣现象之一。改善农民生活,政府当设银行,农民可得利息较低之借款,又当指导其组织合作社,直接出卖余谷,不受商人重利之剥削。更宜改善交通,维持乡村治安,教育注重传播农业知识,促进其改良,他如疏浚河溪,兴筑塘闸,建筑埂岸,山植树木,减收田税,改善佃户待遇,亦当尽力为之。

旧时家庭工业摧残殆尽,外人自《马关条约》而后,得设工厂于通商口岸,欧战期内,国人创设纱厂颇形发达,战后外人挟其雄厚之资本,优胜之技术,严密之管理方法,处于胜利地位。其工厂多在租界,不受华官之干涉与监督,自关税自主以来,外人以税率提高,外货进口,将纳重税,不能与在中国工厂制造之货物竞争,乃于通商口岸添设工厂,盖条约允许外厂制造之货物,所纳之税,同于华商制造之物品也。中国实业发达,遂受严重阻碍。近时工厂以日英为多,工人工价之低,工作时间之长,童工之多,生活情状之恶劣,工业革命时代之惨状复现于中国,而政府无如之何,实领事裁判权之为祟也。工厂多在上海、汉口、天津等埠,工人约数十万人。其他困难,则为交通不便,运输费昂,政治未入常轨,法律不能予以保护,商人纳税甚重,且国内生产事业尚未发达,资本缺少也。于此情状之下,吾人希望以政府力量经营工业而已,方法或为奖励救济,或官商合办,或收归国家经营,或另设工厂,当视各地之情状与需要而定,外商创设之工厂将不能与之竞争。此就积极而言。消极方面,则当努力取消领事裁判权,检查工厂设备,是否合于工厂法之规定,此固不限于外厂,中国工厂亦当实行也。积极政策,俄国行之已著实效。其在我国之困难,则官气太重,兼办营业,将以官署视之,代价太大,结果仍与希望相反。尤当知者,吾人所言之提倡实业,乃指供给本国需要而言,非欲于海外争夺市场也。盖工业发达之因素,首推煤铁火油水力。我国煤较丰富,而产额与美国相较尚远不及,其出产区域多距工商发达之大城辽远,近于海者多在外人之手。据汤尼报告,外人经营煤矿之产量,占百分之五六。铁据可信之估计,产额甚少,照美国人民用铁之量数计算,只能供给数年。现时国人所用钢铁,据汤尼计算,每人平均则占英国百分之一,美国一百八十分之一,将来用铁虽将增加,然可节省。其将感受困难者,现时铁矿百分之九十,落于日人之手也。石油据可信报告,产额不甚丰富,采取无利可得,日人于东北试验,或有相当成绩,而国内企业尚无可言。水力视美国、印度为低,迄今尚未利用。方今列强竞争市场,中国实业果能发达,决无重要之市场,盖今形势迥异于数十年前,各国工业多有进步,往往足以自给,列强之殖民地,决不愿外货入内竞争,充类至尽而言,中国跃为世界工业国,殆不可能,以之解决过剩人口问题,亦无若何之希望。吾人目标,唯在减杀外人利用我国弱点投资之经济势力,保护国人之生计,发展本国之实业;进行若何,将视政府之努力,及人民之合作。

商业则出入口贸易,多操于外人之手,世界各国殆少若此之例,即或有之,比例决无中国之多。中国不能向外国直接订货,或直接运出土货,一则初不明了外国商业情状,市场需要,商人缺乏组织,资本太少。一则外人挟其条约上之权利,来至中国,处于有利之地位也,商店转贩于外商设立之洋行,物价因之提高,外人初不明了中国商情,雇用买办,由其出面与商店接洽,近者外商渐多,直接营业,买办之权力减削,而国际贸易情状,一如往日,入超视前更形激增。就人口而言,中国约占世界总数四分之一，而国际贸易仅占百分之二，吾人所处之地位，深愿生产事业发达，民间购买力大有增加，畸形贸易之发展并能矫正也。统制入口贸易，或禁货币流出，当能补救，苏俄经营国际贸易，德禁汇款出国，均有相当成效。中国国际情形及内政状况，虽与之不同，然可以供吾人参考，决不能听其消长，而益增加民间之不便。国内商业，近受内患灾荒，及农村破产之影响，颇为不振。厘金虽已裁撤，而类似厘卡之常关，尚有存在者，内地之苛捐杂税，更无论矣。商人资本短少，视利太厚，而又不顾信用，借款乃极困难。金融滞呆，益无发展之机会。将来消费合作社次第成立，则类近小贩之商店，将益难于维持，一般小商之生计，若何解决？实一严重问题。

国内经济情状之恶劣，及其造成之原因，上已论及，交通不便，亦深与之有关。铁路为交通重要事业，大部分筑于清季，近时铁路长凡一万英里，其中四千七百余英里为政府经营，三千七百余英里为外国所筑，日人现筑者除外，余归商人营业。就分配而言，东三省铁路逾全国总数三分之一。其他边省，政府未筑一路，今往新疆或云南者，反绕道外国。铁路票价昂贵，三等乘客，购票常无座位，拥挤站立，路局未曾临时设法。售票者于四等旅客利用兑换大洋铜子，多所取利，犹忆数年前，非车将至，不肯售票，因而拥挤不堪，旅客迫而多出代价，由搬夫买票，火车迟到犹其余事。此吾人于京沪路上亲身经历之事，近则已有改革，如提早卖票，则其明例，其待改革者尚多。公路建筑近颇努力，十八年长共三万四千八百余英里，而泥路占百分之九十。汤尼曾称中国每年筑路一万英里，一百八十年后，始与英国三岛现时里数相等，其人口则占中国十分之一，面积则四十分之一。省政府之积极进行者，首推浙江、湖南、江西，顾人民贫穷，汽车运输货物，价格太高，而路不经常修理，即不便于行车，征工或收附加税筑路，非善经营则往往病扰人民，不如多筑铁路也。轮船则外船之势力强盛，国家经营之招商局远非其敌，而又污秽喧哗，茶房毫无礼貌，常见旅客向人发誓再不乘坐招商船，非亟整顿，殆难与外船竞争，虽富于爱国心者，亦不愿乘坐也。各船茶房均无工价，强索酒资，亦当改良。邮电种类近有增加，无线电报、飞机递信，皆其明例。电报向来取费昂贵，近以竞争，营业不振，始行减低报费。邮政信资，就人民生活程度而言，可称昂极，而遗失信件习为常事。金大农场曾列举未收到之信件数十报告，本年著者函致北平、天津之信，竟未收到，报告湖北管理局，则称无从查办。无从查办，尽人所知，其责任则当设法整顿，免再发生同样之事。至于职员之傲慢无礼，尤当严格惩戒，决不能稍存袒护，诿称查无实据，置而不问也。

上言之事实，倾向于改善一般人民之生活，教育为改善生活有效方法之一，其现状及当改革者，亦吾人所当知也。国人未受教育者，现无可信之调查与统计，一般人之估计，认为约占百分之八十，据吾人平日之观察，学校外尚有私塾，吾乡二三十家之乡村，多有私塾一所，镇中三四百家有一小学，七八私塾，儿童受教育者十之八九。专家估计往往忽视私塾。入学儿童视十数年前大有增加。据教育部供给国联教育调查团之小学报告，列表于下。

年度	学生
四—五年	四一二二八七八
十一—十二年	六六〇一八〇二
十八—十九年	八八三九四三四

关于中学，据调查团之记载，民国十八年，中学一千五十六所，学生十九万一千六百六十四人；二十年，中学二千六十六所，学生三十万七千九百零六人，及将离中国，又得教育部送来之报告，改称中学一万三千五百九十六所，学生七十八万三千一百四十人。前后数目相去甚远，岂未立案之私立中学一并计算，抑各省报告方始收齐耶？大学据二十三年教育部统计，全国四十一校，独立学院三十八校，专科学校三十一校，全国专科以上学校共一百一十校，未立案之三十五校，尚未计入。合国立、省立、私立（已立案者）大学经费，共二千四百四十八万元有奇，大学生共二万九千零

九十六人。就上数目而言,小学、中学之数太少,大学经费二千余万,而学生不足三万人,固畸形之发展也。据调查团之计算,初级小学经费,平均每生自三元五角至四元,高等小学十七元,中学六十元,师范及职业学校一百二十元,大学自六百元至八百元。据此小学生与大学生经费之比例,为一与二百之比,宜调查团于报告书称为惊骇也!其在欧洲,则一与八或一与十之比耳,其相去悬远之主因,则待遇不同也。小学教员月薪多为三四十元,乡村则二三十元,初级中学自八十元至一百二十元,高级中学自一百五十元至二百元,教授自三百元至四百元。此据调查团之报告,盖就大体而言者也。省立中学教员薪给多按教授时间计算,至二百元者数实无几,多数则在百数十元之间,内省如山西尚不易得。私立中学超出百元者,更不易得。教授待遇,私立大学至三百元者,数实不多,就国立、省立而言,则为事实。调查团之根据,多为教育部供给之材料,据上所列之数目计算,乡村小学教员待遇与国立大学教习相较,为一与二十之比,其在欧洲,则一与三或一与四之比。

据上报告,小学教员待遇最苦,同有父母妻子及生活费用,何相去若是之悬殊?有名无实,或无需要之大学与专科,不如停办,而以其经费移作小学之用,改良教师待遇,充实设备。所不可解者,各省教育经费困难万分,而仍有办理教育学院或招考留学生者。教育学院之毕业生,不必优于出自大学教育系者,见闻且较狭隘。凡任中学教员,于其担任之学程,当有充分之预备与认识,决非仅知所谓教授法者,所能胜任,此乃受美不良之影响,而徒造成学阀,出路困难,固不之问,岂果如时人所言,"有饭大家吃",借以安插当局者之亲友耶?留学生在外,年需三四千元,回国后幸而谋得一职,不过提高个人之地位耳。今之出国留学者,多为学生,其人于大学毕业,对于任何学科均无深切之研究,在外数年,所得要亦有限,远不如日本资送服务年久及有成绩之教员出国,于外国学者指导之下,较有所得,且易提高本国之学术也。据汤尼记载,十九年留学生共五千三十二人,得教育部准可者凡一千四百八十四人,一年所费二千万元,几当全国大学经费,非浪费耶？政府当立大计,有所改革,决不宜好高骛远,以为多派留学生,国内即有人才也。实际上殊不尽然。就教育人才之学校而言,大学教授之专心研究,于学术上之有贡献者,殊不多见。次者对于研究学术,尚有兴趣,多读书籍,明悉所习范围内之新发展与进步者,亦不甚多。下者则据昔日听讲时之笔记,作为讲演底稿,或用简单教本,或印百数十张之讲义,上课诵读,或略说明,敷衍一二小时,即为了事,对于学生成绩,自不敢认真稽核,学生考入学校之后,居住数年,无患不及格者。吾人于南京常闻语曰："教员教员,只要洋钱,学生学生,只要学分。"学校成此现状,抑何可哀！中学、小学教员亦多不能尽职,俗所谓敷衍鬼混也,尤以中学为甚。其人对于教读,原无多大兴趣,所习范围内之新书,多不曾读,俗谓担任教职数年变为古董,殆非虚语,乃植党把持,自成统系,凡于其地位或利益冲突有害者,将不择手段,起而反抗,改良计划往往阻挠,学生之参加者,供其利用而已。

于今现状之下,改善中国教育须从根本着手,凡欲为中学、小学教员或现担任教职者,须一律经过公开考试,凡成绩优良者始得充任,薪俸既当提高,又不得轻易免职,庶可安心教读,努力向上,恶劣分子无所施其伎俩,学生不堪造就者,立即开除,恃众滋事,宁学校解散,亦不可屈服,则将入于常轨。今日吾人认为痛心之事,无过为校中之优秀分子,一无党援,卒业之后,常无职业。彼奔走不读之学生,反居高位,人存幸心,视读书与否无关得失,青年有志之士往往灰心颓唐也。此足以矫正痼病；倘或不求其本,而日言整顿学风,吾人实不知其途径,充类至尽而言,学生不过于桎梏之下毫无生气耳。会考更不足以判断学校之优劣,据吾人所知,出题者多为专家。或所谓知名之士,不知中学生之程度,及所用之课本,所问非所学,决不能据以评论学生之优劣。曾闻秉志不受聘任,拒绝出题,实有所见；各地情形不同,更无所谓标准矣。此就改善中学而论,大学教授则难一时求得适当人选,唯望重视研究学术之人才,而予以发展之机会。平心而言,今日大学视二十年前,固有进步。其他当亟改革者,首为多收学生。据国联教育调查团报告,小学教员教授之学生,每人平均二〇·三人,其在欧洲,人数多至两三倍,中国当即仿行,所可异者,入学儿童多交学费,并须经过考试,贫家子弟入学之机会遂少。著者常在南京见闻父母为其子女入学出而奔走请托者,不知凡几。论者谓政府以教育普及为号召,而事实上则不令儿童入学,诚奇异矛盾之现象也。中学、大学亦可多收学生,中学无待赘论,大学入学试验尤严,人数平均每班不出一二十人,其在先进国往往至数百人之多,就质而言,程度亦远不及外国,适当之办法莫过于考试较宽,入学后功课较严,凡至二门以上不及格者,均在淘汰之列。关于课程可议者多,中等学校太重外国语言,则其明证。余无于此讨论之必要。

其与教育处于同等地位者,当为卫生知识。现代医学进步,功用可别为二,一则医治疾病,一则预防疾病。治疾为专门职业,非吾人所能讨论,预防知识则当普遍,其重要或过于治病。盖人生幸福无过于健康,医治于痛苦之时,远不如维持其健康,仍得服务社会,免去个人经济损失,犹其余事。近世疾病虽曰未必一一可以预防,凡可预防者,则当全力为之。成功将视地方政府之努力,及民众之知识。牛痘、白喉、霍乱等可用医药预防,政府宜多设医院诊所,免费或取低廉药费,奖民种痘注射。民众苟有卫生知识,可预防疟疾、花柳病等。疟疾由蚊传染,吾人所知,乡村尚不明了,倘能普遍,除去污秽积水,并用蚊帐,则病将减少,得者即行医治,亦易痊愈;花柳病现为都市中严重问题之一,渐已传至乡间,苟不设法,影响有不堪言者。娼妓为传染之媒介,而产生存在则由于环境与需要,空言禁止,为害反烈,远不如视为社会问题,而严加管理,并授以洗涤及预防知识也。此非男女地位或道德问题,论者必须平心考察人性与事实,听其传染,无罪者亦将染得,社会上之损失何如耶?著者曾于《中国评论周报》读伍连德论防花柳病传染方法,惜其未用中文写成,若读者较多,渐而便成为普通知识也。上论之事实,不过偶尔之例,其在先进国多已解决,此其死亡率降低之一原因。论者常谓一国之发达与文化,将于死亡率见之。其言虽偏重物质生活,固一良好之标准,深愿政府人民之努力,而死亡率降低也。

上论国内之问题,偏重于指示建设之途径,要为一种意见,政治上、社会上、经济上、教育上之待改革者至为繁杂,此非讨论计划之书。著者之目的,则在根据可信之材料,略叙国内之情状,严重之问题,一般人士所当深切认识者也。中国现状之恶劣,吾人虽不能武断其为从古所未有,要亦为历史上黑暗时代之一。解决方法,旧为屠杀流离死亡,吾人今日决不愿其复演于国内,所当明言者,苟无新式军火,屠杀之区域规模,将必视今为广大,徒赖军队维持不安之情状,终非持久之办法。建设之途径,唯有发展生产事业,改善一般人民之生活,政府固当于此努力,吾人亦当各尽责任,如节制生育之宣传与实行,则其明例。综之,中国不安之情状,非一人一事所造成,由来已久。政治家之责任,则在恶劣情状之下有所建设,不必以恶劣情状为讳,环境困难,愈见英杰之事业,愿国人努力而已!

第十九篇　史　料　评　论

新史料之印行——政书——碑传——文集——信件——日记——年谱——时人记载——其他——研究之途径

近代科学发达,轮船火车促进世界交通,中国迫而订约通商,电报、电话、无线电、飞机相继传入,中外交通益便。外人来华者,一为商人,一为教士,一为旅行家。商人唯利是视,重视商业之发展。教士分居各地,熟悉中国情状,年有报告于本国总会。旅行家或为学者、专家、学生,或为官吏、商人,为时太短,难有正确之观念。商人、旅行家对于史料,殆无贡献可言。教士报告,凡遣其来华之教会当有一份,其集中地则在罗马、纽约。盖耶稣教在中国活动者,可别为二:一曰天主教,神父受罗马教皇管辖;一曰基督教,教士以美国为最多,纽约则总会所在地也。列强为保护商业人民及办理交涉事宜,于中国设置公使领事,其交涉事件,及中国状况,均有详细报告传递本国。列强对华各有政策,外交家之演说,国会中之辩论,颇足以供参考。外人在华更经营通信社,发行报纸杂志,信息灵通,如九一八事变发生,夜间,路透社访员电报伦敦,总社电嘱驻京访员详问始末。黎明,访员至官署访问,而官署未接报告,尚不之知。此虽偶尔之事,固可见其组织严密,消息迅速。凡此种种,不过证明国际关系之密切,中国事变常能影响列强之外交政策；列强侵略亦能影响我国内政。吾人非知列强政治制度，实业发达，战斗实力，则难明了侵略之背景，交涉经过。使臣之有详细报告，更无待赘言。要而言之，吾人研究近代中国史，须打通中西之隔膜，材料当博取考证，不可限于本国记录也。

外国方面史料，偏重外交。中国对于外交初守秘密，鸦片战后之条约，刊印于外人报纸，国人方始知之。《北京条约》成立之后，使馆设于北京，总署大臣及疆吏关于外交之奏疏，常为外人访知，甚者见于报纸。太后查问，堂司乃相戒严防。中俄帕米尔交涉案起，吴汝纶深有所感，欲刊中国界图与条约，而以公文难得，函商于李鸿章。李氏复称事非总署诸公所敢为，且曰："洋务之兴垂六十年，以传播为讳，条约等于律令，当使吏民周知。图籍则关兵机，既虑生事，尤虑台言。"其主张则图籍应藏于中秘也。是故交涉之经过，困难之情状，应付之策略，无从知之。文见于名人全集者，多不完全。清亡后，仍多忌讳，外交部刊印之条约，如道光条约、咸丰条约、同治条约、光绪条约、宣统条约等，函上印有红字，称供官署之用，须守严密。实则书于条约而外，选印一二奏疏，并无何等重要，乃竟无从购得，讲授近代史或外交史之教员，且有未得一见者。北伐完成，故宫博物院影印《道光朝筹办夷务始末》、《咸丰朝筹办夷务始末》、《同治朝筹办夷务始末》，于是三朝外交上重要之史料始行公布，真相大明。故宫博物院选印之史料如《史料旬刊》、《文献丛编》、《掌故丛编》，清代外交史料有嘉庆、道光两朝，清光绪朝中日交涉史料、中法交涉史料、清宣统朝中日交涉史料等。以上史料卷帙浩繁，可信之价值毫无可疑，其中以《三朝筹办夷务始末》选择较精，中多重要密谕公文。凡前人根据传说所叙之史迹，将不攻自破，凡未读此类书者，将不能编著近世史矣。本书叙述三朝外交，多据此书，选印之外交史料，错字甚多，无足轻重者，若赐赏宝星，竟将人名一一列入，多占篇幅，其他相类之文尚多。关系重要者反不列入，如日本要求福建不得割让他国，为其势力范围，总署许而从之，往来照会，竟未见于中日交涉史料。六十年来中国与日本虽有双方照会，而文有脱漏，意不可解，乃于《中日条约全辑》检得原文，问题始得解决。又如义和团之乱，上谕宣战，和议之际，太后称为矫诏，下令销毁，谕文见于各书，文句多不相同。吾人现无邸钞官书校正，宫中当有原谕疑亦遗漏。无论如何，印行之史料，新知识尚不甚少，尤以一九〇〇（光绪二十六）年之公文为有价值。惜非专家选辑，年月日不免错误也。

私人选辑之史料，以蒋廷黻之《近代中国外交史资料辑要》为重要，书由《中国外交史料选录》改进而成，内容以新材料之公布，与前书颇有异同。上册起自道光迄于同治，为时逾五十年（一八二一——一八七四），全书所录之文件，均为原料，录自官书档案，注明年月日。书中外国人名地名，注明原名。月日与说明虽不免于疏忽，固大学生参考书中重要之书。《清季外交史料》，初以光绪朝为中心，后则兼及宣统朝，辑者选录之史料，未曾说明出处，年月日又多错误，甚者故意删改名称，如"伯理玺天德"，改为总统之类。又如义和团之乱，书录袁昶三疏，文盖后人附会而作，不足凭信。选者究于出处得之，倘有说明，则真伪即可分明。书中新材料，据蒋廷黻之估计，约占全书百分之六十，研究外交史者必备之书也。《六十年来中国与日本》现已出至七册，可议之点虽不能免，然颇便于读者，四、六两卷，搜得之新史料甚多，将为重要参考书之一，固无疑问。此外中华印行之《中国近百年史资料》，辑者不知选辑方法，杂然抄入原料次料，殆不足观。商务印行马克莱尔（MacNair）所选之英文《中国近代历史文选》，全据英美史料书籍，用功颇勤，惜编者限于语言文字，不能选录中国方面史料，缺点甚多也。

上就外交史料而言，内政则刊印之书，汗牛充栋，读不胜读，官书如《九朝东华录》、《光绪朝东华续录》，谕旨奏疏之未列入者，尚不知凡几。宣统嗣位之初，旧档无地可容，大臣奏请焚之，幸赖罗振玉之力得而保全，设立历史博物馆。民国初年博物馆经费无着，出售档案四分之三，凡七千麻袋，十五万斤，后为罗氏所知，转出重价购之于商人，选印清初重要档案，名曰《史料丛刊初编》，据其序称，余则存于津沽。近者辗转为历史语言研究所所得,幸散失者尚少。馆中剩余档案亦有散失。故宫重要史料尚多,故宫博物院刊印之《文献丛编》等书,均史料也。《东华录》编辑之方法,按年月日选录上谕或节录朝臣疆吏奏疏,事之原委从无说明,杂然并列,读者殊难辨别轻重,所谓断烂朝报,兼为流水账目,仅供专家参看而已。其他相类之书,《九朝圣谕》,则录清帝谕旨,《朱批谕旨》,凡雍正笔批之奏疏亦多载入。邸报兼录上谕奏疏,亦称邸钞,一名京报,由来已久,凡发抄者,始得列入,时无报章,疆吏颇重视之。光绪以前之邸报,吾人未曾一见,其存在者盖已不多。《谕折汇存》所录者,同于邸报,尽为光绪朝之上谕奏折,印行者种类不同,名称亦有改易,而卷帙至为浩繁。《光绪政要》性质亦与之同,不过稍有选择耳。清季改邸报为政府公报,著者于南方访求,从未一见。又如《钦定剿平粤匪方略》、《剿平捻匪方略》,则亦卷册浩繁,为大臣奉命编印之书。其编辑方法,则按年月日抄录皇帝上谕,朝臣疆吏奏疏,重要者往往列入。方略之种类繁多,如平定回疆苗乱等,殆无分言之必要。

  记载政治制度,书籍种类亦极繁多,《皇朝文献通考》大臣奉命编修,大体上规模仿自《文献通考》,终于乾隆,分言田赋兵制等,材料或自书籍抄入,或录报告,要多偏于琐屑,如账簿式之记录,其运用及实际情形,反或不易明知,此通考之通弊也。就史料而言,内容颇为丰富,大臣编修皇朝通志、通典、通考,亦仿通志、通典等而成。《皇清续文献通考》,原为私人编辑之书,继续通考迄于光绪。编者以环境之变迁,曾添入一二门,其搜集材料,用力虽勤,而内容并不甚丰富,限于地位、环境、材料、时间,无可奈何者也。《大清会典》专言政治制度,数十年命臣编修一次,盖历时久,法令制度不无稍改,官吏人民将无所遵循,其用途殆近于政治手册。吾人则可据以叙述政治变迁之迹。《六部则例》卷帙亦颇繁多,他如宫中则例、台规学政等,各有专书,奉旨编修者也。赋税,各省各县编有《赋役全书》,详载各县赋额,原为便利人民,而民间颇不易得,知之者亦不甚多。盐法则有盐法志,种类亦多。关于大臣事业,朝廷设有国史馆,为之立传。

其官位较低而有武功或治绩者,学者主讲书院而著作丰富者,疆吏往往为之奏请,交国史馆立传。凡国史馆立传者,以为传之不朽,亲友子孙,视为莫大之荣誉。其材料几全据奏议,大臣疆吏多有奏疏故也。其不能言事者,亦由朝臣或疆吏奏报其平生功业,史官不过节删奏议,将其前后连接而已,引用之语多非原文,反或引起误会。就史学条件而论,去信实尚远,遑论其他。读者或爱其修琢之文字,吾人认为除便于检查而外,别无若何之重要与价值。《清史稿》仍仿旧例,以志传表为多,读之感觉琐屑不相联络,决不能明了一时期各方面之发展、整个民族之生活情状及其贡献。其材料全据官书档案,不问其实行之程度,犹其余事。书为禁书之一,论者多未之见,视为重要史籍,远不如听其发行,而纠正其纰缪也。

私人著作,类似国史馆立传者,种类至为繁多。李元度之《国朝先正事略》,钱仪吉之《碑传》,李桓之《国朝耆献类征》及《两江采访忠义传录》,朱孔彰之《咸丰以来功臣别传》(《渐学庐丛书》)等,皆其明例。其材料或据行状,或据事略,或据墓志铭,或据神道碑,或据谱牒,或据传说访闻,要皆篇幅甚短,读之往往不能见古人之个性思想,及社会经济情状,要偏于谀赞之辞。盖为子孙者必欲颂扬其父祖,扬善讳恶,自不能免,为之立传者,或为其亲友故人,或受人馈遗金钱,乃为谀墓之辞。其精力徒耗于文体之结构,辞句之修琢,所谓文匠之文,故难认为可信之史料,仅足以供检查而已。行状墓志铭、家传之种类,不可胜计,其性质与价值已论之于上,而文分散,或见于作者文集,或载于死者家谱,其遗失者更多。谱牒足为研究人口及优生者之资料,然其所载之传,殊难尽信,曾见修谱之宗族,生人亦载入其传,谀扬之辞过于事实,此为传难认为史料之一新证。其介于国史碑传之间,尚有省志、府志、县志。其编修无一定时间,常视地方之财力、官绅之赞助。其编修者多为地方知名之士,其材料或录自他书,或据传说见闻,文字颇为简陋,内容多不充实。读后常不能知各时代人民之情状,地方事业之兴废等。但其所纪亦有助于考证史迹之真伪,明了事变之真相,如江南大营第二次溃散,太平军进至上海附近,镇江以冯子材之固守，独未陷失，而普通书籍竟谓其失守。《镇江府志》将更正此说。又如广西《浔州府志》叙述洪秀全起兵，亦足以助吾人明了其战胜之原因。

名人奏议全集或文集，亦为重要史料之一。清代大臣、御史、翰林院学士，及外省督抚均能上奏皇帝，各院或部上奏，大臣例须列名，如军机处上奏，军机大臣虽在假中，名亦列入，盖表示意见一致，共同负责也。御史学士奏疏偏于指摘，其他朝臣除诏求直言之时，实少言事或有建议之机会。外官如布政使学政虽得上奏，而言事者亦少。故奏议以总督巡抚发出者为最多。清季女主专政，军国大事常谕疆吏复议，曾国藩、左宗棠、李鸿章等之奏疏，颇关重要。其内容或为谢恩之折，或报告军情，或论吏治，或言军队，或述灾情，或奏复事件，或参劾属员，性质不一，中多例行公事，无须印行者，而子孙视之为荣，杂然选入。其较重要者，反无只字，如曾国藩对于外交上之主张，及奏复之事件，多未列入。其列入者，或为一二无关得失之文件，则其明证。其奏报军情战绩，更多夸张粉饰之辞。论及外交或知识浅陋，或故作大言，而调度计划，等于儿戏。据著者平日读书之印象，名人全集奏议所占之篇幅最多，而价值则其最少。单印奏稿者数亦甚多，仍不免于欺罔失实之弊。奏疏刊印于世者，卷帙浩繁，将有读不胜读之叹。吾人研究历史者，固当一读，辨别其轻重，考证事迹之真伪，方有可读之信史，绝不宜先存成见，而忽视其中重要部分也。吾人习见者甚多，上述诸人固有全集行世，林则徐、李星沅、裕谦、倭仁、陆建瀛、彭蕴章、胡林翼、曾国荃、曾纪泽、李瀚章、彭玉麟、郭嵩焘、刘坤一、沈葆桢、刘长佑、丁宝桢、岑毓英、张之洞、张佩纶、刘铭传、刘蓉、周馥等亦有遗集奏稿或政书行世。其名不常见于书中，殆无列举之必要。其为吾人所未见者，更不知凡几。顾自电报通行以来，紧急重要消息，均由电报传达，而奏疏益失重要性。所可异者，刘坤一、端方等奏稿，或鲜列入电奏，或竟无电稿。其中固有因电稿散失，而势无奈何，亦有囿于旧例者。遗集比较完备，当推《李文忠公（李鸿章）全集》、《张文襄公（张之洞）全集》。二集为吾人常见常用之书,无庸赘言。

全集除奏疏电稿而外,尚有谕示、公牍、诗文等。其中当以信件为最可信之史料,信件或致同僚,或答亲友,或与家人。其叙述之问题,或报告之实状,非若奏疏之粉饰冒功,或妄发议论,往往说明事变之真相,困难之症结,解决之经过,事后之感想,惜印行全集之时,子孙多所顾忌,不敢公布于世,如郭仑焘之子刊印父书,则称删去有关忌讳之文。一部分当或散失,深可痛惜者也。其偶尔印行者,据吾人所见,常为重要史料,如鸦片战争,论者不知英军之军械,远非清兵之所能敌,而责主和者之误国,倘林则徐不去广东,则广东不至于败。此乃根据不足一辨之传说,林氏遣戍新疆,行抵兰州,函复友人,中论水陆俱败之原因曰:

> 彼之大炮远及十里内外,若我炮不能及彼,彼炮先已及我,是器不良也。彼之放炮如内地之放排枪,连声不断,我放一炮后,须辗转移时,再放一炮,是技不熟也。求其良且熟焉,亦无他深巧耳。不此之务,即远调百万貔貅,恐只供临敌之一哄,况逆船朝南暮北,惟水师始能尾追,岸兵能顷刻移动否?盖内地将弁兵丁虽不乏久历戎行之人,而皆觌面接仗,似此之相距十里八里,彼此不见面而接仗者,未之前闻。徐尝谓剿匪八字要言,器良技熟胆壮心齐是已。第一要大炮得用,今此一物置之不讲,真令岳韩束手,奈何奈何!

原文见于商务影印之《道咸同光名人手札》第二集,其为林氏手迹,殆无疑问。书作一八四二(道光二十二)年九月,适当《南京条约》签字之后。据此,中国之不能胜,久为林氏所知,主持清议之士大夫则在梦中。林氏并嘱其友勿以示人,乃致国人迄今尚多不明事之原委为堪惜耳。李鸿章初至上海,函告友人称淮军于外兵陷城之后,为之守城,助其杀贼,而奏报则言战功。事之经过已见于书,无庸再述,《李文忠公尺牍》三十六册,由于式枚主稿,起自一八八五(光绪十一)年,迄一八九九(光绪二十五)年,内多应酬之作,亦有关系重要,未见于他书者。书中引用已多,殆无再引他例之必要。郭嵩焘原与左宗棠相善,其官于广东也,竟不为其所容,函告同年沈葆桢曰:"左君以强狠济其偏私,四折相倾,亦由其在浙江直陈其过,而规切之,怀愤以求一逞。"文见于《道咸同光名人手札》第一集,事之真相,始乃明白。遍读《左文襄公全集》,固无此疏。左氏家书(单行本名曰《左文襄公家书》),书中迭次引用,兹再引用一节,证明其统兵经过。其言曰:"官文因樊燮事欲行构陷之计,其时诸公无敢一言讼其冤,潘公祖荫直以官文有意吹求之意入告。其奏疏直云:'天下不可一日无湖南,湖南不可一日无某人。'于是蒙谕垂询,诸公乃敢言左某可用矣。……潘盖闻之郭仁先也。"其时左氏在湘抚幕中,樊燮因事免职,控告左氏,官文因欲构陷。郭仁先乃郭嵩焘也。其言与史籍所记不同,自以与子书较为可信。将来史迹之待信件证明真伪者尚多,深望收藏家影印公布于世,或许历史学者参考利用。前长沙雅礼大学美人海尔(Hail)曾得曾国藩后人许可,参看其信件,著有一书,名曰《曾国藩与太平天国》(Tseng Kuofan and the TaiPing Rebellion),书中虽有可议之点,而在我国尚为第一次试验,深望研究历史者,续有所成。

日记亦为历史上之重要史料,土大夫作有日记,据吾人见闻者甚多,而公布者少,盖旧印费昂贵,子孙且有顾虑也。日记可分两类,一为读书所得或记见闻之事,一则记其日间经历之事,及解决之经过。前者如曾国藩之《求阙斋日记》,后者如《翁文恭公(翁同龢)日记》,二书分类,就大体而言,一书固可兼有二者。自史料价值而论,前者远非后者所及,盖事非亲身经历,则不知其内幕,所记者多为传闻失实之辞,如景善日记,为外人所得,视为义和团时之可信史料,实则所记朝廷大事,多为不足深信之传闻。如记御前会议,则不如恽毓鼎《崇陵传信录》之较确,又如称袁昶、许景澄之死,由于擅改密电。实则电线时已被毁,徐桐等后尚奏请诏杀各地洋人,倘已有诏,何能渎请?固不足信。著者叙述本身经历,似足可信,亦有顾及祸患,而讳隐真相者。如康有为之进用,中外可信之记录,均称与翁同龢有关系，而翁氏日记，诿称为冤，盖为避祸之计，不足深信。除上书外，吾人所见者，尚有曾国藩、李慈铭、王闿运、叶昌炽、李棠阶等日记。曾氏日记为石印本，迥异于《求阙斋日记》，顾所记者殊少提及政治。李王二氏日记，为常见之书。叶书名曰《缘督庐日记钞》。三人未居高位，所记杂有传闻。李书名曰《李文清公手书日记》，偏于讲学。其未印行或非吾人所知者尚多，望后国人知其重要，而印行之量数增加，庶研究历史者，可得重要史料也。其在外国政治家知其日记后将印行，不免曲解事实，回护其短。国内印行日记，除少数而外尚无此弊，将来或亦不免。

自订年谱之重要，不下日记。著者按照年历，追记平生大记，中或叙及政治社会状况，其根据或本于日记，或为追想，或采自他书。其中有叙个人入仕为官恩赐等，夸耀于同侪无足一读者，例不胜举，要以清代中叶名人为多，盖有所顾忌，不敢直言时事也。亦有为重要参考资料者，周馥自订年谱则其明证。例已见于书中，无待赘言。后人编著名人之年谱虽不足当著作之称，而价值实远在传上。倘其弟子或亲友写成，尤足以补他书之缺，如曾国藩晚年病癫，年谱独有记载。张之洞之弟子著有《弟子记》，收入《张文襄公全集》，亦可见其对于太后之恭顺，及拳乱后入觐之建议。此类书籍亦颇繁多。自订年谱原近于回想录（Memoir），著者追忆前事，或以记忆力弱，不免错误，亦有夸张己功，或自护短者，顾其所言常有参考之价值，陈湜之《病榻述旧录》、《李秀成供》皆其明例。原供藏于曾家，据见者言，写于账簿上，与现坊本无甚出入。曾国藩奏报朝廷，称李言战事不同于奏疏，将其一部分删去，朝旨饬其将原文抄上，故宫当有抄本。是否同于原供、则不可知。据供辞而言，李称劝天王外出就食，而常胜军所获太平天国文件，忠王则劝诸将入援天京，固事后之护短。供辞又称老母妻子皆死，实则全不足信，乃恐清军捕杀之耳。赖文光等亦有供辞，故宫当有存稿，惜发表者少，历史学者无从参用。其在外国久为重要史料之一。

当事人之记载，原为史料之一，其价值将视著者与当事人之关系，材料之由来,及个人之判断力,此类书籍例不胜举,《中西纪事》、《海防纪略》所言多为时俗之传说,著者不知交涉之原委,战争之实状,所言不合于实况,无待赘言。《中西纪事》论教士之取红丸等,直为痴人说梦。其有价值者可举李圭《思痛记》为例。李圭为太平军掳去,久始逃出,记其亲身所历之境遇,军中之见闻,实研究太平天国末年之重要参考书也。他如王闿运之《湘军志》,文字虽为人称道,固不免于泄愤,故作偏激之言。此可证明吾人论书可信之价值,不可不知著者著书之目的,及有无宣传诋毁之用意也。三书就三例而言,殆无多引之必要,他书且有见于书中者。笔记种类亦极繁多,价值高下,亦如上论之书,大体而言,多不足信。其困难则执笔之文人,多无判断真伪之能力,往往深信不可思议之传说也。如杨钧《草堂之灵》称袁世凯于中日战争将起之际,在韩狼狈不堪,西园寺纵之回国,匿居枢中,始得逃出汉城。其言不足一辨。薛福成之《庸盦笔记》亦多传说,据为历史之资料,则为笑谈。笔记可视为史料者,陈其元之《庸闲斋笔记》则其例一。其记亲身见闻,如左宗棠忌功,与李鸿章不协,殊无可疑。其称曾国藩最畏鸡毛,不愿见鸡毛帚,盖蛇畏闻其气,而公"神蟒转世"也,直可谓之想入非非。其言虽或根据时人之传说,固无记载之价值,徒供吾人一笑而已。

其他种类史料尚多,殆难一一详论,仅就其主要者略加说明。(一)禁书。清代讳言其祖先史迹,禁书繁多,小说如《岳传》且在禁书之列,又迭兴文字之狱,罪及死者无辜。其中所言未必皆为事实,乃因禁止之故,现反为人视为重要史料。其后太平天国兴起,发贴之布告,刊印之文书,皆为禁书。其列数清帝罪恶,未必皆有事实,而思想之幼稚,反无从知悉。近者留学生自英法抄回史料,印行者如《太平天国史料》第一集,《太平天国有趣文件十六种》,吾人读之,始能明了太平领袖之宗教思想。此就太平天国而言。关于其他大事,亦当有双方面之文件,中外交涉固其明例,他事亦莫不然。近时禁书繁多,其一二售出者,将益为人重视。(二)访问。近数十年来之大事,身历其境或见闻其事者,类能言之,余乡居无事常与老者谈话。老者于无意中常言其为太平军所掳,迫而从军之状况,或逃难避乱之故事。其言未有好恶之成见,颇有参考之价值。又如欲知清宫末年情状,久在宫中之太监,当能言之。吾人遇有事机,固可问之。又如考场生活,书中记载者少,询问参与考试之亲友,往往能有所得。

(三)小说。小说旧称稗史,固不能视为史料。其描写时人生活状况,常有助于历史,如《儿女英雄传》所言闱中情形,颇有参考之价值。《古城返照记》所言清季北京之情状,多不易见于他书。其指摘名人,讽刺时事,所言故事,亦有不足信者。清季历史小说颇形发达,《孽海花》、《官场现形记》、《二十年目睹怪现状》等为吾人常见之书,现无再引他例之必要。

(四)报纸杂志。二者于我国创办较迟。最先英人创办之《申报》,仅约六十年,国人主办之杂志近始增多。报纸为通俗读物,访闻之信息常不足信,创办之初规模甚小,盲然视其登载之报告为史料,直为笑谈。其刊印政府之命令,疆吏之奏疏,则为例外。其发表之社论,亦可代表时人之希望与要求。杂志创办者少,殆无讨论之必要。

上论之史料,指本国文字刊物而言,外国自与中国通商订约以来,外交上之大事繁多,交涉之始末,战争之经过,订约之磋商,政府之训令,使臣之要求,皆有详细之记录;公使领事更报告中国之情状。及后中日战争,列强更进而压迫中国,不待中国同意,互相换文,或订密约,承认本国之利益或势力范围。其公文档案至关重要,或能改变吾人现有之观念。英国外交史料,开放较早,欧战前之史料,现已公布。美国开放则至一八九五年。俄德帝制推翻,新政府公布帝国之公文,皆极重要之史料也。私人著作种类繁多,如耶稣会教士之记载,清初极有价值史料之一。外人所记,要多偏于外交,例不胜举。法人考狄(Gordier)编有详细目录,惜近时新书尚未有人编目。外人收藏关于中国书籍丰富者,首推伦敦《泰晤士报》记者莫礼逊(G. E. Morrison)。莫礼逊后任政政府顾问,收藏书籍有十八国文字,目录凡二巨帙,返国前售于日人,书藏于东京之东方图书馆(The Oriental Library)。外人印行之书,以搜辑之条约为重要参考书之一。

J. V. A. MacMurray, *Treaties and Agreements with and Concerning China 1894—1919* 及 The Carnegie Endowment for International Peace 所辑 *Treaties and Agreements with and Concerning China 1919—1929* 均其例也。学者著作亦以关于外交者,较有价值,摩斯之《大清帝国国际关系史》颇负盛名。近者重要史料公布,书中纰缪须亟修正。Joseph, *Foreign Diplomacy in China 1894—1900* 及 Dennett, *Americans in Eastern Asia* 等书,亦足称为重要著作。日本学者田保桥洁所著《甲午战前日本挑战史》(译者改称此名),亦为名著,他书殆无列举之必要。关于杂志,《中国文库》印行于一八三二——一八五一年,月出一册,颇为人所重视,近则《筹办夷务始末》等书印行,业已失其重要。《字林星期周刊》(*North China Herald*)刊行于一八五一年,亦可参考。《中国社会及政治学报》(*The Chinese Social and Political Science Review*)为中外学者主持之杂志,刊印于一九一七年,常有重要论文。其他殆无论及之必要。

综合上论而言,近代中国史史料种类之繁,卷帙之多,远过于其他时代。就内容而论,可别为二类,一曰原料(Primary sources of materials),皇帝谕旨、大臣奏疏、外交文件、私人信件、日记、自订年谱等,均其明例。一曰次料(Secondary sources of materials),著者参用史料而成之书,其价值则据研究之所得,总合叙述,说明史迹之真相,而使读者明了一事,或一时代之政治社会经济情状,及人民之生活。吾人今日编著之史籍,则其例也。原料则供史家研究,次料则为一般人士所读之书。就影响而言,后者重要过于前者。乃在我国,学术界向少历史著作,政书如《文献通考》等,则为抄袭之类书,充类至尽,不过搜集分散之史料,便于吾人检查而已。其可称为著作者,不出数种。张德坚所编之《贼情汇编》,庶几近之。张氏奉命编著太平天国情状,其材料根据军中所得之文件,俘虏之供词,访问之结果,著成此书,分言太平军之领袖,军队之组织,朝廷之情状,宗教之思想,财政之状况。官军之虐民,亦未为之讳隐(著者曾草一文,论书价值,见《图书评论》二卷第四期)。读后可知太平国情状,书非抄录文件,故可称为著作。著作云者，非抄袭或引用文件之谓，乃研究文件，分析其内容，辨明其真伪，然后综合所得之结果，叙述始末，非不得已，决不节录原文也。嗣后吾人著书，当以此为正鹄，愿研究历史者，共同勉之。

史料种类既如上言之多，而又分散各地，国内图书馆原不甚多，而又规模狭隘，图书较多，可供吾人研究者，唯有数处而已。一人之精力时间有限，研究一代所有之问题，又常限于材料，殆不易为。将来之途径，历史学者各自研究特殊问题，综合所得，印之成书，剑桥大学印行历史，常用此法编成。《剑桥欧洲近代史》等为世界名著，则其例也。其在欧美即编一大学课本，亦不知根据无数学者研究之结论，而在我国，皆以一人之力为之。著者著成此书，非不知其困难，亦非不知间有纰缪，不过根据七八年所读之书，草成文稿，自信未入于歧途，国内现时亟需此类史书也。其当附言于此者，近时禁书日多，民国以来之要人，多未公布其私人文件，论者谓著民国信史，殊不可能。其言虽或太甚，而固限于史料，吾人希望可信之史料日多，现时限于环境，实无奈何，幸读者察焉。

年历对照表[*]

公元	年号	干支
一八二一年	道光元年	辛巳
一八二五年	道光五年	乙酉
一八三一年	道光十一年	辛卯
一八三二年	道光十二年	壬辰
一八三三年	道光十三年	癸巳
一八三四年	道光十四年	甲午
一八三五年	道光十五年	乙未
一八三六年	道光十六年	丙申
一八三七年	道光十七年	丁酉
一八三八年	道光十八年	戊戌
一八三九年	道光十九年	己亥
一八四〇年	道光二十年	庚子
一八四一年	道光二十一年	辛丑
一八四二年	道光二十二年	壬寅

[*] 公元岁首在中历岁暮，相差二十余日至五十余日不等，《中西年历合考》及《中西回史日历》均有中西对照月日，便于检查，此表不过以供读者之检查年历耳。

一八四三年	道光二十三年	癸卯
一八四四年	道光二十四年	甲辰
一八四五年	道光二十五年	乙巳
一八四六年	道光二十六年	丙午
一八四七年	道光二十七年	丁未
一八四八年	道光二十八年	戊申
一八四九年	道光二十九年	己酉
一八五〇年	道光三十年	庚戌
一八五一年	咸丰元年	辛亥
一八五二年	咸丰二年	壬子
一八五三年	咸丰三年	癸丑
一八五四年	咸丰四年	甲寅
一八五五年	咸丰五年	乙卯
一八五六年	咸丰六年	丙辰
一八五七年	咸丰七年	丁巳
一八五八年	咸丰八年	戊午
一八五九年	咸丰九年	己未
一八六〇年	咸丰十年	庚申
一八六一年	咸丰十一年	辛酉
一八六二年	同治元年	壬戌
一八六三年	同治二年	癸亥
一八六四年	同治三年	甲子
一八六五年	同治四年	乙丑
一八六六年	同治五年	丙寅
一八六七年	同治六年	丁卯
一八六八年	同治七年	戊辰
一八六九年	同治八年	己巳

一八七〇年	同治九年	庚午
一八七一年	同治十年	辛未
一八七二年	同治十一年	壬申
一八七三年	同治十二年	癸酉
一八七四年	同治十三年	甲戌
一八七五年	光绪元年	乙亥
一八七六年	光绪二年	丙子
一八七七年	光绪三年	丁丑
一八七八年	光绪四年	戊寅
一八七九年	光绪五年	己卯
一八八〇年	光绪六年	庚辰
一八八一年	光绪七年	辛巳
一八八二年	光绪八年	壬午
一八八三年	光绪九年	癸未
一八八四年	光绪十年	甲申
一八八五年	光绪十一年	乙酉
一八八六年	光绪十二年	丙戌
一八八七年	光绪十三年	丁亥
一八八八年	光绪十四年	戊子
一八八九年	光绪十五年	己丑
一八九〇年	光绪十六年	庚寅
一八九一年	光绪十七年	辛卯
一八九二年	光绪十八年	壬辰
一八九三年	光绪十九年	癸巳
一八九四年	光绪二十年	甲午
一八九五年	光绪二十一年	乙未
一八九六年	光绪二十二年	丙申

一八九七年	光绪二十三年	丁酉
一八九八年	光绪二十四年	戊戌
一八九九年	光绪二十五年	己亥
一九〇〇年	光绪二十六年	庚子
一九〇一年	光绪二十七年	辛丑
一九〇二年	光绪二十八年	壬寅
一九〇三年	光绪二十九年	癸卯
一九〇四年	光绪三十年	甲辰
一九〇五年	光绪三十一年	乙巳
一九〇六年	光绪三十二年	丙午
一九〇七年	光绪三十三年	丁未
一九〇八年	光绪三十四年	戊申
一九〇九年	宣统元年	己酉
一九一〇年	宣统二年	庚戌
一九一一年	宣统三年	辛亥
一九一二年	民国元年	壬子
一九一三年	民国二年	癸丑
一九一四年	民国三年	甲寅
一九一五年	民国四年	乙卯
一九一六年	民国五年	丙辰
一九一七年	民国六年	丁巳
一九一八年	民国七年	戊午
一九一九年	民国八年	己未
一九二〇年	民国九年	庚申
一九二一年	民国十年	辛酉
一九二二年	民国十一年	壬戌
一九二三年	民国十二年	癸亥

一九二四年	民国十三年	甲子
一九二五年	民国十四年	乙丑
一九二六年	民国十五年	丙寅
一九二七年	民国十六年	丁卯
一九二八年	民国十七年	戊辰
一九二九年	民国十八年	己巳
一九三〇年	民国十九年	庚午
一九三一年	民国二〇年	辛未
一九三二年	民国二一年	壬申
一九三三年	民国二二年	癸酉
一九三四年	民国二三年	甲戌